LA VIE PRIVÉE

D'AUTREFOIS

ARTS ET MÉTIERS

MODES, MŒURS, USAGES DES PARISIENS

DU XII⁰ AU XVIII⁰ SIÈCLE

D'APRÈS DES DOCUMENTS ORIGINAUX OU INÉDITS

PAR

ALFRED FRANKLIN

LES ANIMAUX

＊

PARIS

LIBRAIRIE PLON

E. PLON, NOURRIT ET Cⁱᵉ, IMPRIMEURS-ÉDITEURS

RUE GARANCIÈRE, 10

—

1897

LA VIE PRIVÉE

D'AUTREFOIS

LA VIE PRIVÉE D'AUTREFOIS

VOLUMES PARUS :

Les soins de toilette. Le savoir-vivre......... 1 vol.

L'annonce et la réclame. Les cris de Paris.... 1 vol.

La cuisine.................................. 1 vol.

La mesure du temps : Clepsydres, horloges, montres, pendules, calendrier............. 1 vol.

Comment on devenait patron : Histoire des corporations ouvrières..................... 1 vol.
> Ouvrage couronné par l'Institut (Académie des Sciences morales et politiques.)

Les repas. La civilité de la table........... 1 vol.

Variétés gastronomiques : La salle à manger et le couvert. L'heure des repas. Jeûnes et abstinences. Louis XIV à table. Les cure-dents...................................... 1 vol.

Écoles et collèges : L'instruction primaire, l'instruction secondaire et la corporation des écrivains................................. 1 vol.
> Ouvrage couronné par l'Institut (Académie française.)

Le café, le thé et le chocolat............... 1 vol.

Les médecins................................ 1 vol.

Les chirurgiens............................. 1 vol.

Variétés chirurgicales : La saignée. La chirurgie à l'Hôtel-Dieu. Sages-femmes et accoucheurs. Les dents et les dentistes. La pierre et les hernies. Châtreurs, renoueurs, oculistes, pédicures. Établissements hospitaliers à la fin du dix-huitième siècle............ 1 vol.

Les apothicaires et les médicaments......... 1 vol.

L'hygiène : État des rues, égouts, voiries, fosses d'aisances, épidémies, cimetières.... 1 vol.
> Les cinq volumes qui précèdent ont été couronnés par l'Académie de médecine.

Les magasins de nouveautés : Introduction. Le vêtement.............................. 1 vol.

Les magasins de nouveautés : La ganterie et la parfumerie. La mercerie. La draperie...... 1 vol.

Les magasins de nouveautés : Teinturerie et deuil. Chapellerie et modes. La bonneterie. 1 vol.

L'enfant : La naissance, le baptême......... 1 vol.

L'enfant : Le berceau et la layette. La nourrice. Les premières années. La vie de famille. Les jouets et les jeux.............. 1 vol

A

LA MÉMOIRE

DE MON CHIEN

TOBIE

MON TENDRE ET FIDÈLE AMI

PENDANT QUATORZE ANS

TABLE DES SOMMAIRES

PREMIÈRE PARTIE

LA ZOOLOGIE AUX TREIZIÈME ET QUATORZIÈME SIÈCLES

CHAPITRE PREMIER

LES SOURCES

Il n'existe, au moyen âge, ni zoológistes ni science zoologique. — Aristote et Pline acceptés trop servilement. — Ils ont été trop loués, même de nos jours. — Le moyen âge leur a surtout emprunté leurs fables. — Le moyen âge stérilisé par l'étude de la théologie et par les disputes de la philosophie scolastique. — La zoologie des poètes. — Curiosités zoologiques. — Les théologiens cherchent surtout à glorifier Dieu dans ses créatures. — Bestiaires, volucraires, lapidaires. — Commentateurs de *l'œuvre des six jours*. — Exemples édifiants, interprétations morales, pieuses allégories.

Les sources : I. Hugues de Fouilloy et Hugues de Saint-Victor. — II. Le *Bestiaire divin* de Guillaume de Normandie. — III. L'*Image du monde*, par Gautier de Metz. — IV. Le *De proprietatibus rerum* de Barthélemy l'Anglais. — V. Le *Speculum naturale* de Vincent de Beauvais. — VI. Le *Bestiaire d'amour* de Richard de Fourni-val. — VII. Le *De natura animalium* d'Albert le Grand. — VIII. *Li livres dou tresor* de Brunetto Latini. — IX. Le traité *Commodorum ruralium* de Pietro Crescenzi.

— X. Le *Reductorium morale* de Pierre de Bressuire. — XI. Les voyages de Guillaume de Ruysbroek. — XII. Les voyages de Marco Polo. — XIII. Les voyages d'Odoric de Pordenone. — XIV. Les voyages d'Ibn Batoutah. — XV. Les voyages de Jean de Mandeville. — XVI. La mappemonde dite d'Hereford. — XVII. *Le livre de la chasse* de Gaston Phébus................   1

CHAPITRE II

LES MAMMIFÈRES.........................   68

CHAPITRE III

LES OISEAUX............................   141

CHAPITRE IV

REPTILES, POISSONS, MOLLUSQUES...........   182

CHAPITRE V

LES INSECTES..........................   209

CHAPITRE VI

DIVERS...............................   222

DEUXIÈME PARTIE

LES ANIMAUX AUX TREIZIÈME ET QUATORZIÈME SIÈCLES

CHAPITRE PREMIER

LE TREIZIÈME SIÈCLE

Les combats d'animaux. — Le meurtre de Magnovald. — Exploit de Pépin le Bref. — Les bêtes féroces en France. — La ménagerie des comtes de Hainaut. — Celle de Henri Ier à Caen. — Animaux réunis par Philippe-Auguste à Vincennes. — L'expression *entre chien et loup*. — Amour des Parisiens pour les bêtes. D'où il procède. — Les premières légendes chrétiennes. — Les poèmes chevaleresques. — Le roman de renard.

La ménagerie du cloître Notre-Dame. — Les rues de Paris. — Les oiseaux dans la vie privée. — La calandre et le papegay. — Étymologie des mots *papegay* et *perroquet*. — Noms d'hommes donnés aux animaux. — L'écureuil de Fouquet. — Le jeu du papegay. — Les pigeons voyageurs. — Pourquoi le mot *chien* constitue une injure. — Une ballade d'Eustache Deschamps. — Condamnés pendus entre deux chiens. — Origine du dicton relatif à Jean de Nivelle.

Le chat adoré en Égypte. — Les Grecs et les Romains ont-ils connu les chats? Erreur de M. Pictet. — Noms donnés aux chats en Grèce et à Rome. — Témoignage d'Aristote et de Pline. — Les belettes. — Le chat au moyen âge. — Ses différents noms. — La chatte de saint Grégoire. — Le chat au treizième siècle. — Le chat sauvage et le chat de *foyer*. — Origine de l'expression *payer en monnaie de singe.* — Animaux utilisés dans le commerce et l'industrie. — Le bouc et la sorcellerie........ **251**

CHAPITRE II

LE QUATORZIÈME SIÈCLE JUSQU'A CHARLES VI

Les animaux dans les miniatures et dans la sculpture. — Personnages représentés un oiseau à la main. — Les chiens et les lions sur les tombeaux. — Explication de ces symboles. — Les animaux de Clémence de Hongrie. — Les vœux de Boccace. — Défense de posséder des pourceaux dans Paris. — Privilège de ceux du Petit-Saint-Antoine. — Défense de nourrir des pigeons. — La ménagerie de la Cité. Où située. — Philippe VI la transporte au Louvre. — L'hôtel des lions du roi. — La ménagerie de l'hôtel Saint-Paul. — La rue des Lions. — Passion des Parisiens pour les oiseaux. — La volière du palais de la Cité. — Les rossignols du Louvre. — La volière du palais des Tournelles. — Le « page-gaut » du roi. — La volière d'Hesdin. — Celle du sieur Charlot et celle de Hugues Aubriot. — Les combats de coqs en Angleterre. — La chasse. — Les chiens de garde. — Les espagnols ou épagneuls. — Les lévriers. — Les chiens du roi Charles V. Fouets et colliers. — La ménagerie de Jean, duc de Berri. — Le chien de Montargis. — Comment se forme une légende et comment une légende devient vérité historique. — Les chats, les souris et les souricières. — Les puces.................... **274**

CHAPITRE III

CHARLES VI ET ISABEAU

Les lions du roi. — La volière de Melun. — Mesures prises contre la rage. — Un cerf contemporain de César. —

Supports des armoiries de Charles VI et de ses successeurs. — Les garennes et les étangs de la couronne. — Passion d'Isabeau pour les bêtes. — Son chat-huant, ses singes, son léopard, son écureuil, ses chiens et ses chats. — Ses oiseaux. — Le traité de Troyes et les oiseaux de la reine.................................... 316

Table des animaux mentionnés.................... 329
Quelques noms latins......................... 335

LA
VIE PRIVÉE D'AUTREFOIS

LES ANIMAUX
TREIZIÈME ET QUATORZIÈME SIÈCLES

PREMIÈRE PARTIE

LA ZOOLOGIE AUX TREIZIÈME ET QUATORZIÈME SIÈCLES

CHAPITRE PREMIER

LES SOURCES

Il n'existe, au moyen âge, ni zoologistes ni science zoologique. — Aristote et Pline acceptés trop servilement. — Ils ont été trop loués, même de nos jours. — Le moyen âge leur a surtout emprunté leurs fables. — Le moyen âge stérilisé par l'étude de la théologie et par les disputes de la philosophie scolastique. — La zoologie des poètes. — Curiosités zoologiques. — Les théologiens cherchent surtout à glorifier Dieu dans ses créatures. — Bestiaires, volucraires, lapidaires. — Commentateurs de *l'œuvre des six jours*. — Exemples édifiants, interprétations morales, pieuses allégories.

Les sources : I. Hugues de Fouilloy et Hugues de Saint-

Victor. — II. Le *Bestiaire divin* de Guillaume de Normandie. — III. L'*Image du monde*, par Gautier de Metz. — IV. Le *De proprietatibus rerum* de Barthélemy l'Anglais. — V. Le *Speculum naturale* de Vincent de Beauvais. — VI. Le *Bestiaire d'amour* de Richard de Fournival. — VII. Le *De natura animalium* d'Albert le Grand. — VIII. *Li livres dou trésor* de Brunetto Latini. — IX. Le traité *Commodorum ruralium* de Pietro Crescenzi. — X. Le *Réductorium morale* de Pierre de Bressuire. — XI. Les voyages de Guillaume de Ruysbroek. — XII. Les voyages de Marco Polo. — XIII. Les voyages d'Odoric de Pordenone. — XIV. Les voyages d'Ibn Batoutah. — XV. Les voyages de Jean de Mandeville. — XVI. La mappemonde dite d'Hereford. — XVII. Le livre de la chasse de Gaston Phébus.

Dans son *Histoire de la zoologie* [1], M. le docteur Hœfer consacre à

la zoologie dans l'antiquité........ 152 pages.
—   au moyen âge.......... 15 —
—   dans les temps modernes. 241 —

Son excuse est qu'au moyen âge il n'existe encore, à vrai dire, ni zoologistes, ni science zoologique. Les bêtes n'en ont pas moins été en ce temps-là l'objet d'ouvrages fort curieux. Je me suis ici proposé de rechercher ce qu'enseignaient sur ce sujet les plus éminents docteurs des treizième et quatorzième siècles, et aussi le rôle que jouèrent, durant cette période, les animaux dans la vie privée.

---

[1] Paris, 1873, in-18. C'est un précis très succinct.

Aristote régnait alors en maître au sein des écoles, et l'aveugle déférence de ses disciples n'hésitait pas à y propager les erreurs qu'avait enfantées le siècle d'Alexandre. De nos jours même, on a prodigué à Aristote [1] et à Pline [2] des éloges un peu exagérés, mais il n'est pas rigoureusement exact de dire que la zoologie du moyen âge est celle d'Aristote et de Pline. Elle en procède plutôt qu'elle ne la représente. Entraîné par son amour du surnaturel, le moyen âge a surtout emprunté à ces deux écrivains les fables dont ils s'étaient faits les trop complaisants vulgarisateurs.

---

[1] « L'histoire des animaux d'Aristote est peut-être encore aujourd'hui ce que nous avons de mieux fait en ce genre, et il seroit fort à désirer qu'il nous eût laissé quelque chose d'aussi complet sur les végétaux et les minéraux. » Buffon, *Manière d'étudier l'histoire naturelle*, édit. de 1827, t. I, p. 96.

« De toutes les sciences, celle qui doit le plus à Aristote, c'est l'histoire naturelle des animaux. Non seulement il a connu un grand nombre d'espèces, mais il les a étudiées et décrites d'après un plan vaste et lumineux. » G. Cuvier, dans la *Biographie universelle*, art. Aristote.

[2] « C'est, si l'on veut, une compilation de tout ce qui avoit été écrit avant lui, une copie de tout ce qui avoit été fait d'excellent et d'utile à savoir; mais cette copie a de si grands traits, cette compilation contient des choses rassemblées d'une manière si neuve qu'elle est préférable à la plupart des livres originaux qui traitent des mêmes matières. » Buffon, *Manière*, etc, t. I, p. 102.

Sans aucun profit pour l'humanité, les plus hautes intelligences se dépensent alors en efforts impuissants et s'égarent dans les insondables obscurités de la théologie, quand elles ne s'absorbent pas dans les puériles disputes de la philosophie scolastique. De leur côté, les poètes se donnent carrière en d'interminables et fantastiques épopées. Les rares esprits qu'attire le spectacle de la nature tentent de le décrire, et leur imagination transforme la terre en un monde enchanté, où le réel tient moins de place que le merveilleux, où surgissent à chaque pas des êtres fabuleux doués d'étonnantes propriétés.

Le lynx a la vue si pénétrante qu'elle traverse tous les corps solides, sauf le verre.

L'écheneis est un petit poisson qui s'attache aux navires et en arrête à son gré la marche, même durant les plus terribles tempêtes.

Il existe des fourmis de la taille d'un chien, qui fouillent la terre et en extraient de l'or.

L'éléphant ne craint au monde que deux animaux, le dragon et la souris.

Le bouc a toujours la fièvre. Son sang est si chaud qu'il brise le diamant.

Le cerf hait les serpents et les mange. Sa mort est certaine quand il reste trois heures şans boire après un pareil repas ; mais s'il trouve alors une fontaine, il rajeunit en un moment de plusieurs années.

L'agilité de certaines cavales provient de ce que leur mère a été fécondée par le vent.

Le taureau devient doux et sans force si on l'attache à un figuier.

Le tigre se laisse prendre au miroir.

L'hyène change de sexe à volonté.

Le lion poursuivi efface avec sa queue la trace de ses pas. Il a peur du feu et des coqs blancs.

Le 15 mars de chaque année, l'onagre brait douze fois le jour et douze fois la nuit, pour annoncer que les jours sont alors égaux aux nuits.

L'hirondelle prévoit la chute des maisons, ce qui lui permet d'abandonner à temps celle où est placé son nid.

La souris meurt aussitôt qu'elle boit.

La belette conçoit par l'oreille et enfante par la bouche.

La chèvre respire non par le nez, mais par les oreilles.

La taupe ne possède pas d'yeux, mais son ouïe est si fine qu'elle y supplée avantageusement.

La taupe se nourrit de terre, le caméléon d'air, la salamandre de feu.

L'aigle force ses petits à regarder fixement le soleil. Si l'un d'eux baisse les yeux, il ne veut pas le considérer comme étant de sa noble race, et il le jette hors du nid.

Le coq devenu vieux pond des œufs d'où naît le basilic.

L'hirondelle mange, boit et dort en volant.

Le diagnostic de l'alouette mise en présence d'un malade est infaillible. Si elle le regarde, c'est qu'il guérira; si elle détourne la tête, c'est qu'il doit mourir.

Quatre bêtes représentent chacune la perfection d'un sens. Ce sont : le singe pour le goût, le vautour pour l'odorat, le lynx pour la vue, et l'araignée pour le toucher.

Au moyen âge et même longtemps après, une foule d'animaux terrestres avaient des représentants de leur nom parmi les habitants des eaux. Il y avait un chien de mer, un lion de mer, un tigre de mer, etc. Je citerai seulement parmi les plus connus :

L'aigle.	Le bélier.
L'âne.	Le bœuf.
L'araignée.	Le chat.
La belette.	Le cheval.

Le chien.
La cigale.
La civette.
Le coq.
Le corbeau.
Le crapaud.
Le dragon.
L'éléphant.
La grenouille.
Le hérisson.
Le héron.
L'hirondelle.
Le lézard.
La licorne.
Le lièvre.
Le lion.
Le loup.
La loutre.
Le milan.
Le moine.
L'ours.

Le paon.
La perdrix.
Le porc.
Le porc-épic.
Le pou.
La poule.
Le perroquet.
La puce.
Le rat.
Le renard.
La sauterelle.
La scolopendre.
Le scorpion.
Le serpent.
Le singe.
Le tigre.
La tortue.
La vache.
Le veau.
La vipère.

La piqûre de presque tous les serpents cause une mort rapide, mais ce résultat est obtenu par des procédés très variés :

Mordu par un spectaficus ou par un seps, on fond entre ses dents.

Mordu par un hypnalis, on s'endort aussitôt pour l'éternité.

Mordu par un prester, on enfle à tel point que le corps finit par éclater.

Mordu par un dipsas, on meurt de soif.

Mordu par un hémorrhoïs, on perd tout son sang.

Le céraste se cache dans le sable, et il suffit qu'il touche le sabot d'un cheval pour tuer non seulement l'animal, mais aussi le cavalier.

Tout être sur qui l'armène jette la vue tombe mort. Il en est de même de celui qui aperçoit les yeux du catoblèpe, un mammifère qui représente peut-être notre gnou.

Les attributs particuliers à l'espèce humaine se rencontrent dans un certain nombre d'animaux :

La harpie est un oiseau qui a le visage d'une femme.

La mantichore est un quadrupède et le moine de mer est un poisson qui ont le visage d'un homme.

Le dracopopodes ou draconpedes est un serpent dont la tête ressemble à celle d'un jeune homme imberbe.

Le marintomorion ou maricomorion est un quadrupède à tête d'homme.

Les sirènes ont un buste de femme uni à un corps de poisson.

Le zityron est un chevalier bardé de fer,

armé de toutes pièces et dont le corps est terminé par une queue de poisson.

Les centaures ont un buste d'homme sur un corps de cheval.

Les cynocéphales et les onocentaures ont, sur un corps d'homme, les premiers une tête de chien, les seconds une tête d'âne.

Vivant sans cesse au milieu des bois, les animaux connaissent la vertu des simples :

L'hirondelle guérit ses petits au moyen de la chélidoine.

La belette guérit et même ressuscite les siens au moyen d'une fleur rouge qu'elle seule sait distinguer.

Le chevreuil blessé a recours à une herbe appelée diptame.

Le cerf mange une plante nommée serpentine, et fait ainsi « saillir le fer hors de la playe. »

Une herbe dite flonius rend la santé à l'ours malade.

Le sanglier et le loup se servent de l'origan pour aiguiser leurs dents.

Quelques bêtes privilégiées sont douées d'une longévité que l'homme n'atteint pas :

Le chameau, le perroquet et le vautour vivent un siècle.

1.

Le dauphin vit environ cent quarante ans.

L'éléphant vit trois cents ans, le phénix cinq ou six cents ans, la corneille au moins six cents ans.

Quant au cerf, quelques auteurs lui accordent jusqu'à près de quatre mille ans, d'autres limitent sa vie à un siècle.

Le cerf, le cygne et le lion pleurent leur mort prochaine.

Certains animaux possèdent des connaissances astronomiques ; d'autres savent prédire l'avenir ; d'autres prévoient les changements de temps, comme nos baromètres ; d'autres indiquent les heures, comme nos pendules :

L'autruche attend pour pondre le lever d'une étoile nommée Virgile ou Juizille.

La femelle du cerf ne peut concevoir qu'après le lever d'une autre étoile appelée Arcton.

Le coq, l'onagre et l'oie annoncent par des cris régulièrement répétés les heures du jour et de la nuit. L'oie signale même les vigiles des grandes fêtes religieuses.

L'avenir n'a pas de secrets pour la corneille.

Le plongeon prévoit les tempêtes.

Le lièvre et la rainette savent, dès la veille, le temps qu'il fera le lendemain.

Les naturalistes nous présenteront plus loin bien d'autres merveilles semblables. Au début, d'ailleurs, ils se préoccupent surtout de glorifier Dieu dans ses créatures. L'esprit théologique, qui domine et stérilise cette période, les asservit à leur insu ; ils voudraient, ils croient être des zoologistes, et ne sont le plus souvent que des métaphysiciens captifs de doctrines imposées, des contemplatifs attirés par le décevant mirage des rêveries mystiques. Sous leur plume, nous allons voir les animaux personnifier des vertus et des vices, devenir le prétexte d'interprétations morales, d'allégories pieuses ; se métamorphoser en orthodoxes propagateurs de la foi, en zélés défenseurs de dogmes dont les pauvres bêtes ne se soucient guère. Les légendes sacrées abondent dans les *bestiaires,* les *volucraires,* les *lapidaires,* où l'on demande aux quadrupèdes, aux oiseaux, aux pierres précieuses de révéler les mystères de leur création bien plutôt que les conditions de leur existence. Les Pères de l'Église, premiers commentateurs de l'*OEuvre des six jours,* transmettent ainsi aux générations suivantes un abondant patrimoine d'édifiants exemples, de fables ridicules et d'ingénieuses fictions qui,

reproduites par les encyclopédistes et les
poètes, furent, durant plusieurs siècles, acceptées avec autant de confiance que de naïveté.

En veut-on quelques exemples?

Le lion, qui efface avec sa queue la trace
de ses pas, est l'image du Seigneur, qui se
plaît à cacher ses voies.

Le pélican, qui répand son sang sur ses
petits pour les rappeler à la vie, est bien le
symbole du Christ, qui a versé son sang pour
nous racheter.

Le phénix, qui se renouvelle après cinq
cents ans, représente le chrétien ressuscitant
après sa mise au tombeau.

Le singe est l'incarnation du démon, un
ange déchu qui n'a conservé qu'une grotesque
image de sa beauté primitive.

A la belette, qui sans cesse change de place,
sont assimilés les gens qui, après avoir promis
de servir Dieu, le renient et cessent de res-
pecter ses commandements.

La fidèle colombe, c'est l'Église qui garde à
Jésus-Christ une foi pure et éternelle.

La salamandre, éteignant le brasier sur
lequel elle passe, désigne l'homme de bien,
« le prud'homme de bonne vie éteignant tout
autour de lui le feu et l'ardeur de la luxure. »

L'aspic, qui craint la voix des enchanteurs, qui pour ne pas l'entendre, bouche l'une de ses oreilles avec sa queue et l'autre en la collant sur la terre, est l'emblème des riches de ce monde qui, assourdis par le péché et la convoitise, ne peuvent entendre la parole de Dieu.

Quand le corbeau croasse, ses cris de *cras!* *cras!* demain! demain! avertissent le pécheur qui, pour faire pénitence, remet toujours au lendemain.

Je ne recueillerai pas toutes les moralités de ce genre. Au reste, elles abondent surtout dans les deux plus anciens naturalistes dont je vais résumer les travaux.

Il m'a fallu d'abord les découvrir, eux et leurs successeurs, tâche moins facile qu'on ne pourrait croire. L'étude de la zoologie au moyen âge a été si négligée, que je me suis trouvé presque sans guide quand j'ai voulu établir la liste des écrivains qui avaient abordé cette science pendant le treizième et le quatorzième siècles. Ils sont assez nombreux pourtant et, malgré mes consciencieuses recherches, je n'ose me flatter de n'en avoir oublié aucun. En voici l'énumération, à laquelle j'ajouterai quelques mots sur chacun d'eux, et en outre le titre et la date des éditions dont je me suis servi.

I. HUGUES DE SAINT-VICTOR, *De bestiis et aliis rebus*. Dans les *Opera*, 1526, 3 vol. in-folio.

Le traité *De bestiis* figure tome II, folio 241, parmi les *Institutiones monasticæ*. Il se compose de trois livres, dont le premier, consacré aux oiseaux, a été attribué par erreur au Victorin; il est l'œuvre de *Hugues de Fouilloy*[1] (Hugo de Folieto), religieux augustin qui mourut en 1173[2].

Hugues de Saint-Victor jouit d'une grande autorité au moyen âge. Il décrit l'extérieur et les mœurs des animaux, puis tire de son récit d'assez ingénieuses moralités. De tous les écrivains de cette école, il est, avec Pierre de Bressuire, celui qui donne le plus de place au symbolisme chrétien. On se fera une idée exacte de son procédé en lisant l'article qu'il a consacré à la colombe[3]. Il faut reconnaître que l'article est un peu long, huit colonnes in-folio en mauvais latin, mais j'en donnerai plus loin l'analyse[4].

---

[1] Il était né à Fouilloy (et non Fouilloi), près de Corbie.
[2] Voy. B. Hauréau, *Essai critique sur les œuvres de Hugues de Saint-Victor*, p. 169.
[3] Tome II, folios 243 et suiv.
[4] Voy. ci-dessous, p. 152.

. Bien que Hugues de Saint-Victor et Hugues de Fouilloy appartiennent tous deux au douzième siècle, la notoriété attachée à leur nom justifie les quelques emprunts que je leur ai faits.

II. Guillaume de Normandie, *Le bestiaire divin*. Publié par C. Hippeau, dans les *Mémoires de la société des antiquaires de Normandie*, t. XIX, année 1851, p. 316.

On ne sait de Guillaume que ce que lui-même nous en apprend. Pendant un séjour de plusieurs années à Paris, il avait entendu les sermons du bon évêque Maurice de Sully, qui occupa le siège épiscopal entre 1160 et 1196 et commença la construction de l'église Notre-Dame. Guillaume écrivit son bestiaire après 1208, comme l'indiquent ces quatre vers :

> Ceste ovraige fu faite nueve
> Ou tans que Philippe tint France,
> Ou tans de la grant mesestance
> Qu'Angleterre fu entredite

Donc, sous Philippe-Auguste, au temps où l'Angleterre gémissait sous l'interdit dont Innocent III l'avait frappée.

Dans ses descriptions, Guillaume se préoccupe peu de l'exactitude. Il ne mentionne,

d'ailleurs, pour chaque animal, que les propriétés qui peuvent servir de prétexte à un
pieux enseignement. Celui-ci arrive à la fin de
chaque article, exactement comme la moralité à la fin d'une fable.

Voici la nomenclature du petit nombre de
bêtes mentionnées dans cet ouvrage :

Ici commence le bestiaire en franceis.

Aptalos [1].
Asne salvaige [2].
Aspis [3].
Baleine.
Belete.
Bièvre [4].
Caladre [5].
Cerf.
Cete [6].
Chièvre.
Colump [7].
Coquatriz [8]
Dragon.
Égle [9].

Esturjon.
Fénix [1].
Formi [2].
Fullica [3].
Goupil [4].
Hériçon [5].
Hupe [6].
Lion.
Nicorax [7].
Olifant [8].
Ostruce [9].
Pantière [10].
Pélican.

[1] L'élan ou le daim.
[2] L'onagre.
[3] L'aspic.
[4] Le castor d'Europe.
[5] L'alouette.
[6] Le cachalot.
[7] La colombe.
[8] Le crocodile.
[9] L'aigle.

[1] Le phénix.
[2] La fourmi.
[3] La foulque.
[4] Le renard.
[5] Le hérisson.
[6] La huppe.
[7] Le hibou ou le duc.
[8] L'éléphant.
[9] L'autruche.
[10] La panthère.

Perdrix.	Torte [4].
Salemandre.	Unicorne [5].
Sereine [1].	Ybex [6].
Serre [2].	Ydrus [7].
Singe.	Yenne [8].
Torbot [3].	

III. Gautier de Metz, *El livre de clergie en romans, qui est apelé l'ymage du monde.* Bibliothèque Mazarine, manuscrit n° 3,870.

On croit que Gautier de Metz suivit les cours de l'université de Paris, et lui-même nous apprend qu'il écrivit son *Ymage du monde* en 1245. C'est tout ce qu'on sait de lui[9]. Mais son livre fut très répandu au moyen âge, et il en existe un grand nombre de manuscrits. Il fut même plus tard imité en prose.

IV. Barthélemy l'Anglais, dit aussi B. de Glanville ou de Glanvil, *De proprietatibus rerum.* Strasbourg, 1488, in-folio.

Barthélemy bien qu'Anglais étudia à Paris. Son livre, dans lequel il cite jusqu'à cent cinq auteurs arabes, grecs et latins[10], est une

---

[1] La sirène.
[2] La serre, monstre ailé.
[3] Le turbot.
[4] La tourterelle.
[5] La licorne.
[6] L'ibis.
[7] L'hydre.
[8] L'hyène.
[9] Voy. l'*Histoire littéraire de la France*, t. XXIII, p. 296.
[10] Il en donne la liste en tête du volume.

encyclopédie divisée en dix-neuf livres, dont le dix-huitième a pour titre *De animalibus*. L'ouvrage fut populaire durant tout le moyen âge, et Charles V le fit traduire en français par un de ses chapelains nommé Jean Corbichon. Tous les biographes veulent que Barthélemy ait fleuri vers 1380 [1], mais M. Amable Jourdain pense, avec raison, qu'il écrivait entre 1250 et 1260 [2].

V. Vincent de Beauvais, *Speculum naturale*. Douai, 1624, in-folio.

Vincent de Beauvais, savant dominicain, très estimé de saint Louis, écrivait vers 1250 son *Speculum naturale,* l'une des divisions de la vaste encyclopédie qu'il composa sous le titre de *Bibliotheca mundi*. La partie zoologique occupe les livres XVI à XXII, de la page 1158 à la page 1650.

[1] « Bartholomæus Graunuyse clarebat anno 1360. » H. Villot, *Athenæ sodalitii franciscani*, édit. de 1598, p. 57.

« Bartholomæus de Glanvilla, Anglicus dictus, claruit anno 1360. » G. Cave, *Scriptorum ecclesiasticorum historia litteraria*, édit. de 1743, t II, appendix, p. 66.

« Bartholomæus Glannovillanus claruit circa 1360. » *Bibliotheca Britannica*, édit. de 1748, p. 326.

« Barthélemy Glanvil vivait vers 1350. » *Nouvelle biographie genérale,* édit. de 1857, t. XX, p. 785.

[2] *Recherches sur l'âge et l'origine des traductions d'Aristote,* p. 33 et 359.

Barthélemy l'Anglais, édition de 1482, frontispice du livre XVIII.

Vincent s'y montre très sobre d'aperçus moraux et théologiques, mais il s'étend volontiers sur les propriétés thérapeutiques attribuées à un grand nombre d'animaux. Les articles se composent surtout d'extraits empruntés aux naturalistes anciens, et chaque extrait est précédé du nom de son auteur. Les plus fréquemment cités sont Aristote, Pline, Solin et Isidore de Séville; parmi les médecins, Avicenne et Dioscoride.

VI. RICHARD DE FOURNIVAL, *Le bestiaire d'amour*. Publié par C. Hippeau, Paris, 1860, in-8°.

Richard appartenait à une docte famille. Son père Roger fut médecin de Philippe-Auguste, son frère Arnoul fut évêque d'Amiens; lui-même embrassa la carrière ecclésiastique et mourut chancelier de l'église d'Amiens. Poète à l'imagination vive, il avait eu une jeunesse un peu accidentée pour un homme d'Église, et c'est durant cette période qu'il dut composer (vers 1250) son *Bestiaire d'amour*.

On est tout surpris de rencontrer dans ce livre, écrit par un clerc du temps de saint Louis, un avant-goût des banales fadeurs dont la France s'engoua cinq cents ans plus tard. Voici, comme exemple, le chapitre consacré à la panthère ; je me borne, bien entendu, à le résumer.

Il me semblait, dans mon orgueil, qu'aucune femme ne saurait m'inspirer un sentiment assez vif pour me faire désirer sa possession. Mais l'amour vous a mise sur mon chemin. Dès lors, toute volonté en moi s'est évanouie. Je vous recherche sans cesse, semblable aux bêtes, qui, lorsqu'elles ont une fois senti l'odeur de la panthère, la suivent jusqu'à la mort, entraînées par la suavité de son haleine.

VII. ALBERT DE BOLLSTADT, *De natura animalium.* Dans les *Opera,* édit. de 1651, 21 vol. in-folio. Le traité des animaux figure dans le tome **VI**, pages 576 à 684.

De tous les ouvrages qui m'ont servi, celui-ci est, à beaucoup près, le plus étendu et le plus consciencieux. L'auteur, qui mérita le titre de *Grand,* ne resta étranger à aucun des progrès accomplis de son temps. Bien que le traité des animaux ne puisse passer pour un de ses titres de gloire, il est incomparablement supérieur à toutes les ébauches zoologiques créées par le moyen âge. Les monstres, les êtres fabuleux abondent encore dans ce livre ; mais parfois, après avoir exposé des opinions jusque-là acceptées, si elles sont d'une invraisemblance manifeste, l'auteur ajoute

qu'il ne saurait les admettre. Il lui arrive
aussi de ne pas copier trop servilement ses
prédécesseurs grecs et latins. Il accuse même
de vagues tendances à l'observation person-
nelle, quelques passages en font foi, que je
recueillerai dans mes notices[1].

Je vais donner la nomenclature complète
des articles dont se compose le traité d'Albert
le Grand. Je ne m'astreindrai pas à rechercher
la synonymie exacte de tous les noms qu'il
emploie. Cette identification est en bien des
cas d'autant plus difficile à obtenir qu'Albert,
n'ayant pas à sa disposition le texte original
d'Aristote, s'est servi de la version arabe due à
Michel Scot[2]. Lui-même reconnaît qu'il a désigné les animaux par des noms tantôt latins, tantôt grecs et tantôt arabes[3]. Un assez long article, auquel j'emprunterai souvent quelques
lignes, est sans doute consacré à chacun d'eux,
mais les erreurs et les fables s'y mêlent si bien
avec les faits réels qu'ils contribuent parfois à
accroître les doutes au lieu de les dissiper.

Albert est le premier qui ait adopté dans

[1] Voy. les articles : *amphisbène, basilic, coq, fourmi,
gélinotte, grenouille, harpie, murène, ours, pou, salamandre, torpille,* etc.

[2] Voy. A. Jourdain, p. 327.

[3] Tractatus I, caput i, p. 2.

le classement des animaux un ordre logique, une classification ayant l'apparence scientifique. Comme on va le voir, il traite séparément des quadrupèdes, des oiseaux, des poissons, des serpents et des animaux qu'il appelle exsangues.

I

DE QUADRUPEDIBUS [1].

Aḥane. « Est animal ad magnitudinem cervi... »

Akabo. « Animal est multum valens medicinæ, in desertis Arabiæ conversans. »

Alches. C'est l'élan *, mais il faudrait *alces*.

Aloi « Est animal mulo propemodum simile... Vix capi potest, propter nimiam suæ fugæ velocitatem... »

Alphec. Mot arabe. Le nom latin serait *leumza*. « Est animal natum ex leone et leopardo... »

Ana. « ...Dicunt esse Orientis, fortissimis dentibus, acutis et longis, sævum nimis... »

Anabula. La girafe *.

Analopos. L'antilope *.

Aper. Le sanglier *.

Asinus. L'âne *.

Bonachus. Voy. *Urnus*.

Bos. Le bœuf *.

---

[1] Les noms suivis d'un astérisque sont ceux auxquels j'ai consacré plus loin une notice spéciale.

Bubalus. Le bubale, mot qui désigne ici le buffle *.

Calopus. « Animal Syriæ juxta Euphratem habitans... Cornua gestat longa, serræ modum prætendentia, quibus etiam arbores dejicere dicitur... »

Camelopardulus. « Bestia est Æthiopiæ, colore rubea, collo equi, capite cameli, pedibus cervi vel bovis... » Au moyen-âge, le mot chamel-léopard désignait ordinairement la girafe *.

Camelus. Le chameau *.

Canis. Le chien *.

Caper. Le bouc *.

Capra. La chèvre *.

Capreolus. Le chevreuil *.

Castor Le castor *.

Catapleba. Sans doute le gnou. Mais il faudrait *catoblebas* *.

Cattus. Le chat *.

Catus. « Animal infestum bobus, ita ut tres aliquando simul per caudas ad antrum trahat... »

Cervus. Le cerf *.

Chama. « Alio nomine rufinus. » Il est originaire d'Éthiopie, il a la taille du loup et la peau tachetée de blanc.

Chimera. « Dicunt quidam esse bestiam monstruosam... et dicitur in vestitu gloriari quando pretiosis induitur...

Cirogrillus. Le même que *hericius*.

Confusa. « Bestia monstruosa, cujus anteriora crura prætendunt similitudinem brachiorum et manuum hominis... »

Cricetus. Le hamster, sorte de rat. « Est animal

quod nos hamester germanice vocamus, et est animal mordax et iracundum... »

Cuniculus. Le lapin *.

Cyrocrothes. La description qu'en fait Albert peut s'appliquer à l'animal que l'antiquité nommait *crocutte* ou *crocotte* *, produit de la louve et du chien. Voy. *Lincisius.*

Damina. « Sive dammula... Hæc bestia, cum parit, subito devorat secundinam antequam ad terram cadat... »

Damma. Le daim *.

Dammula. Voy. *Damina.*

Daxus. « Est animal latum in dorso, brevibus cruribus, multum mordax... Et quando est domesticum, multum est lusivum... »

Durau. « Dicunt esse bestiam crudelem, velocem et fortem, in venatorem stercus intorquentem... »

Eale. Sans doute le rhinocéros * à deux cornes.

Elephas. L'éléphant *.

Emptra. « Hoc animal quod murem montanum quidam vocant... »

Enchiros. « Est animal Orientis ad magnitudinem tauri, sed sunt in eo longi crines descendentes ad duas spatularum partes... »

Equicervus. « Barbam habet sub mento, et soleas sicut equus, et corpus ad cervi quantitatem. Nos lingua germanica elent vocamus. Voy. ci-dessous la notice consacrée à l'élan. »

Equus. Le cheval *.

Eriminium. L'hermine *.

Falena. « Animal Lybiæ in desertis agens, superbum... »

FELA. « Felam bestiam Plinius dicit in antris habitantem, quantitate parvam... »

FINGÆ. « Animalia sunt Æthiopiæ, fusci coloris, mamillas geminas in pectore habentes sicut homo... »

FURIO. « Est animal furiom arabice vocatum et intemperatissimæ comestionis... »

FURO. « Furonem vel furunculum Gallici furetrum vocant... » C'est le furet *.

FURUNCULUS. Le même que *furo*.

GALI. « Gali est animal quod muribus vescitur... Habitat in cavernis... »

GENOCHA. « Bestia est paulo minor vulpecula. Mansueta est si non lacessatur injuriis. Super rivos aquarum cibum quærens. »

GLIS. Le loir *.

GUESSELIS. « Guesseles vel roserulæ vulgariter vocantur mures quidam, quorum stercus habet musci odorem... » Peut-être l'ondatra ou rat musqué. Je rappelle que l'hermine * s'est appelée roselet, rosereul, etc.

HERICIUS. Le hérisson *.

HERINACIUS. La même que *hericius*.

IBEX. Le bouquetin *.

IBRIDA. « Est animal·quadrupes bigenerum, sive ex duobus natum, apro videlicet sylvestri et porca domestica... »

IONA. L'hyène*.

ISTRIX. « Vulgariter porcus spinosus... » C'est le porc-épic *. Mais il faudrait *hystrix*.

LACTA. « Animal est in sepulchris habitans, et delectatur in cadaveris mortuorum. »

LAMIA. « In desertis et ruinosis habitare dicitur, et fœminam diligit et aliquantulum figurat fœminam... » C'est l'animal fabuleux appelé lamie.

LAUZANI. « Lauzani animal est sævissimum, ita quod ipsos deterret leones... »

LEO. Le lion *.

LEONCOPHONA. L'animal fabuleux plus souvent nommé *leontophonos* *.

LEOPARDUS. Le léopard *.

LEPUS. Le lièvre *.

LEUMZA. Le même qu'*alphec*.

LEUTROCHOCHA. Peut-être la léoncrocute * qui, d'après Cuvier, serait notre gnou. Voy. *Catablepa*.

LINCISIUS *. C'est le produit d'un chien et d'une louve. Voy. *Cyrocrothes*.

LINX. Le lynx *.

LUPUS. Le loup *.

LUTER. La loutre *.

MAMMONETUS. Le mammonet *.

MANTICORA. Le monstre nommé mantichore *, marticore, etc.

MARINTOMORION. « Bestia est Orientis raro visa... Tres ordines dentium habet in ore, pedes habet ut leonis, facies ejus, et oculi et aures ut hominis, cauda ut scorpionis agrestis... »

MARTARUS. La martre *.

MIGALE. « Dissimulans, blanditur bestiis, et si potest, veneno interficit, maxime equos et mulos et præcipue equas prægnantes... » — Mygale est le nom grec de la musaraigne, mais ce n'est pas d'elle qu'il peut être question ici.

MOLOSUS. « Bestia valde magna... quæ, licet omnibus horrenda sit et infesta, tamen puerorum timet verbera et fugit eosdem. »

Monoceron. Sans doute le rhinocéros *.

Mulus. Le mulet.

Murilegus. Le même que *cattus*.

Mus. Le rat.

Musio. Le même que *murilegus*.

Musquelibet. Le musc *.

Mustela. La belette *.

Neomon. Le même que *suillis*.

Onager. L'onagre *.

Onocentaurus. L'onocentaure *.

Oraflus. « ... Cum viderit se contemplantes admirari, huc et illuc se vertit, præbens se bene videndum... »

Orix. L'oryx.

Ovis. La brebis *.

Panthera. La panthère *.

Papio. Le papion *.

Pardus. Le pard *, qui serait le mâle de la panthère.

Pathio. « Animal est quod naturæ decorem mirabilem habet... Quidam antiquorum hoc animal putabant aliquid habere divinitatis. »

Pegasus. Pégase *.

Pilosus. Le pileux, sorte de satyre.

Porcus spinosus. La même qu'*istrix*.

Putorius. Le putois *.

Pyradum. « Est animal quantitatem habens bovis, ramosis cornibus sicut cervus... »

Rangifer. Le renne *.

Roserulæ. Les mêmes que *guesseles*.

Rufinus. Le même que *chama*.

Simia. Le singe *.

Suillis. Le cochon *.

Talpa. La taupe *.

Taurus. Le taureau *.

Tigris. Le tigre *.

Tragelafus. Le tragélaphe *.

Tramen. « Animal est cuniculi habens quantitatem, pugnax mirabiliter et animosum... »

Troglodytæ. « Animalia quædam longissima habentia cornua a capite ante maxillas usque ad terram descendentia... »

Unicornis. La licorne *.

Urnus. La description peut se rapporter à l'aurochs *, qui est souvent appelé *urus;* mais Albert cite plus haut le *bonachus*, qui est aussi regardé comme représentant l'aurochs.

Ursus. L'ours *.

Varius. Le vair ou petit-gris *, écureuil du Nord dont la fourrure était très recherchée au moyen âge.

Vesontes. Le bison?

Vulpes. Le renard *.

Zilio. Animal qui tient de l'hyène et du singe.

Zubro. « Est animal in sylvis aquilanoribus degens, et tantæ fortitudinis quod hominem et equum cornibus ventilat, et cum ventilat in altum projicit, et iterum excipit donec conquassatum interficit... »

II

DE NATURA AVIUM

Accipiter. On désignait parfois sous ce nom tous les oiseaux de proie, mais plus particulièrement l'épervier.

Achantis. Pour Belon, les mots *acanthis, acanthilis, spinus, ligurinus* désignent le serin. Avec plus de raison, on les a appliqués aussi au chardonneret.

Ærisilon. La description prouve qu'il s'agit ici de l'émerillon. C'est l'*æsalon* de Pline.

Agothilem. Il faudrait *ægothelas*, c'est l'engoulevent. Voy. plus bas *Caprivulgus*.

Alauda. L'alouette *. « Avis a laude vocata, eo quod musica sereno et calido congaudet tempore... »

Alcio. Le pingouin (*alca*) ou le martin-pêcheur (*alcedo*).

Anas. Le canard *.

Anser. L'oie *.

Aquila. L'aigle *.

Ardea. Le héron *.

Ardeola. Le même que *ardea*.

Arpia. La harpie *.

Assalon. « Parva avis, quantitatis passeris, quæ infesta est corvis et frangit ova corvorum, est etiam infesta vulpibus; quod videns, corvus auxiliatur vulpi contra communem hostem... »

Athilon. « Avis est amica asini et inimica vulpis... »

Auca. Le même que *anser*.

Aves paradisi. Oiseaux de la taille d'une oie, qui vivent sur les bords du Nil. Ils doivent leur nom à ce que « nullus eis decor videtur deesse. » Ils ne peuvent supporter la captivité.

Barbates. Pierre de Bressuire écrit *barliatha*. La description qu'en donnent lui et Albert prouve bien qu'il s'agit ici de l'animal devenu célèbre sous le nom de bernache, de macreuse, etc [1].

Bistarda. Pierre de Bressuire, écrit *tarda*. C'est l'outarde.

Bonasa. La gelinotte *. Mais il faudrait *bonasia*.

Bonuga. Synonyme de *barbates*.

Bubo. Le grand-duc.

Buteus. La buse.

Butorius. Le butor *.

Caladrion. Le même que *caladrius*.

Caladrius. Il faut sans doute lire *charadrius*, mot qui désigne ordinairement le pluvier, mais cet oiseau est nommé plus loin *pluvialis*.

Calandra. L'alouette *, nommée aussi *alauda*.

Caprivulgus. Le même que *agothylem*. Mais il faudrait *caprimulgus*. Il passait pour téter les chèvres.

Carduelis. Le chardonneret (voy. plus haut *Achantis*) ou la linotte.

Carista. « Caristæ sunt aves quæ innocue flammis involant, ita quod nec pennis nec corpore aduruntur... » Albert déclare que cet oiseau lui paraît fabuleux.

Carthates. « Carthates est avis nigra, de genere

---

[1] Voy. les *Curiosités gastronomiques*, p. 145 et suiv.

mergorum... » des harles, par conséquent; mais il faudrait *cataractes*.

CHORETES. Peut-être le *chloreus* de Pline. Mais que représente-t-il? Suivant Belon, ce serait le loriot, qui était nommé tantôt *chlorion*, tantôt *galgulus*. Pourtant, Albert cite plus loin le loriot sous le nom d'*oriolus*.

CICONIA. La cigogne *.

CIGNUS. Le cygne *.

CINAMULGOS *. Oiseau fabuleux. Pline écrit *cinnamolgos*.

COLUMBA. La colombe *. « Sic dicitur quia lumbos colit multa generatione... »

COREDULUS. « Avis sic vocata eo quod venatione vivat, et corda eorum quæ venatur edat... » Je crois qu'il faut lire *corydalos*, mot qui a désigné le cochevis dit aussi alouette huppée.

CORNICA. « Avis est maxima in partibus Orientis, quæ pulmonen fere ad quantitatem pulmonis vaccæ habet mollem et multo infusum sanguine... »

CORNICULA. La même que *cornix*.

CORNIX. La corneille *.

CORVUS. Le corbeau *.

COTURNIX. La caille *.

CROCHILOS. Albert écrit « crochilos seu regulus, » et *regulus* a toujours désigné le roitelet *. Brunetto Latini le nomme *strophilos*.

DIOMEDITÆ AVES. Les oiseaux de Diomède *. Le *diomedea* est l'albatros.

DRIACHA. « Avis est pedibus carens... Non apparet nisi post pluviam in principio æstatis... »

EGIRTHUS. C'est l'*ægithus* de Pline, ennemi de

l'âne, aversion attribuée souvent à la linotte.

FACATOR. « Avis dicitur esse Orientis, quæ cupida prolis bis coit in anno... »

FALCO. Le faucon *.

FASIANUS. Le faisan.

FETIX. « Fetix avis est in æstate pullificans et multos in æstate valde fovens filios... »

FICEDULA. Le becfigue.

FULICA. La poule d'eau.

GALLINA. La poule *.

GALLUS. Le coq *.

GALLUS GALLINACEUS. Le chapon.

GALLUS SYLVESTRIS. Le même que *fasianus*.

GARRULUS. Le geai.

GASTURDI. Le même que *gosturdi*.

GLUTIS. Sans doute le *glottis* de Pline, que les traducteurs nomment glottide. Pour Belon, ce serait le flamant, mais la description qu'en fait Albert ne permet guère cette interprétation.

GOSTURDI. « ... Ova dicuntur in terra facere et raro fovere, propter quod vulgus mentitur hæc a bufonibus foveri. »

GRACENDERON. « Avis dicitur esse nigra, inter omnia volatilia minus utens coitu... »

GRACULUS. Le choucas. Le geai (voy. *garrulus*) a aussi porté ce nom.

GRUS. La grue *.

GRYPHES. Le griffon *.

GUGULUS. Peut-être le *galgulus* de Pline. Voy. ci-dessus *choretes*.

HIRUNDO. L'hirondelle *.

HISPIDA. « ... De hac dicunt quod pellis ejus, de-

tracta et parieti infixa, mutat pennas annis singu-
lis. » Le martin-pêcheur s'est nommé *alcedo, ipsida,
ispida*, etc.

IBIS. L'ibis *.

IBOR. Animal fabuleux.

KARKOLIX. Peut-être le coucou, ordinairement
nommé *cuculus*.

KIRII. « Avis præda vivens, bonæ pullificationis
et diligenter pullos nutriens... »

KITES. « Aves sunt quæ vociferant vicibus diver-
sis... »

KOMOR. « Avis est quæ in anno quinquies vel
sexies pullificat et nutrit. »

INCENDULA. Sans doute l'oiseau que Pline nomme
incendiaria, et dont il avoue que « quis sit avis ea
nec reperitur nec traditur. »

LARUS. Le goéland ou la mouette *.

LIGEPUS. « Avis est, secundum suum nomen,
leporinos habens pedes... »

LINACHOS. Oiseau fabuleux.

LUCIDIA. « Lucidiæ aves sunt pennas habentes
noctilucas, et ideo projectis pennis vias demon-
strant... » Cette description semble pouvoir s'appliquer au lampyre * ou ver luisant, mais cet animal
est un insecte, non un oiseau.

LUCINIA. Le mot *luscinia* désigne ordinairement
le rossignol, qui est nommé plus loin *philomena*.

MAGNALES. « Aves Orientis valde magnæ, pedibus nigris et rostro, hominibus non nocentes... »

MEANCA. « ... Semper clamans, meanca, cadave-
ribus cupidissima, præcipue hominum, gaudet in
tempestate... »

MELANTORISUS. Peut-être le *melancoryphus* de Pline, que Cuvier croit être le gobe-mouches à collier blanc. Mais la description de Pline ne s'accorde guère avec celle d'Albert.

MENONIDES. Il faut lire *memnonides* : les oiseaux de Memnon *.

MERGUS. Le harle.

MERISTIONES. « Aliquid habent de falconum natura... »

MEROX. Le pic vert *.

MERULA. Le merle *.

MILVUS. Le milan *.

MONEDULA. Un oiseau noir qui dérobe et cache les monnaies d'or et d'argent. Ce pourrait être le choucas, variété du corbeau, mais il est nommé plus haut *graculus*.

MORFEX. Peut-être l'autour ou le sacre, que l'on trouve parfois nommés *morphnus* et *morphnos*.

MUSCICAPA. Le gobe-mouches.

NEPA. « ... Hanc *ficedulam* (voy.) quidam vocaverunt. »

NISUS. C'est le *falco nisus*, variété de l'épervier.

NOCTICORAX. « Est corvus noctis nigræ varietatis... et est minor quam noctua. » Peut-être notre moyen-duc.

NOCTUA. La chevêche.

ONOGRATULUS. « Avis rapax, longo rostro, quasi cornu sonans horribilem vocem emittit... » Peut-être le butor *. — Je l'ai trouvé nommé *onocrocole.*

ORIOLUS. Le loriot.

Osina. « Avis alba, cigno major vel æqualis, quam nostri quidam volinarum vocant... »

Othus. Le hibou.

Passer solitarius. « Dicitur solitarius quia cum nullo sui generis unquam congregatur, nisi tempore generationis... »

Pavo. Le paon *.

Pelicanus. Le pélican *.

Perdix. La perdrix *.

Philomena. Le rossignol. Mais il faut lire *philomela*.

Phoenix. Le phénix *.

Pica. La pie.

Picus. Le pic *.

Picus viridis. Le même que *merox*.

Platea. Le souchet ou la spatule. On a aussi donné ce nom au pélican.

Pluvialis. Le pluvier *.

Porphirion. La poule sultane ou talève.

Psittacus. Le perroquet *.

Quiscula. Le même que *coturnix*.

Regulus. Le roitelet *.

Strix. L'effraie *.

Struthio. L'autruche *.

Sturnus. L'étourneau.

Tantalus. Le même que *ardea*.

Tregopales. C'est sans doute l'oiseau que Pline nomme *tragopanus*, et qui pourrait bien être notre faisan cornu. Belon le classe parmi les « oyseaux incognuz. »

Turdella. Variété du merle.

Turdus. La grive *.

TURTUR. La tourterelle *.

ULULA. La chouette * ou la hulotte.

UPUPA. La huppe *.

VANELLUS. Le vanneau.

VESPERTILIO. La chauve-souris *, mais c'est un mammifère.

VULTUR. Le vautour *.

ZELEUCIDES. Les séleucides, oiseaux fabuleux, envoyés sur la terre pour détruire les sauterelles qui ravageaient le mont Cassin.

III

DE NATURA NATALIUM.

ABARMON. Sans doute la brême, appelée *abramis*.

ABIDES. C'est un animal aquatique qui se change parfois en animal terrestre; « et tunc cum figura mutatur et nomen ejus, et vocatur *astoim*. »

ACCIPENDER. Il faudrait *acipenser*. C'est l'esturgeon *.

AFFORUS. « Piscis est qui, propter exiguitatem, hamo capi non potest. »

ALBIROM. Pierre de Bressuire le nomme *albirem*. Je crois que ce nom est arabe, et qu'il désigne soit la raie sephen, soit un squale de la mer Rouge. Sa peau est si épaisse, dit Albert, que les soldats s'en font des coiffures capables de résister aux armes les plus tranchantes.

ALFORAS. « Piscis est qui ex putretudine luti generatur, et in luto sive aqua procreatur... » Les marins disent que, fût-il pourri tout entier jusqu'aux yeux, un peu d'eau suffit pour le ranimer et lui assurer une existence beaucoup plus longue que la première.

ALLECH. « Est piscis, quem ego vidi, qui habet corpus et corium fere sicut piscis qui raye gallicé vocatur... » — Je rappelle que le mot *halecula* désignait l'anchois.

AMGER. « ... Brevior anguilla, rostrum avis habens pro ore subtile et longum et rubeum. »

ANGUILLA. L'anguille *.

ARANEA. L'araignée de mer *. Soit la vive, soit un crabe à longues jambes. — La sèche a aussi porté ce nom.

ARIES MARINUS. Pour Cuvier, le bélier marin pourrait être un grand dauphin que l'on nomme *bootskopf* ou épaulard. Pour Belon et pour Rondelet, c'est l'aigrefin.

ARISTOSIUS. Le même que *verich*.

ARMUS. « Piscis est saxatilis qui lapidem gestat interius... »

ASTAROM. « Ebulliat, sicut vermis, ex stercoribus animalium... » Je l'ai trouvé nommé en français, au quinzième siècle, *asturan*.

ASTOIM. Le même que *abides*.

AUREUM VELLUS. Sorte d'éponge.

AUSTRATUS. « Piscis est qui aquarum undam ore suscipit et oritur quando pleiades occidunt eo quod tunc tempus est pluviarum. »

BABYLONICI PISCES. Poissons qui vivent dans les environs de Babylone, au confluent des eaux douces et des eaux salées.

BALENA. La baleine *.

Barchora. « ... Hoc animal piscatores militem vocant, eo quod habet scutum et galeam. »

Beluæ. Monstres marins.

Bocha. Il a le ventre blanc et le dos noir tacheté de points rouges.

Borbochæ. « Pisces fluviales et lacunales, anguillis fere similes... »

Bos marinus. Le même que *foca*. — On trouve parfois cité un *bos maris* qui pourrait bien être le lamentin et que Belon nomme « vacca marina. » On l'a appelé aussi femme de mer. — Voy. plus loin la notice sur les sirènes.

Cærulei. Poissons de couleur bleue qui ne se rencontrent que dans le Gange.

Cahab. « Pedes ejus creati sunt de cartilagine et formati ad modum pedis vituli... »

Cancer. L'écrevisse.

Canes marini. Sans doute les aiguillats, sorte de squale. Pour Belon, le vrai chien de mer est la petite roussette (*squalus catulus*). — Le glaucus, de l'ordre des gastéropodes, a été appelé chien de mer bleu.

Capitatus. La description semble indiquer qu'il s'agit du chabot. Il doit son nom latin à la grosseur de sa tête. — Le mulet s'est appelé aussi *capito*, mais Albert le nomme plus régulièrement *mugilus*.

Carperen. La carpe.

Catula maris. Le même que *scuatina*.

Celethus. « ... Est animal propter pondus capitis graviter dormiens, ita ut manu capi possit dum dormit. »

Cetus. Le cachalot.

CHILON. « ... Non comedit, et ideo nihil in ventre ejus invenitur. »

COCLEÆ. Peut-être les pétoncles.

CONCHA. Sans doute une variété de murex.

CONGER. Le congre.

CORVUS MARIS. On donne parfois ce nom au cormoran, mais il s'agit ici d'un poisson qui, dit Albert, produit un bruit pareil à la voix du corbeau. Serait-ce une sciène?

CRICUS. « Animal esse dicunt quod pedem sinistrum habet magnum et longum, dextrum autem habet valde parvum... »

CROCODILUS. Le crocodile *.

DELPHINUS. Le dauphin *.

DENTRIX. « Dentrix vel peagrus piscis est qui ex re nomen habet. Multos enim dentes habet et magnos, quibus grassatur in ostrea. » C'est sans doute le pagre.

DIES. « Piscis qui eodem die oritur, et completur, et moritur... » Nous ne connaissons plus d'éphémère que parmi les insectes.

DRACO MARIS. Soit le serpent de mer (*muræna serpens*), soit la vive qui, outre son nom d'*aranea*, portait celui de *trachinus draco*.

ELEPHAS MARINUS. Soit le phoque à trompe, soit le morse. Belon donne ce nom à un homard de grande taille.

EQUUS FLUMINIS. L'hippopotame*.

EQUUS MARIS. L'hippocampe.

EQUUS NILI. Le même qu'*equus fluminis*.

ERACLOIDES. « ... Multum sequitur aquam dulcem, et aliquando in cavernis latitat... »

Eschinus. « Est de genere cancrorum semipedalis longitudinis... »

Exochinus. L'exocet. Pierre de Bressuire le nomme régulièrement *exocetus.*

Exposita. « Bestia est quæ multos et longissimos habet dentes... et est de genere cetorum. »

Ezox. « Piscis est quem quidam *lahsen* vocant. Quidam autem magnum piscem Danubii, quem Ungari et Alemani *husonem* vocant aut *asocem...* » L'ezox serait donc soit une variété du saumon qui est parfois nommé *lahsen,* soit le grand esturgeon dit *hausen.* Ce dernier, qui habite la mer Caspienne, remonte régulièrement le Danube.

Fastaleo. Tous les poissons, écrit Vincent de Beauvais, se mangent entre eux, excepté le *fastaleo,* « eo quod, dit Albert, carnes non comedit. »

Foca. Le phoque * ou *bos marinus.* Pierre de Bressuire le nomme *phoca* (forme régulière), *fuca, phycus,* etc.

Galalca. Pierre de Bressuire le nomme *galaga, galalca, galga* et *galgatha.*

Garcan. « Animal fluviale cujus fœmina vagabunde discurrens nec solicitatur, sed negligit partum... »

Gladius. L'espadon. La description est fort exacte.

Glatus. Le même que *glaucius.*

Glaucius. Soit le maigre, soit l'ombre.

Gobio. La gobie ou goujon de mer.

Gonger. « Est piscis magnus atque robustus... »

Gramon. Poisson fabuleux qui a un œil au milieu du front.

HAHANC. Le plus goulu de tous les habitants de la mer. Je l'ai trouvé nommé *ahuna*.

HELCUS. Le même que *vitulus marinus*.

HERICIUS. Peut-être l'oursin ou hérisson de mer.

HIPODROMUS. « Habet rostrum resupinatum, ungues bifidos ut bos, caudam tortuosam, dentes aprorum dentibus similes... »

HIRUNDO MARIS. Un poisson volant. — Une grande hirondelle (*sterna hirundo*) porte aussi ce nom.

HUSO. Le même que *ezox*.

KALAOM. « Piscis est maris, cui contra morem aliorum piscium, qui omnes pluviis impinguantur, aqua pluviæ est exitialis... » Vincent de Beauvais écrit *calaos*.

KARABUS. Le même que *locusta maris*.

KOKI. Le même que *vitulus marinus*. Pierre de Bressuire écrit *kola*.

KYLION. C'est un poisson qui a le foie à gauche et la rate à droite. Pierre de Bressuire écrit *ciloc*.

KYLOM. Sans doute la tortue de mer, qui se nommait en latin *chelona* et en grec χελώνη.

LEO MARINUS. Sans doute le phoque à capuchon. Pour Belon, c'est une variété du homard.

LEPUS MARINUS. Le mollusque appelé par Linné *aplysia*. Un autre *lepus marinus*, qui serait velu et venimeux, doit représenter un tétrodon quelconque.

LOCUSTA MARIS. La langouste *.

LOLLIGENES. Le calmar *. Mais à condition de lire *loligo*.

LUCIUS. Le brochet.

LUDOLATRA. « Animal marinum quatuor habens alas, duas in facie et duas in dorso... »

LULIGO. Peut-être le calmar (*loligo*), mais la description me donne des doutes. D'ailleurs, il est nommé plus haut *lolligenes*.

LUPUS MARINUS. Dit aussi chat de mer, animal de la famille des anarrhiques.

MARGARITA. Le testacé qui fournit les perles. C'est le *mytilus margaritiferus* de Linné.

MEGARIS. Peut-être le hareng, nommé en latin *megalops*. « Salsus longius defertur; » on salait donc déjà le hareng au treizième siècle.

MERIDES. La description me paraît se rapporter aux néreides. Toutefois, il y a bien dans le texte *merides* et *de mereidibus*.

MILAGO. Le pirabède, de la famille des trigles ou grondins. Mais à condition de lire *milvago*.

MILES. Le même que *gladius*.

MONACHUS MARIS *. Cuvier croit qu'il faut y reconnaître le phoque à ventre blanc.

MONOCEROS. C'est le narval. Mais Albert a le tort de le présenter comme un poisson à mouvements lents : « piger est, » dit-il.

MUGILUS. Le mulet *.

MULLECTUS. Le même que *mullus*.

MULLUS. Le rouget, ou le surmulet qui en est une variété.

MULUS. Peut-être la moule. « ... Cibatur alga et ostreis et limo, et non est nobilis. »

MULTIPES. Le même que *polipes*.

MURENA *. L'anguille de mer.

MUREX. C'est une coquille qui a presque le même

pouvoir que l'écheneis pour arrêter les vaisseaux. Voy. *Concha.*

Mus marinus. Ce n'est pas du rat d'eau, amphibie d'eau douce, qu'il est ici question, mais d'une tortue qui pond hors de la mer dans un trou qu'elle a creusé. Elle s'éloigne, revient le treizième jour, et mène à l'eau ses petits. Ils naissent aveugles.

Mustela maris. Une lotte, sans doute.

Nasus. « ... Spissum habet valde nasum. » C'est peut-être le nason, dit aussi licorne de mer.

Nautilius. Le nautile *. Il faut lire *nautilus.*

Orcha. Le marsouin épaulard, qui est dit en latin *orca* et en vieux français *oudre.*

Ostreæ. Les huîtres *.

Pastinata. Il faut sans doute lire *pastinaca.* C'est la pastenague.

Pavo maris. « Est piscis collo et dorso optimis coloribus pictus sicut pavo. » Peut-être la vieille (*vetula*), dite aussi perroquet de mer, qui a le dos tantôt bleu, tantôt vert, tantôt rouge avec des reflets variés. Un échassier semblable à la bécassine, le combattant, s'est vu aussi nommer paon de mer.

Peagrus. Le même que *dentrix.*

Pecten. « Est piscis rotundus... ungues ejus sicut ossa lucent de nocte... »

Perna. Les perna figurent parmi les testacés acéphales.

Pistris. Le mot *pristris* désigne ordinairement la scie, qui est nommée plus loin *serra.* Le pistris cité ici est un poisson qui « aliquando se offert supra mare in modum altissimæ columnæ. »

. PLATANISTA. C'est, suivant Cuvier, le dauphin du Gange.

POLIPES. Le poulpe.

PORCUS MARINUS. Le marsouin commun, dit plus souvent *sus maris*. Une espèce de squale, le humantin a aussi porté ce nom.

PUNGITIUS. L'épinoche. « Pisciculus est ommium piscium minimus... » Pour Pline, le plus petit des poissons se nomme *clupea* et n'est qu'un parasite.

PURPURÆ. Les pourpres, gastéropodes qui fournissaient des pourpres de plusieurs tons.

PYNA. Sans doute la grande coquille bivalve appelée *pinna* ou pinne marine.

RANA MARINA. La baudroie (*lophius*), dite grenouille marine ou diable de mer.

RAYCHA. La raie.

ROMBUS. Le turbot. Il faudrait *rhombus*.

SALMO. Le saumon.

SALPA. La saupe *. « Piscis est marinus, obscœnus et vilis. »

SCAURUS. Poisson ruminant que l'on trouve nommé aussi *escarus*. C'est le scare *.

SCINTI. Il faudrait *scinci*, car c'est bien des scinques qu'il est ici question.

SCOLOPENDRA. Albert n'a pas mentionné la scolopendre * terrestre ou mille pieds, qui a jusqu'à 74 paires de pattes.

SCORPIO MARIS. La scorpène ou rascasse. — Le chabot a porté le même nom, et aussi ceux de crapaud et de diable de mer.

. SCUATINA. « ... Cutem habet ita asperam ut eà, cum sicca fuerit, ligna et ebora poliantur... » Il faudrait *squatina*. C'est l'ange de mer ou squatine, sorte de squale.

Scylla. Monstre marin assez semblable aux sirènes.

Sepia. La sèche *.

Serra. La scie.

Sirenes. Les sirènes *.

Solaris. Le silure ou wels.

Sorta et serta. Monstre dont la description ne rappelle pas du tout la serte.

Sparus. Le spare, nom porté aujourd'hui par un genre entier d'acanthoptérygiens.

Spongia. L'éponge *.

Stella. Une astérie ou étoile de mer.

Stora. Le même que *sturio*.

Sturio. La description pourrait s'appliquer au requin. Mais le mot *sturio* a désigné aussi l'esturgeon qu'Albert nomme *accipender*.

Sturitus. « Animal est marinum, medium inter plantam et animal... »

Sumus. « Est piscis miro modo solicitus circa sobolem. Fœmina enim, in triduo ovationem complente, mas ova quinquagenta custodit diebus, et omne animal quod appropinquaverit quærit superare. »

Testeum. « Animal est marinum quod pellis duritie testeum appellatur... »

Testudo. C'est le nom latin de la tortue *.

Torpedo. La torpille *. Son étrange propriété était déjà bien connue d'Aristote.

Tortuca. « Tortuca maris est id quod vulgus militem vocat in Germania... »

TREBIUS. C'est un poisson qui est noir pendant l'été et blanc pendant l'hiver.

TRUTHA. La truite.

TUNALLUS. Le thon *. Pierre de Bressuire écrit plus régulièrement *thynnus*.

TYGRIUS MARINUS. Sans doute le phoque à peau brune tachetée de clair.

URSUS MARINUS. Variété du phoque. C'est le *phoca ursina* de Buffon.

VACCA MARINA. « ... Ipsum animal aliquando centum triginta annis probatum est vixisse per caudæ ipsius amputationem... » D'après Daubenton, la vache marine serait le morse. Voy. ci-dessus *Bos marinus*.

VERGILIADES. Poisson abondant surtout dans les lacs de l'Italie. Il ne se montre que quand brille une étoile nommée *vergilie*.

VERICH. « Verich piscis vulgariter vocatur quod latine *aristosius* dicitur, propter innumeras aristas quas caro ejus in se habet... » L'alose, dite aussi pucelle, passait au seizième siècle pour le poisson qui avait le plus d'arêtes.

VIPERA MARINA. C'est l'ophidium lumbriciforme de Linné.

VITULUS MARINUS. Une variété de phoque.

VULPES MARINA. Le requin a porté ce nom.

ZEDROSUS. « Belua est maris, de genere cetorum. » Pierre de Bressuire écrit *gedrosus*.

ZITYRON. « ... In anteriori parte, quasi armati militis præfert figuram... Antiqui militem vocaverunt. »

ZYDEATH. Animal marin, qui a la tête d'un cheval, le corps d'un dragon, etc. P. de Bressuire écrit *zidrach*.

ZYSIUS. « ... Caput habet monstruosum, oculos horribiles... in toto corpore nulli alii simile animali. » L'espadon a porté ce nom.

IV

DE SERPENTUM NATURA.

AFFORDIUS. Le même que *sabrin*

AHEDISIMON. « ... Est de genere draconum et habet dentes vehementes... »

ALHARTRAF. Il est de la famille des dragons et a jusqu'à cinq coudées de longueur. Sa blessure est parfois guérissable.

ALTINANITI. « Sunt serpentes valde astuti, calidi et malitiosi... » L'altinanitus est dit aussi *afferacus, afferatus, alteratus*, etc.

AMPHISILEA. C'est l'amphisbène *. Mais Albert déclare qu'il n'existe aucun animal à deux têtes.

ANDRIUS. Il est plus petit que l'aspic, mais doit être regardé comme tout aussi dangereux.

ARACLIS. C'est un serpent très malin. On survit deux jours seulement à sa piqûre.

ARMENE. Il est de la même famille que le *regulus*, roi des serpents, qu'Albert ne cite pas. Tout animal qu'il approche tombe mort, sans même avoir été piqué par lui.

ARUNDUCUS. Serpent long d'une coudée. Sa piqûre est mortelle du troisième au septième jour.

Asilus. Reptile dont la morsure est très dangereuse. « ... Non vivit morsus ultra tertiam horam a morsu. »

Aspis. L'aspic *.

Basiliscus. Le basilic *.

Berus. « ... Quod autem dicunt quidam hunc serpentem evocare murenam, et coire cum ea, deposito veneno, fabula est. »

Boa. Le boa *.

Cafazètus. Serpent de petite taille et de couleur rouge, qui se cache dans les arbres. On trouve aussi *cafezatus*.

Carven. « ... Est serpens de genere draconum, et morsus ejus est sicut morsus viperæ. »

Cauharus. Serpent de même nature que l'*arunducus*.

Celidrus. « ... Hic serpens ante in magna quantitate erectus ambulat, quia si se multum torserit dum currit, crepat. »

Centrus. Serpent cité par Lucain.

Centupeda: « Serpens est de genere draconum, multos valde habens pedes. »

Cerastes. Le céraste * ou vipère cornue (Milne-Edwards).

Ceristalis. Sorte de vipère dont la piqûre est mortelle.

Cerula. « Cerula est serpens quantitate admodum parvus, et dicitur est cæcus... » C'est certainement notre cécilie, batracien apode. — On le trouve aussi nommé *cecula*.

Cornuta. Sa description est à peu près la même que celle du céraste, à cela près qu'Albert lui attribue deux cornes sur la tête et qu'il en accorde au céraste huit « sicut cornua arietis. »

DIPSAS. Le dipsas *.

DRACO. Le dragon *.

DRACO MARINUS. C'est un serpent de mer.

DRACOPOPODES. « ... Dicunt vultum virgineum imberbis hominis habere... » Sa morsure est aussi dangereuse que celle des dragons.

EMOROIS. L'hémorrhoïs *.

FALIVISUS. Serpent dont la piqûre ressemble à celle de la vipère.

HAREN. « Haren Semechion philosophus dicit esse serpentem de genere draconum marino- rum... »

HAUDION. Ressemble beaucoup à l'albartraf.

HIDRA. Le plus beau des serpents et l'ennemi du crocodile. Il est de la famille des vipères.

HIRUNDO. Il est de la couleur des hirondelles et n'a guère plus d'une coudée de longueur. Sa pi- qûre tue en moins de deux heures.

ILICINUS. « Est serpens qui habitat in ilicibus... » Sa piqûre est mortelle.

IPUCIPIS. Tout être mordu par lui s'endort et meurt. C'est le serpent dont se serait servie Cléo- pâtre. Voy. plus loin la notice sur l'aspic.

JACULUS. L'acontias *.

KEDUSURUS. Le même que andrius.

LACERTA. « ... Narravit mihi unus de sociis nostris fide dignus, quod vidit in Hispania aliquando la- certas habentes spissitudinem cruris hominis sub genu. Et non erant multum longæ, et habitabant in cavernis terrarum. »

Maris serpens. Sa description convient très bien à l'anguille de mer.

Miliares. « Est serpens qui, propter suam citrinitatem, est quasi coloris milii, et ideo etiam a milio nomen accepit... » C'est notre millet (*crotalis miliaris*).

Naderus. Serpent qui se trouve dans la Germanie et qui a environ deux coudées de longueur. Il est gros comme le bras d'un homme.

Natrix. « Est serpens aquaticus, in fontibus veneno aquam inficiens. » Ce doit être la couleuvre à collier.

Obtrialius. « ... De genere aspidis est. Et si quod animal momorderit, somno gravatur, et dormiens moritur. » Voy. ci-dessus *Ipucipis*.

Phareas. Serpent cité par Lucain. « Quasi totus erectus graditur super caudam. » Ceci conviendrait au naja ou serpent à lunettes, qui se redresse dès qu'il aperçoit quelqu'un. Mais le naja des anciens est l'aspic, déjà cité plus haut.

Prester. Le prester *.

Rimatrix. « ... Serpens est rimans aquas et cibos et inficiens eos. Et si quis ex infectis aliquid gustaverit, statim moritur. »

Sabrin. « Serpens coloris arenosi habens puncta nigra et alba, et longitudo ejus est longitudo serpentis cornuti... »

Salamandra. La Salamandre *.

Salpiga. « Serpens esse dicitur qui, propter parvitatem, non videtur et tamen vim nocendi habet maximam. »

Scaura. Sorte de *lacerta*.

Seiseculus. Animal qui a beaucoup d'analogie avec l'amphisbène.

Selphir. « .. Est de genere viperarum. » Pourrait être notre seps *.

Sirenes. « Dicunt esse serpentes monstruosos dulcis sibili, sicut etiam sunt sirenes maris... »

Situla. On donne parfois ce nom au dispsas. Mais c'est ici celui d'un serpent beaucoup plus beau, « ita quod admiratione detinet intuentes, sed est piger et parvus, et ita ignei veneni quod ille quem percutit, totus exuritur... » C'est sans doute le scytale *.

Spectaficus. « Serpens est qui si quem morsu læsit, liquefit ejus caro sicut oleum, et moritur. »

Stellio. « Stellio * est salamandra... »

Stupefaciens. « Omne animal quod viderit ex stupore moritur... »

Tiliacus. « Est de genere draconis... »

Tortuca. « Serpens non est. Sed hic a nobis ponitur, quia aliquid figuræ serpentis participat, et quædam gentes vocant eum serpentem scutatum. »

Tyrus. Plusieurs espèces de serpents portent ce nom. Celui qui habite les Indes ressemble à la vipère.

Vipera. La vipère *.

V

DE PARVIS ANIMALIBUS SANGUINEM NON HABENTIBUS.

ADLACTA. Peut-être l'aulaque, hyménoptère presque semblable aux fœnes.

ARANEA. L'araignée *.

BLACTA. La blatte. Elle est dite *lucifuga* parce qu'elle fuit la lumière, tout au contraire de la mouche qui est dite *lucipeta.*

BOMBEX. Le ver à soie (*bombyx*) *. « Vermis est qui sericum texit... »

BORAX. Sorte de crapaud qui a dans la tête une pierre très précieuse.

BRUCHUS. Petit ver noir, première forme de la sauterelle. Devenu un peu plus grand, il se nomme *archalabus,* et enfin *locusta.* Il est peut-être fait allusion ici à la bruche, à l'attelabe et autres coléoptères de la même famille.

BUFO. Le crapaud *.

CANTHARIS. La cantharide *. « ... Servantur ad diversos usus medicinæ. Alligati enim faciunt pustulas, ex quibus fiunt cauteria utilia. »

CICADA. La cigale *.

CICENDULA. Les cicindèles composent une nombreuse famille de coléoptères.

CIMEX. « Vermis est latus in parietum rimis juxta lectos hominum convalescens et homines mordens.

A vulgo vocatur pediculus parietis... » C'est la punaise.

CINIPHES. « Sunt vermes volantes longis cruribus... quibus perforant pelles hominum... Adeo sunt importunæ in sero æstate quod delicati retia texunt circa lectos. » Ce sont donc les moustiques, car nos cynips * attaquent les arbres et les fruits bien plus que les hommes.

CINOMIA. Le même qu'*erigula*.

CRABO. Il faudrait *crabro*. C'est le frelon.

CULEX. C'est le cousin * (*culex pipiens*) qui est désigné ici. « ... Ab aculeo quem in ore habet acutissimum nomen accepit. »

ERIGULA. La description convient parfaitement à l'ixode ricin. C'est la tique, la louvette vulgaires.

ERUCA. La chenille *.

FORMICA. La fourmi *.

FORMICALEON. Le fourmilion *.

LANIFICUS. Le même que *bombex*.

LIMAX. La limace. « ... Humor ejus, qui loco sanguinis est, efficaciter impedit ortum capillorum. »

LOCUSTA. La sauterelle *.

LUMBRICUS. Le lombric, dit ver de terre.

MULTIPES. Le forficule ou perce-oreilles.

MUSCA. La mouche.

OPINACUS. « Opinacum dicunt vermen venenosum, cum serpente, non viribus, sed audacia animi et ingenio præliantem et vincentem... »

PAPILIONES. Les papillons.

PEDICULUS. Le pou *.

PEDICULUS SYLVÆ. Le même qu'*erigula*.

PEDICULUS PARIETIS. Le même que *cimex*.

PHALANGIÆ. Les faucheurs, de la famille des phalangiens.

PULEX. La puce *.

RANA. La grenouille *.

RUTELA. Les rutèles sont des coléoptères de la famille du hanneton. Albert en cite six espèces.

SAMIR. Le même que *thamur*.

SANGUISUGA. La sangsue *.

SCORPIO. Le scorpion *.

SETA. « De pilis nascitur equorum... »

SPOLIATOR COLUBRI. Animal de même nature que l'*opinacus*, mais qui ne s'attaque guère qu'à la couleuvre.

STELLÆ FIGURA. « Vermis est qui nocte ut stella lucet... » Peut-être le lampyre * ou ver luisant.

STUPESTRIS. « Vermis est scarabeo similis, latens inter herbas, et haustus a bobus, viscera bovis disrumpit... »

TAPPULA. L'argyronète aquatique ou araignée d'eau.

TATINUS. « Vermis est qui in lardo porci nascitur quando putrescit, et est vermis hirsutus... » Sans doute le cysticerque qui produit la ladrerie chez le porc. Voy. ci-dessous *Uria*.

TEREDO. Le taret *. Ce n'est pas un insecte, mais bien un mollusque.

TESTUDO. « Vermis est de putredine herbarum et viscoso rore generatus... »

THECA. Le même que *erigula*.

THAMUR vel SAMIR. « Dicunt esse vermen quo vitra et lapides dividuntur... »

TINEA. « ... De exaltatione corruptæ lanæ oritur

et ipsam corrodit. » C'est donc la teigne* qui ronge les draps.

. Uria. « Vermis est porci, ab urendo dictus, quia ubi mordet vesicæ surgunt ac si locus ustus sit... » Voy. ci-dessus *tatinus*.

Vermis. Le même que *lumbricus*.

Vermis Celidoniæ. « Vermes Celidoniæ dicunt esse qui in Celidonia regione in aquis ferventibus vivunt... »

Vespa. La guêpe.

Albert le Grand mourut en 1280.

VIII. Brunetto Latini, *Li livres dou trésor*, publiés par P. Chabaille. Paris, 1863, in-4°.

Brunetto Latini, orateur, philosophe, poète, historien et même naturaliste, appartenait à une famille noble de Florence, mais il vécut pendant plusieurs années en France. C'est là qu'il composa, vers 1265, l'encyclopédie qu'il nous a léguée. Il l'écrivit en français : « Et se aucuns demandoit porquoi cist livres est escriz en romans, selon le langage des François, puisque nos somes Italiens, je diroie que c'est por deux raisons : l'une, car nos sommes en France, et l'autre, porce que la parleure est plus délitable et plus commune à toutes gens [1]. » Le traité *De la nature des ani-*

---

[1] Livre I, chapitre i.

maux, calqué sur les compilations antérieures, occupe la cinquième partie du premier livre. On y voit successivement défiler les bêtes suivantes :

Aigle.

Alcion [1].

Amphimenie [2].

Anete [3].

Anguile.

Antelu [4].

Ardea [5].

Arondele [6].

Asne.

Aspide [7].

Baselique [8].

Belete.

Berbiz [9].

Besainnes [10].

Biche.

Buef [11].

Bufle.

Calandre [12].

Camelion.

Cancre [13].

Castoire [14].

Cerf.

Cete [15].

Chameau.

Cheval.

Chevreuil.

Chien.

Cigne.

Cigoigne.

Coc.

Cocatris [16].

Cocodrille [17].

Colon [18].

[1] Le martin pêcheur.

[2] L'amphisbène.

[3] La cane.

[4] L'antilope.

[5] « Dit aussi « tantalus ou hairon. » C'est le héron.

[6] L'hirondelle.

[7] L'aspic.

[8] Le basilic.

[9] La brebis.

[10] « Les mosches qui font le miel. » (Voy. Ducange,

au mot *Besana*).

[11] Le bœuf.

[12] L'alouette.

[13] Le crabe.

[14] Le castor.

[15] Le mot *cete* désigne ici, non le cachalot, mais la « balaine. »

[16] « Ou hydre. »

[17] Le crocodile.

[18] Le pigeon.

Conche [1].
Contornix [2].
Coquille [3].
Corbel [4].
Cornaille [5].
Dalfin [6].
Dragon.
Dromadaire.
Echinus [7].
Escorpion.
Esmerillon.
Esprevier.
Faucon.
Fenix [8].
Formi [9].
Glaive [10].
Grue.
Hiène.
Hupe [11].

Lion.
Lisarde [12].
Loup.
Loup cervier.
Lucrotte [13].
Manticore [14].
Moreine [15].
Murique [16].
Oie.
Olifant [17].
Once.
Ostour [18].
Ostruce [19].
Ours.
Panthère.
Paon.
Papegaut [20].
Parande [21].

[1] La même que *murique*.
[2] « Que li François claiment griesches. » Ici, ce n'est pas la caille, mais la pie-grièche.
[3] L'huître qui produit la perle.
[4] Dit aussi « corbiaus. »
[5] La corneille.
[6] Le dauphin.
[7] L'échenéis.
[8] Le phénix.
[9] La fourmi.
[10] Le narval.
[11] La huppe.

[12] Le lézard.
[13] La léoncrocute, animal fabuleux.
[14] Animal fabuleux.
[15] La murène ou anguille de mer.
[16] La coquille dite murex.
[17] L'éléphant.
[18] L'autour.
[19] L'autruche.
[20] Le perroquet.
[21] Quadrupède d'Éthiopie, qui a la taille du bœuf, la tête du cerf et la couleur de l'ours. Plus souvent nommé *tarande*.

Pellicant.

Perdriz.

Porc [1].

Salemandre.

Scitalis [2].

Sereines [3].

Serre [4].

Singe.

Strophilos [5].

Taupe.

Tigre.

Torel [6].

Torterele.

Unicorne [7].

Vache.

Vipre [8].

Voltour [9].

Ybes [10].

Ypotame [11].

Brunetto Latini est mort en 1294.

IX. PIETRO CRESCENZI [12], *Commodorum ruralium libri duodecim.*

Ce livre, imprimé dès 1471, fut traduit en français par ordre de Charles V. L'édition dont je me suis servi a été publiée chez Philippe le Noir en 1532. Elle a pour titre :

Le livre des prouffitz champestres et ruraulx, touchant le labour des champs, vignes et jardins, pour faire puis, fontaines, citernes, maisons et aultres édifices.

[1] Le marsouin ou porc de mer.

[2] Le scytale.

[3] Les sirènes.

[4] La serre, monstre ailé.

[5] Le roitelet, qu'Albert nomme *crochilos.*

[6] Le taureau.

[7] La licorne.

[8] La givre ou guivre.

[9] Le vautour.

[10] L'ibis.

[11] Ou « cheval fluviel. »

[12] Petrus de Crescentiis.

D'après Pietro Crescenzi, édition de 1532.

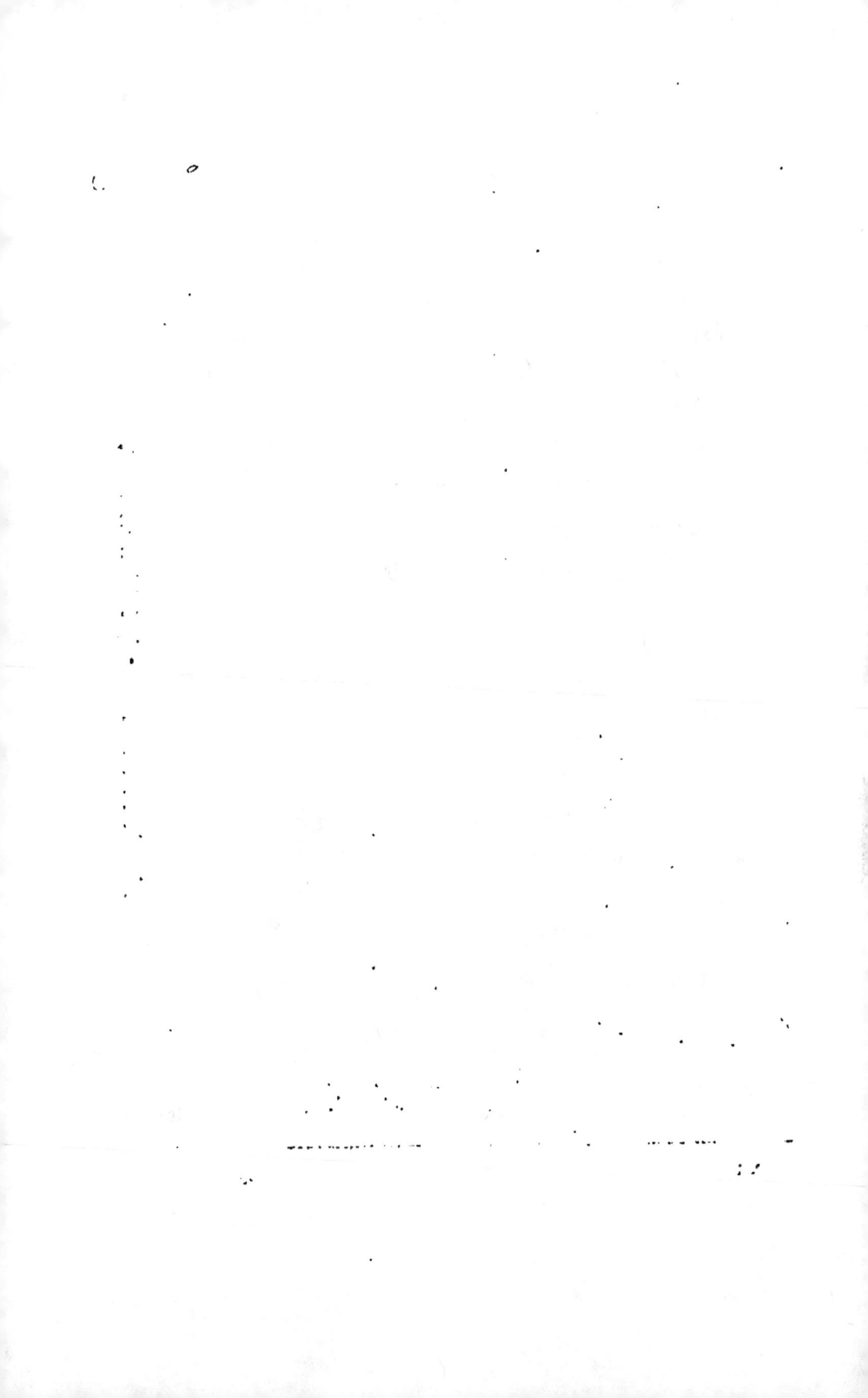

Lequel a esté extraict du jardin de santé [1], *du grant propriétaire de Virgile* [2], *et de plusieurs aultres docteurs auctentiques. Et fut jadis composé par maistre Piérre des Crescens.*

Contenant la vertu des herbes et de faire entes es arbres de plusieurs sortes. Contient aussi la manière de nourrir et garder chevaulx et mules, et à congnoistre leur nature domesticque.

Imprimé à Paris, en la grant rue Sainct Jaques, à l'enseigne de la Roze blanche couronnée.

Pietro Crescenzi écrivit son livre entre 1304 et 1309. Il mourut en 1320.

X. Pierre Berchoire, Bercheure, Berçuire ou de Bressuire, *Reductorium morale.* Venise, 1575, in-folio.

C'est un traité beaucoup plus théologique et moral que zoologique. La partie relative aux animaux est comprise dans les livres VII à X, pages 177 à 449.

Pierre de Bressuire, religieux bénédictin, mourut à Paris en 1362.

---

[1] *Hortus sanitatis,* par Jean Cuba, naturaliste allemand du quinzième siècle.

[2] Polidoro Vergilio, *De inventoribus rerum,* compilation sans valeur.

Ici s'arrête la liste des traités émanant des religieux zoologistes. Mais j'ai encore mis à profit les relations écrites par plusieurs voyageurs des treizième et quatorzième siècles. De toutes celles que j'ai consultées, cinq seulement méritent d'être citées ici :

XI. *Relation des voyages en Tartarie de Fr. Guillaume de Rubruquis et autres religieux de Saint-François et de Saint-Dominique, qui y furent envoyez par le pape et le roy saint Louys... Le tout recueilly par Pierre Bergeron, Parisien.* Paris, 1634, in-8°.

Guillaume de Rubruquis, en français G. de Ruysbroek, offrit à saint Louis de se rendre dans la Tartarie pour y propager la foi chrétienne. Parti vers 1253, il mourut vers 1256 à Saint-Jean d'Acre ; mais il avait eu le temps d'adresser à Louis IX la relation de son voyage.

XII. *Le livre de Marco Polo, citoyen de Venise, rédigé en français sous sa dictée en 1298 par Rusticien de Pise. Publié par G. Pauthier.* Paris, 1865, 2 vol. in-8°.

Le premier voyage de Marco Polo date de 1250. Il resta en Orient jusqu'en 1295, et mourut en 1324.

XIII. *Les voyages en Asie du bienheureux frère*

*Odoric de Pordenone, religieux de Saint-François,
publiés par Henri Cordier.* Paris, 1891, in-8°.

Odoric voyagea en Orient de 1318 à 1330,
et vint mourir à Udine en 1331.

XIV. *Voyages d'Ibn Batoutah, traduits en français par Defrémery et Sanguinette.* Paris, 1853,
4 vol. in-8°.

Les voyages d'Ibn Batoutah durèrent presque aussi longtemps que sa vie, car ils commencent en 1325 pour finir en 1354.

XV. *Ce livre est appellé Mandeville, et fut fait et
composé par messire Jehan de Mandeville, chevalier,
natif d'Angleterre, de la ville de Saint-Alain* [1]. *Et
parle de la terre de promission, c'est assavoir de Ihérusalem et de plusieurs aultres isles de mer, et des
diverses et estranges choses qui sont esdites isles.*
In-4°, gothique, s. l. n. d.

Jean de Mandeville était Anglais, mais
c'est en français que fut publié pour la première fois son très curieux ouvrage. Il en a
été fait, depuis le quinzième siècle, de nombreuses éditions. Le célèbre voyageur visita
l'Orient de 1327 à 1361, et mourut en 1372.

XVI. Dans le même ordre d'idées, l'on consultera avec fruit la précieuse mappemonde

[1] Il faut lire Saint-Alban.

4

dite d'Hereford, curieux monument des connaissances géographiques à la fin du treizième
siècle. L'on y trouve représentés, au milieu
des continents et des mers, un grand nombre
des animaux fabuleux qui n'ont existé que
dans l'imagination des zoologistes du moyen
âge, une mantichore, des dragons, des satyres,
des cynocéphales, des sirènes, etc. Exécutée,
croit-on, par un sieur Richard de Haldingham,
elle est aujourd'hui conservée à la cathédrale
d'Hereford, et M. Jomard en a publié une
reproduction dans l'ouvrage suivant : *Les
monuments de la géographie, ou recueil d'anciennes cartes européennes et orientales.* Paris,
1854, in-folio. On peut consulter aussi sur
cette mappemonde : Joachim Lelewel, *Géographie du moyen âge*, t. II, p. 7.

XVII. Je dois encore ajouter à cette liste
un ou deux ouvrages sur la chasse. J'ai emprunté quelques passages au célèbre traité de
Gaston Phébus, dont la bibliothèque Mazarine
possède un magnifique manuscrit [1].

Gaston, comte de Foix, surnommé Phébus
à cause de sa beauté, entreprit en 1387 de
faire connaître les règles d'un art qu'il avait

---

[1] Coté nº 3717.

beaucoup trop cultivé. Il écrivait dans l'introduction : « Et fu commencé ce présent livre le premier jour de may, l'an de grâce de l'incarnation Nostre Seigneur que on contoit mil iijᶜ iiijˣˣ et vij[1]. » Cet ouvrage a été imprimé vers 1507, sous ce titre : *Phébus, des déduiz de la chasse des bestes sauvaiges et des oyseaux de proye,* mais mes citations sont toutes tirées du manuscrit de la Mazarine.

———

Voyons maintenant, d'après l'ensemble de ces sources, où en était l'étude de la zoologie aux treizième et quatorzième siècles, et ce que professaient durant cette période les maîtres qui avaient approfondi cette science.

[1] Folio 2, recto. Cette phrase n'existe pas dans les exemplaires imprimés que j'ai consultés.

———

CHAPITRE II

LES MAMMIFÈRES

ANE.

L'âne figure sur les plus anciens monuments de l'Égypte, et il est sans cesse mentionné dans la Genèse. L'ancienneté de sa race ne lui a pas concilié les sympathies du moyen âge, aveuglé par sa passion pour le cheval. La « négligence et la foleté[1] » de l'âne ont inspiré maints proverbes, déclare Brunetto Latini, qui a le tort de ne pas les citer. « Son nom vault autant à dire comme beste sans sens, pesant, paresseux et oublieux, » ose écrire Barthélemy l'Anglais. Il ne peut cependant s'empêcher d'ajouter que « l'asne porte grand faix, peut moult de labeur et use de petite viande. »

L'âne, prétend-on encore, a peur de l'eau, hésite à passer les ponts. Mais les coups ont raison de cette répugnance et de bien d'autres. « On le fait labourer[2] outre sa force, on le bat d'un baston, on le poinct d'un aiguillon.

---

[1] Étourderie, sottise.
[2] Travailler.

Quand il a moult labouré, il meurt, et pour tout son labeur, on ne luy laisse même pas la peau : on la luy oste, et on laisse la charogne aux champs sans sépulture, fors de ce que les chiens et les loups en ensevelissent en leur ventre. »

Toutefois, les médecins reconnaissent que, pour rendre le teint frais, il faut le laver avec du lait d'ànesse. Celui-ci a, en outre, la précieuse propriété de rajeunir les personnes qui en boivent.

ANTILOPE.

L'antilope est une bête fière, que l'on ne saurait prendre dans un piège, car ses cornes, dentelées en manière de scie, ont assez de force pour couper même les plus grands arbres. Mais son imprudence le livre à ses ennemis. Lorsqu'il a soif, il va se désaltérer dans l'Euphrate, dont les rives sont bordées de lianes souples et serrées ; il laisse parfois ses bois s'y engager, et s'épuise en efforts inutiles pour recouvrer sa liberté. Il pousse alors des cris plaintifs qui avertissent le chasseur : « li hom vient à l'enseigne de sa voiz, et le fiert[1] tant qu'il l'ocist[2]. »

---

[1] Frappe.
[2] L'occit.

Il n'est pas vrai que les cornes de l'antilope soient dentelées, mais elles sont marquées d'arêtes, d'anneaux saillants, rappelant bien les dents de la scie. Elles présentent en outre, chez les espèces orientales, une courbure triple, qui les rend susceptibles de se prendre dans un épais fourré.

L'antilope est le *bubale* des anciens [1]. Toutefois, Albert de Bollstadt le nomme *analopos* et Hugues de Saint-Victor *antula*.

AUROCHS.

Dans l'animal que Hugues de Saint-Victor nomme *bonasus* et Albert de Bollstadt *bonachus*, il faut reconnaître soit notre bison, soit plutôt notre aurochs [2]. Suivant Albert, le bonachus a la tête du taureau, le corps et la crinière du cheval. Il se distingue aussi par des cornes tellement contournées qu'elles ne peuvent lui servir de défense. Mais la nature lui a donné d'autres armes. Quand il fuit, il lance à une grande distance derrière lui une fiente « stercus projicit, » dont le contact et même l'odeur sont très dangereux.

La race de l'aurochs est aujourd'hui presque détruite.

BALEINE.

C'est la grande merveille de la mer. La

---

[1] Voy. ci-dessous l'article *buffle.*
[2] *Aurochus, urnus, uror, urus.*

couleur de ses écailles lui donne l'aspect d'un vaste banc de sable. Les matelots la prennent pour une île, y jettent l'ancre, y abordent, y allument du feu et y font leur cuisine :

> Entrer cuident en boene place,
> Lor ancres gietent, lor feu font,
> Lor mengier cuisent sor ce mont.

Afin de mieux amarrer leur vaisseau, ils enfoncent des pieux dans ce qu'ils prennent pour un sol ferme et, durant ce temps, le feu continue. Mais la baleine finit par s'apercevoir que son dos rôtit ; alors, elle plonge rapidement, et entraîne avec elle dans les profondeurs de l'abîme la nef et les matelots. La baleine est assez vorace et elle a l'estomac assez ample pour les engloutir tous, puisqu'on sait que Jonas, avalé par elle, s'y trouva fort au large : « Ce est li peisson qui reçut Jonas le prophète dedans son ventre, selonc ce que l'estoire dou viél testament raconte ; il cuidoit[1] estre alez en enfer, por la grandor dou lieu où il estoit. »

Faute de mieux, la baleine sait se contenter de poissons. La suavité de son haleine les

---

[1] Il croyait.

attire à la file et ils disparaissent dans sa panse
aussi large qu'une vallée :

> Et cil les transglout toz ensemble
> En sa pance, qui est si lée [1]
> Comme ce fust une valée.

Vincent de Beauvais trace un tableau très
pittoresque et très exact des opérations qui,
au treizième siècle, constituaient la pêche de
la baleine. De nombreuses barques destinées
à agir de concert étaient rassemblées, et les
marins faisaient retentir l'air du son des
cymbales, car la baleine a l'oreille charmée
par la mélodie musicale. Au moment où l'im-
prudent cétacé y prêtait toute son attention,
un pêcheur lui lançait une pique que terminait
une longue corde; et la flottille s'éloignait en
grande hâte. L'animal frappé s'abandonne
alors à des mouvements désordonnés, mais
prévus, puis s'enfonce dans les flots. Il fait de
vains efforts pour se dégager du fer qui le
retient captif et il élargit ainsi sa blessure. Il
reparait enfin à la surface et ne tarde pas à
donner les signes d'une mort prochaine. Les
matelots se rapprochent, et l'espoir du succès
communique du courage aux moins hardis.

[1] Large.

On entoure le monstre, il est achevé à coups
de pique ; on le lie avec des cordages, et
triomphalement on l'amène à terre, au milieu.
d'enthousiastes acclamations [1].

Albert de Bollstadt, à qui l'on peut reprocher de prendre le cachalot (*cetus*) pour le
mâle de la baleine, indique un autre procédé,
consistant à lancer de loin sur la bête un harpon au moyen d'une sorte de baliste. La forme
du harpon est décrite avec beaucoup de fidélité.

Les hardis pêcheurs qui se livraient à la
poursuite des baleines étaient désignés dans
les langues du Nord par un nom spécial, et
formaient des compagnies appelées *Societates
walmannorum*, des mots *wal,* baleine, et *mann,*
homme.

Albert nomme la graisse de la baleine *graspois*[2], vocable qui figure bien souvent dans
les ordonnances royales de cette époque. Le
craspois ou lard de carême composait, en effet,
la principale nourriture des pauvres gens
pendant les jours maigres. D'autres parties de
son corps, la langue entre autres, étaient fort

[1] « Cum magno tripudio. »

[2] « Hujus piscis lardum est quod graspois vocatur. » L'on
écrivait plus ordinairement *craspois*.

estimées, et l'on en faisait grand usage, surtout dans les couvents[1]. Les églises de Saint-Bertin et de Saint-Omer percevaient un droit de quatre deniers pour chaque queue de baleine. L'abbaye de Caen prélevait la dîme des baleines prises à Dives[2], l'église de Coutances celle des langues de baleine amenées à Merri[3]. Les fanons avaient leur emploi dans l'industrie : Guillaume le Breton nous apprend, par exemple, que sous Philippe-Auguste les guerriers en composaient des ornements pour leurs casques[4].

Au douzième siècle, les Norvégiens et les Islandais avaient « distingué déjà vingt-trois espèces de baleines par des noms différens ; et, bien que la description qu'ils en ont

---

[1] « Frequentissime magnæ portiones strutionum (d'esturgeons)... et crassus piscis quæ balena dicitur abunde ministrabatur. » *Gesta abbatum Trudonensium*, lib. XIII. Dans Luc d'Achery, *Spicilegium*, t. VII, p. 509.

[2] *Fundatio SS. Trinitatis Cadomensis* (1066). Dans le *Gallia christiana*, t. XI, instrumenta, p. 59.

[3] *Bulla Eugenii III, pro Ecclesia Constantiensi* (1145). Dans le *Gallia christiana*, t. XI, p. 239.

[4] Guillaume le Breton (*Guill. Armoricus*) nous montre le brave Renaud de Dammartin

Baleneque jubas seu cornua bina gerentem.

(*Philippidos*, édit. Delaborde, t. II, p. 270. Voy. aussi p. 331.)

laissée soit très imparfaite, on y reconnoît la plupart de celles que l'on rencontre aujourd'hui dans les mers du Nord[1]. »

La baleine et ses congénères (cachalots, rorquals, jubartes, etc.) sont, de nos jours, les plus grands des animaux connus ; mais la race, sans cesse décimée par les pêcheurs, tend à disparaître.

La baleine atteint jusqu'à trente mètres de longueur, sur une circonférence de dix à quatorze mètres. Ses mâchoires ont jusqu'à six mètres d'ouverture, et l'on compte au moins neuf cents fanons de chaque côté de son palais. Des coquillages s'attachent à sa peau et s'y multiplient comme sur un rocher (Cuvier).

BELETTE.

La belette ou mustelle (*mustela*) est à peine plus grande qu'une souris, ce qui ne l'empêche pas de combattre les serpents et même de les manger. Elle se nourrit aussi de souris.

Quelques-uns affirment qu'elle conçoit par la bouche et enfante par l'oreille ; d'autres soutiennent, au contraire, qu'elle conçoit par l'oreille et enfante par la bouche[2].

---

[1] B.-J. Noël, *Histoire générale des pêches anciennes et modernes*, t. I, p. 218.

[2] « Quidam dicunt eas aure concipere et ore parere ; e contrario dicunt quidam ore semen concipere et per aurem parere. »

La belette connaît les vertus des simples. Non seulement elle sait guérir ses petits, mais encore elle les ressuscite dans certains cas. Elle court au bois voisin, y cueille une fleur rouge qu'elle rapporte entre ses dents, et la plaçant dans la bouche du mort, elle le rend ainsi à la vie.

BLAIREAU.

Le blaireau est dit en latin *taxonus, taxus, tesso, meles, melota,* etc., et en français *taisson, taysson, tesson,* etc. Il a des habitudes assez étranges. Quand il est poursuivi, il retient son haleine et enfle ainsi sa peau, afin de sentir moins la morsure des chiens et les coups de bâton. Il réserve à son terrier plusieurs ouvertures ; si un orage éclate, il « estouppe de sa queue le pertuys devers le vent, » et laisse les autres ouverts.

« Le tesson hait le regnard et se combat contre luy. Le regnard, qui ne le peult blecer pource qu'il a la peau trop dure, fait semblant de fuyr ; et ce pendant que le tesson quiert sa proye, le regnard s'en va dedans la fosse du tesson et y fait son ordure. Et quand le tesson sent ceste puanteur, il laisse sa maison et en fait une autre en un autre lieu. »

On prétend, écrit Gaston Phébus, « que ung enfant qui jamais n'auroit chaussé soulers[1], si les premiers qu'il chausse estoient fais de pel de taisson, il garira les chevaulx du farcin se il monte dessus. Mais je ne l'afferme mie. » Moi non plus.

Le blaireau répand une odeur très désagréable. Le terrier qu'il se creuse est oblique, tortueux, et possède une seule ouverture. Il l'entretient avec une extrême propreté.

BŒUF.

Au treizième siècle, on estimait surtout les bœufs rouges. On voulait encore qu'ils eussent les membres gros et carrés, de grandes oreilles, le front large, les yeux, les lèvres et les cornes noires, les narines bien ouvertes et les pieds petits.

La force et la fierté du taureau étaient bien connues, mais on croyait qu'il perdait l'une et l'autre quand on le liait à un figuier. La largeur de la bouche constituait pour eux une beauté, et Gautier de Metz nous apprend qu'il existait aux Indes des taureaux ayant la bouche

> Si large que la fendeure
> De l'une à l'autre oreille dure.

[1] Souliers.

La vache devait être haute et longue, avoir le front élevé, les yeux grands et noirs, les jambes noires et courtes, les pieds fins.

Si la vache a en même temps plusieurs petits, c'est signe certain que l'hiver suivant sera très pluvieux. « Quand les mousches la mordent, elle lève la queue et court par les champs. » Elle meurt souvent de la goutte.

La génisse est une jolie bête à laquelle on donne grand faix pour la mater. Sa chair est plus sèche et plus ferme que celle du veau. Celui-ci, en venant au monde, porte sur le front « une peau qui esmeut les gens à aymer par amour, comme dient les expérimentateurs. »

BOUQUETIN.

L'*ibex* ressemble beaucoup à la chèvre. Il en a l'adresse et la légèreté, il n'existe pas pour lui de tertre inaccessible. Ses cornes sont grandes et fortes à ce point que si, sautant de roche en roche, il calcule mal la distance et fait une chute, ses cornes, sur lesquelles il tombe toujours, amortissent le choc, et il ne se fait aucun mal.

Quand des chasseurs le poursuivent, il fuit devant eux en montant toujours. Puis, au moment où un sommet l'oblige à s'arréter, il se retourne, fait face à son ennemi et, à coups de cornes, le précipite dans l'abîme.

BUFFLE.

Le buffle (*bos bubalus, bufalus, buflus, bubale, bugle, bœuf sauvage*) est une bête noire ou fauve, sorte de bœuf si farouche qu'on ne peut le réduire en domesticité ni le soumettre au travail. De mœurs douces pourtant, il chérit tendrement sa femelle. L'une de ses joies est de se vautrer, de dormir dans l'eau ou dans la fange. Sa chair est très délicate. Le lait de la femelle guérit les blessures faites par les serpents, par le scorpion, par la salamandre.

La couleur rouge le met en fureur. Pour s'emparer de lui, les chasseurs se dissimulent derrière un arbre et agitent un drap rouge. Le buffle s'élance et frappe l'arbre de ses cornes avec une telle violence qu'il lui est impossible de se dégager, et il se trouve dès lors à la merci de ses ennemis.

Belon nous a conservé le « portraict du beuf d'Afrique que l'on peult nommer en latin bubalus[1]. »

[1] Édit. de 1557, p. 102.

Au-dessous se trouvent ces quatre vers :

> Ce beuf poly, gras, de petit corsage
> Et ramassé, trappe [1], beau, bien formé,
> Est bien autant en Afrique estimé
> Que nostre beuf, qui est gros davantage.

Ce nom de bubalus, en français bubale, a désigné deux animaux bien distincts : le bos bubalus qui est décrit ici, et une variété de l'antilope.

La chair du buffle est aujourd'hui fort peu estimée, mais son lait passe pour agréable.

CASTOR.

« C'est une beste qui habite en terre et en eau, et fait sa maison sur la rivière moult subtilement. Ces bestes ayment moult ceulx de leur espèce, et vont par troupeaulx ensemble, et couppent les busches ès dentz et les emportent en leurs cavernes par merveilleux art ; car ilz en mettent un par terre sur son dos, et luy mettent les busches entre les cuysses et le tirent comme une charrette jusques au lieu où ilz habitent, et là le deschargent de ses busches. Ilz ordonnent leurs maisons fortes et subtiles, car il y a deux ou trois garniers [2] ; et

[1] Trapu.
[2] Greniers.

quand l'eau croist, ilz habitent hault, et quand elle est appetissée, ilz habitent en bas. Et a en chascun garnier un pertuys par où ilz mettent leurs queues en eaue, sans quoi elle ne peult durer longuement, parce qu'elle est de nature de poisson qui ne peult vivre sans eaue. »

Les génitoires du castor sont fort utilisées en médecine et, pour se les procurer, on lui fait une guerre acharnée. Il n'ignore pas que c'est là surtout ce qu'on veut de lui ; aussi, quand il se sent serré de trop près, lui-même « tranche ses c........ avec ses dens et les giette devant les veneors [1]. Et dès lors, si l'on l'ensuit [2], il descuevre ses cuisses et démonstre bien que il est escoillié. » Le chrétien, poursuivi par le démon, doit ainsi lui jeter à la face ce que l'esprit malin aime par-dessus tout, c'est-à-dire la fornication, l'adultère, l'ivrognerie, etc. Le démon, ayant obtenu ce qu'il désire, abandonne sa proie.

Nulles dents de rongeurs ne sont supérieures à celles des castors, et tous les détails donnés plus haut sur les ingénieuses constructions de ces animaux sont parfaitement exacts. Mais, au seul castor

---

[1]. Chasseurs.

[2] Si l'on continue à le poursuivre.

d'Amérique est dévolu cet étrange instinct, celui de l'ancien continent ne le possède point. Comment donc Barthélemy l'Anglais et Albert de Bollstadt ont-il pu, plus de deux cents ans avant la découverte de l'Amérique, décrire avec tant de précision le travail auquel se livrent les castors de cette région? Faut-il donc admettre qu'aux treizième et quatorzième siècles les castors européens étaient dotés d'un instinct analogue, et qu'ils l'ont perdu depuis?

Il est plus facile d'expliquer la ruse dont se sert le castor vis-à-vis des gens qui le poursuivent. Le castoreum est une huile, une sorte de pommade que renferment deux glandes placées sous la queue de l'animal. Quand ces glandes sont engorgées, elles le gênent, et il s'efforce de les vider en se frottant contre des pierres ou des troncs d'arbre. On en aura conclu qu'il abandonnait son castoreum en fuyant, et aussi qu'il se mutilait soi-même.

CATOBLÈPE.

Animal très abondant sur les bords du Nil. Sa tête est si pesante qu'il a beaucoup de peine à la porter, aussi la tient-il toujours baissée. Et c'est bien heureux, car tout être qui aperçoit ses yeux tombe mort, « qui in oculos ejus offenderit statim moritur. »

Suivant Cuvier, le catoblèpe représenterait notre gnou.

CERF.

Le cerf n'a jamais la fièvre, et il suffit de manger chaque jour un peu de sa chair pour se trouver désormais exempt de cette maladie. Son sang ne se fige jamais et reste toujours aussi limpide que celui du lièvre ; mais il a les entrailles amères, aussi les chiens n'y touchent-ils que s'ils sont affamés, « nisi sint valde famelici. »

Le cerf a un faible pour la musique ; il aime surtout que l'on siffle auprès de lui. Et, à ce propos, il ne faut pas négliger de rappeler que cet animal est complètement sourd quand il a les oreilles baissées : pour entendre, il faut qu'elles soient dressées et bien droites.

La femelle ne peut concevoir qu'après le lever d'une étoile nommée *Arcton*, et elle porte ses petits pendant huit mois.

Le cerf qui se voit cerné par les chasseurs s'arrête et pleure. Toutefois, au temps de ses amours, il lui arrive d'attaquer l'homme, et il devient pour lui plus dangereux encore que le sanglier ; car, écrit le comte de Foix : « à grant peine ung homme garira, se il est fort blecié d'ung cerf. Et pour ce, dit-on : après le sanglier, le mire[1] ; après le cerf, la bière. »

Le cerf déteste les serpents, et toute personne ointe de sa graisse n'a plus rien à craindre d'eux. La haine qu'il porte à cette vivante image du démon lui a valu l'honneur d'être adopté parfois comme symbole de Jésus-Christ. D'ailleurs, il ne se borne pas à haïr les serpents. Quand il peut, il les mange, et sa mort est infaillible s'il reste trois heures sans boire après un pareil repas ; mais s'il rencontre une fontaine où il puisse largement s'abreuver, il rajeunit en un instant de plusieurs années. Ainsi s'explique sa longévité.

Combien d'années vit-il ? Question très controversée et qui mérite qu'on s'y arrête.

Buffon s'exprime ainsi : « Ce que l'on a débité sur la longue vie des cerfs n'est appuyé sur aucun fondement, ils ne dépassent guère trente-cinq à quarante ans[2]. » Aristote avait dit à peu près la même chose[3] deux mille ans auparavant. Mais Pline n'en voulut rien croire, et le moyen âge, ami du merveilleux,

---

[1] Le médecin.

[2] Édit. de 1756, t. VI, p. 93.

[3] « On fait bien des contes sur la prétendue longévité du cerf, mais il n'y a rien de bien clair dans tout ce qu'on en débite. » (*Histoire des animaux*, traduct. Barthélemy Saint-Hilaire, t. II, p. 387.)

donna raison à Pline contre Aristote. « La longévité du cerf, écrivait le naturaliste latin, est un fait reconnu. Quelques-uns ont été pris, au bout de cent ans, avec des colliers d'or qu'Alexandre le Grand leur avait fait mettre, et qui étaient cachés sous les plis de la peau, à cause de l'embonpoint que ces animaux avaient pris[1]. » Nous verrons plus loin notre roi Charles VI rencontrer à son tour un de ces vénérables quadrupèdes, qui aurait eu alors environ quinze cents ans.

Hugues de Saint-Victor accorde au cerf neuf cents ans d'existence.

Guillaume de Normandie, plus prudent, se borne à constater que le cerf

> Se reforme et longuement vit.

Barthélemy l'Anglais estime que le cerf prolonge son existence plus de cent ans.

Vincent de Beauvais lui accorde seulement une centaine d'années.

Albert de Bollstadt s'en réfère à l'histoire des cerfs d'Alexandre.

Brunetto Latini raconte en ces termes le procédé de rajeunissement que je signalais

---

[1] Lib. VIII, cap. L.

tout à l'heure : « Quant li cerf vuet[1] déposer sa viellesce ou maladie que il ait, il manjue[2] le serpent, et por la paor[3] dou venin, court à la fontaine et boit assez. Et en ceste manière mue son poil et ses cornes et giete fuer[4] toute viellesce. Et por ce, vit le cerf longuement. »

Enfin, le beau Phébus affirme que « ung cerf vit plus longuement que beste qui soit, car il puet bien cent ans vivre. Et tant est vielz, plus est bel et de corps et de teste, et plus luxurieux ; mais il n'est mie si viste, si legier, ne si puissant. »

Au dix-septième siècle, Aldrovande[5] et Ruysch[6] invoquent l'autorité du vieux poète Hésiode. En des vers, qui ne figurent pas dans ses œuvres, il affirmait, disent-ils, que la corneille vit neuf fois autant que l'homme, et le cerf quatre fois autant que la corneille. Le cerf, ajoutent-ils, vivrait donc environ 3,600 ans.

On a vu que Buffon lui accordait de trente-cinq à quarante ans. Cuvier est du même avis,

---

[1] Veut.
[2] Il mange.
[3] Par la peur.
[4] Jette dehors, rejette.
[5] *Quadrupedum historia*, édit. de 1621, p. 808
[6] *Theatrum universale*, édit. de 1718, p. 60.

mais Milne-Edwards se prononce pour vingt ans seulement.

CHAMEAU.

« Le chamel est une beste débonnaire qui s'agenouille devant ceulx qui le chargent et porte grands faiz sur son dos. » Quelques-uns possèdent deux bosses, d'autres n'en ont qu'une. Par jalousie de métier sans doute, ils tiennent les chevaux pour ennemis de leur race.

Leur mâchoire supérieure est dépourvue de grosses dents, et ils digèrent d'une façon fort étrange. « Le chameau a plusieurs ventres. Sa viande est retenue au premier, et se commence à digérer au second ; au tiers ventre, la digestion est plus verte, et au quart ventre elle est du tout accomplie. Ceste diversité de ventres est nécessaire au chamel pour la grosseur de sa viande, qui est peu moulue par ses dentz. »

Les chameaux peuvent rester trois jours sans se désaltérer, et s'ils trouvent une source, ils boivent abondamment pour le besoin à venir ; mais ils débutent toujours par troubler l'eau avec leurs pieds.

Ils vivent jusqu'à cent ans et meurent souvent de la goutte.

Certains chameaux, de petite taille, sont appelés dromadaires, *dromedarii* disent Hugues de Saint-Victor et Barthélemy l'Anglais.

En réalité, le chameau reste parfois jusqu'à sept ou huit jours sans boire ni manger, mais il ne vit guère plus de quarante à cinquante ans.

CHAT.

Le chat[1] ressemble au léopard, dont il a la tête, les oreilles et les griffes, en même temps que ses dents rappellent celles du lion. Il possède le privilège de voir clair dans les ténèbres.

« Le chat n'a point de couleur déterminée, car il en est de blancz, de noirs et gris et de roux. Il ressemble au léopard de piedz, de teste et des oreilles. En sa jeunesse, il est légier et moult joyeux, et se prend à tout ce qui remue devant luy, et se joue à sa queue; mais quand il est vieil, il est moult pesant, ne fait que dormir et espier les souris moult subtilement, et les prend plus par odeur que par sa veue. Et quand il en prend une, il s'en

---

[1] Sur les différents noms qu'a portés le chat dans l'antiquité et au moyen âge, voy. ci-dessous, p. 267.

joue, et puis la mange. Quand on le jette de hault, il chet toujours sur les piedz, et se blèce peu souvent en chéant. Sa fiente put moult fort, et pour ce, il la muce souz terre et la couvre de ses piedz. Advient souvent que pour la beaulté de sa peau, il est prins et escorché. »

L'Inde nourrit des rats énormes, beaucoup plus grands que les chats. Ceux-ci les craignent et les fuient.

CHAUVE-SOURIS.

Elle a le corps semblable à celui d'une souris, vole en l'air comme un oiseau et marche sur la terre s'il lui plaît, ce qui en fait un animal peu ordinaire. « Ses bras et ses jambes sont suspendus à une peau fort délyée. Elle est aveugle comme la taulpe, mange la pouldre, suce l'huyle des lampes et se muce [1] ès crevaces des murs et parois. »

Mandeville déclare qu'il a vu des « souris chauves grandes comme ung corbeau. »

Les chauves-souris ne sont point aveugles, mais leurs yeux, presque imperceptibles, ne paraissent pas leur être nécessaires pour se conduire. Si on les leur crève, elles se dirigent avec la même assu-

[1] Se cache.

rance ; ce qui semble tenir à une extrême sensibilité de la peau des ailes et des oreilles. Elles seraient donc douées d'un sixième sens, leur permettant de sentir le voisinage d'un corps solide sans le toucher.

Elles se nourrissent de fruits et surtout d'insectes.

Le moyen âge les classait parmi les oiseaux.

CHEVAL.

Le cheval est originaire de l'Asie centrale, et sa domestication remonte à la plus haute antiquité. Les Chinois, qui l'avaient reçu de l'étranger, l'employaient déjà deux mille ans avant notre ère. On voit que cette noble conquête date de loin. En revanche, ce sont les Espagnols qui l'ont importé dans le nouveau monde.

Le moyen âge professa pour le cheval une admiration excessive, justifiée d'ailleurs par les services qu'il obtenait de ce bel animal, fût-il, comme le dit Brunetto Latini, « destrier grant por combatre, palefroi por chevauchier à l'aise, ou roncin por somes [1] porter. » La plus célèbre institution de cette époque lui avait emprunté son nom, et les plus nobles seigneurs s'honoraient du titre de chevaliers ; aussi

[1] Charge, bagage.

Albert de Bollstadt consacre-t-il au cheval vingt colonnes, tandis qu'il n'en accorde que six au chien, une et demie à l'âne et une à l'éléphant.

> Une manière de jument
> Y a qui conçoivent du vent,

écrit Gautier de Metz. C'est exprimer bien brutalement une très poétique inspiration. Toute l'antiquité a chanté les chastes amours des cavales de Lusitanie, qui aspirant le souffle fécondant du zéphyr, conservaient ainsi à leur race les dons admirables que la nature lui a départis.

Le bon cheval de bataille « est une beste vive, qui a désir de soy combatre quand il oyt la trompette, et s'émeut à courir quand il oyt crier les gens. Il est dolent quand il est vaincu, et quand il a victoire il est moult joyeulx. Il sent la bataille avant qu'elle soit, il assault les ennemis, les assaillent des dentz et des pieds. »

Certains chevaux connaissent bien leur maître, ne se laissent monter que par lui, le pleurent lorsqu'ils viennent à le perdre.

Aucune bête n'aime ses petits plus que la jument. Si, dans un troupeau, une jument malade néglige son poulain, les autres le nourrissent tour à tour. Celle qui en perd un en adopte aussitôt un autre. Ces nobles animaux sont très fiers de leur crinière et se montrent « courroucés » quand on la leur enlève. Le poulain rend à sa mère toute l'affection qu'il en reçoit; il la suit partout, et si elle le quitte, il « la quiert en hennissant. »

Suivant Pietro Crescenzi, un bon cheval doit avoir les oreilles fortes, la poitrine et la croupe larges, la crinière épaisse, l'échine courte, le col gros, les yeux grands, les narines bien ouvertes, les jambes longues par devant et courtes par derrière.

CHÈVRE.

Les chèvres respirent, non par le nez, mais par les oreilles. Elles voient dans l'obscurité aussi bien qu'en pleine lumière et leur odorat est très fin. Leur dent est nuisible à plusieurs arbres : il est reconnu que si elles mordent l'olivier, elles le rendent stérile.

« Le bouc est une beste jolie et amoureuse, ses yeulx regardent de travers en signe de luxure. » Il a toujours la fièvre. Son sang est assez chaud pour briser le diamant qui, comme on sait, ne peut être entamé ni par le fer, ni par le feu; aussi ce sang, pris en boisson, est-il un remède souverain contre la gravelle et la pierre. L'odeur de sa corne brûlée chasse les serpents et son fiel éclaircit la vue.

Le chevreau est doux et ne blesse per-sonne. Sa chair doit être préférée à celle de l'agneau.

CHEVREUIL.

Le chevreuil se plaît sur les endroits escarpés. Son instinct lui fait reconnaître de très loin un chasseur.

Les herbes employées en médecine n'ont pas de secret pour lui, et il sait en tirer parti lorsqu'il est malade ou blessé. Il va alors choisir dans les bois une herbe appelée diptame, il la mange ou en recouvre sa plaie, et la guérison est toujours rapide.

CHIEN.

Domestiqué depuis l'origine des sociétés, répandu dans le monde entier, aimant, suivant et servant l'homme sous la zone torride comme au milieu des glaces polaires, le chien est, de tous les animaux, celui qui, par ses facultés affectives et par le développement de son intelligence, mérite dans la création la première place après l'homme.

Le moyen âge a rendu pleine justice à ses admirables qualités. « Il n'est beste si sage comme est le chien, ne qui ait tant de sens, car il entend et cognoist son nom, ayme son seigneur, deffend la maison ou les biens de son maistre, s'offre à la mort pour luy, court partout après luy, et ne le veult pas laisser, ne vif ne mort. » Il retrouve à merveille son chemin, « il a mémoire de sa route, combien qu'elle soit longue, et revient à l'hostel du maistre qui l'a perdu. »

Écoutons maintenant Gaston Phébus : « Chien est loyal à son seigneur, et de bonne amour et vraye.

Chien est de bon entendement, et a grant congnoissance et certain jugement.

Chien a force et bonté.

Chien a sagesse.

Chien a grant mémoire.

Chien a grant diligence et grant puissance.

Chien a grant vaillance et subtilité.

Chien a grant légeresse et grant apprenance.

Chien est bien en commandement, car il apprendra comme ung homme tout ce que on luy enseignera.

Tous esbatemens sont en chiens.

Tant sont bons chiens que à peine est homme qui n'en veuille avoir, pour un mestier [1] ou pour un autre.

Chiens sont hardis. Car ung chien osera deffendre l'hostel de son seigneur et son bestail, et gardera tout ce qui sera sien, et s'en exposera à mort. »

Pour me montrer impartial, même vis-à-vis d'êtres qui me sont chers, je dois avouer ici que Barthélemy l'Anglais consacre tout un chapitre aux « mauvaises propriétez du chien. » Il lui reproche d'abord sa gourmandise, et à cela je n'ai rien à dire, mais qui n'a pas son défaut ? Ensuite de craindre « la verge, le baston et les pierres : » répugnance assez naturelle, il me semble ; Rabelais nous apprend aussi que son ami Panurge fuyait volontiers les coups, « qu'il haïssait naturellement. » Si un chien étranger entre chez son maître, dit encore Barthélemy, « il le combat et le boute hors s'il peult : » c'est indice de jalousie, née de l'amour qu'il porte à son maître. Enfin, quand il est bien repu, il cache sa viande, afin que les autres chiens ne la trouvent : c'est économie bien entendue. Reste la rage, dont voici un fidèle et émouvant tableau : « Le

[1] Pour une nécessité, pour une cause.

chien enragé est toujours vague et fugitif, et
va chancelant comme s'il fust yvre. Et va la
bouche ouverte, la langue traicte [1] et la salive
yssante hors de la bouche, les yeux tournez et
rouges, les oreilles retraictes, et la queue
entortillée autour des cuysses. Et combien
qu'il ait les yeulx ouverts, si s'abuse-t-il contre
tout ce qu'il trouve en sa voye, et abaye
contre son umbre et contre la lune. Les autres
chiens le fuyent et l'abayent, et ne goustent
point de chair où il a mors [2]. La personne qui
en est mors, songe choses moult terribles, et
est paoureuse, et se courrouce de léger, regarde çà et là, ne veult qu'on la regarde, a
abhomination de tout breuvage, redoute l'eau,
abaye comme un chien, et si meurt s'il n'est
secouru par médecines vertueuses. »

Je parlerai plus loin [3] de l'ingratitude que
l'homme témoigne trop souvent à cet admirable serviteur, à ce gai camarade qui sans
cesse aspire après ses caresses. Pour le moment, voici de quelle façon conclut Barthélemy : « Le chien quand il est vieil devient si
paresseux qu'il ne bouge de dessus le fumier,

[1] Pendante.
[2] Mordu.
[3] Voy. ci-dessous, p. 261.

entre les mousches et les vers qui luy mangent les oreilles et la chassie des yeulx, et ne se deffend point, pour sa paresse. Et au dernier, il est si vieil et si abhominable qu'on luy met une corde au col et le traîne-t-on en la rivière pour le noyer, et ainsi fine sa pauvre vie. »

L'accouplement du chien et de la louve produit une espèce très farouche[1]. Son croisement avec la tigresse « engendre chiens qui sont si forts qu'ilz tuent les lions et les éléphans. »

Les petits chiens naissent aveugles. Dans une portée, celui qui ouvre les yeux le dernier est le meilleur. Le chien malade mange de l'herbe pour se faire vomir, « et par ce, nous enseigne à vuider nos réplections par purgation de médecine. » En général, le mâle vit plus longtemps que la femelle ; la moyenne de leur existence est de quatorze ans, mais elle se prolonge parfois jusqu'à vingt ans.

Guillaume de Ruysbroek affirme avoir vu dans l'Albanie des chiens capables de tenir tête aux taureaux et aux lions. « Les habitants, dit-il, s'en servent comme de bœufs pour tirer leurs charrettes. »

---

[1] Voy. ci-dessous les articles *crocotte* et *lincisius*.

La symbolique chrétienne est peu favorable au chien. Les atteintes du démon sont souvent comparées à ses morsures. Satan empruntait volontiers sa figure, et c'est presque toujours sous la forme d'un chien noir qu'il se communiquait aux sorciers et aux magiciens.

COCHON.

Le cochon « est une beste orde qui s'emplit de fiens et d'ordures, et gist en la boue. Ses cheveux de dessus le dos sont appelez soyes. » On en fait des pinceaux pour les peintres « et des asperges desquelz on dispense chascun jour l'eaue benoiste aux églises. » Le porc s'engraisse en quarante jours. Le mâle a plus de dents que la femelle, il est très friand de glands.

La femelle se nomme truie. Elle est sale et gloutonne, mais elle chérit ses petits et, pour les défendre, tient tête au loup et à beaucoup d'autres animaux carnassiers.

Le porc, animal impur, personnifiait la gourmandise, la volupté, les plaisirs immondes. Il était aussi le symbole du diable. C'est en lui que l'esprit malin allait volontiers chercher refuge quand il quittait le corps d'un possédé.

CROCOTTE.

La crocotte, corocotte ou crocutte (*crocota*, *crocutta*, etc.) est un métis né de l'accouple-ment du chien et de la louve ou du loup et de la chienne. On confond souvent avec la léon-crocutte cet animal que sa férocité rend fort redoutable.

Ces sortes de métis sont rares. Buffon n'en avait pu obtenir, mais Daubenton en a connu un, qu'il décrit dans l'*Encyclopédie méthodique*.

DAIM.

Les daims sont animaux faibles et poltrons qui ne savent se défendre de l'homme que par la fuite. Bien qu'ils ressemblent fort au cerf, ils ne frayent pas volontiers avec lui. « Leur nature et celle du cerf, écrit Gaston de Foix, ne s'entreaiment pas l'ung l'autre, car les cerfs ne demeurent pas là où il y ait grant foison de daims. »

Comme le cerf, le daim hait les serpents ; mais ceux-ci ne peuvent supporter son ha-leine, de sorte qu'il ne les craint point. Quand il est blessé, il mange une herbe appelée ser-pentine, et fait ainsi « saillir le fer hors de la playe. »

DAUPHIN.

Le *dalphin* aime l'espèce humaine et se laisse facilement apprivoiser. La musique l'attire et le charme. C'est le plus léger des habitants de la mer ; il va au-devant des vaisseaux, joue, bondit dans leur sillage, lutte de vitesse avec eux, et parvient à les dépasser, même lorsqu'ils marchent à pleines voiles.

Ces animaux jouissent encore d'une propriété bien remarquable. Lorsqu'ils rencontrent dans la mer un homme mort, ils reconnaissent à l'odeur si cet homme a jamais mangé du dauphin. En a-t-il mangé, fût-ce une seule fois ? ils le dévorent. S'en est-il toujours abstenu ? ils « le défendent d'autres poissons et le boutent au rivage sur leur dos. »

Le dauphin actuel (*delphinus delphis* de Lacépède) tient de ses ancêtres une vivacité de mouvements telle qu'il s'élance parfois sur le pont des navires. Suivant Cuvier, qui avait ouvert plusieurs dauphins, « l'organisation de son cerveau annonce qu'il ne doit pas être dépourvu de la docilité que lui attribuaient les anciens. » De son côté, Milne-Edwards déclare que l'intelligence du dauphin, « bien supérieure à celle des poissons avec lesquels le vulgaire est toujours porté à le comparer, lui a valu son antique réputation de sociabilité et d'attachement pour l'homme. »

ÉALE.

L'éale est un animal amphibie de la taille
du cheval. Il a la couleur et la mâchoire du
sanglier, la queue de l'éléphant et de longues
cornes qu'il fait mouvoir à volonté, opposant
tantôt l'une, tantôt l'autre à son ennemi.

D'après Cuvier, l'éale serait le rhinocéros bicorne, dont les cornes jouissent de quelque mobilité.

ÉCUREUIL.

Le nom de ce petit animal a été très défi-
guré par le moyen âge. En latin, la forme régulière *sciurius* est devenue *esquirolus, escu-
rellus, scurellus, scuriolus, scurolius, scurollius,
squirelus, squirio, squirolus,* etc. On trouve en
français *escuireu, escureu, escuriau,* etc. Tous
ces noms désignaient notre écureuil, grimpeur fort leste et à ongles solides. Sa queue,
belle et bien fournie, lui est, disait-on, d'une
grande utilité. Elle lui sert de parachute
quand il prend ses ébats dans les arbres, de
protection contre le soleil, de gouvernail quand
il passe un ruisseau étendu sur un morceau
d'écorce, de girouette quand il veut savoir
d'où vient le vent.

6.

On a vu, dit Milne-Edwards, des écureuils traverser des rivières, couchés sur une écorce, en opposant au vent, comme une voile, leur large queue.

ÉLAN.

Je ne trouve cet animal cité que par le traité d'Albert de Bollstadt. Il y est appelé *equicervus* dans un endroit, et dans un autre *alches*. Pline l'a désigné sous les noms d'*alce* et d'*achlis*, mais pour Buffon comme pour Cuvier, ces trois formes d'un même nom désignent bien notre élan.

Toutefois, Albert lui attribue un appendice nasal qui est l'apanage du tapir. Sa lèvre supérieure, dit-il, est si longue que, pour pâturer, il est obligé de marcher à reculons, car s'il allait droit son chemin, elle s'enroulerait au devant de sa bouche.

ÉLÉPHANT.

L'éléphant (*elephas*, *olifant*, *oliphant*) est, après la baleine, la plus grande bête de la création, la plus forte aussi, car il peut porter sans fatigue jusqu'à quarante personnes sur son dos.

On ne saurait refuser aux éléphants beaucoup de mémoire et d'entendement. Ils sont braves, utiles en temps de guerre, aussi le roi de Tchampa dans l'Indo-Chine conserve-t-il, dit Odoric de Pordenone, « quatorze mille oliphans privez, lesquelz il fait garder et nourrir. » Ibn Batoutah a vu, dans la même contrée, des éléphants auxiliaires de la justice et qui remplacent notre exécuteur des hautes œuvres. Leurs défenses sont revêtues de fers pointus et acérés, semblables au soc d'une charrue. Lorsqu'on lui amène un criminel, l'animal l'enlace de sa trompe, le lance en l'air, le ressaisit, puis l'étend à terre, où il le maintient en plaçant un pied sur sa poitrine. Si l'homme est condamné à mort, l'éléphant le coupe en morceaux au moyen des fers qui garnissent ses défenses.

Il ne redoute que deux animaux, la souris et le dragon. Ce dernier, qui est de très chaude complexion, recherche le sang de l'éléphant, qui, tout au contraire, est très froid.

« L'éléphant a grand boyau devant sa bouche, à quoy il tire à soy sa viande, car il est si grand qu'il ne peult mettre sa bouche à terre. Ses dentz sont appelez yvoire. » Il ne saurait se relever quand il est tombé, puisqu'il n'a nulle jointure aux genoux.

Sa chasteté est un noble exemple qu'il donne à l'humanité : il ne connaît pas l'adultère[1]. Au printemps, il émigre avec sa femelle et se dirige vers l'Orient, dans les environs du paradis terrestre[2]. Il s'y livre aux charmes de la lune de miel, et se nourrit seulement de mandragore. Plusieurs mois après, quand la femelle est sur le point de mettre bas, elle se plonge dans l'eau, de peur que le dragon ne vienne dévorer sa progéniture. L'éléphant fait le guet sur la rive, et si le dragon se présente, il lui livre un combat désespéré.

Il est très facile de se procurer des éléphants. On choisit deux jeunes filles vierges; l'une se munit d'un vase, l'autre d'une épée. On les place dans le bois habité par la bête que l'on veut capturer, et elles se mettent à chanter. Dès que l'éléphant les entend, il vient à elles, «lesche leurs mammelles et s'endord de la doulceur de leur chant; et adonc, l'une luy perce la gorge ou le costé de l'espée, l'autre reçoit le sang au vaisseau, et de ce sang on fait la taincture de la pourpre pour vestir les roys du païs. »

Ces animaux vivent très longtemps, trois cents ans au moins.

---

[1] « Dicuntur casta esse animalia et adulteria nescire. »

[2] «Vadit in Orientem, cum fœmina sua, usque in locum proximum Paradiso. »

La science moderne n'a pas confirmé la prédilection de l'éléphant pour la mandragore, mais je rappellerai que cette solanée était jadis regardée comme un anesthésique aussi puissant que notre chloroforme. Ceux, écrit Dioscoride, qui, avant de subir une opération chirurgicale, boivent une décoction de mandragore mêlée à du vin, ne ressentent aucune douleur, même si l'on emploie contre eux le fer ou le feu [1]. Barthélemy l'Anglais écrit de son côté : « Et pource qu'elle a la racine en la forme d'un homme ou d'une femme, on donne l'escorce de ceste herbe à une personne quand on la veult tailler, et pource elle s'endort tellement qu'elle ne sent point de douleur [2]. » Les médecins, dit Valeriano [3], ont beaucoup écrit sur l'utilité de la mandragore. Celui qui en aura pris une potion demeurera endormi pendant près de quatre heures et ne sentira ni le fer ni le feu [4].

J'ai le regret de devoir consigner ici que la chasteté si vantée de l'éléphant est une réputation usurpée. « Ceux qui ont vécu au Muséum l'ont depuis longtemps prouvé, » dit Cuvier. Toutefois, ils se reproduisent rarement en captivité. Pour s'en procurer, l'on se sert d'éléphants femelles bien dressées, et qui savent attirer dans des pièges un éléphant solitaire. La légende des deux jeunes vierges est

---

[1] « Dum secantur aut uruntur. » *De materia medica*, lib. IV, cap. 65, édit. de 1567, p. 336.

[2] Folio clxij recto.

[3] Pierius Valerianus, *Hieroglyphica*, édit. de 1610, p. 613.

[4] Voy. aussi l'ample commentaire de Bodæus a Stapel sur Théophraste, édit. de 1644, p. 584.

certainement née de cette coutume déjà fort ancienne.

Enfin, nous n'accordons plus guère à l'éléphant que deux siècles d'existence.

FURET.

Le furet ressemble à la belette, mais il est un peu plus grand qu'elle. Il est la terreur des lapins, qu'il poursuit jusqu'au fond de leur terrier. Du reste, il ne les mange pas, et se contente de boire leur sang.

Tout cela est fort exact.

GIRAFE.

Au moyen âge, le mot girafe n'existe pas encore. L'animal qu'il désigne est un *orafle* ou un *chamel-léopard;* en arabe et en italien on le nomme *seraph* [1]; en latin *anabula, cameleopardulus, cameleopardus, camelopardalis, camelopardus,* etc. Il a la tête du chameau, les pieds du buffle et le corps tacheté comme celui du léopard. Son cou est d'une longueur démesurée et ses jambes de devant sont plus hautes que les deux autres. A tout prendre, c'est « une beste plus belle que fière, car elle

---

[1] « Bestia est Æthiopiæ, quam Arabum quidam et Italicorum seraph appellant. » (Albert de Bollstadt.)

est aussi débonnaire qu'une brebis. » Sa peau a toujours été très recherchée et elle se vend à très haut prix.

Pline dit [1] que les Romains virent pour la première fois une girafe en 708 (46 ans avant Jésus-Christ), aux jeux du cirque.

HÉRISSON.

« Héricon [2] est une beste aspre et plaine d'espines dessus sa peau; et entre les aguillons il se clost et deffend, car si tost qu'il sent aucune chose, il s'enclost aussi rond qu'une pelotte et s'arme de ses espines. »

Quand le raisin est mûr, il se dirige à petits pas vers la vigne, se dresse sur le pampre, le secoue et en fait tomber les raisins. Il se roule ensuite par terre et pique les grains avec ses dards :

> Quant à terre sunt espandu
> Et en aval est descendu,
> Par dessus se voutre et enverse.

Quand il s'est chargé au point de ressem-

---

[1] Lib. VIII, cap. 27.

[2] En latin *Echinus, erinaceus, erinacius, ericio, ericius, herinaceus, spinosus;* en français *eurichon, hericon, hericun,* etc.

bler à une grappe énorme, il retourne joyeux
dans son trou et se repaît à loisir.

Sauf un peu d'exagération dans le détail, tout
cela a été reconnu exact.

HERMINE.

L'hermine (*ermine, armine*, etc.) est plus
grande que la belette. Devenue vieille, son
poil prend une légère teinte de roux ou de
fauve, qui lui a valu les noms de *roselet, rosereul, roseruel, roussereul*, etc. Elle se nourrit
de rats, d'oiseaux et de taupes. Elle a le ventre blanc comme la neige et l'extrémité de la
queue très noire. Les pelletiers disposent symé-
triquement ces parties noires sur le reste du
pelage, et obtiennent ainsi une fourrure qui
est très recherchée par les élégants, « et pel-
libus ejus decorantur hi qui in vestitu glo-
riantur. »

En réalité, l'hermine est un peu plus petite que
la belette. On trouve cités, au moyen âge, des
manteaux dans lesquels étaient entrés plus de mille
peaux d'hermine.

HIPPOPOTAME.

L'hippopotame (*ypotame, equus fluminis,*

equus Nili) est un poisson[1] appelé aussi cheval fluvial, parce qu'il prend naissance dans le Nil. Son dos, sa crinière et sa voix sont semblables à ceux d'un cheval. Il a le pied fourchu comme celui du bœuf et des défenses pareilles à celles du sanglier. Il paît l'herbe des champs et marche souvent à reculons.

Tout ceci nous est enseigné par Brunetto Latini. Ibn Batoutah va maintenant nous dire par quel procédé on réussit à s'emparer de l'hippopotame. Les chasseurs ont des lances percées à leur extrémité comme le sont les aiguilles : dans le trou ainsi disposé est passée une corde. On s'efforce de frapper l'animal soit à la jambe, soit au cou, afin de traverser l'une de ces parties ; en tirant ensuite sur la corde, on s'empare de la bête et on la mange.

HYÈNE.

L'hyène est une bête très cruelle, un animal immonde qui hante les cimetières, déterre les morts et les mange. Elle a le dos d'un éléphant et le cou d'un serpent. « Remplie d'enchantement et de art magique, » elle imite la voix et la parole humaines, s'approche durant

---

[1] « Un peissons. »

la nuit des cabanes où habitent les bergers,
appelle ceux-ci par leur nom, et s'ils se
présentent, elle se jette sur eux et les dévore.

La couleur de ses yeux et celle de son poil
sont changeantes. Son regard suffit pour ter-
rifier le voyageur et le faire tomber de cheval.
En apercevant son ombre, les chiens deviennent muets. Elle a dans l'œil une pierre merveilleuse : tout le monde sait que celui qui la
placerait sous sa langue connaîtrait l'avenir.

L'hyène peut changer de sexe à volonté [1].
Il est donc permis de la regarder comme
l'image des juifs, qui d'abord crurent en Dieu,
puis devinrent de véritables femmes, en se
livrant aux plaisirs des sens et en adorant des
idoles.

LAPIN.

Les « connins sont de petits lièvres qui
fouyssent la terre et y font leurs taisnières. »
Le connin n'a guère pour lui que son agilité.
Sa vue est faible, car il ne possède pas de
paupières qui lui permettent de couvrir ses
yeux durant la nuit. Mais admirez la sagesse
du Créateur, il a donné au lapin des oreilles

---

[1] Cuvier explique très bien comment l'hyène a pu passer
pour hermaphrodite.

longues et souples, qu'il abaisse en guise de paupières.

Il a les pieds velus en dessous, et peut ainsi courir très longtemps sans se blesser. Ses cuisses de derrière sont plus longues que celles de devant. Il « a autant de pertuys sous la queue comme il a d'ans. »

Les lapins se multiplient prodigieusement. A ce point même « qu'en aucuns bois en Espaigne ilz gastent les bledz et font venir la famine au païs [1]. »

La chair du lapin passait pour bien préférable à celle du lièvre. « La chair du lièvre, dit le beau Phébus, est mélencolique et seiche plus que celle du connin. »

LÉOPARD.

Le nom du léopard (*liépard, lupard,* etc.) rappelle l'origine de cet animal, qui tient à la fois du lion et du pard [2]. Il serait le produit soit d'un pard et d'une lionne, soit d'une panthère et d'un lion. En général, il a la tête du

---

[1] Pline raconte que les lapins causèrent de tels dégâts dans les îles Baléares, que les habitants durent implorer l'envoi de troupes pour les combattre : « Certum est Balearicos adversus proventum eorum auxilium militare petiisse. » (Lib. VIII, cap. 81.)

[2] Voy. l'article *pard*.

pard, le corps, les pieds et la queue du lion. Son pelage est beau et tacheté de diverses couleurs.

LICORNE.

L'animal préféré du blason. Il a été l'objet de descriptions si variées que l'on ne peut guère songer à les unifier. La plus répandue paraît être celle que nous a laissée le sage Albert de Bollstadt, en ces termes : le monocéros a la taille et le corps du cheval, les pieds de l'éléphant et la tête du cerf; au milieu de son front s'avance une corne très brillante et longue de quatre pieds, « longitudinis quatuor pedum. »

Cette corne était si dure qu'aucune armure ne pouvait lui résister. Celle que l'on conservait dans le trésor de l'abbaye de Saint-Denis mesurait, dit-on, six pieds et demi de longueur. Il est vrai qu'elle fut reconnue, en 1793, pour être une vulgaire défense de narval.

La licorne avait voué une haine implacable à l'éléphant. Quand elle le rencontrait, elle s'empressait d'aiguiser sa corne contre une pierre, et frappait au ventre son ennemi qui tombait à terre, mortellement atteint par cette arme terrible.

La licorne ne supportait pas la captivité.
Elle est si fière, que, « prinse, elle se laisse
mourir de deuil. » Il existe un seul moyen de
s'emparer d'elle :

> Mais ele ne puet estre prise
> Fors par femme pucele et virgene,

dit Gautier de Metz. Il faut se rappeler que
l'indomptable animal fut pour le moyen âge
le symbole de la pureté. L'on croyait même
que sa corne suait du sang dès qu'elle était
mise en contact avec un objet souillé ou
empoisonné. Les chasseurs de licorne le savaient bien, et voici le coupable stratagème
qu'ils employaient contre elles. Dans la forêt
fréquentée par la licorne qu'ils convoitent, ils
amènent une jeune vierge[1]. L'animal, aussitôt
qu'il l'aperçoit, va se coucher à ses pieds,
étend la tête sur ses genoux et s'endort, « dépose toutes fiertez et s'en dort el giron à la
pucele. » Les chasseurs s'approchent alors et
la tuent sans danger. Mais si la jeune fille a
connu déjà la séduction des sens, l'animal
évente bien vite le piège qui lui est tendu, et
il tue sans pitié la trompeuse.

On connaissait aussi une licorne de mer,

---

[1] Voy. l'article *éléphant*.

qui avait la tête d'un cheval et le corps d'un poisson.

Cuvier affirme qu'il n'existe dans la nature aucun autre unicorne que le rhinocéros, et que la licorne des anciens est l'oryx, variété du cerf, dont les cornes droites, pointues, rondes et annelées ont de deux à trois pieds de long. Mais il ne faut pas oublier que des naturalistes soucieux d'être complets, Barthélemy l'Anglais par exemple, signalent jusqu'à trois espèces de licornes.

La première, le monocéros, la licorne classique, pourrait bien être un rhinocéros à l'appendice embelli par l'imagination du moyen âge.

La seconde, appelée « egliceron, qui est à dire chèvre cornue, est une petite beste semblable à un chevreau. »

La troisième ressemblait à un bœuf dont le corps serait marbré de taches blanches.

On trouvait encore aux Indes des ânes ayant une corne plantée au milieu du front, « mais ils ne sont pas si fors ne si fiers comme sont les licornes. »

Quant à la licorne de mer, ce serait le narval. « Sa défense, sillonnée en spirale, quelquefois longue de dix pieds, a été longtemps appelée

corne de licorne. L'animal a bien le germe
de deux défenses, mais il est très rare qu'elles
croissent toutes deux également. » (Cuvier.)
Pierre Pomet, le savant apothicaire du dix-
septième siècle, avoue qu'il vendait, pour
corne de licorne, des défenses de narval[1].

LIÈVRE.

« Lièvre est une moult bonne bestelette,
et moult a de plaisance en sa chasse plus que
en beste du monde. » C'est Phébus, l'ardent
chasseur, qui parle ainsi. Il nous apprend
encore que le lièvre, quand il « fuyt, les deux
oreilles droictes, n'a guières paour et se sent
fort; encores quant tient une oreille droicte
et l'autre basse, son eschine ne prise guières
tous les chiens ne les lévriers. »

Faute de mieux, le Créateur l'a doué d'une
propriété bien précieuse à une époque où les
baromètres n'existaient pas, car « ung lièvre,
de sa nature et de son sentement congnoist, la
nuit devant, quel temps il fera landemain. »

---

[1] « Ce sont, dit-il, les tronçons de cette corne que nous
vendons à Paris, comme ils se vendent ailleurs, pour véritable corne de licorne. » Pomet, *Histoire des drogues*,
2ᵉ partie, chap. XXIII, p. 78. — Voy. *Les repas*, p. 22 et
suiv.

LINCISIUS.

Le lincisius est, comme la crocotte, le produit d'un chien et d'une louve. Il tient de ces
deux animaux et est d'une extrême férocité.

Ces métis ne sont point féroces, dit Cuvier, qui
est tenté de voir dans le lincisius l'origine de nos
chiens de berger.

LION.

Si l'homme n'existait pas, le lion serait incontestablement le roi des animaux, dit le
moyen âge. Il lui attribue même une foule de
qualités que pourrait lui envier l'espèce humaine et qui sont aujourd'hui reconnues
pour imaginaires.

Toutes les bêtes admettent la suzeraineté
du lion. S'il veut les tenir éloignées, il trace
une ligne sur le sol, et nul n'ose la franchir.
Son aspect révèle la noblesse unie au courage
et à la force. Lorsqu'il est courroucé contre
l'homme, il suffit que celui-ci s'agenouille et
implore sa clémence pour qu'il lui fasse grâce :
« il pardonne à ceulx qui se jettent à terre
devant luy, et laisse aller leur chemin ceulx
qu'il rencontre, et ne mange point les gens
s'il n'a grand faim. » Les femmes et les en-

fants n'ont jamais rien à craindre de lui. Il
s'attache à toute personne qui lui témoigne de
l'affection. Il n'aime pas à manger seul, et
quand il se trouve en face d'une proie succulente, « il la départ libéralement aux autres
bestes qui le suivent. » Il est bon époux et bon
père, reste toujours fidèle à sa lionne ; mais
si elle « se forfoit en compagnie du léopard, il
l'en pugnist très grièvement. »

Il dort les yeux ouverts.

Poursuivi par l'homme, il efface avec sa
queue la trace de ses pas. En général, il dé-
daigne de se cacher : « Quand on le chasse, il
ne se muce pas, mais il se siet en plain champ
où on le peut veoir, et là il se met en défense ;
car il tient que c'est honte de se mucer, et s'il
se muce aucunes fois, ce n'est pas paour, mais
est à fin qu'on ayt paour de luy. » Pourtant,
comme il faut toujours qu'il se rencontre quelque faiblesse dans les plus nobles caractères,
il a peur du feu et des coqs blancs. De plus,
quand il se sent mourir, c'est-à-dire vaincu,
« il mord la terre et pleure. »

Marco Polo raconte que le grand Khan possède des lions dressés pour la chasse. Ils sont,
dit-il, de belle couleur, ont le poil rayé de
lignes noires, blanches et vermeilles. Mais on

sait que les Orientaux ne distinguent guère le
lion du tigre et de la panthère.

Le lion, qui dort les yeux ouverts, a parfois
servi d'emblème à la vigilance. Il a person-
nifié aussi le Dieu fort, le Christ, l'homme juste.

Ce bel animal est beaucoup plus sociable qu'on ne
le croit aujourd'hui, et l'antiquité connaissait bien
l'art de l'apprivoiser. Après la bataille de Pharsale
(48 ans avant J.-C.), Marc-Antoine se montra aux
Romains dans un char traîné par des lions [1]. En
revanche, le moyen âge prêtait trop de générosité
au lion, car il attaque surtout l'homme en qui il
découvre quelque signe de frayeur.

Je retrouve, au sujet de cet auguste souverain des
animaux, une note curieuse qu'on me pardonnera
de placer ici. Les anciens Égyptiens figuraient par
une tête de lion le débordement du Nil, parce que
ce phénomène se produit durant le séjour du soleil
dans le signe du lion. De là serait venue la coutume,
adoptée chez tous les peuples, de faire écouler
l'eau des fontaines au moyen d'une gueule de lion [2].
C'est du moins ce qu'affirme le docte Valeriano [3].

---

[1] Pline, lib. VIII, cap. 21. — Il se faisait à Rome une
effroyable consommation de lions. On en vit combattre, en
un seul jour dans le cirque, jusqu'à 600 sous Pompée et
400 sous César (Pline, VIII, 20). Dans la crainte que le
cirque ne vînt à manquer de combattants, la chasse du lion
fut défendue aux particuliers.

[2] « Institutum est apud gentes uno consensu, ut canales,
tubique et siphones qui aquam eructant, per terebrata fora-
mina in leonina capita... »

[3] Voy. Pierius Valerianus, *Hieroglyphica*, p. 7.

LOIR.

Ce petit rongeur a le dos gris, le ventre blanc, le poil court. Il vit dans les forêts, aussi est-il parfois appelé *rat d'arbre*. Il reste engourdi durant l'hiver, et s'éveille tout rajeuni au printemps. « Il ayme ses compagnons qu'il cognoist et se combat contre les autres, et nourrit son père et sa mère en leur vieillesse moult diligemment. »

LOUP.

Le loup est un animal terrible. Sa morsure est venimeuse, parce qu'il se nourrit volontiers de crapauds. Il est, comme le chien, sujet à la rage. L'herbe ne repousse plus là où il a passé. Les paysans disent que l'homme vu par un loup devient muet, mais si c'est l'homme qui voit d'abord le loup, celui-ci perd sa force et sa hardiesse.

Ses yeux « reluysent par nuict comme chandelles. » Il marche toujours dans le sens du vent, afin de faire perdre sa trace aux chiens. Quand il hurle, il met son pied devant sa bouche, « pour monstrer que ce soit de plusors loups. » Il aiguise ses dents au moyen d'une herbe appelée origan [1]. Faute de mieux il se nourrit de vent et de terre ; mais ce sont là pour lui des jours de jeûne bien pénibles à supporter, car sa gourmandise est telle qu'il va jusqu'à disputer à ses petits la nourriture que leur apporte la mère. Écoutez le comte de Foix :

Quant ung loup et une louve se sont acompaignés [2], ilz demourront tousjours voulentiers ensemble. Et pour quant que ilz aillent quérir leur proye loing, l'ung de ça et l'autre de là, il ne sera que la nuit ne soient ensemble s'ils peuvent, et se non, au mains [3] au bout de trois jours.

Et telz loups ainsi acompaignés portent à mengier à leurs enfans, aussi bien le père comme la mère, fort tant [4] que le loup menge premièrement son saoul, et le remenant [5] porte à ses cheaulx [6]. La louve ne fait pas ainsi, car elle porte, ainsois que elle mengeue, tout à ses cheaulx et mengeue avec eulx. Et si le loup est avec les cheaulx quant la louve vient, il oste la proye à elle et à ses cheaulx, et mengeue son saoul premier ; et puis laisse le

---

[1] On croit que l'origan était le célèbre *dictame* des anciens.

[2] Associés.

[3] Au moins.

[4] A cela près.

[5] Le reste.

[6] On nomme ainsi les petits du loup, du renard et du chien.

remenant s'il en y a, et si non si meurent de fain [1] se ilz veullent.

Et quant la louve voit ce, elle est si faulce et si malicieuse que elle laisse la viande qu'elle porte loing de là où les louveteaulx sont, et vient voir si le loup y est. Et se le loup y est, elle attendra jusques à tant qu'il s'en soit alé, et puis aportera la viande à ses louveteaulx. Mais le loup, qui est aussi malicieux, quant il voit venir la louve sans nulle proye, il la fleure [2] à sa bouche. Et se il sent qu'elle ait riens [3] aporté, il la prent aux dens et la bat tant que il convient que elle luy monstre où elle a laissié sa proye... Aucuns dient que elle se baigne et corps et teste quant elle revient, afin que le loup n'y sente rien que elle ait aporté. Mais je ne l'affirme mie.

LOUTRE.

La loutre (*luter*) se nourrit d'herbes et de poissons. Aussi cause-t-elle « grant dommaige ès estangs, car une paire de loutres sans plus destruira bien de poissons ung grant vivier ou un estang. » Sa morsure est venimeuse. La femelle cache ses petits « ès fosses, dessoubz les racines des arbres, près des rivières. »

En la cité d'Ysidis, écrit Mandeville, les

[1] De faim.
[2] Il la flaire.
[3] Quelque chose.

habitants « ont une beste qu'ilz appellent bestiolle, et quant ilz veulent avoir du poisson, ils la jettent en l'eau, et ceste beste raporte de gros poissons et des plus gras qu'elle peut trouver. »

La loutre s'apprivoise avec facilité, et peut être dressée à prendre du poisson pour le compte de son maître. Aux Indes, on l'emploie pour la pêche comme nous nous servons de chiens pour la chasse. (Milne-Edwards.)

LYNX.

Le lynx est un animal fort remarquable. Il l'est d'abord par la multiplicité de ses noms, car je l'ai trouvé nommé *linx*, *lincus*, *lupus cervarius*, *rufius*, *rhaphius*, *rhaprius*, etc. Pour les uns, il ressemble au loup; pour les autres, c'est une sorte de vers ayant la langue d'un serpent [1]. Ce qui ne peut faire doute, c'est l'acuité de sa vue, qui traverse tous les corps solides « corpora solida penetrat, » et n'est arrêtée que par le verre.

Cet animal représente le comble de la distraction, car même affamé, il oublie, s'il tourne la tête, les aliments qu'il était en train de manger et va en chercher d'autres. Il jouit

---

[1] « Linguam serpentinam. »

encore d'une curieuse propriété. Son urine se cristallise et se transforme en une pierre très précieuse. Le lynx le sait bien, « et comme il ne veult point que ces pierres profitent à nature humaine, » il recouvre de terre son urine.

Son nom de loup-cervier lui a été donné à cause de sa ressemblance avec le loup et parce qu'il égale le cerf en agilité.

Suivant Cuvier, le lynx des anciens serait le *felis caracal,* mammifère carnassier très répandu en Turquie et en Perse. Milne-Edwards a constaté qu' « il distingue sa proie à une distance beaucoup plus grande que la plupart des carnivores. »

MARTRE.

La martre distille un venin très dangereux, aussi, toute petite bête qu'elle est, ne craint-elle pas de combattre les serpents.

Sa fourrure, dit Ibn Batoutah, est d'autant plus recherchée que la vermine ne s'y met jamais.

MOUTON.

Le mouton « est une bête douce et débonnaire, toute chargée de laine. » Sa chair est préférable à celle de la brebis et à celle de l'agneau. Le mouton blanc et le mouton noir ne s'expriment pas de la même manière, le premier dit *beh!* le second, *meh!*

Le bélier est surtout remarquable par ses cornes. « Comme ce n'est pas raison que celuy soit sans armes qui a les autres à mener et à deffendre, nature luy a donné deux cornes qui sont recroquillées comme un cercle pour garder son chief qui est foible. » Il perd sa force et sa fierté si on perce une de ces cornes près des oreilles.

Guillaume de Ruysbroek dit avoir vu, en 1253, chez les Tartares « une sorte d'animal qu'ils appellent *artak,* qui a le corps justement comme un bélier et les cornes torses, mais de telle grandeur qu'à peine d'une main pouvois-je, dit-il, lever deux de ces cornes. Ils en font de grandes tasses. »

Les brebis, nommées aussi *ouailles,* « ont moins d'entendement que les autres animaux à cornes, » mais ce sont bêtes de grand profit, parce qu'elles fournissent du lait, du fromage, une viande excellente, une laine dont on confectionne des vêtements chauds. Toutefois, fait important à noter, « la laine des brebis que le loup a mangées fait venir des poux au drap qui en provient. » La peau tannée des brebis rend de réels services.

L'agneau (*aigneau*) « est de toutes les bestes la plus douce. Si on le veult tuer, ne se deffend des dentz ne de la corne, et quand on luy oste la laine, se taist sans réclamer et obéist à toutes choses. »

Les agneaux nés au printemps sont plus grands et plus gras que les autres. Les meilleurs de tous sont ceux qui ont été conçus au moment où soufflait le vent d'aquilon.

Au moyen âge, des soins intelligents entouraient déjà l'élève des bêtes à laine, et les cultivateurs de cette époque n'étaient guère moins avancés que les nôtres. Ainsi, l'expérience leur avait fait reconnaître la valeur culinaire des moutons nourris au bord de la mer, sur la côte orientale du Cotentin. Dès le onzième siècle, la réputation du pré-salé était bien établie, et Robert, archevêque de Rouen entre 989 et 1037, possédait à Varreville des troupeaux dont il appréciait très bien les mérites [1].

MULET.

Le mulet est ainsi appelé « parce qu'en aucuns pays, il tourne la meule du moulin pour mouldre le bled. » Produit de l'âne et de la jument, il est plus grand et plus beau que l'âne, mais plus paresseux et plus laid que le cheval.

[1] Voy. L. Delisle, *Étude sur la condition de la classe agricole en Normandie au moyen âge,* p. 239.

Sa chair, indigeste et peu nourrissante, ne vaut pas celle de l'âne. Il est toujours stérile, incapable d'engendrer, sauf des monstres.

MUSC.

Le musc est un quadrupède de la taille du chevreuil, et qui se trouve en Orient. Il a dans l'aine une poche où se forme un liquide nommé musc, dont la médecine sait tirer profit.

ONAGRE.

L'onagre (*onager*, *onagrus*, *asinus ferus*, *asinus sylvestris*, *asinus agrestis*) se rencontre surtout en Afrique. Il est si fier et si farouche que nul ne peut le dompter. C'est une « beste franche et jolye, » qui recherche les bois, les montagnes, les lieux écartés. « Elle quiert moult diligemment ès montagnes les herbes qu'elle ayme, et quand elle les trouve, elle chante de joye. Elle hait fort la hantise des gens et la fuyt, ayme moult les désers et les lieux solitaires. » Son agilité est extrême, elle lui permet d'échapper aux poursuites du loup et même à celles du lion. Un mâle suffit à plusieurs femelles.

L'onagre se distingue par ses connaissances

astronomiques. Ses cris régulièrement répétés annoncent les heures du jour et de la nuit. A la date du 15 mars, il brait douze fois le jour et douze fois la nuit, afin d'indiquer que l'on entre à ce moment dans l'équinoxe.

OURS.

L'ours est une bête étrange dont toute la force réside dans les jambes. Son haleine est fétide. Plus on bat un ours, plus il engraisse, et, à condition de lui enlever la vue, on arrive très vite à le rendre docile. « Quand il est prins, on met devant luy un bassin ardant pour l'aveugler; on le lye de chaisnes, et on l'apprivoise à force de le battre. » On le dresse alors à certains services domestiques; on lui apprend à tourner des roues, à tirer de l'eau du puits, à élever des pierres au moyen de poulies sur de hautes constructions. Cela se voit très fréquemment [1].

Il a une passion pour le miel. S'il est malade, il se guérit au moyen d'une herbe appelé *flonius*. S'il a mangé de la mandragore, nourriture pour lui mortelle, il revient à la

---

[1] « Circumvoluunt rotas, trahunt aquas de puteis, vel saxa super altos muros per trocheas. Et hoc sæpius est expertum. »

santé en absorbant une grande quantité de
fourmis.

La graisse d'ours a la propriété de faire
repousser les cheveux : « Leur gresse est
bonne contre le flux des cheveulx quand ilz
cheent de la teste. »

La femelle est plus forte et plus hardie que
le mâle. Elle porte trente jours seulement ;
aussi les petits naissent-ils imparfaits. Ils n'ont
ni poils, ni yeux et ne sont pas plus gros
qu'une souris, « mais la mère les forme de sa
langue en les leschant. » Phébus déclare
même qu'ils naissent morts : « Et demeurent
mors par l'espasse d'un jour, et leur mère
alaine si fort sur eulx et les eschauffe et
leiche de sa langue que elle les fait remuer. »

Il n'y a rien de vrai en tout ceci : « Nous avons
vu, écrit Cuvier, de petits oursons naissans, et
même des fétus déjà complètement formés. » Cuvier
nous apprend encore que « les ours sont très sujets,
au moins dans les ménageries, à des ophtalmies et
perdent facilement les yeux. »

Albert de Bollstadt est le premier qui ait présenté l'ours blanc comme une espèce bien distincte
des autres, par son aspect comme par ses mœurs.

PANTHÈRE.

La panthère a le pelage semé de taches

blanches, roses, violettes, bleues, jaunes, vertes, noires et grises, de sorte que « les animaux se délectent à voir la diversité des couleurs de la panthère et du tigre. » On ne s'étonnera donc pas d'apprendre que ces deux carnassiers sont aimés de toutes les bêtes, même de celles qu'ils mangent à l'occasion. Le dragon seul leur tient rigueur et ne veut pas sympathiser avec eux.

Lorsque la panthère est abondamment repue, elle dort pendant trois jours. A son réveil elle s'empresse de rugir, et il s'échappe alors de sa bouche une odeur si suave qu'elle l'emporte sur les plus doux parfums. Avertis par ses rugissements, les animaux sortent de leurs retraites, accourent et se pressent autour d'elle pour s'enivrer de son haleine, et tandis qu'ils lui font cortège, le dragon désespéré s'enfonce dans les profondeurs de la terre.

On trouve parfois le mâle de la panthère appelé pard et la femelle appelée luberne. Quant au nom de panthère, il appartiendrait à plusieurs espèces de chats que le moyen âge a sans cesse confondus sous cette dénomination, le léopard, l'once, le guépard, le jaguar par exemple.

PAPION.

Il est un peu plus grand que le renard et

possède tous les instincts du loup. Quand plusieurs papions sont réunis, ils poussent des cris aigus qui s'entendent de très loin. Si l'un d'eux est tué, les autres tournent autour de lui, en faisant entendre des gémissements.

Le nom de papion désigne aujourd'hui une nombreuse famille de singes.

PARD.

Le pard, animal assez difficile à identifier, semble avoir été pour le moyen âge le mâle de la panthère. Presque semblable à elle, il n'en diffère guère que par le nombre des taches qui ornent ses flancs. C'est d'ailleurs « une beste plaine de couleurs diverses, avide du sang et de la mort des gens, une beste luxurieuse qui se couple charnellement à la lyonnesse, et de ce est engendré le léopard comme bastard et adultère. »

Dans le pard, on a cru reconnaître l'once, le jaguar, et aussi l'animal connu sous les noms de chat-pard, chat-tigre, chat-serval.

PETIT-GRIS.

Le petit-gris est presque toujours désigné au moyen âge sous le nom de vair (*varius*). C'est un écureuil des contrées septentrionales, dont le pelage présente sur le dos de très nombreuses variétés de gris, tandis que le ventre est blanc comme de l'hermine.

En faisant alterner ces deux couleurs, on obtenait le menu-vair, fourrure chaude et élégante, alors très recherchée. Il n'est pas rare de rencontrer, dans nos anciens poètes, les mots vair et petit-gris servant à désigner des choses rares et chères. On lit, par exemple, dans le *Roman de Garin le Loherain :*

N'est pas richoise ne de vair ne de gris,

. . . .

Li cuers d'un homme vaut tout l'or d'un païs [1].

ce qui veut dire en français moderne : « Ce ne sont pas le menu-vair ni le petit-gris qui constituent la richesse, le cœur d'un homme vaut tout l'or d'un pays. »

PHOQUE.

Le phoque (*phoca, foca, fuca, phycus, bos maris, vitulus marinus,* etc.) ressemble beaucoup à un veau. Quand on l'écorche, sa peau exhale une odeur particulière rappelant celle de la mer, et « si on la met souz le chief [2] d'une personne, elle la fait dormir par sa vertu. »

[1] Édit. Paulin Paris, 3ᵉ chanson, 1ᵉʳ couplet, t. II, p. 218.
[2] La tête.

Le phoque est le seul des habitants de la mer qui ne soit jamais frappé par la foudre.

PORC-ÉPIC.

L'*hystrix* a le grouin d'un porc et le corps couvert d'épines. Quand on le poursuit, il lance ces traits contre son ennemi; puis, « s'il voit qu'il ne peult eschapper, il jette de soy une urine venimeuse qui nuyt à soy et aux autres qu'elle touche, car si elle chet [1] sur son dos, il en est blécé et en cheent les espines. »

Sa chair n'est guère bonne, mais elle a la propriété de nettoyer très bien les étoffes. On en donnait aussi, comme remède, aux enfants qui s'oubliaient pendant la nuit et mouillaient leurs draps [2].

Le moyen âge supposait à tort que le porc-épic avait le don de darder ses épines comme des flèches, et il est certain qu'on les trouve souvent et en très grand nombre enfoncées dans la peau des chiens qui l'attaquent. Cela tient à ce que ces épines sont fixées peu solidement sur le corps de l'animal et s'en détachent avec facilité.

PUTOIS.

Le putois (*putorius*) doit son nom à l'odeur

---

[1] Elle tombe.

[2] B. Platina, *De honesta voluptate*, trad. D. Christol, édit. de 1505, p. 48.

insupportable qu'il répand, surtout lorsqu'il est en colère. Il fait aux poules une guerre acharnée, et les attaque toujours par la tête, afin de les empêcher de crier.

RENARD.

Le renard (*vulpes, vulpecula,* d'où *goupil, gourpil, volpil,* etc.), popularisé par la grande épopée satirique qui porte son nom, était l'emblème de la finesse, de la ruse et de la fourberie : « c'est une beste malicieuse, et décevant les aultres par fraulde. » Quand il a faim et qu'il ne trouve rien à manger, il se roule sur une terre rougeâtre pour faire croire qu'il a reçu quelque grave blessure et qu'il est couvert de sang. Il s'allonge, tire la langue, retient son haleine ; puis, d'un coup de patte, il étourdit les oiseaux qui, le croyant mort, viennent rôder autour de lui. Poursuivi par des chasseurs, il s'approche d'un pin, charge de résine sa queue grosse et velue, ralentit sa course, et laisse prendre ce dégoûtant paquet de poils au chien qui s'arrête empesté. Il ne marche jamais droit devant soi, « va tousjours de travers clochant, car il a les jambes et la partie dextre plus courtes que celles de la partie senestre. »

Le renard est une bête gloutonne, aussi ses petits naissent-ils à moitié formés, « comme ceulx du lyon, du loup et du chien. Toutes bestes gloutes font leurs faons imparfaicts, car s'ils attendoient de naistre jusques à tant qu'ilz fussent parfaicts, ils tueroient leur mère par leur gloutonnerie. »

La vérité est que les petits renards naissent aveugles et qu'il leur faut, comme aux chiens, dix-huit mois ou deux ans pour compléter leur croissance.

Buffon ne révoque pas en doute les facultés attribuées au renard par le moyen âge. « Il mérite, dit-il, en partie sa réputation. Ce que le loup ne fait que par la force, il le fait par adresse, et réussit plus souvent. Il emploie plus d'esprit que de mouvement. Fin autant que circonspect, ingénieux et prudent, même jusqu'à la patience, il varie sa conduite. Il sait se mettre en sûreté, en se pratiquant un asile où il se retire dans les dangers pressans, où il s'établit, où il élève ses petits : il n'est point animal vagabond, mais animal domicilié. »

RENNE.

Le *rangifer* se trouve surtout en Suède et en Norvège. Il ressemble au cerf, mais il est plus grand, plus fort et plus agile. Il porte sur la tête trois cornes, dont chacune se divise en deux branches.

« Les rangiers, dit le comte de Foix, ne

sont pas plus haulx que ung dain, mais ilz sont plus espois [1] et plus gros. Se ung rangier liève la teste en arrière, sa teste est plus longue que n'est son corps, et son corps entre dedans sa teste. »

RHINOCÉROS.

Le rhinocéros est moins grand que l'éléphant, mais sa tête est incomparablement plus grosse que celle de cet animal ; c'est pourquoi, dit Ibn Batoutah, les Indiens ont créé le proverbe : « rhinocéros, tête sans corps. »

On voit représenté sur la mappemonde d'Hereford un curieux « rinoceros. » C'est un quadrupède assez maigre, au corps très allongé, dont le mufle est surmonté d'une corne fort longue et presque verticale.

SANGLIER.

Cet animal est vertueux, fort et brave. Il « a en la bouche deux grandes dentz bien aiguës dont il despièce tout ce qui luy résiste. Il a aussi au costé dextre un os très dur qu'il met toujours au devant, pour soy deffendre, ainsi comme un escu. Quand il sent qu'il se

---

[1] Épais.

doit combattre, il frotte ses dentz à un arbre, et s'il sent qu'elles ne sont pas bien tranchantes, il quiert une herbe qu'on appelle origane et la masche, par la vertu de laquelle ses dentz sont confortez et aguysez. » Son urine, mêlée à du miel rosat, guérit les maux d'oreille.

Le beau Phébus paraît avoir tenu le sanglier en haute estime. « C'est, dit-il, une orgueilleuse et fière beste. J'en ay veu aucunefoiz férir homme des genoils jusques au pis [1], tout fendre et tuer tout mort en ung coup. Et moy mesmes, il a porté moult de foiz à terre [moy et mon coursier [2]], et mort le coursier. »

SINGE.

Le singe « est une beste camuse, qui est en moult de choses semblant à l'homme et qui contrefait ce qu'elle luy voit faire. » La lune a une grande influence sur son humeur. Il se montre d'une gaîté folle lors de la lune nouvelle, mais l'arrivée de la pleine lune le rend « mélancolieus. »

Son instinct d'imitation est souvent cause

[1] A la poitrine.
[2] Ces quatre mots, que je copie dans l'édition de 1507, n'existent pas dans le manuscrit.

de sa perte, voici comment. Les veneurs placent sur sa route une paire de souliers. En les apercevant, le singe se souvient de ce qu'il a vu faire, il introduit soigneusement ses pieds dedans, et en devient le prisonnier : il « ne peult fuyr à cause des souliers. »

La femelle porte deux petits, elle adore l'un et « despite l'autre. » Quand on lui donne la chasse, elle prend son chéri entre ses bras, jette le second sur ses épaules et s'enfuit. Mais si la poursuite s'accélère et que la guenon craigne pour elle-même, elle ouvre les bras et abandonne le fils qu'elle tenait, tandis que l'autre reste si bien cramponné après elle qu'elle ne peut s'en défaire.

Le singe « mange de toutes viandes et se délecte à ordes choses, il quiert les poulz ès testes des gens et les jette en sa bouche quand il les a trouvez. »

Il existe différentes espèces de singes, et en très grand nombre. Les uns ont barbe au visage et large queue; d'autres ont longs cheveux pendants et sont faciles à apprivoiser; d'autres « que nous appelons marmottes, » ont la queue très fournie; d'autres enfin, à figure assez gracieuse, sont très joueurs. Leur morsure est parfois dangereuse.

8.

SOURIS.

La souris est engendrée de la pourriture de la terre. Dès qu'elle boit, elle meurt. Sa morsure est mortelle. Certaines espèces vivent dans les maisons, d'autres dans les champs ou au bord des ruisseaux. Quelques-unes se terrent et dorment tout l'hiver. Leur fiente, broyée et mêlée à du vinaigre, arrête la chute des cheveux.

Dans l'Inde, écrit Oderic de Pordenone, les souris sont aussi grandes que des chiens. Ces derniers sont chargés de les détruire, « car les chas n'y feroient œuvre et ne vaudroient rien à ce. »

TAUPE.

« La taulpe est une petite beste comme un rat, qui ne voit goutte, » car ses yeux sont placés sous sa peau. « Qui coupperoit la peau subtilement, il trouveroit dedans les yeulx qui y sont mucez [1]. Et dient [2] aucuns que ceste peau se rompt quand la taulpe veult mourir, et voit et ouvre les yeulx en mourant, lesquels ont esté clos en son vivant. » Au reste, son

[1] Cachés.
[2] Disent.

ouïe est si fine qu'elle lui tient lieu de vue.

Certains prétendent qu'elle se nourrit de terre, ce qui est une erreur, car elle sait très bien trouver les racines qui s'y cachent.

L'œil de la taupe est, en effet, difficile à apercevoir. Il se trouve défendu, non seulement par une paupière, mais encore par de longs poils qui, se croisant les uns sur les autres, le recouvrent comme un épais bandeau. L'animal est destiné à vivre sous terre, et ses yeux, d'une extrême petitesse, semblent ne pouvoir distinguer les objets que dans l'obscurité.

TIGRE.

Le tigre est une « beste très esveillée et forte merveilleusement. » Elle bondit avec la rapidité d'une flèche, « comme une saiette. » Son pelage est « tachié de taches noires. »

Il est très difficile de le capturer. Le chasseur qui le guette attend l'occasion, profite d'une absence et s'empare de ses petits. Le tigre revenu s'élance à la poursuite des ravisseurs, mais ceux-ci jettent en fuyant des miroirs sur la route. L'animal s'y arrête, contemple son image « la semblance de son corps, » croit y reconnaître ses petits, tourne autour de l'objet pour les saisir, et laisse ainsi à son ennemi le temps de fuir avec eux.

Au dire de Pline [1], le premier tigre vivant que l'Europe ait vu fut donné en spectacle au peuple romain par Auguste, à l'occasion de la dédicace du théâtre de Marcellus, l'an 11 avant Jésus-Christ.

TRAGÉLAPHE.

Le tragélaphe [2] tient du bouc et du cerf. Il a de grandes oreilles velues, des cornes tortillées et une longue barbe au menton. Sa taille est celle du cerf.

On trouve dans Belon [3] un portrait du tragélaphe qui diffère un peu de cette description et s'appliquerait assez bien au mouflon :

Au bouc estain [4] est semblable en pelage
Cest animal : de cornes au bélier.
Quant au museau, au front et au collier
A un mouton ressemble et de corsage.

Buffon reconnaît, dans l'hippélaphe d'Aristote et le tragélaphe, l'axis, variété du cerf, qui est dite aussi biche de Sardaigne. Daubenton le nomme bœuf des Ardennes. Cuvier y vit d'abord le mouflon d'Afrique, puis un cerf du Bengale, à qui il donna le nom de *cervus Aristotelis*.

[1] Lib. VIII, cap. 25.
[2] *Tragelaphus, hircocervus*, etc.
[3] *Portraits d'oyseaux*, etc., édit. de 1557, p. 104
[4] Au bouquetin.

CHAPITRE III

LES OISEAUX

AIGLE.

L'aigle est le roi de l'air. Lorsqu'il a con-
quis une belle proie, il la partage avec ses
familiers; mais si cette proie lui manque, il
saisit un de ses compagnons, et « le met au
milieu pour luy et pour les aultres. Et ce fait-
il comme Roy, qui peult et doit vivre du commun bien. » Il a la « voix grosse et espouvan-
table : tous oyseaux, soit de proie ou aultres,
quant ilz voyent ou oyent l'aigle, ont grand
paour. »

La femelle place dans son nid deux pierres
précieuses, nommées agates, dont l'une est
mâle et l'autre femelle, « sans lesquelles les
œufz ne peuvent esclorre. »

Fier de la noblesse de sa race, l'aigle tient
à la conserver dans toute sa pureté. Au moment où ses aiglons sortent de l'œuf, il veut
savoir s'ils ont, comme lui, le privilège de
regarder le soleil en face, et « si fermement
que si oil [1] ne remuent goutte. » Il les prend

---

[1] Ses yeux.

dans ses serres et les force à contempler l'astre de feu. Ceux qui en supportent les rayons étincelants sans cligner la paupière, il les reconnaît pour ses enfants; ceux qui en paraissent éblouis, il ne peut les admettre comme étant de sa glorieuse lignée, et il les jette hors du nid [1]. Sachez toutefois qu'un autre oiseau, la foulque, recueille les pauvres abandonnés et les nourrit avec ses propres enfants.

L'aigle affaibli par l'âge brise contre un rocher son bec devenu trop long. Il peut, d'ailleurs, recouvrer à son gré la force et la jeunesse. Il s'élève si près du soleil que ses plumes se consument; ranimé par la chaleur et la lumière, il se laisse tomber du haut du ciel dans une fontaine où il se baigne trois fois, et il en sort régénéré.

Pietro Crescenzi nous apprend que, de son temps, l'on savait dompter les aigles, et qu'on les dressait pour la chasse comme le faucon et l'épervier. « Les aigles, écrit-il, sont appri-

---

[1] Belon attribue cette sélection à l'orfraie :

> L'orfraye met du soleil vis-à-vis
> Tous ses petits. Et si quelcun refuse
> Le regarder, est puni sans excuse :
> S'il gette larmes, il est soudain occis.

(*Portraits d'oyseaux*, p. **13**.)

voisées quant elles sont petites traictes [1] hors
du nyd. Mais ce n'est pas chose seure [2] de
vouloir apprivoiser celles qui ont longuement
demouré dedans leur sauvaigine, car par leur
force et hardiesse elles bléceroient leur maistre au visage ou ailleurs. On les apprivoise
pour quérir [3] tous grands oyseaulx et afin
qu'elles prennent lièvres, connins et chevreulz
avecques l'ayde des chiens. Et ceulx qui portent l'aigle chasser doivent estre fors, car
aultrement ilz ne pourroient soustenir le faiz [4].
Et tantost qu'il voit que les chiens ont trouvé
la proye, il doit laisser aller l'aigle, car il
volera tousjours dessus les chiens, et si tost
qu'il verra le lièvre ou la beste, il descendra
soubdainement et la prendra. »

Cette chasse a toujours été fort rare en France,
et le seul aigle qui ait pu y être dressé est le petit
aigle ou aigle tacheté (*falco maculatus*), qui n'attaque que de faibles animaux et serait incapable d'enlever un chevreuil. (Cuvier.)

ALCYON.

L'alcyon (*alcedo*) est la providence des na-

[1] Tirées, enlevées.
[2] Sûre.
[3] Chasser.
[4] Le faix, le poids.

vigateurs. A l'époque où éclatent ordinairement les plus violentes tempêtes, il dépose ses
œufs dans le sable, sur le bord de la mer. Il
faut à ces œufs sept jours pour éclore, et l'alcyon les couve ensuite pendant sept jours.
Durant ces quatorze jours, le temps reste
éclairci, les vents se sont tus, la mer est
apaisée, et les marins reconnaissants bénissent
cette accalmie et l'alcyon à qui ils la doivent.

On nommait jours alcyoniens (*alcyonei dies*) les
quinze jours de l'année durant lesquels l'alcyon
était supposé faire son nid et couver ses œufs. Ce
sont les sept jours qui précédent et les sept jours
qui suivent le solstice d'hiver.

Cuvier reconnaît dans l'alcyon du moyen âge
notre martin-pêcheur, et le nom d'alcyon est porté
aujourd'hui par des polypes fort peu intéressants.

ALOUETTE.

L'alouette au moyen âge s'appelle *calandre*, et un don bien singulier lui est dévolu.
Portée devant un malade, si elle le regarde,
c'est qu'il guérira ; si elle détourne la tête,
c'est qu'il doit mourir : « S'il doit mourir de
ceste maladie, cest oyseau tourne la teste et
ne regarde le malade ; et s'il doit eschapper et
guérir, adonc la calandre le regarde au visage
ainsi comme en luy faisant feste. »

Cet étrange privilège a valu à la calandre
l'honneur de symboliser la justice et la clémence divines, attribution justifiée par les
nombreux passages où la Bible emploie ces
expressions : Dieu a tourné sa face vers nous.
Dieu a détourné de nous ses regards, etc.

Belon nous apprend qu'au seizième siècle la
grive portait à Paris « le faux nom de calandre[1]. »

AUTOUR.

L'autour (*ostour, ostor, astur*) est un oiseau
de proie du même genre que le faucon et
l'épervier. Le grand autour ne redoute aucun
habitant des airs, pas même l'aigle : « li aigles
ne li fait nul paor. »

Cet oiseau est, au contraire, fort poltron, et c'est
toujours obliquement qu'il fond sur sa proie.

AUTRUCHE.

L'autruche [2] a des plumes, des ailes et un
bec d'oiseau, mais elle est si lourde qu'elle ne
peut voler. Brunetto Latini lui attribue des
pieds de chameau.

Au mois de juin, quand le moment pour
l'autruche vient de pondre, elle contemple

---

[1] Page 82.
[2] *Struthio, austruce, austruche, autruce, ostruce,* etc.

une étoile nommée Virgile ou Juizile, dépose
ses œufs dans le sable et s'en va à ses affaires :
« Entor le mois de juing, quant il convient
penser de sa génération, ele resgarde une
estoile qui a nom Juizile, et quant ele commence à lever, ele dépose ses oes, les cuevre
de sablon, s'en va porchacier son afaire et
oblie ses oes en tel manière que jamais ne
s'en sovient. » Heureusement, le soleil se
charge de les faire éclore. Au reste, nous verrons tout à l'heure que l'autruche se montre
parfois mère moins insouciante.

Son estomac est de si chaude nature qu'elle
digère tout, même le fer.

Elle redoute surtout le cheval. S'il s'en présente un devant elle, « elle liève ses œsles
contre luy, et les heurte tellement l'une contre
l'autre qu'elle le contrainct à fuyr. »

Certains théologiens regardent comme type
de l'orgueil l'autruche, que ses larges ailes
semblent devoir porter au ciel, et que son
corps pesant retient à la terre. Mais elle occupe
une place plus importante encore dans la symbolique chrétienne.

On suspendait jadis à l'intérieur de certaines églises des œufs d'autruche. Dans l'inventaire de l'église d'Angers, qui a été publié par

M. Didron, figurent deux œufs d'autruche réunis par des chaînes d'argent, avec cette mention : « Le jour de Pâques, il faut mettre ces deux œufs sur l'autel de saint René. » On prétendait au moyen âge, dit M. Didron, que l'autruche pondait un œuf où le petit serait resté éternellement emprisonné, si la mère n'était venue en briser la coquille avec un mélange de miel et de sang. A ce contact, l'œuf s'ouvrait, et l'oiseau s'envolait à tire d'ailes. Ainsi le Christ, par son propre sang, brisa la pierre du tombeau et monta au ciel s'asseoir à la droite de son père. L'œuf de l'autruche représente donc ici le sépulcre de Jésus-Christ, et l'on comprend que le jour de Pâques, jour solennel de la résurrection, l'on ait placé ces œufs sur un autel. Mais l'autel lui-même n'était pas arbitrairement désigné, du moins à Angers, c'était celui de saint René, celui du saint né deux fois, du saint ressuscité comme le Sauveur du monde [1].

Tout au contraire de saint René, quittons maintenant le ciel pour la terre. D'intéressantes constatations nous y attendent.

Il est bien établi que l'autruche ne construit pas

---

[1] Voy. Didron, *Annales archéologiques*, t. XI (1851), p. 260.

de nid. Elle fait un trou, y dépose ses œufs, et, au moins dans la zone torride, au lieu de les couver, elle en abandonne l'incubation à la chaleur des rayons solaires. (Milne-Edwards.)

L'autruche avale bien tout, mais elle ne digère pas tout. « J'ai vu des autruches qui avaient eu l'estomac percé par des clous et déchiré par du verre qu'elles avaient avalé. » (Cuvier.)

BUTOR.

Le butor (*bos taurus*) a beaucoup de ressemblance avec le héron. Son col est très long, mais au repos, il le rentre dans ses épaules et le dissimule au milieu des plumes. A l'époque de ses amours, on le voit plonger son bec dans l'eau, et il en sort un bruit tel que l'on ne peut le comparer qu'au grondement de la foudre.

« Le butor se tient dans les roseaux, d'où il fait entendre une voix terrible, qui lui a valu le nom de *bos taurus*. » (Cuvier.)

CAILLE.

La caille (*coturnix*) est un oiseau voyageur. Chaque année, ces animaux émigrent en troupe, sous la conduite d'un « gouverneur, » qui les aide à éviter les oiseaux de proie et à supporter les fatigues qu'occasionne le passage des océans. Parfois, au milieu de la traversée, une caille se sent épuisée, alors « elle descend en la mer, et lève en la mer une œsle pour cueillir vent. » Ces petites bêtes s'aiment fort entre elles « et s'entreappellent l'une l'autre par leurs voix. » Elles recherchent les substances vénéneuses, l'ellébore entre autres.

On sait que, toute lourde qu'elle est, la caille traverse chaque année la Méditerranée pour aller passer l'hiver en Afrique.

CHAT-HUANT.

Cet animal a le visage du chat « et hue de nuict moult laidement. » Il se plaît dans les lieux solitaires, les vieilles demeures et les cimetières; il vit d'ordures et est haï des autres oiseaux. Quand on le voit errer la nuit, c'est signe de mort.

Il est l'emblème des juifs, qui vivent comme lui dans les ténèbres.

CHOUETTE.

La chouette est appelée en latin *nycticorax* et *ulula*, « pource qu'elle ayme la nuict; car en volant de nuict, elle quiert sa vie, et en la quérant elle crie, et son cry est hay des oyseaulx. Elle habite ès sépulcres des morts et fait son nid souvent ès parois et ès vieilles maisons où nul ne habite. »

On ne trouve pas de chouettes dans l'île de Crète, et celles qu'on y apporte dépérissent rapidement, puis meurent.

CIGOGNE.

La cigogne (*ciconia, cigoigne, cicoigne, cygoigne*) est une bête animée des meilleures intentions, mais elle ne possède pas de langue, ce qui fait qu'elle ne chante jamais. Le mâle reste fidèle à sa moitié. Tous deux adorent leurs enfants, et ceux-ci, à leur tour, pleins de gratitude pour leurs parents, les soignent de leur mieux lorsque l'âge les a affaiblis. Ils arrachent leurs plumes, les étendent sur père et mère, et les couvent autant de temps qu'ils ont été couvés eux-mêmes [1].

La cigogne est très friande des œufs de serpent, et elle en nourrit ses petits. Quand il lui arrive de trop manger, elle sait très bien se médicamenter : « Elle prend en son bec de l'eau de la mer et le met en son corps par le fondement, et par ce, elle se purge. » On verra plus loin que l'honneur de cette découverte est aussi attribué à l'ibis.

---

[1] Voy. ci-dessous l'art. *Huppe.*

Elle recherche l'espèce humaine, niche dans les maisons. Elle les abandonne durant l'hiver, puis l'été revenu, « elle s'en va tout droit à son nid et le deffend comme son droit héritage contre ceulx qui le veulent occuper. »

Il est très vrai que la cigogne regagne la France au printemps, après avoir passé l'hiver en Afrique. Mais ces migrations des oiseaux voyageurs sont l'effet d'un instinct aveugle qui leur impose un changement de place à une époque déterminée. Ils n'attendent point pour partir l'invasion du froid, et ils reviennent souvent au printemps, lorsque la température est plus basse qu'elle ne l'était au moment de leur départ. On a vu ce singulier besoin de déplacement se manifester à la date ordinaire chez des sujets jeunes, n'ayant pas encore émigré, autour desquels on avait eu soin de maintenir une nourriture abondante et une température constante.

CINNAMOMUS [1].

C'est un oiseau d'Éthiopie. Il construit son nid sur le faîte des arbres les plus élevés et il le compose avec des branches de cinnamome. Mais cette précieuse substance excite l'envie des Éthiopiens qui, afin de s'en emparer, détruisent les nids à coups de flèches plombées.

---

[1] On trouve encore *cinnamologos, cinnamulgus, cinna mus, cinamulgos*, etc.

COLOMBE.

La colombe est le symbole de la pudeur, de la fidélité et de la simplicité : soyez simples comme la colombe et sages comme le serpent, dit l'Écriture. C'est transformé en colombe que le Saint-Esprit vint assister au baptéme de Jésus-Christ.

L'âme des hommes vertueux s'envole sous l'image d'une blanche colombe, tandis que l'âme des méchants revét la figure d'un animal hideux, qu'on retrouve après plusieurs siècles au fond de leur tombe, repu et engraissé de leurs débris.

Hugues de Fouilloy consacre à la colombe huit colonnes in-folio. Dans ces mystiques divagations, il en fait tout à la fois l'emblème des fidèles, des sermonnaires et des prélats. Trois colombes, dit-il, sont mentionnées par les saints Livres : celle de Noé, c'est-à-dire le repos ; celle de David, c'est-à-dire la force ; celle du Christ, c'est-à-dire le salut. La colombe désigne encore l'Église : son bec, divisé en deux parties, sépare dans la prédication les grains d'orge et les grains de froment, les préceptes de l'ancienne loi et ceux de la nouvelle. De l'œil droit, elle se contemple elle-même ; de l'œil gauche, elle contemple Dieu. L'amour de Dieu et l'amour du prochain sont représentés par ses deux ailes : elle étend vers les hommes l'aile de la charité et vers le ciel l'aile de la contemplation. Les vives couleurs qui nuancent son plumage sont l'image du prédicateur. La longueur de ses ailes, c'est la parole divine. Ses plumes blanches désignent la pureté de la doctrine, ses plumes couleur d'or l'innocence du cœur et la mortification des sens.

COQ.

Le coq vit avec l'homme, « et par sa voix monstre les eures du jour et de la nuict. » Son chant est haut et fier le soir, plus doux et plus clair au matin, aussi est-ce le *chante-cler* du *Roman de renard*. Avant de chanter, il bat des ailes trois fois. Le coq est donc l'image du bon pasteur qui veille sur les fidèles, qui leur prêche l'activité et la vigilance [1].

Le coq est une bête courageuse, toujours prête à combattre pour ses poules, auxquelles il témoigne une grande affection. « Quand il trouve à manger, il les appelle par sa voix et

---

[1] C'est de là qu'est venue la coutume de placer un coq au sommet des clochers.

se substraict de manger pour leur donner.
Quand il a trouvé grain, il appelle ses gélines.
Au soir, il met la plus grasse, grosse et tendre
plus près de soy coucher, et celle qu'il ayme le
mieulx. »

Devenu vieux, il pond des œufs petits et
ronds, et si le hasard veut qu'ils soient couvés
par une bête venimeuse, il en naît des basi-
lics. Ceci est affirmé par Barthélemy l'Anglais,
mais Albert de Bollstadt n'y croit guère, « ego
non puto esse verum, » écrit-il.

Un beau coq, dit Crescenzi, doit être grand,
large de poitrine, avoir la voix forte, la crête
rouge, le bec court et pointu, les yeux noirs
et hardis, les cuisses courtes et velues, les
ongles longs, le col doré et de couleurs
variées.

La geline a de ses poussins un soin extrême.
« Elle les nourrit souz ses æsles et les deffend
contre l'escouffle[1]. Elle est malade de la douleur qu'elle a d'eulx. Elle paist mieulx ses
poulcins que soy, et quand elle trouve à
manger, elle les appelle et les assemble. Pour
les deffendre, elle s'oppose à plus fort que
soy, et assault bien un homme pour les gar-

_____

[1] Le milan.

der. » Si l'on veut avoir de beaux poussins, il faut confier à la géline des œufs par nombre impair, et l'incubation doit commencer du neuvième au quinzième jour de la lune.

La chair de la poule est plus tendre que celle du coq, et pourtant, l'or fond au contact de ses membres, « ita quod membra gallinæ venenum auri videantur. »

Tous les voyageurs s'accordent à dire qu'en Chine les poules sont grandes comme nos oies et que les coqs atteignent la taille de l'autruche. Mandeville, Odoric et Marco Polo affirment aussi qu'en ce pays les gélines n'ont pas de plumes, « mais ont laine comme moutons. »

CORBEAU.

Le corbeau (*corvus*, *corbel*, *corbiau*, etc.) est un voleur : il « est plein de larrecin et de tricherie, car il emble tout ce qu'il trouve, et le muce[1] tellement qu'on ne le peult retrouver, et par espécial l'or et l'argent. »

Ses petits naissent presque blancs, et les parents ne s'occupent d'eux que quand ils tournent au noir ; jusque-là, ils sont nourris

---

[1] Le cache.

de la rosée du ciel. Mais ils n'oublient et ne pardonnent cette indifférence, et pour s'en venger, ils dévorent leurs parents dès que ceux-ci, affaiblis par la vieillesse, ne peuvent plus se défendre.

Le corbeau est ami du renard. Il déteste l'âne, qu'il s'efforce d'aveugler à coups de bec. Il recherche toutes choses sales et venimeuses.

C'est l'oiseau qui ne revint pas à l'arche de Noé, « ou parce que il trova grans charoignes, ou parce que il mourut ès aigues parfondes [1]. »

On prétend que la rencontre du corbeau constitue un mauvais présage, mais c'est là un préjugé que Mandeville ne partageait pas. Il écrit : « On dist d'ung corbeau que c'est maulvaise encontre, c'est folie de croire en telles choses. »

Ce vilain animal au sombre costume est l'image du méchant, qui se couvre pour son malheur des plumes noires du péché. Suivant Hugues de Fouilloy, le croassement du corbeau, ses cris *cras, cras, demain, demain!* menacent le pécheur qui, pour faire pénitence, remet toujours au lendemain : « ...non

---

[1] En eaux profondes.

quæris dilationem in voce corvina, cras, cras ingeminente, sed contritionem in gemitu columbino. »

Les larcins du corbeau ne sont pas du tout imaginaires. Il est très vrai aussi qu'il sent les cadavres d'une lieue. Ses petits ne naissent pas noirs, « mais couverts d'un duvet gris-blanc. » (Daubenton.)

CORNEILLE.

La corneille est un oiseau de longue vie, et sur son vieil âge, ses plumes deviennent blanches. On a écrit qu'il pouvait prédire l'avenir, « mais c'est grand folie de croyre que Dieu lui ayt révélé son conseil. »

Ces animaux ont en affection profonde les cigognes, elles les protègent, les guident, combattent pour elles. La preuve en est que « au temps où les cigognes sont hors de leur païs, on y trouve peu de corneilles, et quand elles reviennent, elles sont desplumées et malmenées, ainsi comme gens qui viennent de la bataille. »

La corneille est douée d'une excessive longévité. Elle vit neuf fois autant que l'homme, soit environ six cents ans.

CYGNE.

Le cygne (*cycnus, cygnus, cinne, olor*[1]) est un oiseau blanc de plumage sur une chair noire, aussi est-il choisi parfois comme emblème de l'hypocrisie. Il vit presque toujours dans l'eau, mais jamais n'y trempe sa tête, qu'il tient orgueilleusement levée. « Il chante et fait moult doulce mélodie de sa voix, et la cause est qu'il a le col long et courbé, où la voix se brise en moult de manières avant qu'elle soit en la bouche : et tant plus qu'elle est brisée, tant plus est plus doulce et plus mélodieuse. » Il existe un pays appelé Hyperborée « où il y a moult de cygnes, et quand les ménestriers passent par là et sonnent de leurs instrumens, adonc les jeunes cygnes s'envolent de leur nid après eulx, et chantent moult doulcement avec les ménestriers. »

Cet infatigable mélomane chante jusqu'à son dernier soupir. « Adonc aperçoit-il sa mort, lors commence à chanter si doucement que merveille est à oïr, et en chantant ainsi, défine sa vie. »

Sur le chant du cygne, voyez une dissertation

---

[1] Hugues de Fouilloy écrit *holor*.

très curieuse de Mauduit, tome VII, p. 381 de l'édition de Pline donnée par Panckoucke.

DIOMÈDE (OISEAUX DE).

Les *Diomeditæ aves* ont le plumage blanc, des yeux couleur de feu, la taille des cigognes. De leur puissant bec, ils creusent dans les rochers un trou où ils installent leur nid. Ils y pratiquent deux ouvertures. Par l'une, placée du côté de l'Orient, ils sortent pour aller chercher leur nourriture ; ils rentrent par l'autre, située à l'Occident. Ils ne tolèrent près de leur demeure que des Grecs, et chassent les gens de toutes les autres nations.

Ce sont les compagnons du vaillant Diomède. Ils s'étaient vus changés en oiseaux.

La science moderne a cru reconnaître dans ces animaux l'albatros, le plus grand des oiseaux de mer et dont le nom latin est *diomedea*.

EFFRAIE.

L'effraie, dite aussi fresaie, est ainsi nommée « pour ce qu'elle crie comme en hurlant, et quand elle crie, sa voix est signe d'adversité. » Elle est de la taille du corbeau, et a le corps tout tacheté de diverses couleurs.

Littré admet, comme étymologie de ce nom, le verbe effrayer.

FAUCON.

C'est un oiseau royal. Il s'élève jusqu'à des hauteurs où l'œil ne peut le suivre, puis en redescend avec une vertigineuse rapidité pour saisir sa proie. On le porte de la main gauche et on lui donne à manger de la main droite. Devenu vieux, il prend son vol, monte près du soleil, étend devant lui ses ailes, qui tombent brûlées et sont aussitôt remplacées par d'autres.

Les faucons ont, en général, une triste fin. « Tant comme ilz vivent et peuvent prendre leur proye, ilz sont aymez de leur seigneur, et les portent sur la main, et les applanissent en la queue et en la poictrine. Quand ilz sont morts, ilz sont de nul profit, car on ne les porte pas à la cuysine ni à la table pour mangier, mais on les jette sur le fumier. »

Le faucon et le cheval furent les deux animaux favoris du moyen âge. Albert de Bollstadt, qui consacre seulement six colonnes au chien, en accorde vingt au cheval et trente-six au faucon.

FOULQUE.

Quand les aiglons sortent du nid, leur père

les force à regarder le soleil en face. Celui qui baisse la paupière est rejeté comme indigne[1].

Mais la *fulica* le recueille et l'élève avec ses propres petits : « Uns vieus[2] oisiaus qui est apelez fulica acomplit la fierté dou roial oisel, car ele reçoit celui entre ses filz et le norrit. »

Les foulques sont classées aujourd'hui parmi les échassiers et ne s'entendent plus du tout avec les aiglons.

GELINOTTE.

La *bonasa*[3], dit Albert de Bollstadt, ressemble à la perdrix, et sa chair est blanche, tendre et savoureuse ; mais ce gallinacé serait beaucoup moins abondant en Allemagne qu'on ne le croit généralement. Sur son mode de reproduction, l'on a débité des choses fort étranges, auxquelles la connaissance de l'anatomie ne permet pas d'ajouter foi.

Pour Cuvier, la bonasa d'Albert est notre gelinotte.

GERFAUT.

Oiseau de grand courage et plein d'amour-

---

[1] Voy. ci-dessus l'art. *aigle.*
[2] Vieil.
[3] Il faudrait *bonasia.*

propre. S'il manque sa proie deux fois, il
« s'en vole de honte et ne veult retourner à
la main de son maistre, car il se répute vaincu
et vilené. » Il aime ses petits plus que ne font
les autres oiseaux de proie ; si même il trouve
de jeunes aiglons abandonnés, il les nourrit.

CRUE.

Les grues sont animaux à grandes ailes qui
volent et voyagent rangés par échelons, « en
manière de chevaliers allant à la bataille. »
La troupe se choisit un chef, à qui d'importants pouvoirs sont dévolus. « La grue qui
maine les aultres les chastie par sa voix et les
contrainct à droit voler, et si elle devient en-
rouée de trop crier, une aultre luy succède en
son office. » Quand les grues ont pris terre,
les plus âgées sont placées en faction et doivent veiller sur le camp. Pour être bien sûres
de ne pas s'endormir, elles reposent sur une
seule patte ; l'autre demeure en l'air et porte
une pierre dont la chute doit réveiller la sen-
tinelle si elle se laisse aller au sommeil.

La conclusion de tout ceci, c'est qu'il faut
maintenir notre esprit dans les régions
élevées, et obéir à la voix des supérieurs qui
veillent sur notre foi.

A part quelques exagérations de détail, les notices que je viens d'analyser sont le résultat d'obser-
vations très exactes. Écoutez Milne-Edwards : « Ces
oiseaux voyagent en troupes nombreuses et en for-
mant un triangle dont le sommet est occupé par
celui qui semble être le chef de la bande, et qui de
temps en temps fait entendre, comme pour appeler ses compagnons, un cri de réclame auquel
ceux-ci répondent aussitôt... Ils se rassemblent pour
dormir la tête sous l'aile, et l'on assure qu'alors
l'une d'elles veille toujours la tête haute, pour avertir ses compagnes par un cri d'alarme lorsqu'un
danger les menace. »

HIRONDELLE.

L'hirondelle (*hirundo*, *hirundella*, *aronde*,
arondele, *arunde*, *ironde*, etc.) est un gentil
oiseau qui mange, qui boit, qui dort en volant.
Elle aime le voisinage des hommes et fait son
nid dans leurs demeures. Aussi la nature lui
a-t-elle accordé un don de divination : « Elle
devine et déguerpit les maisons qui doivent
fondre[1]. » Elle construit son nid avec de la
boue et de la paille. Comme elle ne peut se
munir d'eau, elle baigne ses ailes, puis les
traîne dans la poussière, de manière à former
une sorte de mortier qui sert de base au petit

---

[1] S'effondrer.

édifice qu'elle façonne. Quand, par quelque
accident, ses petits ont perdu la vue, elle les
guérit au moyen d'une plante qu'elle va cueillir et qui s'appelle « célidoine. »

La fiente de l'hirondelle est très dangereuse
pour les yeux, car c'est elle qui rendit aveugle
le pieux Tobie.

« Le nid de l'hirondelle est construit avec des débris de matières végétales ou animales et une espèce
de ciment formé de terre gâchée que l'oiseau étend
avec son bec comme avec une truelle. » (Milne-
Edwards.)

HUPPE.

La huppe (*upupa*) est un oiseau très vigoureux qui recherche les endroits puants et les
cimetières. Si l'on a sur soi du sang de cet
animal, on voit en dormant des diables qui
s'apprêtent à vous étrangler. Eh bien, ces
abominables volatiles possèdent au suprême
degré une vertu chrétienne, l'amour des parents. Quand les leurs sont devenus vieux, ils
les placent dans un bon nid, les débarrassent
de leurs plumes usées, les couvrent de duvet,
et leur disent avec tendresse « : père et mère
chéris, vous avez autrefois pris soin de nous,
nous vous rendons aujourd'hui ce bienfait[1] : »

---

[1] Voy. ci-dessus l'art. *cigogne*.

Bel père, bele mère chière,
Autresi en cele manière
Comme vos meites grant cure
En nos, en nostre norreture,
Por guerredon [1] de tel servise
La r'avons nos or en vos mise
Et rendu bonté por bonté.

Seigneur, ajoute Guillaume de Normandie, cet oiseau nous donne ici un grand enseignement. Mais, hélas! l'homme est si pervers qu'il ne profite pas de la leçon. Et pourtant, l'homme est fier de son intelligence, la croit supérieure à celle des autres animaux.

La huppe actuelle appartient à l'ordre des passereaux, et elle n'a conservé aucune des belles qualités que lui attribuait le moyen âge.

IBIS.

L'ibis est une espèce de cigogne qui vit sur les bords du Nil, où il se nourrit de petits poissons, d'insectes et d'œufs de serpents. Il n'entre jamais dans le fleuve, car il ne sait pas nager. Son principal mérite, comme nous l'apprend le grand Hippocrate, est d'avoir fait connaître à l'homme les vertus du clystère : « Hæc avis, cum constipata fuerit, ex

---

[1] Récompense.

ano per rostrum cibos ejicit, et aliquando clysterem sibi faciens, aquam maris salsam in posterius injicit, et sic se laxat. » Le docteur Sonnet de Courval, au dix-septième siècle, traduit ainsi ce passage : « Les Égyptiens avoient appris l'usage des clystères parce qu'ils avoient remarqué l'oyseau nommé ibis puiser de l'eau de la mer avec son bec et se la mettre au fondement, pour luy ouvrir le ventre qu'il avoit constipé[1]. » L'ibis est, d'ailleurs, une béte immonde. Ovide composa, durant son exil, un livre dans lequel il donna à l'Empereur le nom « de celui oisel, car il ne savoit penser plus orde créature. »

On sait que les Égyptiens rendaient à l'ibis un véritable culte, et que son meurtre était puni de mort. Mais c'est seulement depuis la campagne d'Égypte, en 1798, que les naturalistes attachés à l'expédition ont déterminé exactement quelle était l'espèce d'échassier à qui revenait tant d'honneurs.

MEMNONIDES.

Oiseaux d'Égypte. Tous les cinq ans, ils quittent en troupe cette contrée, pour se rendre à Troie sur le tombeau d'un philo-

---

[1] *Satyre contre les charlatans,* p. 63. — Voy. *Les médicaments,* p. 66 et suiv.

sophe péripatéticien nommé Menon. Albert de Bollstadt emprunte cette légende à Pline qui, au lieu de Menon, écrit Memnon.

MERLE.

Le merle est un animal très laid, mais doué d'une voix mélodieuse. Il ne la fait entendre, d'ailleurs, chaque année que pendant deux mois.

Albert de Bollstadt avait entendu dire que les merles de l'Achaïe étaient blancs : « cum ubique merula nigra sit, in Achaiæ partibus est candida. » Mais le merle blanc est beaucoup moins rare qu'on ne le croit en général, et pas n'est besoin de visiter l'Achaïe pour en rencontrer.

Le merle était l'emblème des dangereuses séductions auxquelles l'homme vertueux doit se soustraire, injure que la vie privée du merle ne justifie nullement.

MILAN.

Le *milvus* en latin, l'*escouffle* en français, est un oiseau craintif qui se laisse vaincre par moins fort que soi. Il vit de rapine. Faute de mieux, il mange « ordures et charongnes, » mais il préfère les poussins, les petits oiseaux, les vers et les mouches. Il n'aime guère ses petits, et il les jette hors du nid dès qu'ils commencent à engraisser.

Le milan est si poltron qu'il n'ose s'emparer d'un poulet si la poule le défend, qu'il n'ose disputer une proie au corbeau. Dans le temps où la fauconnerie était en honneur, l'on se plaisait à le faire poursuivre par un épervier.

MOINEAU.

Le passereau (*passer*) « appelé moyneau en France, est un oyseau qui habite voluntiers entre les gens. » Ces petites bêtes « ayment leur espèce, et s'ilz en trouvent aucun sans père et mère, ilz les nourrissent ainsi que les leurs. Et quand il y en a un prins, les autres viennent et crient pour le délivrer. »

Les moineaux craignent les belettes et font une guerre acharnée aux hirondelles. Ils mangent sans danger les graines les plus vénéneuses, celles de la jusquiame, par exemple.

MOUETTE.

La mouette a même taille que la tourterelle. Son vol est peu rapide, et un homme en courant la dépasse avec facilité. « Elle habite en l'æer et en l'eau et en la terre, car elle nage en l'eau et court sur la terre et si vole en l'æer. »

Vrai est que les mouettes nagent et volent très bien, mais la marche leur est moins facile.

OIE.

Les cris de l'oie (*anser, auca, oue, oe, oye*) signalent non seulement toutes les heures du jour et de la nuit, mais encore les veilles des grandes fêtes célébrées par l'Église. « Et à lor cris furent aperceu li François quant ils voloient prendre le chapitoile[1] de Rome, selonc ce que l'istoire nous raconte. »

Une gravure du livre de Mandeville représente une oie à deux têtes, qui existe, dit-il, en Orient.

PAON.

Le paon a voix de diable, tête de serpent, démarche de larron, poitrine de saphir et queue d'ange. Il « dresse ses plumes pleines d'yeulx entour sa teste et s'esmerveille de sa grand beauté; mais quand il regarde la grand laidure de ses piedz, il est honteux, laisse cheoir sa queue et sa roue, et ne luy souvient de sa beauté. »

De même, l'homme qui fait le bien peut tenir la tête droite et fière ; mais quand il étudie la sainte Écriture, où il apprend la bassesse de la condition humaine, il lui faut

[1]. Le capitole.

incliner humblement ses regards vers la terre.

La chair du paon a mauvaise odeur, et elle est si dure qu'elle ne se corrompt jamais. Sa queue, chargée de cent yeux, l'a fait prendre parfois pour symbole de la prudence.

PÉLICAN.

Oiseau merveilleux qui habite les bords du Nil. Personne n'ignore que le pélican blanc, généreusement, s'ouvre les flancs pour ses enfants. Ce louable sacrifice est raconté de bien des manières, voici la version la plus sûre. Quand les petits sont devenus forts, ils frappent leurs parents à coups de bec; tout naturellement le père pélican se fâche et tue ses enfants. La mère, désespérée, mène grand deuil, pleure pendant trois jours; puis, prise d'une inspiration subite, elle se perce tout à coup le flanc, « ele navre ses costez de son bec », et son sang, répandu sur les petits, les rappelle à la vie.

Ainsi, nous, enfants de Dieu, nous l'avons renié et frappé au visage ; et malgré nos crimes, Jésus-Christ nous a soustraits au pouvoir de Satan et à la mort, en versant pour nous son sang précieux.

Immolation inutile au regard des pécheurs

PHÉNIX, PÉLICAN. HARPIE ET GRIFFON.

D'après J. Jonston.

endurcis : mais qu'ils prennent garde, et méditent les événements qui se sont succédé dans la famillé du pélican. Le père s'est éloigné ; la mère, épuisée par la perte de son sang, est clouée dans son nid. Que font les petits ressuscités ? Les uns, trop paresseux pour sortir, se laissent mourir de faim ; les meilleurs vont chercher un peu de nourriture pour leur mère ; les autres enfin ne songent qu'à eux-mêmes, s'enfuient, abandonnant la pauvre pélicane. Puis, un beau jour, le père revient, apprend la conduite de ses fils, et sait exercer à leur égard une justice distributive en traitant chacun suivant ses mérites.

Il y a deux espèces de pélicans. L'une ne vit que de poissons ; l'autre, « champestre, mange serpens, lisardes et autres bestes venimeuses. » Au reste, « tout ce que le pélican mange, il mouille à son pied en l'eaue, et le met de son pied à son bec, ainsi comme de la main. »

La mappemonde d'Hereford nous montre un pélican qui, debout sur son nid, se perce le flanc devant plusieurs petits tendant vers lui leur bec affamé.

La femelle du pélican nourrit ses petits en dégorgeant devant eux des poissons et de l'eau qu'elle

10.

apporte dans l'énorme poche de son bec. Peut-être est-ce le mouvement qu'elle se donne pour vider cette poche, en la pressant contre sa poitrine, qui a fait croire qu'elle s'ouvrait le sein et nourrissait de son sang sa jeune famille.

PERDRIX.

Les chasseurs lui font une guerre acharnée, parce que sa chair est exquise, aussi emploie-t-elle une foule de moyens pour leur échapper. Tantôt elle se couche sur le dos, après avoir pris entre ses pattes une motte de terre qui la cache aux yeux les plus clairvoyants. Tantôt son amour pour ses petits lui inspire l'idée de se sauver en boitant comme si elle avait été blessée : au péril de sa vie, elle entraîne ainsi l'oiseleur loin du nid où repose sa couvée.

C'est une voleuse d'œufs, elle ajoute aux siens tous ceux qu'elle peut dérober. Mais cela ne lui profite guère, car les petits une fois éclos savent bien reconnaître leurs vrais parents, et ils abandonnent la fausse mère pour la véritable :

> Cele lessent qui les norri,
> A leur dreite mère s'en vienent.
> La faulse mère remaint sole [1].

Si un danger menace ses petits, la perdrix dé-

---

[1] Demeure seule.

ploie « de l'adresse et du courage pour en éloigner leurs ennemis. » (Milne-Edwards.)

PERROQUET.

Le papegaus (*psittacus*, *papagallus*) est un oiseau vert qui a les pieds rouges. Sa langue est très large, très longue, et conformée de telle manière qu'il apprend à parler quand on commence de bonne heure son éducation : « Il dit paroles articulées en semblance d'ome, se l'on li enseigne en sa jonesce. » Son langage peut même atteindre une telle perfection, qu'en l'entendant l'on se croirait parfois, non auprès d'un oiseau, mais auprès d'un être humain : « adeo perfecte loquitur quod, si quis non videat avem, hominem esse opinetur. » Il aime surtout à converser avec les enfants.

Toute sa force est dans son bec et dans sa tête. Il a grand soin de sa queue, qu'il nettoie souvent avec son bec. Pour manger, il use de sa patte comme d'une main : « pede in comedendo pro manu utitur. »

La facilité avec laquelle les perroquets imitent la voix humaine paraît tenir à la structure assez compliquée de leur larynx inférieur et à la conformation de leur langue qui est épaisse, charnue et arrondie.

PHÉNIX.

« Fénix est un oyseau singulier, dont il n'est que un en tout le monde, de quoy les simples gens s'esbahissent moult. » En vérité, l'on s'ébahirait à moins. D'abord, le phénix est une bête magnifique : il a la taille de l'aigle, et son cou « reluit comme fin or arabian. » Ses ailes ont l'éclat des saphirs et des émeraudes. Mais ceci n'est rien. Quelques auteurs ont prétendu que le phénix vivait mille ans et plus. Ils ont exagéré. Cet animal privilégié ne dépasse guère cinq à six cents ans. Quand il a atteint cet âge, il vole vers la cité d'Héliopolis et s'y brûle sur un autel couvert de plantes aromatiques. Un prêtre, miraculeusement averti, arrive le lendemain, il écarte la cendre et découvre un petit ver d'une odeur exquise, qui, trois jours après, se change en un jeune et beau phénix. Celui-ci salue le chapelain, et prend joyeusement son vol, pour revenir cinq cents ans plus tard :

> Au chapelain cline por veir,
> Puis s'en torne liez et joians,
> Ne revien devant cinc cenz anz.

J'ai à peine besoin d'ajouter que le phénix

est le symbole de la résurrection et de l'immortalité. Il nous faut conclure de ce miracle, dit pourtant Mandeville, « que il n'est que ung seul Dieu, qui mourut pour nous tous, et au tiers jour ressuscita. »

Un phénix, d'allure fort calme, est figuré sur la mappemonde d'Hereford[1].

PIC.

Le pic est un oiseau de plusieurs couleurs, comme le diable dont il est l'image. Pour faire son nid, il choisit un arbre creux, où il pratique une entrée très petite. Il y a des gens malintentionnés qui s'amusent à fermer cette ouverture avec une cheville. Alors, l'oiseau va chercher une herbe de lui seul connue, l'apporte dans son bec, et en touche la cheville, qui aussitôt tombe à terre.

PIE GRIÈCHE.

C'est « uns oisiaus que li François claiment[2] grièche, porce que ele fu premiers[3] trovée en Grèce. » Il craint le vent du midi et

---

[1] Pline doutait déjà de l'existence du phénix : « Haud scio an fabulose, » dit-il. Lib. X, ch. 2.

[2] Appellent.

[3] D'abord.

recherche celui du nord. Sa chair est très
malsaine.

PIGEON.

Le pigeon (*coulon, colon, columb,* etc.)
aime la société des hommes. Son défaut capi-
tal est la curiosité, car perché sur un arbre,
il regarde à droite et à gauche en étendant
le cou, avant de se décider à prendre son
vol.

L'habitude le ramène toujours à l'endroit
où il a été nourri. Si on l'en éloigne, il revient
à tire d'ailes. Aussi, en Égypte et en Syrie se
sert-on des pigeons pour porter les lettres
d'une province à l'autre. « On luy lye la lettre
sous l'æsle et on le laisse aller, et il ne cesse
de voler jusques à tant qu'il vient au lieu
de sa nourriture. Mais il est aucunesfois
cogneu des ennemys et tué en la voye, à
cause des lettres qu'il porte. » Quand « on
donne congié aux coulons, écrit de son côté
Mandeville, ilz s'en vont tout droit là où ilz
ont esté nourris, et portent les lettres au seigneur à qui on les envoye. »

Pour obtenir de beaux pigeons, il faut en
représenter de tels sur le mur du colombier,
« car ils engendrent filz à la semblance de la

paincture qu'ils voient devant eux.. ». Leur chair est bonne et délectable, dit Crescenzi.

PLONGEON.

Cet oiseau doit son nom à « la coustume qu'il a de soy plonger en l'eaue. » Il prévoit les tempêtes, et quand il les sent venir, s'enfuit au rivage en criant. Il fait son nid entre les roseaux, « dans l'eaue, sur un peu de buschettes. »

ROITELET.

Le *regulus* est le plus petit de tous les oiseaux, ce qui ne l'empêche pas de combattre l'aigle. En général, il vit solitaire, se nourrit de vers et d'araignées. Sa voix est délicieuse, et il la fait entendre surtout durant l'hiver.

Le roitelet est, en effet, le plus petit de nos oiseaux d'Europe, car il ne dépasse guère neuf centimètres de longueur. On le confond souvent avec le troglodyte, petit oiseau de même espèce, et qui chante par les plus fortes gelées.

TOURTERELLE.

..La tourterelle est appelée en latin *turtur, tordera, turturella,* etc.; en français *torte, tourtre, turtre, turte, tortre, turtrele, torte-*

rele, etc..C'est un oiseau de grande chasteté,
qui habite volontiers loin des hommes et passe
l'hiver dans un arbre. Son cœur ne se donne
qu'une fois, sa fidélité est devenue prover-
biale. O vous, s'écrie Guillaume de Normandie, hommes et femmes que l'Église a unis
par les liens éternels du mariage, vous qui
vous êtes juré fidélité et qui tenez si mal vos
serments, instruisez-vous par l'exemple de la
tourterelle. Dans le bois épais qu'elle habite,
elle aime sans partage et veut être aimée de
même. Lorsqu'elle devient veuve, il n'est
point de saison, point de moment où elle ne
gémisse. Elle ne se pose plus sur le gazon ni
sous la feuillée, elle attend toujours l'être
qu'elle a perdu et ne forme jamais de nouveaux liens, le reste de la terre lui devient
indifférent :

> Toz jorz se tient à son ami,
> Toz jorz atent que il revienge
> Et que compaignie li tienge.

O vous, qui vivez dans le tourbillon du
monde, cet oiseau vous enseigne l'invio-
lable fidélité des regrets. N'imitez pas ces maris qui, en revenant de l'enterrement de leur
femme, songent déjà à la remplacer :

Quant l'un vient de l'autre enterrer
Veut autre aveir entre ses braz.

En liberté, les tourterelles volent presque toujours deux à deux, la femelle accompagnant partout le mâle.

VAUTOUR.

Le *vaultour* est un oiseau de la taille de
l'aigle. Il fait son nid sur le sommet des plus
hautes montagnes, et vit cent ans. Quand les
vautours s'assemblent en troupes nombreuses,
c'est signe de batailles, car ils recherchent
surtout les chairs pourries. « Ils suyvent l'ost,
pour eux saouler des charongnes des gens et
chevaulx. »

Ils attaquent, en effet, très rarement les animaux
vivants et ne se nourrissent que de cadavres. « Leur
odorat, dit Milne-Edwards, paraît assez fin pour
qu'ils puissent sentir les exhalaisons des charognes
à des distances considérables. »

CHAPITRE IV

REPTILES, POISSONS, MOLLUSQUES

ACONTIAS.

Acontias est un mot grec qui peut se traduire en latin par *jaculus* et en français par *avelot*. Ce nom appartient à un serpent qui vit sur les arbres, d'où il épie sa proie ; quand elle passe, il s'élance sur elle avec la rapidité d'une flèche. Il existe deux espèces d'acontias et la morsure de toutes deux est mortelle, mais l'une tue subitement, tandis que la morsure de l'autre est suivie de douleurs atroces.

Il faut sans doute reconnaître dans l'acontias quelqu'une de ces couleuvres minces qui montent sur les arbres et s'entortillent à leurs branches. (Cuvier.)

AMPHISBÈNE.

Brunetto Latini le nomme *amphimenie* et *amfimeine*. C'est, dit-il, une manière de serpent qui a deux têtes, l'une à l'endroit ordinaire, l'autre au côté opposé, et il peut mordre de l'une comme de l'autre. Albert le Grand l'appelle *amphisilea,* mais a le mérite d'affirmer qu'il n'existe dans la nature aucun animal à deux têtes : « nullum enim animal naturaliter duo habet capita. »

Le mot amphisbène est formé de deux mots grecs (ἀμφὶς et βαίνειν) qui signifient *marchant en deux sens*. On donne aujourd'hui ce nom à une famille de serpents peu connus, dite des *doubles marcheurs*, qui habitent l'Amérique méridionale. Leur queue est de la même dimension que leur tête, et leurs yeux, très petits, sont presque imperceptibles. De plus, ils rampent également bien en avant et en arrière. (Cuvier.)

ANGUILLE.

L'anguille naît de limon, et il est très difficile de la saisir. Le bruit de la foudre l'épouvante, crainte qu'elle partage avec la carpe. Elle peut vivre cinq ou six jours hors de l'eau.

On trouve dans le Gange des anguilles qui ont jusqu'à trente pieds de long, et il est bien prouvé que la personne qui boirait du vin dans lequel une anguille se serait noyée n'en pourrait plus boire jamais.

ARAIGNÉE DE MER.

Est-ce la vive, est-ce un crabe? Ce qu'il y a de sûr, au moins pour Albert le Grand, c'est qu'elle a près des ouïes des dards (*spicula*) dont elle pique ceux qui l'approchent. Vincent de Beauvais ajoute que cette blessure est venimeuse, mais peut être guérie au moyen de la thériaque.

La vive fait, en effet, avec une de ses épines des plaies difficiles à cicatriser, non qu'elles soient empoisonnées, mais parce qu'elles sont très profondes.

ASPIC.

C'est un fort dangereux serpent, qui porte sur la tête une pierre précieuse nommée escarboucle. Il a des dents, et le membre mordu par lui ne guérit jamais.

Les habitants de l'Afrique craignent peu l'aspic. Ils ont soin de lui présenter chaque nouveau-né, car si celui-ci est illégitime, le serpent le tue aussitôt; il le respecte, au contraire, s'il est « de loyal lict. »

En revanche, l'aspic redoute la voix des enchanteurs, et pour empêcher qu'elle arrive jusqu'à lui, il bouche l'une de ses oreilles avec sa queue, tandis qu'il applique l'autre fortement contre la terre. Personne n'a jamais constaté le fait, dit l'auteur du *Bestiaire divin*, mais c'est vérité prouvée :

> Ne porquant oncques ne le vi,
> Mes ce est vérité provée.

Ce qui ne l'est pas moins, c'est que, tout de même, les riches de ce monde, assourdis par le péché et la convoitise, ne peuvent entendre la parole de Dieu.

Le célèbre ophidien dont se servit Cléopâtre est une variété de l'aspic, qui portait le nom d'*hypnalis;* la personne mordue par lui tombe dans un profond sommeil et ne se réveille plus[1] :

> La reine Cleopatras,
> Qui tant doutoit de mort le pas,
> En mit o sei une poignant,
> Si morut tot com en dormant[2].

L'hajé ou naja, dit aussi serpent à lunettes, que les jongleurs d'Égypte savent si bien charmer, appartient à la famille des vipères, et c'est « incontestablement le serpent que les anciens ont décrit sous le nom d'aspic... L'histoire même de Cléopâtre prouve bien que son aspic était un hajé. Dans une ville comme Alexandrie, on ne trouve pas un serpent venimeux sous la main, pour un usage aussi peu prévu. Mais si les bateleurs d'Égypte

---

[1] Galien rapporte qu'à Alexandrie, on se servait de sa morsure pour abréger le supplice des condamnés à mort.

[2] Qui tant redoutait de se voir mourir, en mit sur son sein un terrible, et mourut comme en dormant.

avaient des hajés, comme ils en ont maintenant, il
n'y avait qu'à en prendre un chez le plus voisin de
ces gens-là. » (Cuvier.)

BASILIC.

C'est le roi des serpents, dit Hugues de
Saint-Victor. En signe de souveraineté, il
porte une couronne autour de la crête blanche
qui surmonte sa tête. D'où son nom de Βασι-
λίσκος, *petit roi*[1]. Il a neuf pieds de long, et il
est si rempli de venin que son corps « en
reluit. » Les serpents même le fuient. « Toutes
choses vives meurent quand elles le voyent. »
Il corrompt l'air partout où il passe; il envenime les végétaux d'un fluide subtil et lumineux; l'odeur des arbres qu'il a regardés va
tuer les oiseaux dans les airs. Un seul animal
le fait trembler, la petite belette à ventre
blanc. Encore est-elle empoisonnée par l'abominable odeur de son ennemi, si avant de
l'attaquer elle n'a eu soin de manger beaucoup de rue.

Alexandre le Grand, conquérant des Indes,
voulut contempler de près un basilic. Il dut
faire construire de vastes cloches de verre,
d'où le glorieux soldat pouvait voir le terrible

---

[1] Ducange donne aussi *regulus* et *sibilus*.

reptile et lui décocher des flèches, sans être atteint par son venin. Ceci, bien que difficile à expliquer, n'en est pas moins vrai. Barthélemy l'Anglais et Brunetto Latini l'affirment. Albert de Bollstadt paraît sur ce point un peu sceptique; il n'admet même pas que le basilic naisse d'un œuf de coq ou d'ibis, fait avancé par quelques savants zoologistes de l'antiquité.

Le basilic a bien dégénéré. C'est aujourd'hui un honnête saurien, qui se nourrit de graines et d'insectes. De sa royauté passée, il a conservé seulement sur la tête une crête épineuse en forme de couronne.

BOA.

C'est un serpent monstrueux. Durant la campagne de Régulus en Afrique, ses soldats en tuèrent un qui avait cent vingt pieds de long. Quand les boas sont jeunes, ils se glissent au milieu des troupeaux et y sucent le lait des vaches, qui finissent par succomber à l'épuisement.

Le véritable boa n'existant que dans le nouveau monde, c'est très probablement au python que le moyen âge donnait le nom de boa. Mais ce reptile ne dépasse pas quarante pieds, soit environ douze mètres de longueur.

CALMAR.

Ces mollusques ont deux pieds dont ils se servent, comme de mains, pour porter la nourriture à leur bouche. Ils volent hors de l'eau avec la rapidité d'une flèche, et parfois en si grand nombre qu'il leur arrive de submerger ainsi des navires.

Des huit bras du calmar, deux sont tentaculaires.

CAMÉLÉON.

Le caméléon se rencontre surtout dans l'Inde. Il a le corps d'un lézard, le dos d'un poisson, l'œil fier, la tête semblable à celle d'un porc ou d'un singe, les ongles d'un oiseau de proie : l'ensemble de l'animal reluit comme une étoile. « Il est plus paoureux que nulle autre beste, et pour ce, change souvent de couleur. » Il prend toutes celles qu'il veut, sauf le rouge et le blanc, dit Brunetto Latini, sauf le rouge et le bleu, dit Mandeville.

Il ne mange, ni ne boit, vit seulement d'air. Il n'a point de sang, sauf un peu au cœur. Si l'on pulvérise sa gorge et que l'on y mette le feu, il pleut aussitôt ou il tonne, mais ce dernier fait n'est pas bien prouvé.

Ainsi que la plupart des reptiles, le caméléon a peu de sang, et après sa mort ce sang s'accumule autour du cœur. Comme ses poumons remplissent la plus grande partie de son corps, on a pu croire qu'il se nourrissait d'air. C'est l'étendue de ces poumons qui lui donne la propriété de changer de couleur suivant ses besoins et ses passions. Ses poumons, en effet, contraignent plus ou moins le sang à refluer vers la peau, colorent même ce fluide plus ou moins vivement, selon qu'ils se remplissent d'air ou de vide. (Cuvier.)

CÉRASTE.

Ce serpent a sur la tête deux cornes pointues et tortillées comme celles du bélier [1]. Il se cache dans le sable, d'où émerge seulement l'extrémité de ces cornes. Les oiseaux croient apercevoir des vers et s'en approchent. Le céraste s'élance alors, et mange les imprudents. Parfois, enfoui ainsi dans le sable, il touche le sabot d'un cheval, et ce contact suffit pour tuer non seulement l'animal, mais aussi son cavalier.

Le céraste, aujourd'hui classé avec les vipères, « porte bien sur chaque paupière une corne pointue et solide. J'ai possédé un céraste vivant, et j'ai observé qu'il s'enfonce volontiers dans le sable.

---

[1] Albert de Bollstadt lui en attribue même huit.

Les cornes se montraient aisément à la surface. »
(Cuvier.)

COULEUVRE.

Elle « ayme le creux des bois et des arbres,
boit le laict moult voluntiers, blesse des dentz
et de la queue, jette son venin, se met au
soleil emprès la haye, suce les chiens, mange
les mousches et lesche la poudre. » Celui qui
porte sur soi un peu du fiel de la couleuvre n'a
rien à craindre des crocodiles, qui jamais
n'oseront l'attaquer.

D'après Cuvier, opposé ici à Linné, notre couleuvre commune serait celle que les anciens don-
naient pour compagne à Esculape et serait aussi le
serpent d'Épidaure.

CRAPAUD.

Le crapaud (*bufo, buffo, boterel*) distille un
venin froid, le membre qui en est touché devient insensible et comme gelé. Bien que ce
reptile ait des yeux très brillants, il hait la
lumière, recherche les endroits obscurs. Il a,
au côté droit, un os qui, plongé dans l'eau
bouillante, la refroidit aussitôt : « de cet os
usent les enchanteurs à esmouvoir amour ou
hayne entre deux personnes.

Pierre de Bressuire avance que le crapaud est muet partout, excepté en France, et que s'il sort de France il devient muet. De même, ajoute-t-il, les Français, bavards chez eux, ne parlent plus dès qu'ils ont passé la frontière, « in aliis regionibus muti et humiles fiunt. »

Le crapaud ne distille aucun venin, mais de son corps ventru, couvert de verrues ou papilles, suinte une humeur fétide.

CROCODILE.

Le « cocodrille » est un animal amphibie, de couleur jaune, qui a quatre pieds et qui vit en Égypte dans le Nil. Il ne possède pas de langue et il meut seulement sa mâchoire supérieure. C'est une bête « gloute [1], qui mange trop, et quand il est bien saoul, il se gist sur le rivage et ne fait que rotter, tant est plein. »

Pour Mandeville, les crocodiles sont « serpens jaunes, qui ont quatre piedz et courtes jambes. Et en y a qui ont bien cincq toises de long, ou six ou sept, et plus aucunes foys. Et quant ilz vont par ung lieu sablonneux, il semble qu'on aye traisné ung arbre parmy le sablon. »

---

[1] Gloutonne.

Les œufs que pond la femelle sont énormes. Elle les dépose dans le sable et, comptant sur la chaleur du soleil pour les faire éclore, elle ne s'en occupe plus.

Ce reptile s'apprivoise facilement, et alors son maître en fait tout ce qu'il veut : « Quand il est pris et dompté, il oblie toute fierté, et devient si privé que ses sires [1] le chevauchent et li font faire ce que ils veulent. »

Cela tient sans doute à ce que le crocodile est doué d'une extrême sensibilité. Ainsi, lorsqu'il peut s'emparer d'un homme, instinctivement il le mange ; puis, le repas achevé, il se désespère en songeant à la mauvaise action qu'il vient de commettre, et ses regrets sont éternels :

> Mes toz jors mes après le plore
> Tant com il en vie demore.

Quelques auteurs, mal informés, ont prétendu que les choses ne se passaient point de cette façon. A les croire, le crocodile apercevant un homme se prenait à sangloter afin d'attirer son attention. Et lorsque le bipède compatissant s'approchait pour connaître la cause de ses pleurs, il était aussitôt dévoré.

---

[1] Ses maîtres.

De là serait venue l'expression *larmes de crocodile*, qui doit avoir une autre origine, car
la première des deux versions est la seule
vraie. Au fond, pour l'homme rencontré, le
résultat était le même, mais la vérité avant
tout.

Je reprends donc mon véridique récit où je
l'avais abandonné. J'ai laissé le crocodile
plongé dans une inconsolable douleur. Pendant qu'il se lamente, un tout petit oiseau,
presque un insecte, le roitelet, s'élance dans
la bouche du sensible animal, pénètre jusqu'à
son ventre et lui déchire les entrailles.

De nombreuses explications sont ici nécessaires,
Lacépède et Cuvier vont nous les fournir.

« La femelle du crocodile ne couve pas les
œufs qu'elle a pondus. La chaleur seule de l'atmosphère ou celle d'une sorte de fermentation fait
éclore les œufs déposés par elle sur le sable... Les
crocodiles s'apprivoisent facilement. Il suffit de les
bien nourrir pour obtenir leur affection. Sur la côte
occidentale d'Afrique, on voit des enfants jouer sans
crainte et sans danger avec ces monstrueux animaux. » (Lacépède.)

« Le crocodile a la langue plate et fixée à la mâchoire inférieure, en sorte qu'elle n'a point de
mobilité propre, et que l'on peut dire qu'il n'a
point de langue... Les eaux en Égypte fourmillent
de petites sangsues. Elles s'attachent à la gueule du

crocodile, qui n'a pas moyen de s'en délivrer, puisqu'il ne peut remuer la langue. Un petit oiseau de rivage, qui n'est pas le roitelet, prend ces sangsues dont il se nourrit, et le crocodile, à qui cet oiseau rend un grand service, le laisse agir. Tels sont les faits que les Égyptiens attestent et que M. Geoffroy Saint-Hilaire a vérifiés. » (Cuvier.)

DIPSAS.

Serpent si petit qu'il est presque invisible, « à peine le voit-on quand on marche dessus. » Il n'en est pas moins terrible, car il fait mourir de soif l'être qu'il a mordu. De là son nom grec *dipsas* (de δίψα, soif) et son nom latin *situla*.

On nomme aujourd'hui dipsas une couleuvre fort inoffensive.

ÉCHENEIS.

L'écheneis, dit aussi *remora*, *piexe*, *sucet*, *arrête-nef*, etc., est un poisson tout rempli de malice. Quand un ouragan agite la mer, « il prent une pierre et la porte avec soi comme une ancre pour soi maintenir contre la tempeste. » Tout petit qu'il est, il arrête à son gré la marche des plus grands navires. S'il s'attache à l'un d'eux, il l'immobilise durant la plus épouvantable bourrasque [1]. C'est

---

[1] « Detinet contra quemlibet ventorum impulsum, ita

à cette admirable propriété qu'il doit son nom latin de *remora* : « Latini, dit Hugues de Saint-Victor, hunc remoram appellant, quia cogat stare navigia. »

L'écheneis a conservé pendant bien longtemps sa réputation. Ambroise Paré, qui l'appelle « un petit malautru de poisson, » ne songe pas à contester l'étrange pouvoir dont la nature l'a gratifié [1].

Montaigne non plus [2], et sur ce point nul dissentiment ne se produit jusqu'au dix-huitième siècle.

G. Rondelet, médecin du cardinal de Tournon et chancelier de l'Université de Montpellier, explique très bien qu'il n'y a dans le fait du remora rien de fort extraordinaire. Il nous avertit en même temps que, quand un vaisseau est en marche, la proue avance plus vite que la poupe, aussi le remora se fixe-t-il toujours à ce dernier endroit [3].

Le commissaire Delamarre [4] reproduit l'explication de Rondelet, au sujet de laquelle il se permet seulement quelques réserves de détail.

Dans le *Recueil des questions traitées ès conférences du bureau d'adresses*, il est démontré que « la remore fait le mesme effet sur le navire que la

quod moveri nequit arte aliqua vel violentia. » (Albert de Bollstadt.)

[1] *OEuvres*, édit. de 1607, p. 1067.
[2] *Essais*, liv. II, chap. XII.
[3] *Histoire des poissons*, édit. de 1558, p. 335.
[4] *Traité de la police*, t. III, p. 25.

torpille sur la main du pêcheur, qui se sent engourdi lorsqu'il vient à la toucher. La remore communique donc au vaisseau auquel elle s'attache une qualité stupéfiante [1] : »

Milne-Edwards va nous apprendre l'origine de ces légendes : « La tête de l'écheneis est recouverte d'un disque aplati, formé de lames cartilagineuses, à l'aide desquelles l'animal peut se fixer aux différents corps sur lesquels il applique ce singulier instrument. Il s'attache ainsi aux rochers, aux vaisseaux et à d'autres poissons, surtout aux requins. »

HOMARD [2].

Les homards recherchent beaucoup les huîtres, qu'ils mangent volontiers. « Et pource qu'ils ne peuvent ouvrir leurs escailles, ils espient quand les oystres s'ouvrent. Et adonc, ils mettent une pierrette entre les deux escailles à fin qu'elles ne se puissent reclore, » et ainsi les avale.

ÉPONGE.

C'est bien un animal, car elle se nourrit de vase, de poissons et de coquillages. Quand on l'arrache du rocher où elle est fixée, elle

---

[1] 344e conférence, 18 août 1642, p. 231.
[2] *Homarus, astacus marinus, escavris, escrevice de mer, crevisse*, etc.

saigne. Les éponges recherchent les eaux troubles et se pourrissent dans les eaux pures. On distingue très bien en elles les sexes.

Les éponges, n'ayant pas de bouche, ne vivent et ne croissent que de l'inhalation des substances en suspension dans l'eau de mer. (Cuvier.) Elles n'offrent aucun signe, ni de sensibilité, ni de contractilité : on peut les piquer, les déchirer, les brûler sans provoquer en elles le moindre mouvement. (Milne-Edwards.)

ESCARGOT.

Le limaçon (*helix*) est engendré du limon de la terre, et c'est de là qu'il a tiré son nom. « Il est moult tardif en son mouvement, et porte en son dos une escaille en laquelle il s'enclost. Et a devant la bouche deux cornes parquoy il quière sa voye, et quand il sent aucune chose contraire, il traict ses cornes dedans son escaille. »

ESTURGEON.

De tous les poissons, il est le seul dont les écailles soient dirigées vers la tête. Sa chair a un goût exquis, comme le savaient bien les anciens.

GRENOUILLE [1].

La « raine est un ver d'eaue moult noiseux,
ord et venimeux, tasché souz le ventre, abhominable et hay de toutes gens. » Sa langue
adhère au palais, comme celle des poissons,
ce qui ne l'empêche pas de faire grand bruit.
Il en existe cependant une espèce, verte de
couleur, qui ne crie point.

Si l'on jette une grenouille dans la bouche
d'un chien, il devient muet.

Albert de Bollstadt décrit très bien les trois
espèces de grenouilles : la grenouille commune, qui a les pieds palmés et qui ne distille
aucun venin ; la grenouille verte qui vit surtout dans les étangs, dans les roseaux ; la rainette qui monte aux arbres et prédit la pluie
par son chant, car elle se tait s'il doit faire
beau temps, « quæ arbores ascendit, et plu-
vias cantando prædicit, et silet alio in tempore. »

La langue des grenouilles est molle, elle ne s'attache point au fond du gosier, mais au bord de la
mâchoire et se replie en dedans... L'extrémité des
doigts de la rainette est élargie et arrondie en une

[1] *Rana, ranuncula, rubeta, renouille, reinoille, raine,
rainette.*

espèce de pelote visqueuse qui lui permet de monter aux arbres. (Cuvier.)

HUITRE.

« Les ouystres suyvent la lune, car elles sont pleines en pleine lune et sont vuides au décours. » Elles s'ouvrent au moment de la rosée, « et d'elle conçoivent la perle très précieuse, et sont meilleures les blanches et les plus luysantes. »

LANGOUSTE.

Ces crustacés disparaissent pendant cinq mois d'hiver et reparaissent au printemps. Ils sont armés de cornes, qu'ils tiennent dressées en temps ordinaire et qu'ils baissent en avant quand ils ont peur. Ils craignent surtout les polypes.

La langouste se réfugie dans les profondeurs de la mer durant l'hiver, et reparait au printemps où elle vient s'accoupler et pondre près des rivages.

MULET.

Le mulet (*mugilus*) est un poisson tout à fait risible « derisibilis, » car lorsqu'il a peur, il cache sa tête et se croit alors bien en sûreté. Il est presque aussi vorace que le brochet.

MURÈNE.

La murène est aussi souple que l'anguille. On dit que parfois elle s'accouple avec un serpent nommé *bérus;* celui-ci avant de s'unir à elle dépose son venin sur une pierre et puis vient le reprendre ensuite. Mais le fait est imaginaire, « fabula est, » dit Albert le Grand. La murène a « l'âme et la vie en sa queue, » aussi un fort coup de bâton sur la tête l'étourdit à peine, tandis qu'il suffit pour la tuer de la frapper très légèrement sur la queue.

La murène désignée ici est aujourd'hui classée avec les anguilles. Elle est souvent nommée *flûte.*

NAUTILE.

Le nautile, dit aussi pompile, est un véritable miracle de la nature. Quoique simple mollusque, son bonheur est de voguer à la surface de la mer. Il se renverse sur le dos et rejette, par un conduit spécial, l'eau dont sa coquille est remplie. Ses nombreux tentacules lui rendent alors d'excellents services. Deux d'entre eux lui tiennent lieu de rames et lui permettent d'avancer; il en élève en l'air un autre qui lui sert de voile, tandis qu'un cinquième joue le rôle de gouvernail. Il navigue ainsi comme un petit esquif dont Belon nous a conservé l'image.

Ce fait, tout merveilleux qu'il est, dit Cuvier, « paraît exact. »

SALAMANDRE.

La salamandre est une « grande lézarde » dont le venin est terrible. Si elle tombe dans un puits, elle en empoisonne l'eau ; si elle monte sur un arbre, elle en corrompt les fruits ; elle flétrit et envenime tout ce qu'elle touche.

Elle est ovipare et pond comme les poules, « ova facit modo gallinarum. »

Elle est de si froide complexion qu'elle se nourrit de feu et qu' « elle l'estaint par le toucher ainsi que fait la glace. » On confectionne avec sa dépouille des draps, des courroies, des ceintures qu'il suffit de présenter au feu pour les nettoyer. Gautier de Metz nous le dit :

Une beste i a, salemandre,
Qui en feu vit et si s'en paist.
De cele une laine si naist
Dont on fait ceintures et draps
Qu'au feu durent et n'ardent pas.

Albert le Grand a voulu vérifier cet étrange privilège de la salamandre. Il raconte que, ne pouvant s'en procurer une, il expérimenta

sur de grosses araignées. L'une d'elles, placée
sur un fer rouge, resta longtemps sans bouger
et sans paraître souffrir de la chaleur[1] ; une
autre, approchée d'une lumière, l'éteignit
comme si l'on eût soufflé dessus[2].

Si une humble araignée se conduit ainsi,
que n'eût-on obtenu d'une salamandre? Aussi
ne saurait-on douter que cet animal, qui ne
craint point l'ardeur des brasiers et passe dans
les flammes sans en être brûlé, nous enseigne à
éteindre en nous le feu de la luxure.

La salamandre actuelle appartient à l'ordre des
batraciens. « Lorsqu'on l'irrite, il suinte de sa peau
une humeur laiteuse qui, pendant quelque temps,
peut la préserver de l'influence de la chaleur. »
(Milne-Edwards.) Cuvier écrit de son côté : « Une
faculté singulière, que lui a reconnue Dufay, est de
pouvoir être prise dans la glace et d'y passer assez
longtemps sans périr. » Voilà, en vérité, un animal
heureusement doué.

SANGSUE.

La « sanguisuga est un ver d'eau qui succe
le sang du corps où il se prend, espie ceulx qui
boivent, se boute en leur bouche, s'il peult,

---

[1] « Diu jacuit antequam palparet et sentiret calorem
adustionis. »
[2] « Extinxit ac si exufflaretur. »

et se prend aux veines qui y sont. » Quand on l'emploie en médecine, il faut avoir soin d'abord de le faire dégorger avec des orties et du sel.

Ibn Batoutah raconte qu'il existe aux Indes une sangsue volante. Elle se tient dans le voisinage des eaux, sur les herbes et même sur les arbres, et quand un homme s'approche, elle s'attache à lui et en tire beaucoup de sang. On la fait tomber en exprimant sur elle le jus d'un limon.

SAUPE.

La saupe (*sálpa*) est un poisson vil et immonde, joli d'ailleurs et rayé de bandes dorées. Si on veut le pêcher, c'est de la fiente qu'il faut prendre pour appât, car il se nourrit d'algues et d'excréments. Sa chair est d'une dureté extrême : afin de l'attendrir, on la frappe à coups de baguettes avant de la faire cuire.

SCARE.

C'est le seul poisson qui rumine. Il a très peu de dents, mais il supplée à cet oubli de la nature par la subtilité de son instinct. Il est ingénieux, « ingeniosus, » dit Albert le Grand.

En effet, s'il se sent pris dans un filet, il ne cherche pas à en sortir par la tête ; il va à reculons, élargit la maille avec sa queue. Presque toujours, elle est saisie par un autre scare laissé en liberté et qui arrive au secours de son camarade.

Les mâchoires du scare sont osseuses, très dures, très saillantes, mais dépourvues de dents.

SCOLOPENDRE.

C'est un poisson de mer tout semblable à l'animal terrestre nommé *centipes,* et qui jouit d'une fort étrange propriété. S'il engloutit un hameçon, il vomit tous ses intestins, puis les ravale, en ayant soin de ne pas reprendre l'hameçon.

En réalité, le scolopendre est un annélide qui appartient à l'ordre des myriapodes ou mille-pieds. Il est pourvu d'une trompe charnue souvent très volumineuse, et qui peut sortir et rentrer librement selon les besoins de l'animal. C'est ce qui a fait dire qu'il rendait ses intestins et les avalait de nouveau. (Cuvier.)

SCYTALE.

Le scytale est un serpent au corps nuancé de belles couleurs qui attirent le regard, mais sa vue cause une telle frayeur que la fuite devient impossible.

Le nom de scytale désigne aujourd'hui certains ophidiens venimeux des Indes. Cuvier croit que le scytale des anciens est, soit notre boa, soit notre serpent à sonnettes. Il oublie que ces deux animaux existent dans le nouveau monde seulement.

SÈCHE.

Quand la sèche (*sepia*) est effrayée, elle répand en fuyant une humeur noirâtre qui lui sert de sang et qui trouble l'eau autour d'elle. Si la femelle est attaquée, le mâle vole à son secours; mais si c'est le mâle qui a été blessé, la femelle s'enfuit.

SEPS.

C'est un serpent redoutable, « car ceulx qu'il mord sont bientôt tuez, et fondent entre ses dentz, chair, os, et tout le corps. »

Les seps appartiennent aujourd'hui à l'ordre des sauriens, et sont en réalité des lézards fort inoffensifs.

STELLION.

Lézard tacheté qui fait la guerre au scorpion et qui vit dans les trous de murailles. Il doit son nom à ce qu'il « a le dos painct de diverses gouttes qui reluysent comme estoiles. » Le vin dans lequel il mourrait peut défigurer la personne qui en boirait, « et pour ce, qui veult belle femme faire devenir laide, si luy donne à boire de tel vin. »

Cet animal change de peau comme le serpent, il est venimeux, ennemi de l'homme et très rusé. C'est de lui qu'est venu le mot *stellionat,* qui désigne le dol dans un contrat de vente.

Les stellions composent aujourd'hui toute une famille de curieux et innocents sauriens. Celui dont il est ici question semble bien être le gecko des murailles.

THON.

Les thons ont deux pieds de long. Ils sont si nombreux dans la mer des Indes que la flotte d'Alexandre dut leur livrer bataille, comme à une armée ennemie, parce qu'ils lui barraient le passage. Ils aiment à rencontrer des vaisseaux, et ils les suivent avec une curiosité et une joie qui constituent un charmant spectacle.

En Éthiopie, ces poissons ont des mamelles et allaitent leurs petits.

Les thons atteignent jusqu'à deux mètres de longueur. Ils se multiplient au point de former des bancs innombrables, capables d'entraver parfois la marche des navires à voiles.

TORPILLE.

C'est un poisson doté d'une propriété très étrange. Il paralyse, plonge dans l'engourdissement et la torpeur, non seulement l'être qui le touche, mais même celui qui l'approche [1]. Albert de Bollstadt raconte qu'un de ses compagnons ayant touché une torpille du bout du doigt, son bras resta insensible pendant six mois malgré les soins des meilleurs médecins.

TORTUE.

La tortue « est une beste qui est enclose entre dures escailles, où elle se retraict quand on lui fait aucune moleste. Celle d'eaue est mortelle, celle de terre est nette et bonne à manger. »

La tortue de mer est horrible à voir. Elle possède une mâchoire plus forte que celle de

---

[1] « Quicquid tangit facit obstupescere et torpere et in sensu et motu deficere et languere. Et hoc non solum cum tangitur, imo etiam cum ci appropinquatur. » (Pierre de Bressuire).

nul autre animal, car si elle prend une pierre en la bouche, elle la brise.

On la voit très souvent venir à la surface de l'eau, pour faire sécher sa carapace au soleil.

La tortue a, en effet, « les muscles de la mâchoire très vigoureux. Lorsqu'elle saisit quelque chose avec sa bouche, il est presque impossible de lui faire lâcher prise. » (Milne-Edwards.)

VIPÈRE.

Serpent « de fière nature, sans pitié et plein de malice » Au temps des amours, le mâle met sa tête dans la bouche de la femelle et celle-ci la tranche avec les dents. Quant aux petits issus de cette union, ils tuent leur mère en naissant.

Au début de l'hiver, la vipère creuse un trou profond dans la terre et s'y blottit. « Elle laisse son venin dehors, et dort jusqu'au nouveau [1] ; et adonc elle se resveille et yst [2] hors de sa caverne, va quérir du fenoil [3], et en oing ses yeulx, qui sont troubles pour les ténèbres où elle a esté en yver. »

[1] Jusqu'au printemps.
[2] Et sort.
[3] Du fenouil.

La vipère est utilisée par les médecins [1].

Il est très vrai que, durant la saison froide, ce reptile reste engourdi dans le trou qu'il s'est creusé.

CHAPITRE V

LES INSECTES

ABEILLE.

Les besainnes (*besannes, bezeines, bezennes, etc.*) sont les mouches qui font le miel. Elles naissent sans pieds et sans ailes. Elles ont horreur de la fumée. Bien qu'elles se conservent toujours vierges, elles sont d'une grande fécondité.

Elles se choisissent un roi, « et quand il vole, toutes les autres sont autour luy comme un ost [2], et le peult-on à peine veoir, pour la multitude des autres qui le gardent tout environ. Et quand les mousches vont au labeur, il se repose en sa maison, et a auprès de soy les mousches qui ont un aiguillon, pour garder

[1] Voy. *Les médicaments*, p. 123.
[2] Une armée.

le Roy. Et yst [1] peu du vaisseau [2] si toutes
n'en yssent. Et chascune se présente au service
du Roy, et veult chascune estre la plus prochaine de luy. » S'il meurt, une profonde tristesse emplit la ruche, et plusieurs succombent
autour de lui à leur douleur.

Dans ce royaume, le travail est la loi commune. Les abeilles « édifient chambrettes
rondes ou quarrées en habitation, par manière
très merveilleuse. » Une fois installés, les
habitants vont au dehors recueillir sur les fleurs
la nourriture qui leur convient. Si elles sont
attaquées, elles savent bien se défendre au
moyen de leur aiguillon, mais dans ce cas,
elles ne tardent pas à succomber. En effet,
leur aiguillon reste dans la plaie qu'elles ont
faite, et il « est conjoinct à leurs boyaulx,
qui yssent avec luy. »

Les bourdons ne travaillent pas, et s'effor-
cent de dérober le miel que les abeilles « ont
fait à grand labeur. »

ARAIGNÉE.

L'araignée (*aranea, araigne, iraigne*) est une
petite bête rampante. Elle a plusieurs pieds

---

[1] Et sort.
[2] De la ruche.

tous de longueur différente et disposés pour le travail qui occupe sa vie. « D'aucuns de ces piedz, elle file ; des autres, elle joint les fils l'un à l'autre ; des autres, elle rampe par sa toile, et se met au moyen[1], sans soy bouger jusques à tant qu'il vient une mousche, qu'elles prennent, et la mangent si elles ont faim, sinon la gardent à une autre fois. » La première chose qu'elles enseignent à leurs petits est l'art de tisser cette toile, « œuvre si subtilement faicte qu'homme ne peult veoir comment un fil est noué à l'autre. »

BOMBYX.

« Le ver qui fait la soye est en latin appelé bombex[2]. » Il naît entre les feuilles du frêne, du cyprès et du mûrier. Quand il a froid, il s'enveloppe d'une soie « si déliée et si subtile que c'est merveille. »

CANTHARIDE.

Les cantharides, au corps vert et or, sont formées d'une humeur particulière que distillent les feuilles du frêne et d'autres arbres. Elles sont d'un grand usage en médecine.

[1] Au milieu.
[2] *Lanificus, sericaria*, etc.

Sous le climat de Paris, les cantharides affection-
nent surtout le frêne et le lilas.

CHENILLE.

L'*eruca* est un ver rampant et velu qui
mange les feuilles, les fleurs et les fruits. Il
est revêtu de brillantes couleurs et luit durant
la nuit comme une étoile. Il est certainement
venimeux, car son contact irrite la peau, et à
l'endroit où il s'est posé apparaissent de petits
boutons.

« Ce ver rampant devient papillon volant,
à æsles tendres et larges, qui ont autant de
couleurs comme la chenille en avoit. Ces papillons laissent leurs ordures sur les fueilles,
et de ces ordures viennent les chenilles. »

« Advient aucunesfois que les papillons
volent de nuict entour la chandelle et en veulent estaindre la lumière, et en ce faisant ilz
ardent eulx-mesmes, et se destruisent en
voulant nuyre à autruy. »

CIGALE.

Les *cycades* sont « une manière de mouches » remarquables par leur chant. « Tant
plus fait chault, tant plus chantent fort, et à
l'entrée de midy, quand tout brise de chault,

adonc chantent-elles plus, pour l'ær qui est
plus pur, qu'elles attrayent en leurs gorges. »
Si l'on jette sur elles de l'huile, elles meurent
aussitôt ; mais pour les faire revivre, il suffit
de les asperger de vinaigre.

COUSIN.

Les cousins sont « de petites mouschettes
qu'aucuns appellent *cincelles* et en latin *culices*. »
Elles sont engendrées de vapeurs corrompues
et d'ordures. Elles font, en volant, un bruit
continu qui est produit par la rencontre du
plat de leurs ailes avec l'atmosphère. « Elles
nuysent moult aux chevaulx en volant et en
mordant, font mal aux gens qui dorment et
leur ostent le repos. Elles percent le membre
où elles s'assient, volent volontiers entour la
lumière, tant qu'elles se ardent aucunes
fois. »

CYNIPS.

Les Latins nomment *vermiculus* un tout
petit animal qui ronge les feuilles des arbres.
Il naît d'humeurs pourries, a le corps mou et
rond, gros au milieu, mince aux extrémités.
Il n'a point de sang. « Il sçait mettre différence

entre les saveurs, car il fuit les choses amères
et salées et suyt les doulces. »

Les cynips composent tout un genre d'insectes
hyménoptères.

Voy. ci-dessous : *taret, teigne* et *vrillette.*

FOURMI.

La fourmi (*formica, formi, formy, fremi,
fromi,* etc.) est une bête toute petite, mais de
bon exemple. Elle est travailleuse et pré-
voyante, elle amasse durant l'été des provi-
sions d'hiver, et les grains qu'elle recueille, elle
a soin de les fendre en deux afin d'en prévenir
la germination. Les chrétiens doivent, de
même, diviser le bon grain que leur offre
l'Évangile, ne pas s'attacher à la lettre qui tue,
mais rechercher l'esprit qui vivifie.

Les fourmis vivent en commun et semblent
obéir à des lois fort sages. Elles n'imitent pas
les abeilles, car elles semblent ne pas avoir de
roi.

« Elles portent plus grand faix que n'est leur
corps, assemblent des grains à grand diligence. Si elles s'entrerencontrent, il semble
qu'elles se parlent l'une à l'autre. » Elles redoutent beaucoup les mauvaises odeurs. Quand
on veut les saisir, « elles jettent une eaue ve-

nimeuse en la main de cestuy qui les prend, et ceste eaue fait la main eschauffer et dommager : et leur est donnée ceste eaue en lieu d'armure, pour eulx deffendre. »

Il existe en Éthiopie des fourmis aussi grandes que des chiens. Montées sur quatre pattes armées d'ongles crochus, elles grattent le sol, creusent des terriers, passent leur vie à chercher de l'or, qu'elles rassemblent en monceaux,

> Qui de terre et de poudrière
> Esgratent et treent or fin.

Suivant Mandeville, elles auraient la garde de montagnes où l'or abonde et seraient chargées de l'affiner. Dans l'île d'Origaste, écrit-il, « il y a grandes montaignes d'or, que les formis gardent moult cruellement, et ostent le pur du non pur. Et sont ces formis grans, pourquoy les gens n'osent aler près de ces montaignes, car les formis les turoyent. »

Albert de Bollstadt raconte tous ces faits, les attribue au fourmilion, et a soin d'ajouter : « Sed hoc non satis est probatum per experimentum. »

L'antiquité a bien connu ces fourmis chercheuses d'or. Hérodote leur attribue la taille d'un chien ;

Strabon précise la contrée qu'elles occupaient ;
Arrien leur suppose un pelage analogue à celui de
la panthère ; Pline leur donne la couleur du chat
et la taille du loup. Au seizième siècle, le grave
historien de Thou raconte bien que, parmi les présents envoyés par le shah de Perse au sultan Baja-
zet en 1559, figurait « formica indica, canis medio-
cris magnitudine, animal mordax et sævum [1]. »

Le *Mahabharata*, célèbre poème sanscrit, nous
fournit de ces légendes une explication acceptable.
On y lit que les habitants de certaines contrées
indiennes faisaient commerce de pépites d'or. Ils
les appelaient *paippilaka* ou or de fourmi, parce
qu'elles étaient extraites de terre par la grosse
fourmi commune dite en sanscrit *pipilaka*. On
peut admettre, sans trop d'invraisemblance, que
les pépites recueillies à la surface de certains déserts aurifères de l'Inde ont été mises à découvert
par les travaux de quelques grosses fourmis.

FOURMILION.

C'est une sorte d'araignée, qui est l'ennemie
mortelle des fourmis. Elle emploie une foule
de ruses pour les saisir, et quand elle les tient,
elle suce leur sang.

GRILLON.

Le « grille » est une bête armée d'épines

[1] Lib. XXIV, cap. 7.

comme le hérisson, mais plus petit. Il marche
à reculons et fait la guerre aux souris. Il aime
tant le son de sa voix qu'il s'oublie à chanter
jusqu'au point de négliger toute nourriture, et
qu'il se laisse ainsi mourir de faim. Parfois,
l'on abuse de son extase pour se saisir de
lui.

LAMPYRE.

Le *noctiluca* possède à la fois des pieds
nombreux et des ailes, ce qui fait qu'on le
classe tantôt parmi les « bestes » et tantôt
parmi les oiseaux. Il « reluyst en ténèbres
comme une chandelle, et quand il est en la
lumière, il est laid et obscur. Et combien qu'il
luyse en ténèbres, si fuyt-il la clarté et va
de nuict tant seulement. »

C'est l'insecte connu sous le nom vulgaire de ver
luisant. Sa partie lumineuse réside sur les deux ou
trois derniers anneaux de l'abdomen et survit à
l'animal. Son éclat augmente dans l'eau tiède.
« L'eau froide, dit Cuvier, paraît le seul agent dis-
solvant de cette matière phosphorique. »

POU.

Le pou (*pediculus, pouil, poul,* etc.) est engendré par les humeurs corrompues qui se

produisent « entre cuyr et chair, » et il en est chassé avec la sueur. « Contre les poulx vault souvent soy laver, peigner et nettoyer. Et les tue le vif-argent. »

Albert le Grand décrit bien les trois sortes de poux qui vivent sur l'homme : le *pediculus corporis*, le *pediculus capitis* et le *pediculus pubis*. Il connaissait ceux des oiseaux, ceux aussi des quadrupèdes, car il peint avec exactitude la tique vulgaire, qu'il nomme *pediculus sylvæ*, *theca* et *erigula*.

PUCE.

La « pulce » est blanche en naissant, elle devient noire presque aussitôt après. La femelle est plus grande que le mâle. Elle est très légère et échappe à mille périls, non en courant, mais en sautant. « Elle désire le sang, perce la peau et la chair pour l'avoir, et en la partie où elle mord, laisse une tache rouge. Elle blèce ceulx qui veulent dormir et n'espargnent nul, ne roy, ne pape. » Quand il doit pleuvoir, sa piqure est beaucoup plus douloureuse. Elle n'apparaît qu'au mois de mars. Elle craint l'odeur de la coloquinte et celle du chou.

En sortant de l'œuf, les puces ont la forme de

petits vers tout blancs. La femelle est plus grande
que le mâle.

SAUTERELLE.

Appelées aussi *locustes* et *saultereaulx*, les
sauterelles ont les cuisses de derrière plus
longues que celles de devant, la bouche carrée
et un aiguillon au lieu de queue. Elles sont
toujours affamées et se mangent entre elles.
Le vent du midi les engendre, celui du nord
les tue.

SCORPION.

Le scorpion (*scorpio, scorpius, scorpionus,
escorpion*) est un ver terrestre « qui a un aguil-
lon en la queue recroquillée dont il espand
son venin. » Ce venin tue d'une mort lente si
l'on n'y apporte bon remède. La morsure est
plus dangereuse au midi que le soir, et il faut
la redouter surtout lorsque l'animal est à
jeun.

La femelle fait à la fois onze petits, mais
elle les mange tous, sauf un. Celui-ci la tue à
son tour pour venger ses frères. Ce que Dieu
a voulu afin que cette dangereuse espèce ne
se multipliât pas trop.

Un scorpion, de forme très étrange, est

représenté sur la mappemonde d'Hereford.

Le scorpion porte, en effet, son dard à l'extrémité de sa queue ; mais, dans les pays tempérés, sa blessure n'est pas mortelle. Maupertuis assure avoir vu une mère dévorer tous ses petits à mesure qu'ils naissaient [1].

TARET.

Le « ver qui mange le bois » est appelé en latin *teredo*. Il naît de la corruption des arbres coupés en temps inopportun. « Quand la lune est plaine, on ne doit point coupper les arbres, car les humeurs qui sont obéissans à la lune sont adonc en leur force, et sont si orgueilleuses que nature ne les peult gouverner. Et de ce, sont engendrez les vers des arbres, qui mangent et percent le bois qui est très dur ; et le reste demoure en pouldre plus menue qu'on ne pourroit faire à une lime. »

Le mot *teredo* prouve bien qu'il s'agit ici du taret, mollusque qui s'insinue dans les bois immergés et qui les détruit. Plusieurs fois, ses ravages inaperçus ont été cause de catastrophes, et au dix-huitième siècle encore, les tarets ayant miné les pilotis de ses grandes digues, la Hollande faillit être inondée.

[1] Voy. *Expériences sur les scorpions*. Dans les *Mémoires de l'Académie des sciences*, année 1731, p. 228.

Mais dans la description que j'ai analysée, il n'est pas question de bois immergés, et l'animal qui pique le bois sec est la vrillette, en latin *anobium* : un nom tiré du grec et rappelant que ces petits animaux ont l'habitude de rester dans l'immobilité, de feindre la mort au moindre bruit.

« Les deux sexes, au temps de leurs amours, frappent plusieurs fois de suite et rapidement, avec leurs mandibules, les boiseries où ils sont placés et se répondent mutuellement. Telle est la cause du bruissement, semblable à celui du battement accéléré d'une montre, que nous entendons souvent, et que la superstition a nommé *l'horloge de la mort.* » (Cuvier.)

TEIGNE.

« Le ver qui mange les draps est engendré de la corruption du drap quand il a été trop longuement enclos sans mettre à l'ær. Ce vers mange robe si subtilement qu'on ne s'en aperçoit point, et se muce tellement qu'on ne le peult voir. » Pour s'en défendre, il faut placer au milieu des vêtements des feuilles de laurier, de cèdre ou de cyprès.

Le *pyralis tapezana* et le *tinea sarcitella* rongent les draps et les étoffes de laine, le *tinea pellionella* ronge les fourrures. Ces teignes appartiennent à l'ordre des lépidoptères.

CHAPITRE VI

DIVERS

DRAGON.

Le dragon personnifie l'esprit tentateur, le
diable, Satan, l'éternel séducteur des âmes.
Aussi est-il le roi des monstres comme le lion
est le roi des quadrupèdes et l'aigle le roi des
oiseaux.

Le moyen âge l'a peint de couleurs si variées, a accumulé sur lui tant de dons parfois
contradictoires, qu'il est bien difficile de se le
représenter. Suivant l'opinion la plus répandue, il est d'une taille prodigieuse, il a la tête
et la queue du serpent, les griffes du lion et
les ailes de l'aigle. Il habite indistinctement
la terre, qu'il dépeuple sur son passage ; la
mer, où son souffle déchaîne des tempêtes ;
l'air même, où il donne la chasse aux plus terribles oiseaux de proie. Lorsqu'il quitte sa
caverne, il sillonne l'espace avec une telle
violence que l'air « reluist après luy comme
feu ardant. » Ses yeux étincelants illuminent
l'espace. Sa bouche est petite, c'est un étroit
pertuis, duquel sort sa langue « tousjours levée

Draco bipes apteros captus in
Agro Bononiensi.

Draco alatus Agro
ex Gesnero Aldro.

Figura ex Pareo

Draco Æthiopicus

QUATRE DRAGONS.

D'après J. Jonston.

par la force de son venin. » En outre, cette bouche vomit des flammes, « jette une fumée dont l'ær est corrompu et d'où viennent moult de maladies. »

Sa force réside surtout dans sa queue formidable. Rien ne résiste à son choc; tout ce qu'elle étreint est réduit en poussière, même l'éléphant, le seul adversaire sérieux qu'il rencontre. Ce sont entre eux de terribles luttes : « Quand l'éléphant voit le dragon sur un arbre, il veult briser l'arbre pour tuer le dragon. Et adonc le dragon fault[1] sur le dos de l'éléphant, le mord entre les nages[2], luy crève les yeux et luy suce le sang, tant que l'éléphant en affoiblist et si se laisse cheoir à terre sur le dragon : et en mourant tue celuy qui le tue. »

En Éthiopie, les dragons ont vingt coudées de long. Ils s'entrelacent quatre ou cinq par les queues, et s'en vont ainsi, la tête levée, détruisant tout sur leur route.

Cet animal, que l'univers entier redoute, ne craint au monde qu'une chose, la foudre, et il en est souvent frappé. Albert le Grand l'affirme après bien d'autres : « Dracones dicunt

---

[1] Tombe.
[2] Les cuisses.

timere tonitrua et hoc animal sæpius fulmi-
nari. »

Deux dragons, d'aspect terrible, sont représentés sur la mappemonde d'Hereford.

Le dragon actuel des zoologistes est un lézard
fort inoffensif, qui ne s'attaque plus qu'aux insectes.
« A ce nom de dragon, l'on conçoit toujours une
idée extraordinaire. La mémoire rappelle avec
promptitude tout ce qu'on a lu, tout ce qu'on a
ouï dire sur ce monstre fameux; l'imagination
s'enflamme par le souvenir des grandes images
qu'il a présentées au génie poétique; une sorte de
frayeur saisit les cœurs timides, et la curiosité
s'empare de tous les esprits... Mais à la place de
cet être fantastique, que trouvons-nous dans la
réalité? Un animal aussi petit que foible, un lézard
innocent et tranquille, un des moins armés de tous
les quadrupèdes ovipares, et qui, par une compensation particulière, a la facilité de se transporter
avec agilité de branche en branche dans les forêts
qu'il habite. Les espèces d'ailes dont il a été pourvu
ont fait trouver quelque sorte de ressemblance
entre ce petit animal et le monstre imaginaire dont
nous avons parlé, et lui ont fait donner le nom de
dragon par les naturalistes. » (Lacépède.)

GRIFFON.

Le griffon est un redoutable animal qui
participe à la fois du quadrupède et de l'oi-

seau. Son aspect est terrible, sa force prodigieuse. Né de l'accouplement d'un aigle et
d'une louve, il a le corps du lion, la tête, les
serres et les ailes de l'aigle. Aussi est-ce à lui
qu'est confiée la garde des « montaignes où
est l'or et les esmeraudes et les autres pierres
précieuses, et n'en laisse rien emporter. »

Marco Polo a vu à Madagascar des griffons
capables d'enlever un éléphant. Ils ressemblent
beaucoup aux aigles, dit-il, mais ils sont plus
grands et plus forts : « Et est si fort que il
prend un olifan à [1] ses piés, et le porte moult
haut; et puis le laisse cheoir et ainsi le tue,
et descent sus lui et en menjue à sa vou-
lenté [2]. »

Et ceci n'est rien auprès de ce qu'a ouï
raconter Mandeville : « Aucunes gens disent
qu'un griffon a le corps demy lyon par derrière
et demy aigle par devant. Eh bien est vray
qu'il en est de fasson semblable. Mais un griffon a le corps plus grand que huyt lyons et a
plus de force que cent aigles. Car ung griffon
emporte bien ung homme armé et son cheval,
et emporte bien deux beufz liés à la charrue;
car ilz ont les ongles des piés aussi grans que

[1] Avec.
[2] En mange à sa volonté.

cornes de beuf, et en font anaps [1] pour boire, et des ailes en font grans arcs et forts. »

La mappemonde d'Hereford nous fournit l'image d'un de ces puissants animaux.

Le griffon actuel appartient à la tribu des gypaètes. C'est le plus grand et le plus fort de tous nos oiseaux de proie. « Les agneaux, les chèvres, les chamois et même les veaux deviennent souvent sa proie. Pour s'en rendre maître, le gypaète épie le moment où une de ces bêtes se trouve sur les bords d'un rocher escarpé pour fondre dessus du haut des airs, et l'en précipiter. Lorsque sa victime s'est brisée dans la chute, il l'achève sur place, sans rien emporter dans ses serres, qui ne sont pas propres à saisir. » (Milne-Edwards.)

HARPIE.

La harpie est un monstre qui a les ongles crochus, le corps d'un vautour et le visage d'une femme. Elle fréquente surtout les environs de la mer Ionienne. Si une harpie rencontre un homme, elle le tue. Lorsque ensuite, s'approchant de la mer, elle aperçoit dans ce miroir sa face humaine, elle comprend qu'elle a mis à mort un être de même race qu'elle, et elle ne cesse plus dès lors de pleurer.

Tout ceci, ajoute Albert de Bollstadt, nous

[1] Les hommes en font hanaps.

est enseigné par des gens « non magnæ aucto-
ritatis, et quorum dicta non sunt experta. »

Les harpies sont classées aujourd'hui parmi les
faucons. Remarquables par leur taille et leur force,
elles peuvent, dit-on, fendre d'un coup de bec le
crâne d'un homme. (Milne-Edwards.)

HÉMORRHOÏS.

C'est un serpent très dangereux. L'homme
qui en est mordu perd tout son sang par la
bouche, le nez et les oreilles. Suivant d'autres
auteurs, c'est l'animal lui-même qui suce le
sang de sa victime jusqu'à ce qu'elle succombe
épuisée.

Son nom vient de deux mots grecs : αἶμα, sang,
et ῥεῖν, couler.

LÉONCROCUTTE.

La *léoncrocutte*, *leucrocotte* ou *léoncrotte* [1] est
née de l'accouplement de l'hyène mâle avec
la lionne. Elle a le corps de l'âne, les jambes
du cerf, le poitrail du lion, la tête du chameau
avec une bouche fendue jusqu'aux oreilles et
des dents tranchantes comme un rasoir. Elle

---

[1] En latin *leoncrocuta, leoncrocota, leucrocota, leucro
cuta, leutrochocha, leucurcuta,* etc.

imite très bien la voix humaine et l'emporte en agilité sur tous les animaux.

On l'a souvent confondue avec la crocotte.

LÉONTOPHONOS.

Cette petite bête, appelée aussi *leoncophona,* suit le lion partout en le narguant. Le lion impatienté finit par se jeter sur elle, et il tombe mort aussitôt que ses dents ont touché la chair de l'importun. L'odeur de son urine est aussi mortelle pour le lion.

MAMMONET.

C'est un quadrupède originaire de l'Orient. Son dos est brun, son ventre blanc, sa queue longue est velue. Son nez est bien séparé de la bouche. Il déteste les singes, auxquels d'ailleurs il ressemble, et, bien qu'il soit moins grand et moins fort qu'eux, son audace l'en rend souvent vainqueur.

Suivant Daubenton, qui écrit *momenet,* il s'agirait ici d'un magot, et je trouve dans Ducange que le mot *mammones* a été employé, au quatorzième siècle, pour désigner des singes.

MANTICHORE.

La mantichore, dite aussi *manchicore, mar-*

Leucrocuta

Leo Minor

Mantigora

UNE LÉONCROCUTE, UN LIONCEAU ET UNE MANTICHORE.

D'après J. Jonston.

ticore, *martigore*, *martichore* et *manicore*, est
une bête couleur de sang. Elle a le corps du
lion, la queue du scorpion, la figure de
l'homme, les yeux glauques et une triple ran-
gée de dents à chaque mâchoire. Elle court
avec une telle rapidité qu'elle semble voler.
Elle est très avide de chair humaine : « sor
toutes viandes, aime char d'ome. » Écoutez
Gautier de Metz :

> En Ynde une autre beste i a
> Qu'on apele manchicora.
>
> . . . .
>
> Yeux de chièvre, corps de lion,
> Et la keue de l'escorpion,
> Voix de serpent qui par doux chant
> Attrait et deveure les gens.

On trouve sur la mappemonde d'Hereford une
représentation de la mantichore, nom aujourd'hui
porté par un coléoptère appartenant au genre des
cicindèles.

MOINE DE MER.

Monstre marin, qui a une tête d'homme et
porte la tonsure; une sorte de capuchon mo-
nastique couvre ses épaules; deux nageoires
représentent les bras; et le reste du corps,
tout couvert d'écailles, est bien celui d'un
poisson.

Vincent de Beauvais et Pierre de Bressuire disent que le bas du visage ressemble au museau d'un poisson, « nasum habet pisci similem. » Il a, au contraire, une figure assez régulière sur le dessin qu'en ont donné, au seizième siècle, Belon et Rondelet. Rondelet ajoute un portrait du « monstre marin en habit d'évesque. »

À propos du premier, Belon écrit :

« N'ha pas long temps qu'en Norvage fut veu, par un nombre infiny de peuple, un homme marin armé d'écailles de poisson, se promenant sur la grève de la mer et prenant le soleil à son aise. Lequel, si tost qu'il se veit apperceu, se plongea dans la mer dont il estoit sorty [1]. »

Rondelet dit de son côté :

« Le pourtrait sur lequel j'ai fait faire le présent [2] m'a esté donné par très illustre dame Marguerite de Valois, roine de Navarre, lequel elle avoit eu d'un gentilhomme qui en portoit un semblable à l'empereur Charles cinquième, estant lors en Hespagne. Le gentilhomme disoit avoir veu ce monstre, tel comme son pourtrait le portoit, en Nortvège, jetté par les flots et tempeste de la mer sur la plage, au lieu nommé Dieze, près d'une ville nommée Denelopoch. J'en ai veu un semblable pourtrait à Rome, ne différant en rien du mien [3]. »

---

[1] *De la nature et diversité des poissons,* édit. française de 1555, p. 32.

[2] Le présent portrait.

[3] *Histoire des poissons,* édit. française de 1558, p. 361.

De pisce monachi habitu.

LE MOINE DE MER.
D'après Rondelet.

ONOCENTAURE.

Bête monstrueuse, produite par l'accouplement du taureau et de l'ânesse. Elle a la tête d'un âne et le corps d'un homme. Elle cherche à parler, mais n'imite jamais la voix humaine. Avec ses pieds de devant, conformés comme des mains, elle lance sur les gens qui la poursuivent du bois et des pierres.

On a parfois confondu les onocentaures avec les centaures, qui étaient moitié homme et moitié cheval.

PÉGASE.

Ce bel animal ressemble beaucoup au cheval, mais une corne surmonte sa tête, et il a sur le dos des ailes beaucoup plus grandes que celles de l'aigle. Quand il s'élève dans l'air, il chasse devant lui les vents, et est un objet de terreur pour les animaux et pour les hommes.

Pline ne croyait déjà plus à ce cheval ailé : « Je regarde comme fabuleux, écrit-il, les pégases, oiseaux à tête de cheval : « Pegasos equino capite volucres fabulosos reor [1]. » On donne aujourd'hui le nom de pégase à un poisson qui se rencontre surtout dans la mer des Indes

[1] Lib. X, cap. 70.

PRESTER.

Serpent qu'il est fort dangereux de rencontrer sur son chemin. Il va toujours la bouche ouverte, semant du venin tout autour de lui. Dès que l'on en a été touché, on enfle à tel point que le corps finit par éclater.

PYGMÉES.

« Ce sont gens de petite estature, car ilz n'ont qu'une coudée de long. » Ils sont dans la force de l'âge à trois ans et vieux à sept ans :

> ... Dedens vij ans enviellissent
> Et dès lors viel ils finissent.
> Tele gent ont à nom pignauls,
> Et sont tuit petit comme nain.

Les ennemis que les pygmées redoutent le plus, ce sont les grues, auxquelles ils font une guerre acharnée. « Ilz montent sur des moutons et sur des chèvres, ont des saiettes [1], et au temps nouveau, ilz descendent à moult grand ost [2] en la mer, et destruisent les œufz des grues et des jeunes faons [3]. Et dure ceste

---

[1] Des flèches.
[2] En grande troupe.
[3] De leurs petits.

bataille l'espace de trois moys. Et s'ilz attendent oultre, ilz ne peuvent résister à la grand
multitude d'oyseaulx qui viennent au païs. Et
quand ilz ont eu victoire, ilz font leurs maisons des plumes et des escailles des œufz des
grues qu'ilz ont desconfitz. »

Toutefois, s'il faut en croire Mandeville, la
victoire ne leur reste pas toujours. Les pygmées, dit-il, « n'ont que trois arpans de grandeur et sont, hommes et femmes, assés belles
gens et bien gracieux selon leur petitesse. Et
se marient à demy an d'âge, et à deux ou trois
portent enfans, et ne vivent que sept ou huyt
ans, et sont les meilleurs ouvriers de faire
soie qui soyent au monde. Et ont souvent
guerre aux oyseaux, qui les prennent et les
mengent. »

Barthélemy l'Anglais n'indique pas avec
précision le pays où vivaient les pygmées :
c'est, dit-il, sur les montagnes de l'Inde, près
de la mer. Il place, moitié en Europe, moitié
en Asie, aux environs de l'Albanie, l'Amazo-
nia ou Féminie, pays illustré par les Amazones, qu'on peut bien faire figurer, en compagnie des pygmées, parmi les animaux
fabuleux. Au quatorzième siècle, l'existence
des amazones ne fait pas doute, mais Mande-

ville soutient qu'elles habitent aux environs
de la Chaldée, et comme il en parle *de visu*,
ayant visité ce pays après le royaume des pygmées, c'est lui que je vais citer :

Encores plus outre Caldée, écrit-il, est la terre de
Amasone, où y n'y a que femmes [1]....

Elles ne veulent mie que les hommes ayent seigneurie sur elles, car au temps passé il y a eu ung
roy en ce pais, et y demouroyent hommes comme
ailleurs.

Et advint que ce roy eut une grant guerre à
ceulx de Chiche, et avoit nom Collomer, et fut
occis en la bataille et tous les vaillans hommes de
son royaulme.

Et quant la royne et les nobles dames du pais
virent qu'elles estoient toutes vefves [2] et que tout
le noble sang estoit perdu, elles se armèrent et,
comme désespérées, tuèrent tous les hommes du
pais qui estoyent revenus de la bataille, pource
qu'elles vouloyent que toutes les femmes du pais
fussent vefves comme elles. Et depuis n'ont point
voulu souffrir que nul homme demourast illec plus
de huyt jours, ne que enfant masle fut nourry
entre elles.

Mais celles qui veulent avoir compaignie es
hommes, elles vont vers les autres terres près
d'illec, et ont leurs amis qu'elles visitent. Et

---

[1] En marge, un petit bois représente deux amazones,
l'une armée d'un arc, l'autre d'une pique et d'un bouclier.
[2] Veuves.

la ou eſt maintenant la
mer morte ſi comme le boul-
ay dit autreſfoys, en ceſte
terre ilz ont propꝛes langa-
ges et propꝛes lettres.

Encoꝛes pluſ ou-
tre ceſte eſt la
terre de amaſone ou y n'a
que femmes et ainſi com-
me auons dict ces ho-
mes ne pourroyẽt viure
en ceſtuy païs, mais ie ne
le croit pas, car elles ne

DEUX AMAZONES.
D'après J. de Mandeville.

demeurent avec eulx dix ou douze jours, et puis
s'en retournent. Et si elles ont enfans masles, elles
les envoyent aux pères quant ilz savent aller ou
sinon elles les occient. Et si c'est une fille, elles la
nourrissent et luy ostent une mamelle ; et se elle
est gentilfemme elles luy ostent la mamelle senestre
pour porter l'escu ; et se elle n'est gentilfemme,
elles luy ostent la dextre pour mieulx tirer de l'arc,
car elles en tirent moult bien.

En cette terre a une royne qui gouverne tout le
pais, et obéissent toutes à elle. Cette royne se fait par
élection ; et celle qui est la plus vaillante en faitz
d'armes, elle est royne, car elles guerroyent moult
vaillamment et saigement. Et vont souvent aux
gaiges des roys et princes des autres pais pour leur
ayder en leurs guerres.

Barthélemy l'Anglais raconte qu'Alexandre
le Grand, approchant du royaume des Amazones, leur imposa une lourde contribution
de guerre, et menaça de les exterminer si
elles refusaient de la payer. La reine lui écrivit une lettre, dont le texte nous a heureusement été conservé :

On se doit moult esmerveiller de ta prudence,
qui a ordonné de toy combatre contre femmes.
Car, si tu es vaincu de nous, par fortune qui nous
soit débonnaire et propice, tu seras confus à tousjours. Mais si tu as de nous victoire, pource que les
dieux sont contraires à nous, il te pourra peu pro-

fiter quant à honneur qu'ayes vaincu un troupeau de femmelettes.

Et le véridique historien ajoute :

Quand le roy Alexandre ouyt telle response, il fut esmerveillé de cette prudence. « Il appartient, dit-il, à vaincre femmes, non pas par espées, mais par amours. » Et adonc, leur donna franchise et liberté, et les mit en subjection de son empire, non pas par violence, mais par amytié et par leur volunté.

Après cette digression, revenons aux pygmées. Le savant abbé Banier leur a consacré un travail assez curieux dans les *Mémoires de l'Académie des inscriptions* [1]. A l'en croire, il faudrait y reconnaître les Péchiniens, peuple d'Éthiopie, le pays, dit-il, où se retirent les grues durant l'hiver. Les Péchiniens étaient de petite taille ; tout ce que l'on a écrit de plus sur eux doit passer pour « ornemens historiques, exagération de poètes accoutumés à défigurer la vérité. »

SATYRES.

Les satyres sont bêtes monstrueuses qui ressemblent à des hommes, « mais n'ont pas à plain usage de raison humaine. » On ne peut leur apprendre à parler. Leur front est surmonté de cornes et leurs pieds sont sem-

[1] Tome V, année 1729, p. 101.

blables à ceux des chèvres. Ils ont grand courage et font souvent preuve d' « un appétit bestial. Quand ilz treuvent une femelle au boys, ilz la travaillent tant qu'elle demoure toute morte, et pour ce sont-ilz appellez satyres, car ilz ne peuvent estre saoulez de luxure. »

Il existe une foule d'autres animaux bizarres qui appartiennent de près ou de loin à la famille des satyres.

Les uns n'ont point de tête, et leurs yeux sont placés entre leurs épaules.

D'autres ont des oreilles si longues et si larges qu'ils peuvent en envelopper tout leur corps.

D'autres ont la bouche au milieu de la poitrine, n'ont point de langue et parlent par signes.

D'autres « ont la face toute plate et toute égale, sans yeulx fors que deux pertuis, et une bouche plate sans lèvres. »

D'autres « sont tous velus fors le visaige, et vont par mer et par terre, et ne mangent que chair de poissons tous cruz. »

D'autres, « moult hydeux à veoir, n'ont qu'un œil au front, et ne mangent que chair et poisson, sans pain. »

D'autres n'ont point de nez, et leur lèvre

inférieure est si longue qu'ils en couvrent leur visage pour se garantir du soleil.

D'autres, nommés *ficares,* sont bêtes contrefaites qui habitent les bois et se nourrissent de figues sauvages.

D'autres, appelés *troglodytes,* ont leur demeure dans de profondes cavernes, et vivent comme des bêtes fauves dans leur tanière.

D'autres, dits *monocoles* ou *sciapodes,* n'ont qu'un seul pied, mais il est de telle dimension qu'ils peuvent se reposer à son ombre. Mandeville les a vus : « En Éthiopie a moult de divers gens qui n'ont qu'un pié, et est leur pié si large qu'ilz en font umbre à tout le corps contre le soleil quant ilz se couchent. » Gautier de Metz les connaît bien aussi. D'autres, dit-il,

> ... N'ont un pied tant seulement,
> Dont la plante est si longue et si large
> Qu'ils s'en cuevrent comme d'une targe [1]
> Et s'en aombrent pour le caut [2].

D'autres, les *cyclopes,* n'ont qu'un œil au milieu du front :

> Et d'autres sont qui n'ont qu'un ouel
> Emmi le front, cler et vermeil.

[1] Comme d'un bouclier.
[2] Contre la chaleur.

D'autres, dits *cynocéphales*, ont avec un corps d'homme une tête de chien. Ils s'habillent de peaux de bêtes, aboient au lieu de parler, et vivent du produit de leur chasse.

D'autres, appelés *centaures*, ont le buste d'un homme associé au corps d'un cheval. Ils habitent la Syrie.

D'autres, que l'on rencontre en Lybie, ont sept doigts à chaque pied.

Plusieurs de ces monstres sont représentés sur la mappemonde d'Hereford.

SERRE.

On désigne sous ce nom un monstre, moitié oiseau, moitié poisson, qui est armé d'une crête assez forte pour soulever des navires. Le plus souvent, il se borne à les précéder en volant ; il fait ainsi sept ou huit lieues. Puis, quand il se sent fatigué, il se laisse tomber dans la mer, « il chiet au parfont de la mer. »

Voyez ici l'image du chrétien au cœur tiède, qui se décourage, se fatigue de suivre la bonne voie et se laisse entraîner dans le péché.

SIRÈNES.

La sirène (*sirœna, siren, seraine, sereine,* etc.) est un monstre de mer « qui par la doulceur de son chant, traict les mariniers à péril. »

Ces monstres « ont semblance de femme dou chef jusques as cuisses, mais delà en aval ont semblance de poisson. » Durant les tempêtes, elles entourent les vaisseaux, l'une chante, une seconde joue de la harpe, une troisième de la flûte. Le charme de leurs accents endort les marins ; alors, elles montent à bord, les enlèvent, « les contrainct de coucher avec soy, et s'ilz ne le veulent, elles les tuent et les mangent. »

Mais ce sont là fables ridicules. « Selon la vérité, les seraines sont les folles femmes qui mettent les hommes à pauvreté, et leur font perdre corps et âme. » Les marins, pour échapper à ces voix trompeuses, « étouppent » leurs oreilles : l'homme qui veut conserver sa chasteté au milieu du monde doit de même fermer ses yeux et ses oreilles,

> Tot ensement fere le deit [1]
> Sage qui passe par cest munde
> Chaste se deit tenir et munde [2].

Au seizième siècle et même au dix-septième, l'on prétendit que le serin des Canaries avait dû

[1] Le doit.
[2] Et pur.

son nom aux mélodieuses sirènes. « Le serin, écrit Belon, a prins son appellation françoyse de l'excellence de son chant. Car, tout ainsi comme l'on dit que les syrènes endorment les mariniers par la douceur de leurs chansons, semblablement pource que ce petit oyseau chante si doulcement, il a pris le nom de serin[1]. » C'est aussi l'opinion de Nicot[2], qui n'est pas démenti par Ménage[3].

Sur la mappemonde d'Hereford, l'on voit au milieu de l'Hellespont une sirène assez bien dessinée.

Les animaux qui servirent de type aux sirènes paraissent être les lamentins, cétacés herbivores. « Ils ont l'habitude d'élever souvent la partie antérieure de leur corps hors de l'eau. Leurs mamelles placées sur la poitrine, les poils qui entourent leur mufle et qui de loin peuvent ressembler à une sorte de chevelure, enfin l'adresse avec laquelle ils se servent quelquefois de leurs nageoires pour porter leurs petits, leur donnent alors quelques points de ressemblance éloignée avec l'espèce humaine. On les a parfois appelés *femmes de mer*. »

TARANDE.

C'est un quadrupède de la taille du bœuf,

---

[1] *Nature des oyseaux*, p. 354.

[2] « Nomen habere putatur a sirenibus. » *Thrésor de la langue françoise*, édit. de 1621, p. 591.

[3] *Dictionnaire étymologique de la langue françoise*, édit. de 1694, p. 665.

qui a la tête du cerf et le pelage de l'ours. Il habite l'Éthiopie suivant les uns, les pays septentrionaux suivant d'autres. L'on dit que, comme le caméléon, il change de couleur quand on l'effraye, et prend alors celle de l'objet dont il est le plus rapproché.

Ce singulier animal est nommé *tharandus* par Hugues de Saint-Victor et *parande* par Br. Latini. On a cru y reconnaître le renne.

DEUXIÈME PARTIE

LES ANIMAUX AUX TREIZIÈME ET QUATORZIÈME SIÈCLES

CHAPITRE PREMIER

LE TREIZIÈME SIÈCLE

Les combats d'animaux. — Le meurtre de Magnovald. — Exploit de Pépin le Bref. — Les bêtes féroces en France. — La ménagerie des comtes de Hainaut. — Celle de Henri Iᵉʳ à Caen. — Animaux réunis par Philippe-Auguste à Vincennes. — L'expression *entre chien et loup*. — Amour des Parisiens pour les bêtes. D'où il procède. — Les premières légendes chrétiennes. — Les poèmes chevaleresques. — Le roman de renard.

La ménagerie du cloître Notre-Dame. — Les rues de Paris. — Les oiseaux dans la vie privée. — La calandre et le papegay. — Étymologie des mots *papegay* et *perroquet*. — Noms d'hommes donnés aux animaux. — L'écureuil de Fouquet. — Le jeu du papegay. — Les pigeons voyageurs. — Pourquoi le mot *chien* constitue une injure. — Une ballade d'Eustache Deschamps. — Condamnés pendus entre deux chiens. — Origine du dicton relatif à Jean de Nivelle.

Le chat adoré en Égypte. — Les Grecs et les Romains ont-ils connu les chats? Erreur de M. Pictet. — Noms donnés aux chats en Grèce et à Rome. — Témoignage d'Aristote et de Pline. — Les belettes. — Le chat au moyen âge. — Ses différents noms. — La chatte de saint Grégoire. — Le chat au treizième siècle. — Le chat sauvage et le chat *de foyer*. — Origine de l'expression *payer en monnaie de singe*. — Animaux utilisés dans le commerce et l'industrie. — Le bouc et la sorcellerie.

Les Romains, durant leur séjour dans la Gaule vaincue, y avaient implanté la coutume des sanglants jeux du cirque, barbare et honteux héritage, que le midi de la France n'a pas encore complètement répudié. Grégoire de Tours raconte que Childebert II[1] savourait un spectacle de ce genre quand il fit tuer Magnovald[2].

S'il fallait en croire le moine de Saint-Gall, chroniqueur contemporain, Pépin, que sa petite taille avait exposé à quelques railleries, fit bien voir aux Francs qu'il n'était pas indigne de leur commander. La cour assistait un jour au combat d'un taureau contre un lion. Comme celui-ci venait de terrasser son adversaire, le roi invita ses courtisans à aller séparer les combattants. Nul n'osa. Pépin, tirant son épée, descendit dans l'arène et abattit la tête des deux terribles animaux. Avez-vous oublié, dit-il en reprenant place sur son trône, ce que firent David et Alexandre, tous deux si petits de corps[3] ?

Cet exploit rappelle trop les légendaires

---

[1] Années 575 à 596.
[2] *Historia Francorum*, lib. VIII, cap. 36.
[3] Monachus Sangallensis, *De gestis Caroli magni*, lib. II. Dans le *Recueil des historiens*, t. V, p. 131.

aventures des preux de Charlemagne pour
que l'on puisse y ajouter foi. Au moins, faut-
il en conclure que, dès le huitième siècle, les
bêtes féroces étaient bien connues dans le
nord de la France. Elles arrivaient d'Afrique
par l'Égypte, où Alexandrie centralisait déjà
le commerce de l'Orient.

Il semble que, quatre cents ans plus tard,
elles ne fussent pas beaucoup plus rares
qu'aujourd'hui. Les princes alors entrete-
naient volontiers des ménageries dans leur
palais. Les comtes de Hainaut, par exemple,
pourvoyaient à la nourriture de leurs fauves
au moyen d'un impôt, qui, dit un historien,
paraissait très onéreux aux pauvres et très
humiliant aux riches[1]. Vers 1108, Henri Ier
d'Angleterre, devenu maitre de la Normandie
par la victoire de Tinchebrai, fit à Caen un
séjour momentané. Pour se concilier la sympathie de ses nouveaux sujets, il leur donna
des spectacles; il offrit notamment à leur
admiration une réunion d'animaux curieux
dont le poète Raoul Tortaire[2] nous a transmis
la liste. C'était d'abord un léopard, animal

[1] Voy. E. Le Glay, *Histoire des comtes de Flandre*, t. I,
p. 425.
[2] Mort vers 1120.

d'une agilité merveilleuse; puis un lion, le plus vaillant et le plus généreux des quadrupèdes; un lynx, dont la vue pénètre tous les corps et n'est arrêtée que par le verre; un chameau, qui vit cent ans au moins dans les pays chauds, privilège qu'il doit à sa sobriété; et encore une autruche, énorme oiseau qui digère le fer aussi facilement que les liquides[1]. Notez que huit siècles environ se sont écoulés depuis le jour où les Normands se pressaient autour de cette exhibition, analogue à celles que nos dompteurs promènent de ville en ville.

Il n'est nullement prouvé que Philippe-Auguste ait eu une ménagerie au château du Louvre. Il affectionnait surtout la résidence de Vincennes, située au milieu d'un bois immense. Il en fit clore de murs une partie, et Henri II d'Angleterre l'ayant appris, lui envoya pour la peupler des bêtes capturées dans les forêts de la Normandie et de l'Aquitaine. On y remarquait surtout des daims et des cerfs, nous dit Rigord, médecin et historiographe de Philippe-Auguste[2]. Guillaume

---

[1] Voy. *Bibliothèque de l'École des chartes,* XVIᵉ année, 1855, p. 509.

[2] *Gesta Philippi Augusti,* cap. xxi, édit. Delaborde, t. I, p. 35.

le Breton, son chapelain, mentionne aussi ce
don royal [1], et dans le long poème qu'il a consacré aux faits et gestes de son maître, je rencontre une phrase qui est venue sans changement jusqu'à nos jours. On désignait déjà par
les mots *entre chien et loup* la clarté douteuse
qui permet à peine de distinguer l'un de
l'autre ces deux animaux [2].

Une foule de miniatures des anciens manuscrits nous révèlent l'amour que professaient pour les animaux les Parisiens des
treizième et quatorzième siècles, et la grande
place tenue par certains d'entre eux dans
l'existence des seigneurs comme des bourgeois. La théologie et la littérature les avaient si
bien rapprochés de l'homme que celui-ci ne
pouvait guère voir en eux des êtres inférieurs
à lui.

Les premières légendes chrétiennes en
avaient fait les compagnons des saints, et un
peu plus tard, les bestiaires les proposèrent

[1] Guillelmi Armorici *Liber de gestis Philippi Aug.*,
cap. XXVI.

[2] .... Interque canem distare lupumque
Nullus adhuc poterat aliquid discernere visu.

(Guil. Armoricus, *Philippidos libri XII*, lib. III, vers
277 et 278.)

sans cesse aux chrétiens comme des modèles à imiter [1].

Dans les poèmes chevaleresques, ils jouent un rôle aussi important qu'honorable, ils personnifient les plus rares vertus, sont de vivants emblèmes des sentiments les plus nobles et les plus saints. Le cheval, l'inséparable ami du guerrier, y représente la prudence, le dévouement, le courage et l'honneur. Les cerfs et les biches s'attachent de préférence aux enfants et aux femmes, prêchent la tendresse et l'amour. Les oiseaux, qui de leurs yeux puissants percent l'espace du haut des airs, servent de guides aux hommes de bonne volonté ; témoin celui qui conduisit l'empereur Charles jusqu'aux portes de Constantinople, celui qui révéla à Siegfried la demeure de la belle Brunehilde.

Dans le *Roman de renard*, les animaux sont les acteurs d'une vaste comédie satirique où chacun d'eux, tout en gardant les vertus et les vices particuliers à son espèce, emprunte ceux des nôtres qui semblent le mieux convenir à sa propre nature. *Gorpil*, le renard ; *Isengrin*, le loup ; *Noble*, le lion ; *Brun*, l'ours ;

---

[1] Voy. ci-dessus la première partie.

Bruiant, le taureau ; *Chantecler*, le coq ; *Pinte*, la poule ; *Courte*, la taupe ; *Belin*, le bélier ; *Beaucent*, le sanglier ; *Tardif*, l'escargot ; *Tybert*, le chat ; *Conin*, le lapin ; *Coard*, le lièvre ; *Frobert*, le grillon ; *Bernard*, l'âne, etc., forment entre eux une société complète, avec un roi, des juges, un clergé, des rentiers, des nobles, des paysans, des maris trompés, des fripons et des dupes. L'homme n'y apparaît que de loin en loin, à l'état de comparse, sous le type vulgaire et grossier du vilain.

Il y avait en tout ceci de quoi récréer un peu les clercs qu'un long commerce avec la théologie n'avait pas encore trop déprimés. Aussi, désirant sans doute étudier de près les héros de tant d'aventures, les chanoines de Notre-Dame réunirent dans le cloître une petite ménagerie où l'on voyait des ours, des cerfs, des corbeaux, des singes, etc. Au mois de novembre 1245, Eudes, légat du Saint-Siège, leur intima l'ordre de licencier tous ces pensionnaires, qu'il osa représenter comme nuisibles, inutiles et ridicules [1].

Tout le monde ne pouvait pas se donner le

---

[1] « Animalia nociva, inutilia seu jocosa, veluti ursos, cervos, corvos aut simias, vel hujusmodi. » *Cartulaire de N.-D. de Paris*, t. II, p. 406.

luxe d'élever de pareilles bêtes, mais les animaux domestiques pullulaient dans Paris. Les oies, les lapins, les canards, les pigeons, les porcs prenaient leurs ébats au milieu des rues, autour des tas d'ordures, et disputaient le passage aux habitants. En 1131, l'héritier présomptif de la couronne de France, Philippe, fils aîné de Louis le Gros, suivant à cheval la rue du Martroi[1], alors rue Saint-Jean, fut renversé par un des pourceaux qui encombraient la chaussée, et mourut des suites de cette chute[2].

A l'intérieur des maisons, l'on recherchait surtout les oiseaux, dont le plumage éclatant et les chants joyeux embellissaient et égayaient le logis du pauvre aussi bien que du riche. La vente de ces aimables emplumés constituait déjà un commerce assez actif; mais l'histoire des oiseliers ne présente guère d'intérêt avant l'année 1402, je m'en occuperai donc seulement au quinzième siècle.

---

[1] Attenante à l'hôtel de ville. Elle a été supprimée en 1837.

[2] « Hunc [Philippum] in Parisiis equitantem, in medio vico Sancti Johannis porcus anticipavit, per quem equus ejus cespitans cecidit; ipse vero, sub equo collisus, expiravit. » Joh. Iperius, dans le *Recueil des historiens*, t. XIII, p. 469. Voy. aussi Rigord, t. I, p. 63 et 176.

Dans la vie si monotone des châtelains et des châtelaines, ces jolis captifs sautillant et caquetant avaient introduit un précieux élément de distraction, qui prit une bien plus grande extension au siècle suivant. Nombre de puissants seigneurs et de nobles dames possédaient, suspendues au plafond de leur pièce préférée, des cages luxueuses habitées par ce que l'on appelait des « oiselets de chambre, » par des linottes, des étourneaux, des pinsons, des merles, des alouettes, des chardonnerets, des perroquets.

Au mois de mai, dit le *Roman de la rose*, commencent à caqueter

<blockquote>Li papegaus et la kalandre [1].</blockquote>

Le kalandre, c'était l'alouette. Le papegaus ou papegay, c'était le perroquet. Si vous voulez connaitre l'étymologie de ce nom, l'auteur de la *Nouvelle maison rustique*[2] va vous l'apprendre : « On appeloit anciennement le perroquet papegai, parce que, disoit-on, il est comme le pape et le roi des oiseaux[3], et selon d'autres de nos anciens, parce qu'il est digne

[1] Vers 79.
[2] Par Liger. Édit. de 1749, t. II, p. 843.
[3] Rabelais, dans son *Pantagruel* (liv. V, chap. ii et suiv.), désigne le pape sous le nom de *papegaut*.

d'être offert au pape. » Si cette explication ne
vous suffit pas, le *Dictionnaire étymologique* de
Ménage va vous en offrir une autre[1] tout
aussi ridicule : « C'est, y lit-on, un diminutif
de Pierre; » et, à cette occasion, il nous fournit la liste des noms humains donnés aux animaux :

On nommait le corbeau, *Colas*.
    —   le geai, *Richard*.
    —   l'âne, *Martin*.
    —   la chèvre, *Guionne* ou *Jeanne*.
    —   le mouton, *Robin*.
    —   l'écureuil, *Fouquet*[2].
    —   le singe, *Robert*.
    —   la pie, *Margot*.
    —   le moineau, *Pierrot*.

A la fin du siècle, s'établit dans presque
toute la France le *jeu du papegay*, destiné à
familiariser la bourgeoisie avec le maniement
de l'arc et de l'arbalète. Le but était un perroquet de bois ou de carton placé très haut,
à l'extrémité d'un mât fiché en terre. Le vainqueur prenait le titre de roi, et dans la suite,
il jouit d'assez enviables privilèges, l'exemp-

---

[1] Édit. de 1750, t. II, p. 309.
[2] Aussi Fouquet, l'infortuné ministre, avait-il pour pièce
principale dans ses armoiries un écureuil.

tion de certains impôts, par exemple. Une ordonnance du quinzième siècle accorda même
la noblesse héréditaire à celui qui abattrait
trois fois le papegay.

Au treizième siècle, les jeunes seigneurs
apprenaient à élever et à dresser les oiseaux
de proie utilisés pour la chasse, faucons, éperviers, autours, etc. Les paons, les tourterelles
et les pigeons avaient aussi leurs partisans.
J'ai dit ailleurs quel parti la chapellerie tirait
à cette époque des plumes du paon[1], et l'on
connaissait déjà l'instinct voyageur des
pigeons, alors appelés *coulons*. « Li Sarrazins,
écrit Joinville, envoièrent au Soudanc, par
coulons messagiers, que li roys estoit arrivez[2]. »

Parmi les animaux qui méritent une mention spéciale durant cette période, je citerai
encore le chien, le chat, le singe et le bouc.

Voltaire se demande avec raison pourquoi
le mot *chien* est partout devenu une injure,
« tandis qu'on dit par tendresse mon moineau,
ma colombe, ma poule et même mon chat[3]. »
Son attachement pour son maître et sa docilité, la soumission avec laquelle il accepte de

---

[1] Voy. *Les magasins de nouveautés*, t. III, p. 149.
[2] Édit. de 1868, § 35, p. 57. Voy. ci-dessus, p. 178.
[3] *Dictionnaire philosophique*, art. *chien.*

lui les plus mauvais traitements, léchant la
main qui vient de le frapper, expliquent peut-
être cette anomalie, et il faut reconnaître
qu'elle ne fait pas grand honneur à l'espèce
humaine.

Dans une ballade qui date de la fin du quatorzième siècle, Eustache Deschamps proteste
aussi contre l'étrange habitude d' « acompa-
ragier à un chien » les gens que l'on veut
« desprisier : »

> Je ne me puis trop merveillier
> De ce qu'on dit communément,
> Quant on veult aucun desprisier
>
> . . . .

C'est une flagrante injustice, car :

> Chien en tous lieux va, par usaige,
> Au palais, au conseil, c'est voir,
> En la taverne, au labouraige :
> Un chien doit presque tout savoir [1].

Notre vieil historien Favyn raconte qu' « anciennement chez nos François, les nobles
estans condamnez à la mort pour avoir troublé
l'Estat, guetté les chemins, volé et brigandé
les passans et le bon homme, bruslé les gran-
ges, et autres actes indignes du tiltre et du

---

[1] *OEuvres complètes*, édit Gaston Raynaud, t. VIII,
p. 94.

ranc de noblesse : auparavant que d'estre conduits au supplice, estoient contraincts de porter un chien sur leurs espaules tout à l'entour
du voysinage où ils avoient exercé leurs vio-
lences et pilleries[1]. » Le chroniqueur Othon de
Frisingue nous a conservé un curieux exemple
de cette coutume. En 1155, dit-il, le comte
Palatin Hermann ayant été convaincu de félo-
nie fut promené durant un mille, portant, ainsi
que chacun de ses dix complices, un chien
sur ses épaules [2].

S'il faut en croire le généalogiste Pierre Palliot, l'on entendait prouver par là que le condamné « estoit de noble condition, auquel
il estoit permis de prendre son plaisir à la
chasse [3]. »

Du moins, le pauvre chien choisi pour victime n'avait-il ici à souffrir que dans son
amour-propre. Mais il n'en était pas toujours
ainsi. Berthold, chef des meurtriers de Charles
le Bon, comte de Flandre, fut soumis à un
horrible supplice que l'on fit partager à un
chien bien innocent de l'attentat. Louis le Gros,

---

[1] *Histoire de Navarre*, p. 732.
[2] Otto Frisingensis, *De gestis Friderici primi.* Dans les
Germaniæ historici..., édit. de 1585, t. IV, p. 470.
[3] *La vraye et parfaite science des armoiries*, édit. de
1661, p. 166.

parent éloigné du comte Charles, ordonna d'attacher Berthold à une fourche, en compagnie d'un chien ; l'on martyrisa ensuite la bête qui, dans l'excès de la douleur, s'en prit au bandit et lui dévora la figure [1].

Parfois aussi, l'on pendait un coupable entre deux chiens. C'est ce qui arriva, au pseudo Baudouin. Le comte Baudouin, devenu empereur de Constantinople en 1204, avait disparu à la suite d'une bataille. En 1225, apparut en Flandre un vieillard, qui prétendit être le comte échappé de la prison où les Bulgares l'avaient retenu durant vingt ans. L'imposture fut découverte, et la comtesse de Flandre, fille de Baudouin, fit pendre le vieillard avec deux chiens, placés l'un à sa droite et l'autre à sa gauche [2].

Au siècle suivant, le Châtelet de Paris, jugeant un juif accusé de vol [3], ordonna qu'il serait « pendu par les piez, et à ses deux costez à chascun un grand chien pendu

---

[1] « Totam faciem ejus masticando devorabat. » Suger, *Vita Ludovici Grossi,* cap. 29, édit. Lecoy de la Marche, p. 130.

[2] *Chroniques de Saint-Denis,* t. IV, p. 221, et *Chronique de Philippe Mouskes,* édit. Reiffenberg, t. II, p. 484.

[3] 25 février 1390.

par les piez, semblablement comme lui [1]. »

Pour en finir avec ce sujet répugnant, je placerai ici l'origine du dicton relatif à Jean de Nivelle.

Jean de Montmorency, seigneur de Nivelle en Flandre, avait pour père Jean II de Montmorency. Celui-ci s'étant remarié en 1454, Jean conçut pour sa belle-mère une telle antipathie qu'il s'enfuit à la Cour de Bourgogne et combattit même le roi de France à la bataille de Montlhéry. Son père indigné le traita de *chien* et lui ordonna de revenir auprès de sa famille, ce que Jean n'eut garde de faire. Il donna ainsi naissance au proverbe : « Il ressemble au [à ce] chien de Jean de Nivelle qui s'enfuit quand on l'appelle [2]. »

Il a été dit aussi que Jean, cité en justice pour avoir donné un soufflet à son père, et prévoyant bien le sort qui l'attendait, répondit à la citation en s'enfuyant vers la Flandre [3].

[1] *Registre criminel du Châtelet de Paris*, t. I, p. 52.
[2] Le P. Anselme, *Histoire généalogique*, t. III, p. 57. — Désormeaux, *Histoire de la Maison de Montmorency*, t. I, p. 385. — A. Duchesne ne mentionne pas le fait dans son *Histoire généalogique de la Maison de Montmorency*. Voy. p. 251.
[3] Fleury de Bellingen, *L'étymologie ou explication des proverbes françois*, p. 30.

On a le choix entre les deux versions, aussi
injurieuses l'une que l'autre pour le bon
animal toujours si docile à la voix de son
maître.

Le chat était regardé en Égypte comme un
animal sacré, peut-être même y a-t-il été
adoré. C'est un grand honneur. Mais il le partageait avec une foule d'autres animaux, le
chien, l'ichneumon, la musaraigne, l'épervier,
l'ibis, le crocodile, le phénix, etc., etc. [1]
Quand un Égyptien avait perdu son chat, il se
rasait les sourcils en signe de deuil, faisait
embaumer la bête, et allait l'inhumer solen-
nellement dans les catacombes[2]. Plusieurs
momies de chats y ont été retrouvées par
Étienne Geoffroy Saint-Hilaire et d'autres
voyageurs modernes[3].

Dans ses *Origines indo-européennes* [4], le savant Pictet déclare que « les Grecs et les
Romains n'avaient pas de chats dans leurs
maisons, et employaient la belette pour se

[1] Voy. Hérodote, liv. II, chap. 65 à 77.
[2] Hérodote, liv. II, chap. 66 et 67. — Montfaucon,
L'antiquité expliquée, supplément, t. II, p. 157.
[3] Voy. Isidore Geoffroy Saint-Hilaire, *Acclimatation des
animaux utiles*, 4e édit., p. 211.
[4] *Ou les Aryas primitifs, essai de paléontologie linguis-
tique*, édit. de 1877, t. I, p. 473.

débarrasser des souris. » Assertion [1] qui me
paraît au moins contestable.

D'abord, si les Grecs et les Romains ne con-
naissaient le chat que de réputation, comment
avaient-ils tant de mots pour le désigner?
Hérodote [2] et Ésope [3] le nomment Αἰέλουρος;
Aristote [4] Αἴλουρος, et Lucien [5] Γαλῆ. Les Romains disaient *felis* ou *feles*, mots qu'ont
employés Plaute, Ovide, Cicéron, Pline, Var-
ron, Phèdre, etc.

Mais les Grecs et les Romains ne se bor-
naient pas à nommer le chat, ils avaient
observé avec beaucoup de soin sa personne et
ses mœurs : la description qu'en ont laissée
Aristote et Pline le prouvent assez. Aristote
nous donne des détails très exacts et très ca-
ractéristiques sur les amours de la chatte [6].
Ils sont même si précis que je ne puis les reproduire. Un peu plus loin, il nous apprend
qu'une nourriture semblable convient aux

---

[1] Elle a été reproduite par M. Schérer, *Mélanges d'histoire religieuse*, p. 29.

[2] Livre II, chap. 66 et 67.

[3] Fable 21.

[4] *Des animaux*, liv. V, chap. 2; liv. VI, chap. 35; liv. IX,
chap. 6. Je cite l'édition Didot.

[5] *Le pêcheur*, chap. 33.

[6] Liv. V, chap. 2.

chats et aux chiens, et que tous deux font des petits en nombre égal[1]. Parlant des rats, de ceux des champs, qui parfois détruisent toute une récolte, il sait qu'on doit leur opposer soit le renard, soit la belette[2]. Il distingue fort bien celle-ci du chat, car il constate que la belette et le chat mangent volontiers les oiseaux[3].

Veuillez maintenant écouter Pline :

Les émeraudes satisfont la vue sans la laisser pénétrer. Elles ressemblent aux yeux des chats et des panthères, qui brillent sans être transparents[4].

Les animaux nocturnes, tels que les chats, ont les yeux brillants et rayonnants dans les ténèbres[5].

Les lions, les pards et tous les animaux de ce genre, y compris les chats, ont la langue âpre, semblable à une lime et capable d'user la peau de l'homme[6].

Avec quel silence, avec quelle légèreté, le chat se glisse vers les oiseaux! Comme il se tient en embuscade pour sauter sur la souris qu'il guette!

Le chat enfouit ses ordures, il les recouvre de terre[7].

---

[1] Liv. VI, chap. 35.
[2] Liv. VI, chap. 37.
[3] Liv. IX, chap. 6.
[4] Liv. XXXVII, chap. 18.
[5] Liv. XI, chap. 55.
[6] Liv. XI, chap. 65.
[7] Liv. X, chap. 94.

Je reconnais, d'ailleurs, que les Romains nourrissaient chez eux des belettes en même temps que des chats, mais chacune de ces bêtes rendait à son maître des services diffé-. rents. Pline nous le dit encore : « La belette qui erre dans nos maisons fait la chasse aux serpents [1]. »

Le moyen âge aima beaucoup les chats. Il suffit, pour le prouver, d'énumérer les divers noms qu'il lui donna, et aucun animal ne peut se vanter d'en avoir réuni un si grand nombre. J'en ai retrouvé jusqu'à neuf : *muriceps, murilegus, muscipulus, musipula, musio, catus, cattus, gattus, captus.* Les premiers signifient preneur de souris. *Catus, cattus* et *captus* déri-veraient, suivant les uns, de *cautus* [2], en français cauteleux, fin, rusé, qualificatifs qui con-viennent bien au chat; suivant d'autres, de *captare* [3], dont le sens était guetter, user de ruse, chercher à prendre. *Gattus* n'est qu'une corruption de cattus [4]. Jean le Diacre, un brave théologien qui voulait inspirer à ses

---

[1] « Mustela, quæ in domibus nostris oberrat, serpentes persequitur. » Liv. XXIX, chap. 16.

[2] Ducange, *Glossarium*, au mot *catta*.

[3] Papias, *Dictionarius*, édit. de 1485, au mot *musio*.

[4] Joannes de Janua (Jean Balbi, dit Jean de Gênes), *Vocabularium*, édit. de 1506, au mot *cattus*.

contemporains le mépris des richesses (il vivait au neuvième siècle, non au dix-neuvième), nous apprend que saint Grégoire ne possédait rien en ce monde, sauf une chatte qu'il aimait à prendre sur ses genoux et à caresser[1]. Aussi devint-il pape sous le nom de Grégoire Ier, reçut-il le surnom de Grand, et fut-il canonisé par la suite[2].

Le proverbe « chat eschaudé iaue craint » date du treizième siècle[3].

Le *Livre des métiers*[4] nous apprend que le droit à percevoir sur les marchandises mises en vente dans Paris n'était pas le même pour les « piaus de chat sauvage » et pour les « piaus de chaz privez que l'on apele chat de feu ou de fouier[5]. » En ces temps, où l'argent

---

[1] Paulus Diaconus, *Vita sancti Gregorii*. Dans les *Acta sanctorum ordinis Sancti Benedicti*, t. I, p. 403. — « Plus delectationis ipse capiebat in palpando suam catam quam in cunctis opibus. » *Acta ad consilium Basileense.* Dans Ed. Martène, *Amplissima collectio*, t. VIII, p. 523.

[2] Saint Jean Chrysostome, saint Martin, saint Bernard aimèrent aussi les animaux. Saint François d'Assise les nommait ses frères et ses sœurs. Voy. C. Chalippe, *La vie de saint François*, édit. de 1728, p. 408, 412 et 466. — L. de Chérancé, *Saint François d'Assise*, édit. de 1892, p. 118 et 247.

[3] Le Roux de Lincy, *Le livre des proverbes*, t. I, p. 155.

[4] Compilé vers 1268. — Sur cet ouvrage, voy. *Comment on devenait patron*, p. 11.

[5] IIe partie, titre XXX, art. 11 et 12.

était rare, les petites impositions de ce genre se payaient parfois en nature. Pour acquitter le droit d'entrée d'un panier de mercerie par le Petit-Pont, le marchand donnait au receveur une aiguille ou un bout de ruban [1]. Pour l'entrée d'un cent de harengs, le péager prélevait un hareng [2]. Un jongleur devait, avant d'entrer, chanter un couplet de chanson ; s'il était accompagné d'un singe, il lui suffisait de faire danser l'animal devant le péager [3]. On peut trouver là l'origine de notre expression *payer en monnaie de singe* [4].

Le *Livre des métiers* va maintenant nous fournir la liste des animaux alors le plus utilisés dans le commerce et l'industrie.

Les gainiers employaient exclusivement les cuirs de bœuf, de vache, de veau, de cheval et d'âne [5].

Les rôtisseurs, encore appelés cuisiniers, et qui ne pouvaient débiter que de la viande cuite, offraient à leurs clients de l'oie, du veau, de l'agneau, du chevreau, du porc [6].

---

[1] *Livre des métiers*, II⁰ partie, titre II, art. 89.
[2] *Ibid.*, titre II, art. 36.
[3] *Ibid.*, titre II, art. 44.
[4] Voy. *Les magasins de nouveauté*, t. I, p. 19.
[5] Titre LXV, art. 5.
[6] Titre LXIX, art. 8.

Les poulaillers vendaient toutes sortes de volailles, de volatiles et de poissons d'eau douce [1].

Les boursiers, qui peuvent être regardés comme les ancêtres de nos culottiers, ne devaient mettre en œuvre que le cerf, le cheval, la truie et la vache. Les autres cuirs, celui du mouton entre autres, étaient regardés comme trop faibles [2].

Les selliers utilisaient le cordouan [3], la basane et la vache [4].

Les bourreliers, moins exclusifs, employaient « toute manière de cuir, fort la basane [5]. »

Les cordonniers, alors cordouanniers, avaient pris leur nom du cordouan, leur cuir préféré [6].

Les basaniers, au contraire, ne pouvaient faire que des souliers de basane, à moins qu'ils ne payassent, outre leur propre maîtrise, celle qui était imposée aux cordonniers [7].

---

[1] Titre LXX, art. 3 et 4.

[2] Titre LXXVII, art. 5 et 6.

[3] Peau de chèvre apprêtée suivant des procédés spéciaux. Son nom fut changé plus tard en celui de maroquin.

[4] Titre LXXVIII, art. 4, 8 et 9.

[5] Titre LXXXI, art. 5.

[6] Titre LXXXIV, passim.

[7] Titre LXXXV, art. 2.

Les gantiers étaient autorisés à confectionner des « gants, de quelque manière de cuirien que ce soit. » Mais ceux de veau et de cerf devaient avoir subi une préparation particulière [1].

Les chapeliers de paon avaient la spécialité des riches coiffures ornées des plumes de cet animal [2].

Les pêcheurs fournissaient « toute manière de poisson [3] » à la corporation des « poissonniers d'eau douce [4]. »

Le poisson de mer était apporté à Paris par les chasse-marée, et vendu par les « poissonniers de mer [5]. »

Les anciennes miniatures nous montrent souvent chiens et singes gambadant dans les appartements ; mais ces derniers, plus indépendants que leurs camarades, portent en général aux pieds un petit boulet de métal.

Je mentionnerai seulement en passant le rôle que la sorcellerie du moyen âge fit jouer au bouc. Dans les sabbats où se rendaient les sorcières, Satan était représenté par un grand

[1] Titre LXXXVIII, art. 5 et 6.
[2] Titre XCIII.
[3] Titre XCIX, art. 4.
[4] Titre C.
[5] Titre CI. — Voy. *La cuisine,* p. 26 et suiv.

bouc noir, aussi vicieux que son prototype.
Le culte du diable a fait périr en Europe plus
de cent mille prétendus sorciers, dit Voltaire.
Et il ajoute : « La philosophie a guéri enfin
les hommes de cette abominable chimère, et
a enseigné aux juges qu'il ne faut pas brûler
les imbéciles [1]. »

CHAPITRE II

LE QUATORZIÈME SIÈCLE JUSQU'A CHARLES VI.

Les animaux dans les miniatures et dans la sculpture. —
Personnages représentés un oiseau à la main. — Les
chiens et les lions sur les tombeaux. — Explication de
ces symboles. — Les animaux de Clémence de Hongrie.
— Les vœux de Boccace. — Défense de posséder des
pourceaux dans Paris. — Privilège de ceux du Petit-
Saint-Antoine. — Défense de nourrir des pigeons. — La
ménagerie de la Cité. Où située. — Philippe VI la transporte au Louvre. — L'hôtel des lions du roi. — La
ménagerie de l'hôtel Saint-Paul. — La rue des Lions. —
Passion des Parisiens pour les oiseaux. — La volière du
palais de la Cité. — Les rossignols du Louvre. — La
volière du palais des Tournelles. — Le « pape-gaut » du
roi. — La volière d'Hesdin. — Celle du sieur Charlot et
celle de Hugues Aubriot. — Les combats de coqs en

---

[1] *Dictionnaire philosophique*, art. *bouc.*

Angleterre. — La chasse. — Les chiens de garde. — Les espagnols ou épagneuls. — Les lévriers. — Les chiens du roi Charles V. Fouets et colliers. — La ménagerie de Jean, duc de Berri. — Le chien de Montargis. — Comment se forme une légende et comment une légende devient vérité historique. — Les chats, les souris et les souricières. — Les puces.

Au treizième et au quatorzième siècles, les personnages importants dont les miniaturistes et les sculpteurs nous ont conservé le souvenir sont presque toujours accompagnés d'un oiseau. Deux portraits de saint Louis [1] nous le montrent portant sur la main gauche un faucon ou un épervier [2]. Jean, troisième fils du roi, mort fort jeune en 1248, est figuré avec un oiseau de proie sur la main gauche, et ses pieds reposent sur un lion [3]. Jean de Sancerre, contemporain du saint roi, a les mains dans de gros gants, la gauche supporte un oiseau, la droite le pied coupé d'un autre oiseau [4].

Sur un vieux pastel reproduit par Gaigniè-

---

[1] L'un d'eux provient de la Sainte-Chapelle.
[2] Montfaucon, *Monumens de la monarchie françoise,* t. II, p. 156.
[3] Montfaucon, *Monumens de la monarchie françoise,* t. II, p. 161.
[4] Montfaucon *Monumens de la monarchie françoise,* t. II. p, 169.

res, Jeanne de Navarre, femme de Philippe le Bel et morte en 1305, est représentée serrant dans ses bras un petit chien à longues oreilles [1].

Enfin, tout le monde sait que les statues couchées sur les anciens tombeaux ont très fréquemment les pieds appuyés sur certains animaux.

Montfaucon a fait graver le tombeau de Louis de Male, comte de Flandre, mort en 1383. Le comte est étendu entre sa femme et sa fille. Ses pieds reposent sur un lion, le lion de Flandre sans doute, ceux des deux femmes sur des chiens [2].

Louis, duc d'Orléans, assassiné en 1407, et sa femme Valentine furent ensevelis dans le même sarcophage. Leur effigie nous présente, non pas aux pieds, mais au bas des jambes de chacun d'eux, un chien qui les regarde tristement [3].

Il faut noter que cette coutume s'est conservée bien au delà du quatorzième siècle, car sur le tombeau de Marguerite de Luxem-

[1] Montfaucon, *Monumens de la monarchie françoise*, t. II, p. 212.

[2] Montfaucon, *Monumens de la monarchie françoise*, t. III, p. 184.

[3] Voy. le *Magasin pittoresque*, an. 1867, p. 88.

bourg[1] morte en 1645, la comtesse est figurée
à genoux, sur un prie-Dieu, et devant elle
est un chien, couché dans les plis de sa robe[2].

L'explication de ces faits a suscité de nombreuses hypothèses.

L'oiseau de proie porté au poing a paru
symboliser le droit de chasse, droit réservé à
la noblesse. Palliot définit ainsi le faucon :
« Oyseau de chasse, servant au plaisir des
souverains et grands seigneurs, et le plus
noble de la fauconnerie[3]. » On a dit aussi que
tout oiseau faisant partie d'un blason était
une « marque d'hommage et de redevance ;
ce qui est cause que les anciens ont peint les
chevaliers avec une épée nue à la main droite
et un oiseau de leurre à la gauche[4]. »

Pour quelques érudits, la présence d'un
chien sur un tombeau représentait, tout
comme l'oiseau, « le noble droit de la chasse. »

On a prétendu que le lion ornant le mauso-
lée d'un chevalier rappelait qu'il avait péri
dans une expédition militaire ; le lévrier indi-
quait, au contraire, qu'il s'était éteint tran-

---

[1] Femme de René Potier, comte de Trêmes.
[2] Dans Millin, *Antiquités nationales*, Célestins, p. 45.
[3] Page 331.
[4] *Dictionnaire de Trévoux*, édit. de 1771, t. VI, p. 324.

quillement en temps de paix. Alexandre Lenoir répond que « presque à toutes les statues de rois et autres personnages historiques, on voit des lions sous leurs pieds et même on en voit à celles de leurs enfans; et fort peu de rois de France sont morts dans les combats [1]. » Il est certain que le lion symbolisait souvent à lui seul le rang suprême. Étendu aux pieds de tout être humain, il était aussi, comme le porc couché aux pieds d'un saint, l'image du démon vaincu, des voluptés asservies [2]. Uni au dragon, il désignait encore le triomphe de la piété sur l'esprit du mal et sur le péché.

De son côté, Millin croit que l'on plaçait sur les tombes, tantôt l'animal qui figurait dans les armoiries du défunt, tantôt celui qu'il avait le plus aimé : explication qui a le mérite de pouvoir contenter tout le monde. « Nous allons voir, ajoute Millin, sur les pieds de Charles d'Orléans un porc-épic, parce qu'il avoit fondé un ordre de ce nom [3]. »

Quelle que soit l'opinion à laquelle on ac-

---

[1] *Musée des monumens françois*, édit. de 1810, p. 59.

[2] A. Maury, *Croyances et légendes du moyen âge*, édit. de 1896, p. 255.

[3] Célestins, p. 85. — L'ordre du camail ou du porc-épic avoit été créé par Louis d'Orléans, pour célébrer la naissance de son fils Charles, qui fut père de Louis XII.

corde la préférence, l'on sera toujours amené à constater que les animaux tenaient déjà une grande place dans la vie privée. L'inventaire dressé en 1328, après la mort de Clémence de Hongrie, veuve de Louis le Hutin, mentionne entre autres bêtes :

Un chien, bien aimé sans doute, car il avait une niche doublée de soie.

Dix sept chèvres, qui furent partagées entre les amies de la défunte.

Un cheval morel[1].

—   ferrant[2].

—   lyart[3].

—   bay.

Un palefroy[4] morel.

—   lyart.

—   bay[5].

Un peu plus tard, Boccace énumérant les avantages attachés à la fortune, compte parmi les plus enviables le bonheur « d'avoir cinges et autres bestes de quoy on peult avoir esbate-

---

[1] Noir.

[2] Gris de fer.

[3] Gris pommelé.

[4] Ce mot désignait tantôt un cheval de parade, tantôt un cheval spécialement destiné à une femme.

[5] Douët-d'Arcq, *Nouveaux comptes de l'argenterie*, p. 59, 87 et 104.

ment; d'avoir paons, poullailles, mousches de
vaissel ou à miel[1] et coulons[2]; d'avoir éléphans et chameaulx[3]. »

Le petit peuple de Paris se contentait à
moins. Mais, depuis l'accident arrivé au fils
de Louis le Gros, défense était faite de nourrir
dans la ville aucun pourceau. Les sergents du
Châtelet avaient ordre de tuer ceux qu'ils ren-
contraient par les rues : la tête leur appartenait, et le corps devait être porté aux hôpitaux[4]. L'article 248 de l'ordonnance du 30 janvier 1350 s'exprime ainsi : « Nul ne soit si
hardy d'avoir, tenir, nourrir, ne soustenir
dedans les murs de la ville de Paris aucuns
pourceaux. Et qui sera trouvé faisant le contraire, il payera dix sols d'amende. Et seront
les pourceaux tuez par les sergens ou autres
qui les trouveront. Et aura le tuant la teste,
et sera le corps porté aux Hostels-Dieu de
Paris, qui payeront les porteurs d'iceux. »

---

[1] Les abeilles étaient dites mouches de vaissel ou de
rucque. Voy. Corbichon, f° ciij, et Ducange au mot *rusca*.

[2] Pigeons.

[3] *De remediis utriusque fortunæ*, trad. Nic. Oresme,
édit. de 1534, p. 60 à 62.

[4] Voy. les ordonnances de février 1348 (*Ordonn. royales*,
t. III, p. 96), du 19 juillet 1349 (Isambert, t. IV, p. 54) et
du 30 janvier 1350 (Isambert, t. IV, p. 623).

Dans la suite le soin de délivrer Paris des porcs errants fut dévolu au bourreau; il recevait cinq sous pour chacun de ceux qu'il amenait à l'Hôtel-Dieu [1].

Cette règle comportait pourtant une exception. En l'honneur de son patron, le prieuré du Petit-Saint-Antoine, situé dans la rue de ce nom, était autorisé à posséder douze pourceaux et à les envoyer chercher pâture dans les rues. Pour avertir les passants de leur présence et pour se faire reconnaître, ils portaient au cou une sonnette sur laquelle était gravé un *T*, marque distinctive du couvent. Leur droit fut confirmé par François I[er][2], et il est certain que le monastère quêtait encore pour ses pourceaux au milieu du seizième siècle, car dans les *Cris de Paris* qui furent imprimés par Antoine Truquet en 1545 [3], on lit ces vers :

N'y a il rien pour les pourceaux S. Antoine?
Chambrières, regardez-y.

Le souvenir de ces quadrupèdes privilégiés

---

[1] Voy. Sauval, *Antiquités de Paris*. t. II, p. 460, et Fontanon, *Édits et ordonnances royaux*, t. I, p. 229 et 869.

[2] Voy. L.-T. Dassy, *L'abbaye de Saint-Antoine en Dauphiné*, p. 134, et Coffinet, *Recherches histor. et archéol. sur les attributs de saint Antoine*, p. 37.

[3] Voy. *L'annonce et la réclame*, p. 169.

resta longtemps populaire. Dans les *Essais de Mathurine* publiés en 1622, je trouve cette phrase qui s'applique à un mendiant : « Vous l'eussiez veu aller de porte en porte, comme le pourceau de Saint-Anthoine[1]. »

J'ai lieu de croire que l'autorité ne se montrait pas trop sévère en ce qui concerne les lapins et les poules. Mais au seul seigneur justicier appartenait le droit de colombier, le droit de posséder un pigeonnier dont les hôtes allaient se nourrir aux dépens des champs voisins. L'ordonnance du 1er février 1350 interdit de tendre des pièges aux pigeons du seigneur[2]. Celle du 29 août 1368 renouvelle cette prohibition : « Nous vous mandons et enjoignons estroitement que, tantost et sanz delay, vous faites crier à Paris que nul ne soit si hardiz qu'il ait ne tiengne assiete[3] de coulons en nostredite ville... au préjudice des coulombiez de nos subgez. » Défense aussi, « sur peine de la hart, de tendre aux coulons, ne de prendre yceulz à raiz ne autres engins[4]. »

---

[1] A la suite des *Caquets de l'accouchée*, p. 270, édit. de la Biblioth. elzévir.

[2] Dans Isambert, *Anciennes lois françoises*, t. IV, p. 626.

[3] Colombier. Voy. Ducange, au mot *assieta*.

[4] Isambert, t. V, p. 317.

Je reviendrai sur ce sujet. Mais d'avance, je rappelle que le droit de colombier subsista jusqu'à la fameuse nuit du 4 août 1789.

Je rencontre dans la *Taille de* 1313 [1] cette mention énigmatique.

Hue Bon-gré-Dieu, qui a bestes.

S'agit-il d'une ménagerie ?

Nos rois en possédaient une aux environs de leur palais de la Cité, dans la rue de la Calandre [2]. En 1333, Philippe VI la transporta près de son château du Louvre, à l'extrémité nord-ouest du jardin [3]. Il acheta, pour y loger ses lions et autres bêtes féroces, une grange qui était située à l'angle de la rue Froidmantel [4] et de la rue de Beauvais [5], et qui appartenait aux sieurs Geoffroi et Jacques Vauriel [6]. Cette grange, appropriée à sa nouvelle desti-

---

[1] Quartier Saint-Paul, p. 141.

[2] Jaillot, *Recherches sur Paris*, quartier de la Cité, p. 33.

[3] Voy. Berty, *Topographie histor. du vieux Paris*, t. I, p. 129.

[4] La rue Froidmantel, Frementeau, Froimenteau, etc. était parallèle à la façade du Louvre. Elle allait du quai à la rue Saint-Honoré, en traversant du sud au nord le square actuel du Louvre et la place du Palais-Royal. Devenue rue du Musée en 1839, elle a été supprimée en 1854

[5] La rue de Beauvais était perpendiculaire à la rue Froidmanteau. Elle est aujourd'hui comprise dans la rue de Rivoli.

[6] Sauval, t. II, p. 12, et t. III, p. 270.

nation, devint l'*hôtel des lions du roi,* et l'on ne cessa, jusqu'à la fin du règne de Henri III, d'y entretenir de nombreux fauves. En 1375, le gardien de la ménagerie du Louvre était un sieur Guy Natin, qui avait succédé à son père dans cet emploi, et qui recevait pour gages douze deniers par jour [1].

Tout pacifique qu'était Charles V, il eut encore une autre ménagerie. Dans l'immense hôtel Saint-Paul qu'il avait fait construire, on admirait la chambre de parade [2], qui mesurait quinze toises de long sur six de large ; la chambre à coucher du roi, « la chambre ou gît le Roi ; » la chambre des nappes ; celle « de l'étude ; » celle des bains ; celle des étuves ; celle du « chauffe-doux ; » de belles galeries ; deux chapelles ; un jeu de paume ; une chambre dite des tourterelles ; une magnifique volière ; la chambre des chiens de la reine ; un jardin pour les sangliers ; un logis pour les grands lions et un autre pour les petits [3], d'où il est peut-être permis de conclure que ces animaux se reproduisaient dans l'hôtel. C'est sur l'emplacement de ces deux logis

---

[1] Berty, t. I, p. 159.
[2] Voy. les *Variétés gastronomiques,* p. 15.
[3] Sauval, t. II, p. 273 et 282.

que fut ouverte, sous Charles IX, la rue qui reçut et qui a conservé le nom de rue des Lions Saint-Paul[1].

Les volières étaient plus nombreuses encore à Paris que les ménageries. Il en existait au palais de la Cité, au Louvre[2], chez de riches particuliers et, comme nous venons de le voir, au palais des Tournelles. Là, chaque chambre était ornée d' « une cage peinte en vert et treillissée de fil d'archal. » Le tout sans préjudice d'une grande cage octogone où trônait « le pape-gaut du Roi, » et d'une immense volière, qui fut embellie par le duc de Bedford pendant la domination anglaise. Il « l'éclaira de neuf miroirs enchâssés en bois et grands de demi pied en quarré. » Une vaste basse-cour réunissait encore des poules, des coqs, des pigeons, des paons, des chapons de Flandre, etc., etc[3].

Pour trouver une plus riche réunion d'oiseaux, il eût fallu aller à Hesdin[4], petite ville

---

[1] Jaillot, quartier Saint-Paul, p. 11 et 22.

[2] Sauval, t. II, p. 282. — Le 5 juin 1378, le roi ordonne de payer vingt francs à Gobin Days, qui soignait les rossignols du château du Louvre. Voy. de Laborde, *Glossaire des émaux*, p. 408.

[3] Sur tout ceci, voy. Sauval, t. II, p. 282.

[4] Voy. *Le ménagier de Paris*, t. II, p. 253

d'Artois où résidèrent souvent les ducs de
Bourgogne. A Paris même, il en existait trois
au moins qui pouvaient rivaliser avec celle du
roi. C'était d'abord celle que possédait à l'hôtel de Nesle Jean, duc de Berri, troisième fils
du roi Jean [1], et dont je parlerai plus loin ;
une autre était la propriété d'un opulent bourgeois, nommé Charlot [2], sur le compte de qui
je n'ai rien pu découvrir ; la troisième appartenait à messire Hugues Aubriot, le sage prévôt de Paris.

Cette dernière était installée dans le somp-
tueux hôtel de la rue de Jouy, que Charles V
avait donné [3] à son cher prévôt, afin qu'il vînt
résider plus près de sa royale personne. Puis
arrivèrent les mauvais jours. L'infortuné magistrat, coupable surtout d'avoir combattu les
insensés privilèges de l'Université, d'avoir
montré trop de zèle et d'intelligence dans
l'exercice de ses fonctions, se vit persécuté,
emprisonné, chansonné aussi dans une com-
plainte satirique que M. Paulin Paris a re-

---

[1] Et oncle de Charles VI, qui lui avait vendu l'hôtel de
Nesle pour vingt mille francs en 1381. Voy. Sauval, t. II,
p. 181.

[2] *Ménagier de Paris*, t. II, p. 253.

[3] Il lui avait donné quinze cents francs d'or, pour l'acheter. Voy. Sauval, t. II, p. 154.

trouvée parmi les manuscrits de la Bibliothèque
nationale :

Je vis ta chambre bien parée
De riches dras moult noblement,
Et ta maison bien painturée,
Et hault et bas communément ;
Mais tu es logié autrement
Et as petite compaignie.

. . . .

Couroucié es de tes oiseaux
Qu'oir ne pues chanter en caige ;
Mais bien pues faire les appeaulx
Pour chanter en ton géolaige[1].

Je ne dirai rien ici des vœux solennels faits
sur les paons, les faisans et autres oiseaux
nobles[2]. Mais je constaterai que l'Angleterre
avait déjà inauguré ses ignobles combats de
coqs. Ce fut même, paraît-il, une des distractions de Philippe le Hardi pendant qu'il partageait la captivité de son père Jean II. On lit
dans le *Journal de la dépense du roi* en l'année
1360 : « Pour un coq, acheté du commande-

---

[1] *Les grandes chroniques de France*, édit. P. Paris,
t. VI, p. 478. — Sur le célèbre prévôt, voy. Froissart. —
Juvénal des Ursins. — Le religieux de Saint-Denis. —
Duboulay. — Le Roux de Lincy, *Hugues Aubriot*, 1862,
in-8°. — J. Simonet, *Notice sur H.-A.*, 1868, in-8°.

[2] Sur ce sujet, voy. *Les repas*, p. 92 et suiv.

ment de Mgr Philippe, à faire jouster... [1] »

Les animaux auxquels les Parisiens témoignaient le plus de sympathie, après les oiseaux, étaient les chevaux et les chiens ; il faut, d'ailleurs, reconnaître qu'elle était due surtout à la brutale passion de la chasse, alors principale occupation de la noblesse en temps de paix. Par la chasse, écrivait Gaston de Foix, « on fuist tous les sept péchiez mortelz... Qui fuist les sept péchiez mortelz, selon nostre foy il devroit estre sauve. Donc, bon veneur sera sauve et en ce monde aura assez de joye, de liesse et de déduit [2]. » Deux siècles plus tard, Montaigne répondait aux facéties de ce genre : « Je n'ay pas sceu voir sans desplaisir poursuivre et tuer une beste innocente, qui est sans deffence et de qui nous ne recevons aucune offence. Je ne prends guère beste en vie à qui je ne redonne les champs [3]. » Je tiens à faire remarquer que, dans ce volume comme dans les précédents, je me suis toujours abstenu d'aborder ce sujet, je n'ai jamais consacré une ligne à ce passe-temps barbare et répugnant. La chasse est une nécessité,

---

[1] Douët-d'Arcq, *Comptes de l'argenterie*, p. 234.
[2] Manuscrit de la Mazarine, f° 2, recto.
[3] *Essais*, liv. II, chap. XI.

soit; mais un aussi odieux métier devrait être abandonné à de grossiers pourvoyeurs de gibier, comme on laisse aux bouchers la tâche de tuer les quadrupèdes dont l'homme fait sa nourriture : encore cette opération présente-t-elle parfois quelque danger et exige-t-elle au moins quelque courage.

Depuis des siècles, les chiens étaient employés en France à de plus nobles besognes. Louis XI déclarait, le 28 janvier 1475, que l' « on a de tout temps accoutumé avoir et nourrir certain nombre de grands chiens, lesquels sont par jour attachés et liés, et par nuit sont menés tous détachés hors la place et à l'entour d'icelle, pour servir au guet et garde d'icelle [1]. »

L'introduction en France des chiens espagnols ou épagneuls paraît dater de la fin du quatorzième siècle [2]. « Tous espaignols sont bons pour la chace du lièvre, » disait le *Ménagier de Paris* en 1393 [3]. La Cour leur préférait les lévriers, et il semble que, lorsqu'il s'agissait d'eux, rien n'était regardé comme trop

---

[1] Voy. Sim. Luce, *La France pendant la guerre de Cent ans*, édit. de 1890, p. 386.

[2] Voy. Sim. Luce, *Histoire de Du Guesclin*, édit. de 1876, p. 62.

[3] Tome II, p. 281.

beau ou trop riche, ni les colliers ferrés d'or
et doublés de velours, ni les fouets en or, en
cristal ou en ivoire et décorés de pierres précieuses. Montfaucon a reproduit une miniature qui représente l'arrivée à Paris d'Isabelle,
reine d'Angleterre[1]. Charles IV, son frère[2],
qui s'avance au-devant d'elle hors la ville, est
précédé d'un petit chien, une levrette sans
doute, sur laquelle flotte un manteau orné de
fleurs de lis. Il pouvait faire froid, car l'on
était alors au mois de mars[3].

Je relève dans l'inventaire dressé après la
mort de Charles V[4] les articles suivants :

Treize colliers, tant à lévriers comme à autres
chiens, garniz d'argent.

Un collier d'un lévrier, que Mgr de Berry[5] donna
à la royne Jehanne de Bourbon[6], garny d'argent.

Un autre collier d'argent, à sonnettes, pour un
petit chien.

Un bastonnet d'ybenus[7], garny d'argent, à faire
un couple à chiens.

Un fouet de cristal garny d'argent.

[1] Femme d'Édouard II.
[2] Tous deux étaient enfants de Philippe le Bel.
[3] De l'année 1325.
[4] 16 septembre 1380.
[5] Frère de Charles V.
[6] Jeanne de Bourbon, femme de Charles V.
[7] D'ébène.

ENTRÉE D'ISSABEAU REINE D'ANGLETERRE A PARIS.

D'après Montfaucon.

Un collier à chien, d'un veluiau[1] bleu, ferré d'argent, dont la longe est de mesme.

Un fouet d'yvoire à trois cordes de soye, à deux boutons d'or.

Un collier à lévrier, garny d'or à clou, et a en chascun clou une fleur de lys entaillée.

Un fouet d'yvoire, à trois pommeaulx d'or, esmaillez des armes de la royne.

Un très petit collier à chienet[2], sur un tissu ynde[3], ferré à petits lys d'or, trois clochettes, mordant[4] et boucle d'or.

Un fouet dont le manche est d'or, à trois pommeaulx garniz de pierreries. Et au bout dudit manche a un gros saphir carré. Et a en la chassouère[5] huit boutons à dix-huit grosses perles[6].

Un des frères de Charles V, Jean, duc de Berri[7], qui fut peut-être le prince le plus magnifique de son temps, joignit à l'amour des joyaux précieux, des beaux livres et des curio-

---

[1] Velours.

[2] Petit chien.

[3] Bleu.

[4] On nommait ainsi la petite plaque de métal, qui, placée à l'extrémité d'un collier ou d'une ceinture, en facilitait l'introduction dans la boucle.

[5] La lanière.

[6] *Inventaire du mobilier de Charles V*, édit. Labarte, n°s 1884, 1889, 1900, 1901, 1905, 1924, 2211, 2221, 2390, 2797 et 2814.

[7] Né à Vincennes le 30 novembre 1340, mort à Paris le 15 juin 1416.

sités de toutes sortes, celui des animaux. Il eut
surtout un faible pour les ours. Non content
d'en nourrir plusieurs auprès de lui, il se fait
accompagner par ses favoris quand il se dé-
place. Leur compagnie lui est nécessaire, leurs
ébats le réjouissent[1]. Change-t-il de résidence,
vient-il à quitter le château de Mehun-sur-Yèvre
ou le palais de Bourges, ses compagnons four-
rés le suivent, enfermés dans une charrette,
sous la conduite de leur gardien Colin de Blé-
ron[2]. Si bien élevés que soient ces personnages
admis dans la familiarité d'un prince, leur naturel reparaît par instants ; aussi voyons-nous,
en juillet 1398, Lorin Larchier, « lequel l'ours
de monseigneur avoit blécié, » recevoir qua-
rante-cinq sous tournois « pour soy faire guérir[3]. »

On risquait moins à soigner l'autruche et le
dromadaire, les cygnes et les paons nourris au
château de Mehun. La volière renfermait une
foule d'oiseaux, des étourneaux, des chardonnerets, des tourterelles, des rossignols, des

---

[1] Sur la facilité avec laquelle s'apprivoisent les ours,
voy. ci-dessus, p. 127.

[2] Voy. J. Guiffrey, *Inventaire de Jean, duc de Berry,*
t. I, p. CXXX.

[3] Douët-d'Arcq, *Comptes de l'hôtel de Jean, duc de
Berri,* p. 312.

perdreaux, etc. que Jehannin l'oiseleur fournissait au prince.

Les chiens aussi occupent une grande place
dans la ménagerie du duc de Berri, et tous
sont l'objet des soins les plus affectueux. Il
a des lévriers, des épagneuls[1], des mâtins, des
toutous de petite taille. Un préféré porte un
collier de soie garni d'argent doré, avec la devise du prince : *A ma vie.* Un autre, appelé
Lion, s'égara un jour ; il fut heureusement retrouvé et rapporté à son maître par un page. Un
autre, donné par l'empereur, répond au nom
de Prince. Un quatrième, nommé Chapelain,
tomba malade en 1398 ; on n'épargna, pour
lui rendre la santé, ni les onguents, ni les
emplâtres. Si l'on corrige parfois ces intelligents amis, c'est avec un fouet de cristal. Si,
mordus par un autre chien, on peut craindre
pour eux la rage, l'on ne recule pas devant la
dépense d'un voyage à la mer, le meilleur remède alors connu[2]. S'ils sont perdus ou volés,
celui qui les ramène est assuré d'une bonne
récompense[3].

---

[1] Des « espaigneux. »

[2] Voy. *Les médicaments,* p. 118.

[3] Douët-d'Arcq, p. 290 et suiv. — J. Guiffrey, t. I,
p. CXXV et suiv.

C'est sous Charles V que se place un épisode célèbre dans l'histoire des animaux, celui du chien de Montargis. Quoi qu'en puisse souffrir ma prédilection pour l'espèce canine, mon devoir d'historien consciencieux va me forcer à démontrer que ce beau trait d'intelligence et de dévouement n'est en réalité qu'une ingénieuse légende. J'emprunte d'abord à Vulson de la Colombière[1] un récit détaillé de l'événement; c'est le plus complet qui existe et, comme on le verra, il a eu l'honneur d'être accepté et reproduit par Montfaucon. Il est accompagné d'une grande planche représentant, ou étant censée représenter, le tableau de Montargis dont il va être parlé :

Cecy est nouveau et estrange qu'on ait accordé le combat à une beste. L'histoire en est admirable, et on la voit encore peinte sur le manteau d'une des cheminées de la grande salle du chasteau de Montargis : le roy Charles V ayant eu soin de l'y faire représenter pour une marque des merveilleux jugemens de Dieu.

Il y avoit un gentil-homme que quelques-uns qualifient avoir esté archer des gardes du Roy, et que je crois plustost devoir nommer un gentil-homme ordinaire ou un courtisan, pource que l'histoire latine

---

[1] *Le vray théâtre d'honneur et de chevalerie,* édit. de 1648, p. 300.

dont j'ay tiré cecy le nomme « aulicus, » nommé par quelques historiens le chevalier Macaire. Lequel, estant envieux de la faveur que le Roy portoit à un de ses compagnons nommé Aubry de Montdidier, l'espia si souvent, qu'enfin il l'attrappa dans la forest de Bondis[1], accompagné seulement de son chien (que quelques historiens et notamment le sieur d'Audiguier[2], disent avoir esté un lévrier d'attache[3]), et trouvant l'occasion favorable pour contenter sa malheureuse envie, le tua, et puis l'enterra dans la forest. Et se sauva après le coup, et revint à la Cour tenir bonne mine.

Le chien de son costé ne bougea jamais de dessus la fosse où son maistre avoit esté mis, jusqu'à ce que la rage de la faim le contraignit de venir à Paris, où le Roy estoit, demander du pain aux amis de son feu maistre. Et puis, tout incontinent, s'en retournoit au lieu où ce misérable assassin l'avoit enterré. Continuant assez souvent cette façon de faire, quelques-uns de ceux qui le virent aller et venir tout seul, heurlant et plaignant, et semblant par des abois extraordinaires vouloir descouvrir sa douleur et déclarer le malheur de son maistre, le suivirent dans la forest. Et observant exactement tout ce qu'il feroit, virent qu'il s'arrestoit sur un lieu où la terre avoit esté fraischement remuée. Ce qui les ayant obligé d'y faire fouiller, ils y trou-

---

[1] De Bondy.
[2] Voyez plus loin.
[3] On nommait chiens d'attache ceux qu'on laissait enchaînés tout le jour, comme nos chiens de garde.

vèrent le corps mort, lequel ils honorèrent d'une plus digne sépulture, sans pouvoir descouvrir l'autheur d'un si exécrable meurtre.

Comme donc ce pauvre chien estoit demeuré à quelqu'un des parens du deffunt et qu'il le suivoit, il apperceut fortuitement le meurtrier de son premier maistre, et l'ayant choisi au milieu de tous les autres gentils-hommes et archers, l'attaqua avec grande violence, luy sauta au collet et fit tout ce qu'il peut pour le mordre et pour l'estrangler. On le bat, on le chasse, il revient toujours; et comme on l'empesche d'approcher, il se tourmente et abbaye de loing, adressant ses menaces du costé qu'il sent que s'est sauvé l'assassin. Et comme il continuoit ses assauts toutes les fois qu'il rencontroit cet homme, on commença de soupçonner quelque chose du fait, d'autant que ce pauvre chien, plus fidèle et plus reconnoissant envers son maistre que n'auroit esté un autre serviteur, n'en vouloit qu'au meurtrier, et ne cessoit de luy vouloir courir sus pour en tirer vangeance.

Le Roy estant adverty par quelques-uns des siens de l'obstination de ce chien, qui avoit esté reconnu pour appartenir au gentil-homme qu'on avoit trouvé enterré et meurtry misérablement, voulut voir les mouvemens de cette pauvre beste. L'ayant donc fait venir devant luy, il commanda que le gentil-homme soupçonné se cachast au milieu de tous les assistans, qui estoient en grand nombre. Alors le chien, avec sa furie accoustumée, alla choisir son homme entre tous les autres. Et comme s'il se fust senty assisté de la présence du Roy, il se

jetta plus furieusemeut sur luy, et par un pitoyable
abboy, il sembloit crier vangeance et demander
justice à ce sage prince. Il l'obtint aussi. Car ce
cas luy ayant paru merveilleux et estrange, joint
avec d'autres indices, il fit venir devant soy le gentil-homme soupçonné, et l'interrogea et pressa
assez puissamment pour apprendre la vérité de ce
que le bruit commun et les attaques et abbaye-
mens de ce chien (qui estoient comme autant
d'accusations) luy mettoient sus. Mais la honte, et
la crainte de mourir par un supplice honteux, ren-
dirent tellement obstiné et ferme ce criminel dans
la négative, qu'enfin le Roy fut contraint d'ordonner que la plainte du chien et la négative du
gentil-homme se termineroient par un combat
singulier entre eux deux, par le moyen duquel
Dieu permettroit que la vérité seroit reconnue.

En suitte de quoy, ils furent tous deux mis dans
le camp comme deux champions, en présence du
Roy et de toute la Cour : le gentil-homme armé
d'un gros et pesant baston, et le chien avec ses
armes naturelles, ayant seulement un tonneau
percé pour sa retraite et pour faire ses relance-
mens.

Aussi tost que le chien fut lasché, il n'attendit
point que son ennemy vinst à luy : il sçavoit que
c'estoit au demandeur d'attaquer. Mais le baston
du gentil-homme estoit assez fort pour l'assommer
d'un seul coup, ce qui l'obligea à courir çà et là à
l'entour de luy pour en éviter la pesante cheute.
Mais enfin, tantost d'un costé tantost de l'autre, il
prit si bien son temps que finalement il se jetta

d'un plein saut à la gorge de son ennemy, et s'y attacha si bien qu'il le renversa parmy le champ, et le contraignit à crier miséricorde et supplier le Roy qu'on luy osta ceste beste et qu'il diroit tout.

Sur quoy, les escoutes[1] du camp retirèrent le chien, et les juges s'estans approchez, il confessa devant tous qu'il avoit tué son compagnon, sans qu'il y eust personne qui l'eust pu voir que ce chien, duquel il se confessoit vaincu.

L'histoire dit qu'il fut puny, mais elle ne dit point de quelle mort, ny de quelle façon il avoit tué son amy.

Si ce chien eust esté au temps des anciens Grecs, lors que la ville d'Athènes estoit en son lustre, il eust esté nourry aux despens du public; son nom seroit dans l'histoire; l'on luy auroit dressé une statue, et son corps auroit esté ensevely avec plus de raison que celuy de Xantipus.

J'oubliois de dire que le combat fut fait dans l'isle Nostre-Dame[2], en présence du Roy et de toute la Cour.

Ce récit a été reproduit, abrégé, commenté de mille manières.

Un auteur presque contemporain de l'événement affirme que « en l'isle Nostre-Dame sont encore les traces des lices qui furent faictes

---

[1] Les gardes. Voy. Ducange, au mot *eschuta*.

[2] L'île Notre-Dame a été réunie à l'île aux Vaches vers 1615, et à elles deux elles ont formé l'île Saint-Louis actuelle.

pour le chien et pour le champ [1].» Il semble
même regarder ce combat comme si connu,
si avéré, qu'il y consacre quelques mots seulement destinés à expliquer une allusion.

Gaston Phébus, comte de Foix, qui aurait
pu être témoin du duel, puisqu'il mourut
en 1391, en a, au contraire, donné un récit
très complet. J'y relève un détail intéressant.
Le « roy de France » (Gaston ne dit pas lequel),
voulant éprouver Macaire avant d'ordonner
la rencontre, usa d'un stratagème assez ingénieux. Il « fist prendre à Machaire une pièce de
chair, et la luy fist donner au lévrier; et tantost que le lévrier vit Machaire, il laissa la
chair et courut sus à Machaire. Et quant le
roy vit cela, il eut grant souspeçon [2] sur luy [3].»

Le chroniqueur Olivier de la Marche, contemporain de Charles V, fournit un récit qui
diffère sur quelques points de celui qu'a donné
Vulson de la Colombière. Il écrit [4] qu'Aubry ne
fut pas enterré par son meurtrier, mais « couvert de feuilles et d'herbes, en telle manière

[1] *Le ménagier de Paris* (1393), t. I, p. 95.
[2] Soupçon.
[3] *Des desduitz de la chasse.* Paris, Vérard, s. d., in-4°,
goth., chap. xv. Ce passage manque dans le manuscrit de
la Mazarine.
[4] *Traité des duels,* édit. de 1586, p. 8.

que on ne se pouvoit apercevoir du mort. »
Puis, lors du combat, Macaire fut « enfouy
jusques au fau du corps [1] en telle manière
qu'il se povoit tourner et virer tout à sa
guise. » Il affirme enfin que Macaire « fut pendu
et estranglé au gibet de Montfaucon, et le
corps d'Auberi allé querre par ses amis et sé-
pulturé honnourablement comme léal chevalier qu'il estoit. »

Scaliger, très acerbe critique du seizième
siècle, raconte le fait fort en détail, et nous
apprend que la peinture exécutée au château
de Montargis fut plus d'une fois « semel atque
iterum » rétablie ou restaurée par ordre du
roi [2].

Brantôme paraît ravi que le souvenir d'un
événement si touchant ait été conservé par
cette peinture, « car sans la peinture, dit-il, il
seroit ensepveli pour jamais[3]. »

Le jurisconsulte Philippe Camerarius avait
fait au combat une allusion très discrète dans
ses *Meditationes historicæ*[4]. Son traducteur Simon Goulard profita de l'occasion qui lui était

---

[1] Jusqu'à la ceinture.
[2] *Exercitationes contra Cardanum,* édit. de 1576, exer-
citatio 202, p. 652.
[3] Édit. Lalanne, t. X, p. 111.
[4] Édit. de 1615; t. I, p. 125.

offerte et raconta tout au long l'aventure. Il termine ainsi : « Finalement, le chien vainquit, et le combat est peint en une table de certain chasteau en France. La peinture s'effaçant de vieillesse a esté quelquefois renouvellée par le commandement du Roy. Elle mériteroit d'estre dressée en statue de bronze pour ne périr point[1]. »

D'Audiguier met la rencontre du chien avec Macaire au rang des duels les plus célèbres[2].

C'est en 1731 que le savant Montfaucon publia le troisième volume de ses *Monumens de la monarchie françoise*. Il y reproduit en entier le récit de Vulson, puis il ajoute :

L'histoire de ce duel se voit encore aujourd'hui peinte sur le manteau d'une des cheminées de la grande salle du château de Montargis, mais la poussière qui s'y est attachée depuis si longtemps fait qu'on ne peut distinguer qu'avec peine les parties qui la composent. Le R. P. Noël Seurrad, ci-devant prieur de Ferrières, m'a procuré une vieille estampe, faite il y a près deux cents ans, de l'histoire représentée sur cette cheminée (*c'était tout bonnement celle qu'avait publiée Vulson en*

---

[1] *Les méditations historiques de Camerarius tournées de latin en françois,* édit. de 1610, t. I, p. 128.
[2] *Le vray et ancien usage des duels,* édit. de 1617, p. 363.

1648[1]). C'est d'après cette estampe qu'on a fait faire la planche suivante...

Ce duel se fit l'an 1371, s'il faut s'en rapporter à la date marquée au haut de la planche, ajoutée à la main longtemps après que la planche fut faite. Le meurtrier étoit le chevalier Macaire, gentilhomme archer des gardes du Roi... L'autre gentilhomme archer qui fut massacré par Macaire s'appelloit Aubri de Montdidier... Le théâtre où se passe l'action est ovale, comme étoient anciennement les champs pour les combats dans les amphithéâtres. Celui-ci est bordé d'une balustrade autour de laquelle sont les spectateurs, seigneurs et dames. La place qu'occupe le Roi est disposée à plusieurs étages. Le Roi est au plus élevé, accompagné de plusieurs dames. Toutes ces dames, tant celles qui sont auprès du Roi que les autres qui bordent le théâtre, portent cet ornement de tête fait en pain de sucre, qui a été en usage pendant près de deux cents ans. Le peintre, qui n'a pu montrer qu'un instant de l'action, a représenté le gentilhomme au moment que le lévrier le prend à la gorge. Il se démène, tient son gros bâton levé et son bouclier de l'autre main.

Ce combat eut l'issue que la Colombière marque ci-dessus. Le chevalier Macaire, pour être délivré du chien qui l'étrangloit, promit de confesser tout. Il avoua qu'il étoit auteur du meurtre et fut envoié au gibet, disent les mémoires qu'on m'a envoiés de Montargis.

---

[1] Je la reproduis ci-contre.

LE TABLEAU DE MONTARGIS

Il est surprenant qu'aucun historien du temps n'ait fait mention d'un fait si extraordinaire[1].

Dès son apparition ce volume fut l'objet d'une critique assez vive dans le *Journal littéraire* de la Haye[2]. On s'y étonnait qu'un érudit tel que Montfaucon eût pu donner comme contemporaine de Charles V une estampe où « les habits, les bâtimens et le goût du dessin décèlent une pure fantaisie de peintre, faite dans un temps fort postérieur à l'événement[3]. » L'auteur de l'article déclarait le duel apocryphe, et concluait par ces mots : « Le P. de Montfaucon trouve surprenant qu'aucun des historiens du temps n'ait fait mention d'un fait si extraordinaire. Pour nous, vu les circonstances de ce fait, nous eussions trouvé bien plus étonnant encore qu'ils en eussent fait mention. »

Deux amis de Montfaucon prirent sa défense dans le *Mercure*[4] et la victoire leur resta. En

---

[1] Tome III, p. 72.

[2] Tome XIX (an. 1732), p. 259.

[3] Les coiffures en pain de sucre, pour employer l'expression de Montfaucon, datent seulement du règne de Charles VI. Voy. *Les magasins de nouveautés*, t. III, p. 155 et suiv.

[4] *Lettre écrite d'Auxerre à M. Maillart, avocat au Parlement de Paris, pour soutenir la vérité du fond de l'histoire du chien de Montargis (Mercure de France, n° de*

voici deux preuves entre cent. La cinquième
édition du *Dictionnaire historique* de Bouillet,
publiée en 1847, raconte l'histoire d'Aubry et
de son chien comme l'avait racontée le beau
Phébus[1], et la *Nouvelle biographie générale*,
dont le tome III parut en 1855, n'a garde de
négliger un si important épisode de nos annales : « Le meurtrier, y est-il dit, aurait
échappé aux châtiments de la loi, si un dogue
fidèle, attaché et dévoué à Aubry, n'eût depuis
le moment du crime, continuellement poursuivi son auteur, et n'eût ainsi fait venir au
roi l'idée bizarre, mais conforme aux mœurs
du moyen âge, de faire lutter Macaire contre
le chien accusateur. Le combat eut lieu à
Paris en 1371[2]. »

Ainsi, depuis 1371, date supposée de cet
événement inventé de toutes pièces, quatre
cent quatre-vingts ans se sont écoulés durant
lesquels il a été accepté comme vrai par tout
le monde, historiens, jurisconsultes, érudits.

---

novembre 1734, p. 2343.) — *Supplément à ce qui a été
inséré dans le Mercure de novembre, au sujet de l'histoire
du chien de Montargis, où, par occasion, il est parlé
d'un chien renommé dans l'histoire orientale* (n° de décembre, p. 2584.)

[1] L'article a été modifié dans l'édition suivante.

[2] Article *Aubry de Montdidier*, t. III, p. 588.

Une critique s'est bien élevée en 1732, une seconde en 1771, d'autres sans doute depuis lors, et toujours sans ébranler la conviction de personne. Nous allons voir que, pour retrouver l'origine de la légende, il faut remonter au moins jusqu'au douzième siècle.

Une dissertation donnée par Bullet en 1771[1] révéla au monde savant une chronique latine publiée dès 1698 par Leibnitz[2], mais que personne sans doute n'avait lue. Elle était l'œuvre d'Albéric, moine de Cîteaux dans l'abbaye de Trois-Fontaines, au diocèse de Châlons-sur-Marne. Écrite vers le milieu du treizième siècle, elle commence un peu après la création du monde et s'arrête à l'année 1241. Sous la date de 770 on lit un passage que je traduis littéralement :

An. 770. Charlemagne ayant, par le conseil de sa mère, épousé Sibile, fille de Didier, roi des Lombards, la répudia un an après, on ne sait sous quel prétexte, et prit pour femme Hildegarde, qui appartenait à une famille noble d'Allemagne. Il en eut trois fils, Charles, Pépin, Louis, et trois

---

[1] Elle a été réimprimée par Leber, dans ses *Dissertations sur l'histoire de France*, t. XVIII, p. 162.

[2] *Accessionum historicarum tomus II, continens potissimum chronicon Alberici, monachi Trium Fontium, diu desideratum et e manuscriptis editum.*

filles. Les poètes ont composé, sur l'histoire de
Sibile, un très beau récit. On y parle d'un homme
vain et libertin, qui causa la répudiation de la
reine, et aussi d'un chevalier nommé Aubri de
Montdidier qui, chargé de la reconduire à son père,
fut tué par le traître Macaire. Le chien de cet
Aubri tua à Paris ledit Macaire dans un duel admirable auquel assista l'Empereur [1].

L'épisode du chien de Montargis se voit
ainsi reculé jusqu'au règne de Charlemagne, et
le chroniqueur reconnaît qu'il l'a tiré d'un
beau poème, d'une chanson de gestes, comme
l'on dirait aujourd'hui. Celle-ci, qui date de
la fin du douzième siècle, a été récemment
retrouvée et publiée par M. Guessard [2]. Sibile
y porte le nom gracieux de Blanchefleur,
mais à cela et à quelques détails près, l'histoire de notre brave chien y est bel et bien
racontée. Voici l'analyse du poème :

Charlemagne a admis dans son intimité le chevalier Macaire. Il a bientôt lieu de s'en repentir,

---

[1] « ... De cane venatico ejusdem Albrici, qui dictum
Macharium in presentia Karoli, Parisius, duello mirabili
devicit. » *Chronica Albrici, monachi Trium Fontium*, dans
G.-H. Pertz, *Monumenta Germaniæ historica*. Scriptores,
t. XXIII, p. 631. Édition bien préférable à celle de Leibnitz.

[2] Dans les *Anciens poètes de la France*, t. IX, 1866,
in-18.

car Macaire ose jeter les yeux sur la femme de son seigneur, la belle et vertueuse Blanchefleur. Repoussé avec indignation, il jure de se venger. Il ourdit contre la souveraine une trame odieuse. L'innocente reine s'y laisse prendre. On la croit coupable d'adultère et elle est condamnée à périr.

Déjà le bûcher est allumé, mais Blanchefleur demande un confesseur. L'abbé de Saint-Denis vient remplir cet office. Il entend la malheureuse reine, l'interroge, et convaincu de son innocence, il détourne Charlemagne de la livrer au supplice. En outre, elle s'est déclarée enceinte. Alors, sur l'avis du duc de Naimes, son sage conseiller, le roi lui fait grâce de la vie et la bannit seulement de son royaume. Un jeune damoiseau, nommé Aubri, est chargé de la conduire en exil. Il l'emmène, au grand regret de chacun et de Charlemagne lui-même.

Macaire, qui juge sa vengeance incomplète, revêt ses armes, monte à cheval, s'élance à la poursuite de l'exilée. Il la rejoint, somme Aubri de la lui livrer, et, sur son refus, l'attaque et le tue. Effrayée à la vue du combat, la reine s'est enfuie dans un bois voisin. Macaire ne la retrouve pas, et revient à Paris[1] chargé d'un crime de plus.

Aubri avait un lévrier qui le suivait partout. L'animal ne le quitte point, même après sa mort. Il reste là trois jours, et ce n'est que vaincu par la faim qu'il reprend le chemin de Paris. Il arrive à

---

[1] Charlemagne ne résida pas à Paris et sans doute n'y vint jamais.

l'heure du dîner, court au palais, où les barons
sont à table, aperçoit Macaire, se jette sur lui, le
mord cruellement au visage, prend du pain sur la
table, et s'enfuit pour retourner auprès de son
maître, laissant toute la Cour dans l'étonnement.
Les barons se demandent si Aubri est déjà de
retour, car ils ont bien cru reconnaître son lévrier.
Le chien se présente une seconde fois à la même
heure ; mais les gens de Macaire sont sur leurs
gardes, il ne peut l'atteindre et s'en retourne
encore avec du pain. Alors les soupçons s'éveillent.
Pour les éclaircir, Charlemagne et ses barons se
promettent de suivre le chien quand il reparaîtra.
Il revient, fait découvrir le corps d'Aubri et en
même temps le crime de Macaire.

Interrogé par Charlemagne, l'accusé nie, et offre
de prouver son innocence par les armes ; mais personne n'ose combattre un adversaire aussi puissant,
aussi bien apparenté. La justice restera-t-elle donc
sans champion ? Le vieux duc de Naimes s'indigne à
cette pensée, et propose de mettre aux prises l'accusé et l'accusateur, Macaire et le chien d'Aubri.
L'Empereur s'empresse d'y consentir ; les parents
même de Macaire acceptent avec joie une épreuve
qui ne leur semble pas redoutable. Le duel a lieu,
Macaire est vaincu. Il fait l'aveu de son crime et
en subit la peine. Il est traîné par tout Paris à la
queue d'un cheval, et brûlé ensuite.

Cette fois, il n'y avait plus à s'y méprendre,
l'origine de la fable était démontrée de façon
irréfutable. Et c'est seulement depuis la pu-

blication de ce poème, c'est-à-dire depuis 1866, que l'odieux Macaire a repris son vrai rôle, celui de traître dans un larmoyant mélodrame.

Si j'ai insisté, un peu trop peut-être, sur cette jolie fiction, c'est qu'il m'a paru curieux de montrer comment le court épisode d'un poème écrit vers 1180 pouvait se transformer en vérité historique, traverser ainsi les âges, et n'avoir pas encore perdu tout crédit sept siècles plus tard [1].

Les chats me paraissent avoir mérité, à cette époque, moins d'éloges que les chiens, au moins si l'on en juge par le nombre des souricières alors employées. Nos pièges actuels étaient déjà bien connus, et j'en trouve la description exacte dans un ouvrage écrit au milieu du quatorzième siècle. « Les souris, y est-il dit, sont prinses en maintes manières. L'une, de chatz privez, l'autre à souricières de boys, comme chascun scet. L'autre à ung aiz, et quant elles y touchent, il chiet [2] sur elles. L'autre à ung arc attaché à ung clou bien agu [3], et quant elles mordent la viande, l'arc se

---

[1] Voy. en un autre exemple dans *L'enfant*, t. II, p. 27.
[2] Tombe.
[3] Aigu.

descend [1], et le clou entre en la teste. »

On répandait aussi de la paille sur un vase plein d'eau, la souris s'aventurait sur cette litière factice, et se noyait. Parfois, l'on remplaçait la paille par un carré de parchemin : avec des ciseaux fins, on l'avait coupé en petits triangles, au centre desquels était posé un morceau de lard. Je passe sous silence d'autres procédés encore, qui sont exposés dans *Le livre des prouffitz champestres* de Pietro Crescenzi [2].

Vers la fin du siècle, l'empoisonnement semble être préféré. On offrait aux souris des boulettes de viande mélangée d'aconit ou de fragments d'éponge ; « et lors, si elles les avallent, plus tost buveront et plus tost enfleront et mourront [3]. »

Je rencontre dans le compte des dépenses faites pour Louis XI, en 1481, cette mention : « A Jehan Vendehart, serreurier, pour deux nasses de fil de fer, à prandre des ratz, 60 sols tournois, et pour quatre sourissières à prendre souris, 10 sols tournois [4]. »

---

[1] Se détend.
[2] Folio CXXIIII recto. — Voy. ci-dessus, p. 60.
[3] *Le ménagier de Paris*, t. II, p. 64.
[4] *Comptes de la chambre du roy Louis XI*, p. 386.

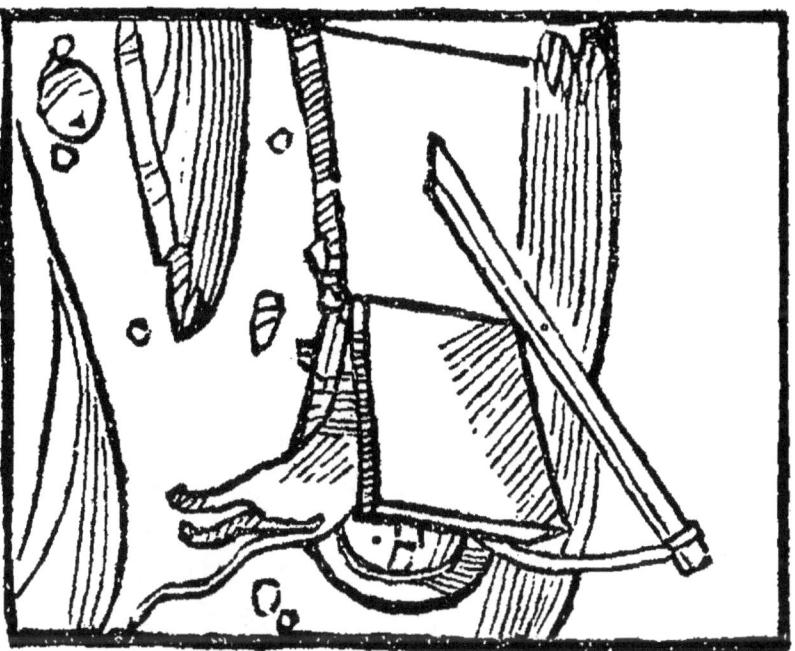

UNE SOURICIÈRE.
D'après Pietro Crescenzi.

infinitos decipiat mures. Fertur etiã ab ex-
parte.qz si mures in vase sine aqua cadentes
diu viuere pmittant.fame nimia coacti se comedut. fortios vilioze qz si.nn relinquunt vt
remaneat fortioz mus solus z hic pmittat pe-
rire.quofcuqz in aliq parte inuenerit occidit
z comedit.asfuez z facile cũ ab eo nõ fugiũt.
Jtē occidunt resalgario mixto z calco aut fari-
na mixto.que libenc comedut. z mozíunt cũ
sic ipfozu venenu.sed a loco remoueda est aq
qua sepe iuuantsi eã bibant. Jtem capiũtur
etiã si sup vas vndeceprenequeat ponĩt qui-
dã baculus p medium scissa z sic yna medie-
tas in medio scissa z sic pparata fcz yna medie
at.z nõ murē.in eius medio ponãt nucle9 nu-
cis ad quē cũ accedit.cũ bacilo fracto cadit.
z siaqua sit in eo.statim mozit.aut si nõ est oc-
cidaf. Jtem mus facile capif si sub circũfere-

Des chiens et des chats aux puces, la transition est facile. Bien que l'on fût plus propre au quatorzième siècle qu'au seizième et surtout au dix-septième[1], il paraît que l'on avait fort à souffrir de ces bestioles. *Le ménagier de Paris* indique, à lui seul, six manières de les détruire :

1° Semer la chambre de feuilles d'aulne : « les puces s'y prennent. »

2° Mettre une chandelle allumée au milieu d'une rouelle de pain enduite de glu.

3° Étendre sur le lit une étoffe de laine à longs poils : « toutes les puces qui s'y pourront bouter s'y prendront, tellement que vous les pourrez porter avec l'étoffe où vous vouldrez. »

4° Une peau de mouton fait le même office.

5° Étendre un drap blanc sur la paillasse du lit : on y distingue tout de suite les puces, puisqu'elles sont noires.

6° Avoir soin qu'il n'y ait dans la chambre « rien de gisant sur le plat, sur quoy les puces puissent descendre et se reposer, car si elles ne se peuvent arrester, fors aux parois qui sont droictes, elles ne s'y arresteront point[2]. »

---

[1] Voy. *Les soins de toilette*
[2] Tome I, p. 174.

Cent ans auparavant, Albert le Grand avait également traité cette question[1]. Il recommande, entre autres procédés, de laver les murailles avec une infusion de coloquinte ou de mûres sauvages. L'on peut aussi, pour attirer et détruire les puces, enduire une planche avec de la graisse de hérisson, etc., etc.

CHAPITRE III

CHARLES VI ET ISABEAU.

Les lions du roi. — La volière de Melun. — Mesures prises contre la rage. — Un cerf contemporain de César. — Supports des armoiries de Charles VI et de ses successeurs. — Les garennes et les étangs de la couronne. — Passion d'Isabeau pour les bêtes. — Son chat-huant, ses singes, son léopard, son écureuil, ses chiens et ses chats. — Ses oiseaux. — Le traité de Troyes et les oiseaux de la reine.

Charles VI, de triste mémoire, et son odieuse compagne Isabeau eurent tous deux pour les bêtes un penchant très marqué. Mais les chroniqueurs contemporains, qui avaient à nous conserver le souvenir des crimes et des hontes dont ce règne est rempli, n'ont guère eu le

[1] *Opera,* t. VI, p. 680.

loisir de s'occuper des animaux. On ne retrouve donc leurs traces que dans quelques
registres de comptes, quelques livres de dépense, humbles épaves de ces temps troublés.

Nous y voyons que « la garde et gouvernement des lions du roi » étaient dévolus à
un sieur Guillaume Siguier, qui toucha quarante-huit livres par mois jusqu'en 1386. Ses
gages furent alors réduits à trente-deux livres [1].

En 1381, le fauconnier du roi, chargé de
soigner ses oiseaux de chasse, était messire
Enguerran de Dargies, chevalier. Il jouissait
d'un traitement de vingt-quatre sous parisis
par jour [2].

Pour les oiseaux de mœurs plus douces, le
roi fit établir à Melun une volière, « une
geôle, » disent les registres, dont la surveillance fut confiée à Perrin l'oiseleur [3]. On connaissait l'amour du jeune roi [4] pour les bêtes
ailées et on lui en offrait sans cesse. Un valet
lui apporte un chardonneret blanc; un in-
connu lui fait don d'un rossignol, et reçoit

---

[1] *Compte de Guillaume Brunel, argentier de Charles VI.*
Dans Douët-d'Arcq, *Nouveaux comptes de l'argenterie,*
p. 255 et 271.

[2] Douët-d'Arcq, *Comptes de l'hôtel de Charles VI,* p. 18.

[3] *Ibid.,* p. 107.

[4] En 1380, il n'avait encore que douze ans.

18.

comme récompense soixante-quatorze sous
parisis. Le comte de Flandre lui envoie, avec
deux singes, deux « poulles d'Ynde. » Puis,
c'est un Frère mineur qui présente au roi
vingt-quatre « chappons lombars. » Les « ga-
lopins de la cuisine » s'en mêlent aussi, ils
apportent « au Roy, pour son esbatement, »
vingt-deux jeunes chouettes, et Charles leur
fait distribuer seize sous[1].

Il était chasseur, et il aimait fort ses chiens.
Dès 1380, il commande, pour un de ses lévriers, un collier d'argent[2]. Plus tard, les
croyant menacés de la rage, il va jusqu'à faire
dire des messes à leur intention ; témoin ces
deux extraits des comptes de la vénerie :

A Robin Raffon, pour argent à lui paié et baillé,
dont il a fait chanter une messe, pour les chiens
limiers et lévriers, devant Saint-Mesmin. Et pour
faire offrande de cire et d'argent pour lesdits
chiens, pour doubte du mal de rage, le 28 novembre, 20 sols paris.

Au même, pour avoir mené tous lesdits chiens
en pélerinage à Saint-Mesmet[3], et illec avoir fait
chanter une messe pour lesdits chiens. Avec ce,
pour offrir une chandelle devant ledit saint, pour

---

[1] Douët-d'Arcq, p. 108, 266, 109, 111 et 114.
[2] Ibid., p. 36.
[3] Sic.

doubte du mal de rage, le 22ᵉ jour de mars, 20 sols paris.

En tout ceci, il s'agit de chiens destinés à la chasse, sujet que j'ai pris soin de m'interdire. Je dois cependant rappeler l'aventure de certain cerf, que j'ai déjà mentionné plus haut [1], et dont un écrivain contemporain nous parle en ces termes :

Un jour que, pour charmer son ennui, il [Charles VI] était allé à la chasse, au milieu d'une troupe de cerfs, il en aperçut un, plus beau que les autres, et qui, chose étonnante à dire et à voir, portait au cou un collier de cuivre doré [2], avec une inscription en caractères fort anciens. Par son ordre, on le prit sans se servir des chiens, mais seulement avec les filets de chasse. Plusieurs de ceux qui lurent l'inscription rapportèrent qu'elle contenait ces mots latins : « Cæsar hoc mihi donavit. » Ils assurèrent au roi que cet animal était resté dans le bois depuis le temps de Jules-César ou de quelque autre empereur. Le roi, charmé, rendit au cerf sa liberté [3].

Croire que cet animal eût vécu du temps de César, c'est folie. Buffon admet, il est vrai, « qu'il pouvoit venir d'Allemagne, où les em-

---

[1] Voy. ci-dessus, p. 85.
[2] « Collarium cupreum deauratum. »
[3] *Chronique du religieux de Saint-Denis*, trad. Bellaguet, t. I, p. 71.

pereurs ont, dans tous les temps, pris le nom
de César [1]. » Il est plus sage de voir ici une de
ces légendes qui se forment autour d'un fait
vrai, travesti par l'imagination, l'ignorance
ou la sottise. Voici ce que je lis dans le
compte des dépenses de Charles VI en 1381 :

A Colin le serreurier, pour une fleur de liz de
fer, achatée de lui pour saigner [2] un cerf, lequel le
Roy chassoit en la forest de Compiègne, lequel
cerf se vint rendre en une estable en la maladerie
de Choisy. Et fu seigné ledit cerf à ladicte fleur
de liz, et puis ot congié [3] de retourner en la forest,
par le commandement dudit seigneur, mardi 17e jour
de septembre [4].

Je ferai encore remarquer que Charles VI,
à la suite sans doute de quelque incident de
ce genre, remplaça par des cerfs les deux anges
qui avaient jusque-là servi de supports aux
armes de France [5]. Froissart attribue, il est
vrai, une autre origine à cette fantaisie, dont
on retrouve encore la trace un siècle plus tard.
En effet, Charles VII, ainsi que son petit-fils
Charles VIII, restèrent fidèles aux deux cerfs.

[1] *Histoire naturelle*, édit. de 1756, t. VI, p. 93.
[2] Mettre un seing, marquer.
[3] Eut liberté.
[4] *Comptes de l'hôtel de Charles VI*, p. 182.
[5] Voy. Sc. de Sainte-Marthe, *Histoire généalogique de
la Maison de France*, édit. de 1628, t. I, p. 498.

On sait que Louis XII y substitua deux porcs-épics [1] et François Ier deux salamandres. Mais il nous faut passer à des animaux moins héraldiques.

La couronne possédait autour de Paris des garennes et des étangs qui fournissaient d'utiles appoints à la cuisine royale. Voici, comme exemple, la liste des emprunts qu'elle lui fit en 1380 et en 1383.

En 1380, la maison du roi consomma :

88 connins [2] de la queue [3] de Fontaines.

100 — de la garanne de Pons.

349 — — S.-Cloust.

178 — du boys de Vincennes.

72 — de la queue de Glandas.

156 — de la garanne de Craeil [4].

887 carpes de l'estanc de Dammartin.

58 broichez [5].

160 anguilles du gort [6] de Beauté.

168 carpes de l'estanc de Meurlent [7].

2 quarreaux [8] —

[1] Voy. ci-dessus, p. 278.

[2] Le mot *connin* désigne toujours des lapins de garenne.

[3] L'extrémité. On disait la queue d'un bois, la queue d'un étang.

[4] De Creil.

[5] Brochets.

[6] De la pêcherie.

[7] De Meulan.

[8] Le gros brochet, ayant plus de 18 pouces entre la tête et la queue, se nommait *carreau* ; le moyen, gros comme le

50 tanches de l'estanc de Meurlent.

13 perches　　　　—

282 carpes de l'estanc des Halais[1].

214　　— de l'estanc du Vivier en Brie.

1 quarreau ⎫
19 broichez ⎬ de l'estanc de Moret.
45 carpes ⎪
88 tanches ⎭

63 broichez ⎫
26 bresmes ⎬ de l'estanc de Gouvieux.
2 tanches ⎪
1 carpe ⎭

CONSOMMATION DE L'ANNÉE 1383.

84 connins de la garenne du bois de Vincennes.

924　　—. ⎫
　　　　 ⎬　　— de S. Cloud.
427　　— ⎭

42　　—　　　— de Creel.

80　　—.　　　— de Glandaz.

6　　—　de la queue de Fontaines.

20 lappereaux de la garenne de Château-neuf.

17 carreaulx ⎫
77 brochez ⎪
83 bresmes ⎬ de l'estanc de Gouvieux.
8 carpes ⎪
13 tanches ⎪
133 rosses[2] ⎭

poing, *brochet* ou *poignard* ; le petit, *brocheton*, *lanceron*
ou *lançon*.

[1] Des Hallais.

[2] Divers poissons de rivière, le rouget et le célerin entre
autres, ont porté ce nom.

17 carreaulx
147 brochets $\Big\}$ des fossez de Paris [1].
6 tanches

Comme Charles VI, Isabeau de Bavière recherchait la société des animaux, mais ce qui n'était chez le roi qu'un goût, devint pour elle une véritable passion. Elle alla jusqu'à s'attacher à des chats-huants, à des singes, même à une femelle de léopard. Les comptes royaux nous le révèlent en ces termes :

A Robinet d'Encre, pour l'achat fait par lui de deux poules, pour donner à manger à un chahuyant qui estoit à la royne : 4 sous.

A Jehan Le Lorrain, cousturier, pour avoir fait et livré, pour le cinge de la royne, une robe fourrée de gris [2] : 60 sous.

Pour un collier de cuir rouge ferré et garni de boucles, mordant [3], etc., pour mettre au col dudit cinge : 9 sous.

A Perrin Saoul, boucher de Nogent-sur-Marne, pour un mouton acheté de lui par le varlet et garde de la liéparde envoiée par Mgr le Daulphin, pour donner à manger à ladite lieparde : 18 sous [4].

---

[1] Le droit de pèche dans la Seine, durant la traversée de Paris, avait été aliéné par le roi. Voy. *La cuisine,* p. 31 et suiv.

[2] Voy. ci-dessus, p. 130.

[3] Voy. ci-dessus, p. 293.

[4] *Extraits des comptes royaux.* Dans Vallet de Viriville, *Histoire de Charles VII,* édit. elzév., t. III, p. 283.

En 1412, le duc de Bourgogne voulant faire sa cour à la reine, lui envoie encore quatre petits singes [1]. En 1417, le gardien de la liéparde paraît avoir été un Tripolitain nommé George [2].

Lors de l'arrivée d'Isabelle en France, la mode était pour les dames de porter un écureuil, comme elles firent, un siècle et demi plus tard, des petits chiens. Maintes femmes de ce temps sont représentées avec un écureuil sur le bras. Le préféré d'Isabelle avait un collier brodé de perles et orné d'une boucle et d'un mordant en or [3].

Elle s'éprit aussi des chiens et des chats. En 1387, elle commande, pour son favori, à l'orfèvre Simonet le Bec, un grand collier, dans lequel entrèrent plus de cinq onces d'argent doré [4]. En 1406, l'argentier J. Leblanc paye seize sous une aune de drap « de couleur vert gai, pour faire un couvertoir pour la chatte de la reyne [5]. » En 1416, elle veut que

---

[1] Du Fresne de Beaucourt, *Histoire de Charles VII*, t. I, p 13.

[2] Vallet, p. 284.

[3] Extrait du compte de Guill. Brunel. Dans V. Gay, *Glossaire archéologique*, t. I, p. 607.

[4] Douët-d'Arcq, *Nouveaux comptes*, p. 185.

[5] *Compte de J. Leblanc.* Dans V. Gay, p. 345.

l'on donne huit sous à deux jeunes enfants qui lui avaient apporté un petit chat [1].

Mais, ainsi qu'on l'a vu, les animaux les plus choyés à cette époque étaient les oiseaux. Un manuel de la vie pratique [2], écrit vers 1393, insiste sur le soin que toute bonne ménagère doit prendre des « oiselets de chambre. » Ils seront, dit-il, toujours présents à votre pensée, « car ils ne peuvent parler, et pour ce, vous devez parler et penser pour eulx. » C'était bien l'avis d'Isabeau, comme le prouvent les fragments suivants, que j'extrais de ses comptes de dépense :

Année 1387.

Pour quatre aulnes de drap vert, achatté le 21ᵉ jour de janvier. C'est assavoir, deux aulnes pour faire malettes à mettre et poser les robes de la royne, et deux aulnes pour couvrir la cage au pappegay d'icelle dame.

Année 1392.

Pour deux aulnes de drap vert de Rouen, pour couvrir la cage du papegaut de ladite dame.

Année 1402.

A Jehan Clerbourt, orfèvre, pour avoir fait pour la royne une caige d'argent à mettre oyseaulx.

Année 1415.

[1] Vallet, t. III, p. 277.
[2] *Le ménagier de Paris*, t. II, p. 62.

A Jacquet Saulnier, pour avoir acheté du blé, millet, chanevis et navette, pour les turtes [1] et petits oiselez de la royne.

ANNÉE 1416.

Le 23 juillet, la reine se fait apporter de Vincennes à Saint-Germain en Laye « ses turtes et oyselès, » et les fait reporter à Vincennes le même jour.

Le 26 septembre, l'abbé de Barbeau lui donne deux cygnes et douze fromages.

Le 12 mars, la reine envoie prendre à Paris ses « turtes et petits oisselez. »

Le 26 mars, elle achète d'un oiseleur trois tarins, quatre chardonnerets et quinze autres petits oiseaux.

ANNÉE 1420.

Au mois de mai de cette année, Isabeau signait le honteux traité de Troyes, qui livrait la France à l'Angleterre. Privée de sa volière qu'elle n'avait pu amener si loin de Paris, elle achetait à grands frais, « pour sa plaisance et esbatement, » trois douzaines d'oiseaux chantants. Le fait est indéniable. Lisez ce passage :

« A Bernart de Caen, demourant à Troyes, pour deniers à lui paiez qui deubz lui estoient

---

[1] Tourterelles.

pour trois douzaines de petits oisellès chantans, tant chardonneretz, linotes, tarins, pin-
çons et autres, achetez de lui en ladite ville
de Troyes au mois de juing 1420 [1], et par lui
apportez, à ses fortunes [2], devers la ville de
Troyes, de Bray [3], pour la plaisance et esbatement de ladite dame : 4 liv. 16 sous parisis. »

[1] Le traité de Troye fut signé le 20 mai, et le 2 juin était
célébré le mariage de Catherine, fille d'Isabeau, avec
Henri V, roi d'Angleterre.

[2] Allusion au peu de sécurité des voies de communica-
tion.

[3] Sans doute Bray-sur-Seine, auj. dans le département
de Seine-et-Marne.

TABLE DES ANIMAUX

Abeille, 58, 209, 280.
Acontias, 51, 182.
Agneau, 93, 125, 271.
Aigle, 16, 31, 58, 141.
— de mer, 6.
— tacheté, 143.
Aigrefin, 39.
Aiguillat, 40.
Albatros, 33, 159.
Alcyon, 143.
Alose, 48.
Alouette, 16, 31, 32, 144, 259.
— huppée, 33.
Amazones, 239.
Amphisbène, 49, 58, 182.
Anchois, 39.
Ane, 24, 34, 58, 68, 257, 260, 271.
— de mer, 6.
— sauvage, 16, 126.
Ange de mer, 47.
Anguille, 39, 58, 183, 321.
— de mer, 44, 59.
Antilope, 24, 58, 68, 80.
Araignée, 54, 202, 210.
— d'eau, 56.
— de mer, 6, 39, 183.
Argyronète, 56.
Armène, 8, 49.
Arrête-nef, 194.
Artak, 124.
Aspic, 16, 50, 58.
— de Cléopâtre, 184
Astérie, 47.
Asturan, 39.
Attelabe, 54.
Aulaque, 54.
Aurochs, 30, 70.
Autour, 36, 59, 145, 261.
Autruche, 16, 37, 59, 145, 254.

Axis, 140.
Baleine, 16, 39, 58, 70
Basilic, 50, 58, 154, 186.
Baudroie, 46.
Bécassine, 45.
Becfigue, 34.
Belette, 16, 29, 58, 75, 168, 186, 266, 268, 269.
Belette de mer, 6.
Bélier, 124, 257.
— de mer, 6, 39.
Bernache, 32.
Bérus, 50, 200.
Besaines, 58, 209.
Biche, 58, 256.
— de Sardaigne, 140.
Bièvre, 16.
Bison, 30, 70.
Blaireau, 76.
Blatte, 54.
Boa, 50, 187, 205.
Bœuf, 24, 42, 58, 77, 271.
— marin, 6, 40, 42, 131.
— sauvage, 79
Bombyx, 54, 211.
Bootskopf, 39.
Boterel, 190.
Bouc, 25, 92, 273.
Bouquetin, 27, 78.
Bourdon, 210.
Brebis, 29, 58, 124.
Brème, 38, 322.
Brochet, 43, 321 à 323.
Brocheton, 322.
Bruche, 54.
Bubale, 25, 70, 79.
Buffle, 25, 58, 79.
Bugle, 79.
Buse, 32.

Butor, 32, 36, 148.
Cachalot, 16, 40, 73.
Caille, 33, 148.
Calandre, 16, 58, 144, 259.
Calmar, 43, 44, 188.
Caméléon, 58, 188.
Canard, 31.
Cane, 58.
Cancre, 58.
Cantharide, 54, 211.
Carpe, 40, 321, 322.
Carreau, 321 à 323.
Castor, 16, 25, 58, 80.
Catoblèpe, 25, 82.
Cécilie, 50.
Célerin, 322.
Centaures, 237, 247.
Céraste, 50, 189.
Cerf, 16, 25, 58, 83, 254, 256, 257, 272, 273.
Cerf d'Aristote, 140.
— de Charles VI, 319.
Cète, 16, 58.
Chabot, 40, 46.
Chameau, 25, 58, 87, 254, 280.
Chamel-léopard, 25, 106.
Chapon, 34.
— de Flandre, 285.
— lombard, 318.
Chardonneret, 31, 32, 259, 294, 326, 327.
— blanc, 317.
Chat, 25, 88, 257, 266 et s., 311 et s., 324.
Chat de mer, 6, 44.
— -huant, 149, 323.
— pard, 130.
— serval, 130.
— tigre, 130.
Chauve-souris, 38, 89.
Chenille, 55, 212.
Cheval, 26, 58, 77, 90, 160, 256, 271, 272, 279.
Cheval marin, 6, 41.
Chevêche, 36.
Chèvre, 16, 25, 92, 260, 279.
Chevreau, 93, 271.
Chevreuil, 58, 93.
Chien, 25, 58, 93, 160, 261 et s., 266, 276, 277, 289 et s.

Chien d'attache, 297.
— de mer, 7, 40.
— de J. de Nivelle, 265.
— de Montargis, 296 et s.
Chiens du duc de Berri, 295.
— de Charles V, 284, 290.
— de Charles VI, 318.
— de Clémence de H., 279.
— d'Isabeau de B., 324.
Choucas, 34, 36.
Chouette, 38, 149, 318.
Cicindèles, 54.
Cigale, 54, 212.
— marine, 7.
Cigogne, 33, 58, 150.
Cincelle, 213.
Civette marine, 7.
Cocatrix, 58.
Cochevis, 33.
Cochon, 30, 56, 60, 98, 258, 271, 278, 280.
Cochon marin, 7, 46.
Colombe, 16, 33, 152.
Combattant, 45.
Congre, 41.
Connin. Voy. Lapin.
Coq, 34, 58, 117, 153, 257, 285.
— de-combat, 287.
— marin, 7.
Corbeau, 33, 41, 59, 155, 257, 260.
— de mer, 7, 41.
Cormoran, 41.
Corneille, 33, 59, 157.
Coucou, 35.
Couleuvre, 182, 190.
— à collier, 52.
Coulon. Voy. Pigeon.
Cousin, 55, 213.
Crabe, 58.
Crapaud, 54, 190.
— de mer, 7, 46.
Crocodile, 16, 41, 58, 191, 266.
Crocotte. Voy. Crocutte.
Crocutte, 26, 99.
Cyclopes, 246.
Cygne, 33, 58, 158, 294, 326.
Cynips, 55, 213.
Cynocéphales, 247.
Daim, 16, 26, 99, 254.
Dauphin, 39, 41, 59, 100.

Dauphin du Gange, 46.
Diable de mer, 46.
Dinde. Voy. Poule.
Dipsas, 51, 53, 194.
Dragon, 16, 51, 59, 103, 222, 278.
— marin, 7, 41, 51.
Dromadaire, 59, 88.
Duc, 16, 32, 36.
Éale, 26, 101.
Écheneis, 59, 194.
Écrevisse, 40.
Écureuil, 101, 260, 324.
Effraie, 37, 159.
Égliceron, 114.
Élan, 16, 25, 26, 102.
Éléphant, 16, 26, 59, 102, 112, 280.
Éléphant de mer, 7, 41.
Émérillon, 31, 59.
Engoulevent, 31.
Épagneul, 289, 295.
Épaulard, 39, 45.
Épervier, 31, 36, 59, 261, 266, 275.
Épinoche, 46.
Éponge, 47, 196.
Escargot, 197, 257.
Escouffle, 167.
Espadon, 42, 49.
Esturgeon, 16, 38, 42, 47, 197.
Étoile de mer, 47.
Étourneau, 37, 259, 294.
Exocet, 42.
Faisan, 34, 287.
— cornu, 37.
Faucheurs, 56.
Faucon, 34, 36, 59, 160, 261, 275, 277.
Femmes de mer. Voy. Sirènes.
Ficares, 246.
Flamant, 34.
Flûte, 200.
Forficule, 55.
Foulque, 16, 161.
Fourmi, 16, 55, 59, 214.
Fourmilion, 55, 216.
Frelon, 55.
Fresaie, 159.
Furet, 27, 106.
Geai, 34, 260.
Gecko, 206.
Geline, 154.
Gelinotte, 32, 161

Génisse, 78.
Gerfaut, 161.
Girafe, 24, 25, 106.
Givre. Voy. Guivre.
Glaive, 59.
Gnou, 25, 28, 82.
Gobe-mouches, 36.
Gobie, 42.
Goéland, 35.
Gorpil, 133, 256.
Goujon, 42.
Grand-duc, 32.
Grenouille, 56, 198.
— marine, 7, 46.
— verte, 198.
Griffon, 34, 172, 226.
Grillon, 216, 257.
Grive, 37, 145.
Grue, 34, 59, 162.
Guenon, 137.
Guépard, 129.
Guêpe, 57.
Guivre, 60.
Gypaète, 229.
Hajé. Voy. Naja.
Hamster, 25.
Hareng, 44, 271.
Harle, 33, 36.
Harpie, 31, 172, 228.
Hémorrhoïs, 51, 229.
Hérisson, 16, 27, 107.
— de mer, 7, 43.
Hermine, 26, 108.
Héron, 31, 58.
— de mer, 7.
Hibou, 16, 37.
Hippélaphe, 140.
Hippocampe, 41.
Hippopotame, 41, 60, 108.
Hirondelle, 34, 58, 163.
— de mer, 7, 43.
Homard, 41, 43, 196.
Horloge de la mort, 221.
Huître, 45, 59, 196, 199.
Hulotte, 38.
Humantin, 46.
Huppe, 16, 38, 59, 164.
Hydre, 17, 58.
Hyène, 17, 27, 59, 109.
Hypnalis, 7, 185.

Ibis, 17, 35, 60, 165, 266.
Ichneumon, 266.
Ixode, 55.
Jaguar, 129, 130.
Javelot, 182.
Jubarte, 75.
Lamentin, 40, 249.
Lamie, 28.
Lampyre, 35, 56, 217.
Lanceron, 322.
Lançon, 322.
Langouste, 43, 199.
Lapereau, 322.
Lapin, 26, 110, 257, 321, 322.
Léoncophona, 230.
Léoncrocutte, 28, 58, 99, 229, 231.
Léontophonos, 28, 230.
Léopard, 28, 111, 129, 130, 253, 323, 324.
Lévrier, 277, 289, 290 à 293, 295, 318.
Lézard, 59.
— de mer, 7.
Licorne, 17, 30, 60, 112.
— de mer, 7, 45, 114.
Liépard. Voy. Léopard.
Lièvre, 28, 111, 115, 257.
— marin, 7, 43
Limace, 55.
Limaçon. Voy. Escargot.
Limier, 318.
Linotte, 32, 34, 259, 327.
Lion, 16, 28, 59, 116, 230, 252, 254, 256, 275 à 278.
Lion marin, 7, 43.
Lions de Charles V, 284.
— de Charles VI, 317.
— de Philippe VI, 283.
Locuste, 219.
Loir, 27, 119.
Lombric, 55.
Loriot, 33, 36.
Lotte, 45.
Loup, 28, 59, 119, 256.
— -cervier. Voy. Lynx.
— de mer, 7, 44.
Loutre, 28, 121.
— de mer, 7.
Louvette, 55.
Luberne, 129.

Lynx, 6, 28, 59, 122, 254.
Macreuse, 32.
Maigre, 42.
Mammonet, 28, 230.
Mantichore, 28, 58, 230.
Maricomorion, 8.
Marintomorion, 8, 28.
Marmotte, 137.
Marsouin, 45, 46.
Marticore. Voy. Mantichore.
Martin-pêcheur, 31, 35, 58, 144.
Martre, 28, 123.
Mâtin, 295.
Memnonides, 36, 166.
Merle, 36, 37, 167, 259.
— blanc, 167.
Milan, 36, 167.
— de mer, 7
Millet, 52.
Moine de mer, 7, 44, 233.
Moineau, 168, 260.
Monocéros. Voy. Licorne.
Monocoles, 246.
Morse, 41, 48.
Mouche, 55.
Mouette, 35, 168.
Mouflon, 140.
Moule, 44.
Moustiques, 55.
Mouton, 123, 260.
Moyen-duc, 36.
Mulet, 29, 125.
— poisson, 40, 44, 199.
Murène, 59, 200.
Murex, 41, 59.
Musaraigne, 28, 266.
Musc, 29, 126.
Mustelle. Voy. Belette.
Naja, 52, 185.
Narval, 44, 59, 112, 114.
Nason, 45.
Nautile, 45, 200.
Néréides, 44.
Oie, 31, 59, 169, 271.
Oiseaux de Diomède, 33, 159.
— de Memnon, 36, 166.
— de paradis, 32.
Oliphant, 102.
Ombre, 42.
Onagre, 16, 29, 126.

Once, 59, 129, 130.
Onocentaure, 29, 237.
Onocrocole, 36.
Orafle, 29, 106.
Orfraie, 142.
Oryx, 29, 114.
Ouaille, 124.
Oudre, 45.
Ours, 30, 59, 127, 256, 257, 294.
— blanc, 128.
— marin, 7, 48.
Oursin, 43.
Outarde, 32.
Pagre, 41.
Panthère, 16, 29, 59, 128.
Paon, 37, 59, 169, 261, 273, 280, 285, 287, 294.
Paon de mer, 7, 45.
Papillon, 55, 212.
Papion, 29, 129.
Parande, 59, 250.
Pard, 29, 129, 130, 268.
Pastenague, 45.
Péchiniens, 244.
Pégase, 29, 237.
Pélican, 16, 37, 60, 170, 172.
Perce-oreilles, 55.
Perche, 322.
Perdreau, 295.
Perdrix, 17, 37, 60, 174.
— de mer, 7.
Perna, 45.
Perroquet, 37, 59, 175, 259, 285, 325.
— de mer, 7, 45.
Petit-gris, 30, 130.
Pétoncle, 41.
Phénix, 16, 37, 59, 172, 176, 266.
Phoque, 42, 48, 131.
— à capuchon, 43.
— à trompe, 41.
— à ventre blanc, 44.
Pic, 37, 177.
— vert, 36.
Pie, 37, 260.
— -grièche, 59, 177.
Pigeon, 58, 178, 261, 280, 282, 285.
Pileux, 20.
Pingouin, 31.
Pinne marine, 46.
Pinson, 259, 327

Pirabède, 44.
Plongeon, 10, 179.
Pluvier, 32, 37.
Poignard, 322.
Pompile, 200.
Porc. Voy. Cochon.
— -épic, 27, 132, 278, 321.
— de mer, 7.
Pou, 55, 217.
— de mer, 7.
Poulain, 92.
Poule, 34, 155, 257, 285.
— d'eau, 34.
— d'Inde, 318.
— marine, 7.
— sultane, 37.
Poulpe, 46.
Pourpres, 46.
Prester, 7, 52, 238.
Puce, 56, 218, 315, 316.
— de mer, 7.
Pucelle, 48.
Punaise, 55.
Putois, 29, 132.
Pygmées, 238.
Python, 187.
Raie, 38, 39, 46.
Rainette, 10, 198.
Rascasse, 46.
Rat, 29, 89.
— d'arbre, 119.
— d'eau, 45.
— des champs, 268.
— de mer, 7.
— musqué, 27.
Remora, 194.
Renard, 16, 30, 133, 256, 268
— de mer, 7, 48.
Renne, 29, 134.
Requin, 47, 48.
Rhinocéros, 26, 29, 114, 135.
— bicorne, 101.
Roitelet, 33, 37, 60, 179.
Rorqual, 75.
Roselet, 27, 108.
Rosse, 322.
Rossignol, 35, 37, 285, 294, 317.
Rouget, 44, 322
Roussette, 40.
Rutèles, 56.

Sacre, 36.

Salamandre, 17, 52, 53, 60, 201, 321.

Sanglier, 24, 135, 257, 284.

Sangsue, 56, 202.

Satyres, 244.

Saumon, 42, 46.

Saupe, 46, 203.

Sauterelle, 55, 219.

— de mer, 7.

Scare, 46, 203.

Sciapodes, 246.

Scie, 45, 47.

Sciène, 41.

Scinques, 46.

Scolopendre, 46.

— de mer, 7, 46, 204.

Scorpène, 46.

Scorpion, 56, 59, 219.

— de mer, 7, 46.

Scytale, 53, 60, 204.

Sèche, 39, 47, 205.

Séleucides, 38.

Seps, 7, 53, 205.

Seraph, 106.

Serin, 31, 248.

Serpent d'Épidaure, 190.

— de mer, 7, 41, 51, 52.

— à lunettes. Voy. Naja.

— à sonnettes. Voy. Sonnettes.

Serre, 17, 60, 247.

Serte, 47.

Silure, 47.

Singe, 6, 17, 30, 60, 129, 136, 230, 257, 260, 273, 279.

Singe de Charles VI, 318.

— d'Isabeau de B., 323, 324.

— marin, 7.

— (monnaie de), 271.

Sirènes, 17, 40, 47, 53, 60, 247.

Sonnettes (serpent à), 205.

Souchet, 37.

Souris, 103, 138, 311 et s.

Spare, 47.

Spatule, 37.

Squatine, 47.

Stellion, 205.

Sucet, 194.

Surmulet, 44.

Taisson. Voy. Blaireau.

Talève, 37.

Tanche, 322, 323.

Tapir, 102.

Tarande, 59, 249.

Taret, 56, 220.

Tarin, 327.

Taupe, 30, 60, 138, 257.

Taureau, 30, 60, 77, 252, 257.

Teigne, 221.

Tesson. Voy. Blaireau.

Thon, 48, 206.

Tigre, 30, 60, 138.

— marin, 7, 48.

Tique, 55.

Torpille, 47, 207.

Tortue, 47, 207.

— de mer, 7, 43, 45, 207.

Tourterelle, 17, 38, 60, 179, 284, 294, 326.

Tragélaphe, 30, 138.

Troglodites, 30, 246.

— oiseaux, 179.

Truie, 98, 272.

Truite, 48.

Turbot, 17, 46.

Vache, 60, 78, 271, 272.

— de mer, 7, 40, 48.

Vair. Voy. Petit-gris.

Vanneau, 38.

Vautour, 6, 38, 60, 181.

Veau, 78, 271, 273.

— marin, 7, 43, 48, 131.

Ver luisant. Voy. Lampyre.

— à soie. Voy. Bombyx.

— de terre. Voy. Lombric.

Vieille, 45.

Vipère, 53, 208.

— cornue, 50.

— marine, 7, 48.

Vive, 39, 41, 183.

Volpil, 133.

Vrillette, 221.

Wels, 47.

QUELQUES NOMS LATINS

Acipenser, 38.
Adlacta, 54.
Æsalon, 31.
Alca, 31.
Alces, 24, 102.
Anabula, 24, 106.
Analopos, 24, 70.
Anobium, 221.
Antula, 70.
Aptalos, 16.
Armus, 39.
Austratus, 39.
Bonachus, 24, 30, 70.
Bonasus, 70.
Bonasia, 32, 161.
Bos taurus, 148.
Bufo, 54, 190.
Calopus, 25.
Camelopardulus, 25, 106.
Caper, 25.
Capitatus, 40.
Capreolus, 25.
Caprimulgus, 32.
Carista, 32.
Cattus, 25, 29, 269.
Centipes, 204.
Ceristalis, 50.
Cerula, 50.
Chama, 25.
Chelona, 43.
Chimera, 25.
Cinnamomus, 33, 151.
Cirogrillus, 25.
Clupea, 46.
Confusa, 25.
Cornicula, 33.
Crabro, 55.
Cricetus, 25.
Damma, 26.

Daxus, 26.
Dentrix, 41.
Diomedea, 159.
Draconpedes, 8.
Driacha, 33.
Equicervus, 26, 102.
Equus fluminis, 41, 108.
— maris, 41.
— Nili, 41, 109.
Erigula, 218.
Ezox, 42, 43.
Falena, 26.
Falivisus, 51.
Fulica, 16, 161.
Furunculus, 27.
Gladius, 42.
Glaucus, 40.
Glis, 27.
Halecula, 39.
Helix, 197.
Hericius, 43, 107.
Hystrix, 27, 132.
Ibrida, 27.
Iona, 27.
Ipucipis, 51.
Jaculus, 51, 182.
Lacta, 27.
Lanificus, 55.
Leumza, 24, 28.
Ligepus, 35.
Lincisius, 28, 116.
Locusta maris, 43.
Loligo, 44.
Luter, 121.
Margarita, 44, 59.
Megalops, 44.
Meanca, 35.
Murilegus, 29, 269.
Muscipulus, 269.

Mus marinus, 45.
Musio, 29, 269.
Mustela maris, 45.
Naderus, 52.
Noctiluca, 217.
Nycticorax, 149
Olor, 158.
Orcha, 45.
Pathio, 29.
Pediculus, 55, 218
Philomela, 37.
Phycus, 131.
Melancoryphus, 36.
Meles, 76.
Migale, 28.
Molosus, 28.
Morphnus, 36.
Mugilus, 40, 199.
Platanista, 46.
Platea, 37.
Pristris, 45.
Rangifer, 29, 134.
Regulus, 33, 37, 179
    — serpens, 49.
Rhombus, 46.
Rimatrix, 52.
Rufinus, 25.
Rufius, 122.
Salpa, 46, 203

Salpiga, 52.
Sciurius, 101.
Sciseculus, 53.
Situla, 53, 194.
Spectaficus, 7, 53.
Spinosus, 107.
Struthio, 37, 145.
Stupefaciens, 53.
Stupestris, 56.
Sturnus, 37.
Sumus, 47.
Tantalus, 58.
Taxus, 76.
Teredo, 56, 220.
Theca, 218.
Tinea, 57.
Tragopanus, 37.
Tramen, 30.
Turdus, 37.
Ulula, 38, 149.
Upupa, 38, 164
Uria, 57.
Urnus, 70.
Urus, 30, 70.
Varius, 130.
Zilio, 30.
Zityron, 8.
Zubro, 30.

PARIS. TYP. DE E. PLON, NOURRIT ET Cⁱᵉ, 8, RUE GARANCIÈRE. — 1960.

LA VIE PRIVÉE

D'AUTREFOIS

ARTS ET MÉTIERS

MODES, MŒURS, USAGES DES PARISIENS

DU XIIᵉ AU XVIIIᵉ SIÈCLE

D'APRÈS DES DOCUMENTS ORIGINAUX OU INÉDITS

PAR

ALFRED FRANKLIN

LES ANIMAUX

**

PARIS

LIBRAIRIE PLON

E. PLON, NOURRIT ᴇᴛ Cⁱᵉ, IMPRIMEURS-ÉDITEURS

RUE GARANCIÈRE, 10

—

1899

Tous droits réservés

LA VIE PRIVÉE

D'AUTREFOIS

PREMIÈRE SÉRIE

COMPLÈTE EN 23 VOLUMES.

Les soins de toilette. Le savoir-vivre............ 1 vol.
L'annonce et la réclame. Les cris de Paris....... 1 vol.
La cuisine................................... 1 vol.
La mesure du temps : Clepsydres, horloges,
  montres, pendules, calendrier................ 1 vol.
Comment on devenait patron : Histoire des corpo-
  rations ouvrières........................... 1 vol.
  Ouvrage couronné par l'Institut (Académie des sciences
  morales et politiques).
Les repas. La civilité de la table................ 1 vol.
Variétés gastronomiques : La salle à manger et le
  couvert. L'heure des repas. Jeûnes et absti-
  nences. Louis XIV à table. Les cure-dents...... 1 vol.
Écoles et collèges : L'instruction primaire, l'in-
  struction secondaire et la corporation des écri-
  vains...................................... 1 vol.
  Ouvrage couronné par l'Institut (Académie française).
Le café, le thé et le chocolat................... 1 vol.
Les médecins.................................. 1 vol.
Les chirurgiens .... 1 vol.
Variétés chirurgicales : La saignée. La chirurgie
  à l'Hôtel-Dieu. Sages-femmes et accoucheurs.
  Les dents et les dentistes. La pierre et les her-
  nies. Châtreurs, renoueurs, oculistes, pédi-
  cures. Établissements hospitaliers à la fin du
  dix-huitième siècle.......................... 1 vol.
Les apothicaires et les médicaments............. 1 vol.
L'hygiène : Etat des rues, égouts, voiries, fosses
  d'aisances, épidémies, cimetières............. 1 vol.
  Les cinq volumes qui précèdent ont été couronnés par
  l'Académie de médecine.
Les magasins de nouveautés : Introduction. Le
  vêtement................................... 1 vol.
Les magasins de nouveautés : La ganterie et la
  parfumerie. La mercerie. La draperie......... 1 vol.
Les magasins de nouveautés : Teinturerie et deuil.
  Chapellerie et modes. La bonneterie.......... 1 vol.
Les magasins de nouveautés : La lingerie. Le
  blanchissage. La cordonnerie. Les fourrures.
  Cannes et parapluies......................... 1 vol.
L'enfant : La naissance, le baptême............. 1 vol.
L'enfant : Le berceau et la layette. La nourrice.
  Les premières années. La vie de famille. Les
  jouets et les jeux........................... 1 vol.
Les animaux. Du XIIIᵉ au XVᵉ siècle............ 1 vol.
Les animaux. Du XVᵉ au XIXᵉ siècle............ 1 vol.

PARIS. TYP. E. PLON, NOURRIT ET Cⁱᵉ, 8, RUE GARANCIÈRE. — 4108.

TABLE DES SOMMAIRES

TROISIÈME PARTIE

LES ANIMAUX DU QUINZIÈME AU DIX-NEUVIÈME
SIÈCLE

CHAPITRE PREMIER

LE QUINZIÈME SIÈCLE

I

LE RÈGNE DE CHARLES VII

Au quinzième siècle, dans toute miniature représentant une
scène de Cour figurent des animaux. — Ils n'y figurent
pas comme symboles. — Les volières du Louvre, de
l'hôtel des Tournelles et de l'hôtel Saint-Paul. — Chardonnerets, tarins, alouettes, rossignols, perroquets. —
Oiseaux morts de froid. — La ménagerie de Vincennes.
— Les lions de l'hôtel Saint-Paul. — Amour de Marie

d'Anjou pour les bêtes. — Les ducs de Bourgogne. — Les lions de Philippe le Hardi, de Jean sans Peur et de Philippe le Bon. — Ces animaux assistent aux festins solennels. — On les fait combattre contre des taureaux. — Singes, ours, dromadaires, buffles, chiens. — Luxe des fouets et des colliers...................... 1

II

LE RÈGNE DE LOUIS XI

Louis XI aime à s'entourer d'animaux de toutes sortes. — Acclimatation en France du dindon. Elle date du quinzième siècle. — Louis XI fait confisquer tous les oiseaux causeurs de Paris. — Passion de Louis XI pour les serins. Ses volières. — Pigeons, pies, tourterelles, chardonnerets, linots, verdiers, pinsons, cailles, mauvis, paons blancs. — Les cages de fer et les prisonniers du Plessis. — Les chiens à la cour de Louis XI. Lévriers, alans, levrettes d'Espagne, dogues. — Riches colliers. — Essai de poison sur un chien. — Animaux divers rassemblés par Louis XI : mules, chevaux, renards, élans, rennes, boucassins, daims, chèvres, cerfs. — La girafe d'Anne de Beaujeu. — Statue placée sur le tombeau de Louis XI. — Superstitions populaires relatives aux animaux. L'évangile des quenouilles.............. 10

III

CHARLES VIII ET LOUIS XII

Les oiseaux de Charles VIII. Merle blanc, tourterelles, serins, perroquets. — Ses marmottes et sa chienne préférée. — Ses chiens se couchent sur son lit. — Les animaux d'Anne de Bretagne. — Ses oiseaux « estranges, » ses chiens et ses lions. — Les armoiries d'Anne de Bretagne et celles de Louis XII. — Marie de Clèves, ses chevaux, ses lévriers, son singe, sa folle. — Elle fait habiller ses chiens pendant l'hiver. — *Le chevalier au cygne* et la maison de Clèves. — Georges d'Amboise et la volière du château de Gaillon.............. 31

CHAPITRE II

LE SEIZIÈME SIÈCLE

I

LES BÊTES FÉROCES

La ménagerie du Louvre. — Les bêtes féroces dans l'intimité de François Iᵉʳ. — Spectacle qui lui est donné en Espagne. — Premier crocodile vu en France. — Ménagerie de Saint-Germain sous Henri II. — Il la fait transporter à Paris, et il charge la municipalité de son entretien. — Crocodile empaillé confisqué par Charles IX. — Combats de lions, d'ours, de taureaux et de dogues dans le jardin du Louvre. — La ménagerie du Louvre dépeuplée par Henri III.................. 39

II

LES CHIENS

Passion des Valois pour les beaux chiens. — Louise de Savoie mentionne dans son journal la mort de Hapeguai. — Marguerite de Valois se fait représenter avec un chien sur ses genoux. — Clément Marot célèbre les vertus de Mignonne, chienne d'Éléonore d'Autriche. — Les chiens de François Iᵉʳ. — Histoire du bon chien Souillard et de sa descendance. — Les chiens de Henri II. — Sa fille Élisabeth peinte avec son chien. — Marie Stuart habille ses chiens pendant l'hiver. — Les dogues et les petits chiens de Charles IX. — Sa chienne Courte et son lévrier Beaumont; Ronsard compose leur épitaphe. — Celle aussi de la chienne Barbiche. — Épitaphe d'un chien par Joachim du Bellay. — Passion des femmes pour les adives. — Les petits chiens de Henri III. — Il en vole dans Paris. — Ses singes et ses perroquets. — L'ordre du Saint-Esprit accordé en échange de deux chiens...   45

III

LES CHATS ET LES PUCES

Le chat prédit la pluie. — Henri III hait les chats. — Raminagrobis. — Joachim du Bellay et son chat Belaud. — Haine de Ronsard pour les chats. — Leurs dangereuses propriétés d'après Ambroise Paré. — Montaigne et sa chatte. — Le poète Ménard et sa chatte. — Les souricières.

Pourquoi les Chartreux n'ont jamais de punaises. — Les puces. — La puce de madame Desroches...........   60

IV

LES OISEAUX ET LES POISSONS

Les oiseaux au seizième siècle. — L'oiseau de paradis est-il apode? — Belon donne le portrait du phénix. — Les hérons de François Iᵉʳ. — Le héron, le butor, la cigogne, le cygne et la grue constituent des mets très recherchés.

— Le paon gardien des habitations. — Le corbeau est aussi gros qu'un aigle. — La corneille aux choux. — Les perdrix ne peuvent vivre en Angleterre. — Comment on mange les alouettes. — L'étourneau, la gélinotte, la sarcelle, l'hirondelle, le coucou. — Introduction en France de la tadorne, de la pintade et du francolin. — Castration des poulets. — Éclosion des œufs obtenue par la chaleur artificielle. Expériences faites sous les yeux de François Ier. — L'art d'élever les poules et de s'en faire quatre mille cinq cents livres de revenu. — François Ier fait creuser l'étang de Fontainebleau. — Introduction en France du poisson rouge. — Un vieux proverbe...   68

CHAPITRE III

HENRI IV ET LOUIS XIII

I

La chienne et la guenon de Jeanne d'Albret. — Extraits des archives des Basses-Pyrénées. — Animaux qui égayent la Cour à Pau : chamelle, mulets, biches, chiens, oiseaux, ânesses, ours, loups, singes, etc. — La comtesse de Guiche allant à la messe. — D'Aubigné et Citron, chien de Henri IV. — Le Béarnais envoie à Dieppe son chien Fanor. — Qui m'aime, aime mon chien. — Robert et Frère-Jean, singes du roi. — Les chiens Cadet et Soldat; le premier mange à table, le second mord un jour le Dauphin. — Les chiens de Marie de Médicis : Favori et Brigantin. Son sapajou, ses guenons, ses écureuils apprivoisés.

Chiens d'agrément ayant appartenu à Louis XIII enfant : Charbon, Cavalon, Isabelle, Lion, Pataut, Vaillant,

a.

Gayan, Tinton, Nourac. — Ses singes, ses guenons, son lapin privé, son chameau, sa chèvre savante, son mulet. — Autres chiens appartenant à sa nourrice, à son médecin, etc.

Passion de Louis XIII pour les oiseaux. — Le connétable de Luynes. — La volière du Louvre et celle des Tuileries; celle de Fontainebleau. — Les oiseaux de la chambre du roi et leur siffleur; perroquet et caille privés. — Une volière au dix-septième siècle. — Madame d'Anguittard veut qu'on élève une volière sur son tombeau. — Nom donné au ramage de chaque oiseau. — Lycophagos, tourne-broche du collège de Reims............   81

II

Les chiens de manchon. — D'où ils venaient, comment on les empêchait de grandir. — Pourquoi on plaçait des chiens sous les tables à manger. — Divers proverbes zoologiques.

Les chats de Richelieu. — Les chattes de Mlle de Gournay. — Incertitudes de la science historique : quel était le sexe de Piaillon? — Richelieu et Mlle de Gournay. — Introduction en France du chat angora. — Convoitises dont il est l'objet. — Les chats de Peiresc.

L'éléphant de l'empereur d'Allemagne. — Celui de Henri IV. — Il le donne à la reine d'Angleterre. — L'éléphant de Charlemagne et celui de saint Louis. — Indifférence de Louis XIII pour celui qu'on lui amène. Examen qu'en fait Peiresc. — Les animaux féroces. — C'est une mode d'en avoir. — Henri IV possède quatre ménageries. — Combat d'animaux dans le jardin des Tuileries, à Fontainebleau, à Saint-Germain. — La lionne du duc de Guise. — Les animaux au carrousel d'avril 1612....................   93

CHAPITRE IV

LE DIX-SEPTIÈME ET LE DIX-HUITIÈME SIÈCLE

I

LES MÉNAGERIES

I. La ménagerie de Vincennes. — Où située. — Soins
donnés aux animaux. — On les fait combattre les uns
contre les autres. — Ils sont transportés à Versailles. —
Etat actuel des bâtiments.
La ménagerie des Tuileries. — La ménagerie de Versailles.
— Elle date de Louis XIII. — On y élevait surtout des
vaches. — Veaux nourris de lait au jus d'orange. —
L'emplacement est aliéné, et Louis XIV construit à Versailles une nouvelle ménagerie. — Le légat la visite en
1664. — Animaux qu'elle reçoit. — Les officiers de la
marine royale, les consuls, les missionnaires, etc. sont
chargés de la peupler. Éléphant offert par le roi de Portugal. — Les animaux morts sont livrés à l'Académie des
sciences et disséqués à la Bibliothèque royale. — Acquisition d'un crocodile. — Louis XIV donne cette ménagerie à la duchesse de Bourgogne. — Embellissements.
Mansart y dépense 50,000 écus. — Où elle était située.
— Le pavillon central et les cours. — Pierre le Grand
veut la visiter. — Animaux qu'elle reçoit successivement.
— Les **Parisiens** admis à la visiter le dimanche de la
Pentecôte. — **Traditions** ridicules, fables dont elle est
l'objet. — **Le vin du dromadaire.** — Le chef du régiment
des dindons. — La ménagerie est pillée en 1789. .   111

II. De quels animaux se composait la ménagerie de Versailles en 1792. — Ils sont offerts au Jardin des Plantes.
— Le lion et son camarade le chien. — Mémoires de

Bernardin de Saint-Pierre sur la nécessité de joindre au Jardin des Plantes une ménagerie. — Les animaux confisqués à Paris sur les montreurs de bêtes lui sont attribués. — Rapport de Thibaudeau à la Convention.

Les ménageries de Clagny, du Petit-Trianon, de Chantilly, du Raincy.

Ménageries ambulantes. — Les ours. — Premier rhinocéros vu en France. — Lion, tigre, otarie.

Le concert spirituel et le combat du taureau. — Courses de taureaux organisées à Nîmes et à Marseille. — L'amphithéâtre de la rue Grange-aux-Belles. — La barrière du Combat. — On propose d'organiser à Paris des courses de taureaux semblables à celles d'Espagne. — Objections que soulève ce projet........................ 126

II

LES CHIENS ET LES CHATS

I. LE DIX-SEPTIÈME SIÈCLE. — Les chiens de Boulogne, les bassets et les épagneuls. — Les marchands de chiens. — Louis XIV et ses chiens. — Le capitaine des levrettes de la chambre et le gouverneur des petits chiens. — Le chien d'Étienne Pasquier. — Épitaphe d'un chien composée en vers latin par Racine. — Les quatre premiers vers de Boileau. — La mode veut que l'on célèbre en vers les mérites des chiens et des chats. — Le chat d'Iris. — La chienne de la princesse de Carignan, celle de la duchesse de Nemours, celle de Mlle de Montpensier et celle de la duchesse d'Orléans. — Scarron dédie un de ses livres à la chienne de sa sœur. — Vers de Saint-Amand et de Cailly. — Amour des Parisiens pour les chiens. — Mahomet et son chat. Création du chat et du chien. — La rencontre d'un chat est un mauvais présage.

— Les chiens du nouveau monde n'aboyaient pas. — Portraits d'Henriette d'Angleterre et de ses enfants par Van Dyck. — Le duc de Vendôme et ses chiens. — Marphise et Fidèle, chiens de Mme de Sévigné. — Le testament de Mlle Dupuy. — Amour de Colbert pour les chats. — Les protectrices de Lafontaine : Mme de la Sablière et la duchesse de Bouillon. — La duchesse du Maine compose l'épitaphe de son chat. — *La mort de Cochon,* tragédie par Mme Deshoulières. — Plaidoirie de Minette contre Boscot. — Le tombeau de l'hôtel de Lesdiguières. — Les souricières................ 143

II. Le dix-huitième siècle. — Chiens à la mode sous Louis XV. — Chiens danois courant devant les carrosses. — Filou, kings-charles de Louis XV. — Les gimblettes des chiens familiers de Louis XV. — Sa biche blanche. Il la tue. — Terreur que les chats inspiraient au duc de Noailles. — Les chats de Louis XV et de Marie Leszcinska. — Les chiens de la princesse Palatine. — Ceux de la princesse de Talmont. — Chiens et chats perdus. Récompense honnête promise à qui les ramènera. Extraits des journaux du temps. — Vétérinaire en vogue sous Louis XV. — Epidémie sur les chiens en 1763. — Le chat et le chien de Montesquieu. — Les chats des poètes Ducerceau et Sanadon, de Fontenelle et de Crébillon. — Les douze chats de Mme Dupin. — Brillante, chatte de la maréchale de Luxembourg, est servie dans un plat d'argent. — Tonton, chien de Mme du Deffand. Elle le lègue à Walpole. — Pouf, chien de Mme d'Épinay. Origine des chiens de Terre-Neuve. — Louis XVI et les chiens. Il tue un chien dans le jardin des Tuileries. — Il tue le chat de la comtesse de Maurepas. — Moufflet, chien de Louis XVII. — Coco, chien de sa sœur Marie-Thérèse. — Les lévriers de Madame Élisabeth. — La levrette Zémire et Catherine II. — Passion des Parisiens et surtout des

Parisiennes pour les chiens. — Il n'y a pas de chats dans
les cieux. — La chatte de Mme de Staal. — Les animaux
de Mme Helvétius. Comment elle reçoit M. d'Andlau.
Joli récit fait par la baronne d'Oberkirch........ **165**

III

LES OISEAUX, LES SINGES, LES POISSONS

Labruyère et les amateurs d'oiseaux. — Les oiseaux du duc
de Gêvres. — Volières pratiquées dans l'embrasure des
fenêtres. — Volières d'appartement. — Luxe des cages.
— Les diamants du Temple. — Le peuple et les oiseaux.
— Le perroquet de Mme Duplessis-Bellière. — Dulot
vaincu. — Le perroquet de la duchesse de Mazarin. —
Le perroquet de Mme Peyre. — Le perroquet se reproduit en France. — Les basses-cours. — Redevance imposée à l'abbesse de Montivilliers. — L'incubation artificielle. — L'apprivoisement des perdrix. — La chasse
aux cygnes. — La Seine peuplée de cygnes. — L'île des
Cygnes. — Les serins de la duchesse de Mazarin et ceux
du poète Santeuil. — Les oiseaux de chant. — L'art
d'élever les serins. — Le serin de J.-J. Rousseau et celui
de Robespierre. — Les volières du château de Saint-Germain. — Les volières du Louvre, de Fontainebleau, des
Tuileries et de Versailles.
Les singes de Mazarin. — La guenon de Mme de Longueval
et celle de Mme Guébriant. — Les grandes dames se dis-
putent 260 singes apportés de Madagascar.
On élève des poissons dans les fossés des châteaux. — Les
carpes de Fontainebleau. — Le gouverneur des cormorans. — Carpes transportées dans les pièces d'eau de
Marly. — Mort de la carpe dorée. — Chagrin qu'en
témoigne Louis XIV. — Les carpes de Marly et Mme de
Maintenon...................... .... **179**

CHAPITRE V

LES CHATS ET LE BUCHER DE LA SAINT-JEAN

Les feux de joie dans Paris. — Les feux de la Saint-Jean. Description d'une de ces fêtes. — Arbre, bûcher, chats brûlés vifs. — Places réservées que loue l'exécuteur des hautes œuvres. — Service d'ordre. — Musique. — Décharges d'artillerie. — Feu d'artifice. — Couronnes de fleurs, bouquets, torches. — Le bûcher allumé par le roi. — Bal et collation, cadeaux, distribution d'aliments au peuple. — Décadence de la cérémonie. Feu de 1471 allumé par Louis XI. — Celui de 1531 par le Dauphin. — Celui de 1549 par Henri II. — Celui de 1572 par Charles IX. — Compte des dépenses faites pour le feu de 1573. — Le feu de 1574. — Celui de 1585 allumé par Henri III. — L'hérésie brûlée sur le bûcher de 1588. — La Ligue brûlée sur celui de 1594. — Le feu de 1598 allumé par Henri IV. — La décapitation du maréchal de Biron et le feu de 1603. — En 1604, le Dauphin obtient la grâce des chats qui allaient être brûlés. — Il allume le feu de 1606 et celui de 1615. — Feux de 1616, de 1618 et de 1620. — Louis XIV allume le feu de 1648 et celui de 1651. — La Fronde. — Les feux de 1657, de 1658, de 1688, de 1692 et de 1694. — Louis XV allume le feu de 1719. — Origine des feux de la Saint-Jean. — D'où vient la coutume d'y brûler des chats.. 201

CHAPITRE VI

LA CORPORATION DES OISELIERS

I

DU TREIZIÈME AU SEIZIÈME SIÈCLE

Les oiseliers au treizième siècle, d'après Jean de Garlande.
— Où établis. — Leur nombre. — Le jour de la Pente-
côte, des oiseaux sont lâchés sous les voûtes de Notre-
Dame. — Les cages et les fabricants de cages. — Les
grillages devant les fenêtres du Louvre et du couvent des
Célestins. — Les oiseliers s'établissent sur le Pont-au-
Change, puis à la Vallée de Misère. — Ils sont autorisés
à revenir sur le Pont-au-Change. A quelles conditions. —
Les oiseliers à l'entrée de Charles VII, à celle de
Henri IV, à celle de Louis XI. — Les changeurs et les
orfèvres veulent chasser du Pont-au-Change les oiseliers.
— Le parlement donne gain de cause aux oiseliers. — Un
huissier de la Cour installe leurs cages sur le pont. — Les
changeurs et les orfèvres les enlèvent et menacent les
marchands. — Poursuites exercées contre un orfèvre. —
Sa condamnation   223

II

LE DIX-SEPTIÈME SIÈCLE

Transaction entre les orfèvres et les oiseliers. — Ceux-ci
transportent une partie de leurs cages à la Vallée de Misère. — Statuts de 1600. — Juridiction de la Table de
marbre. — Oiseaux préférés par le dix-septième siècle. —

Mois où la chasse est interdite. — Les forains. — Vente des serins. — Droit de prise pour la volière royale. — Redevances imposées aux oiseliers. — Sacre de Louis XIV. — La varenne du Louvre et sa capitainerie. — Statuts de 1698. — Nouvelles redevances imposées aux oiseliers. — Lieux et jours de vente. — Apprentissage et compagnonnage. — Les cages et les abreuvoirs. — Cages spéciales pour les mâles...................... **236**

III

LE DIX-HUITIÈME SIÈCLE

Triomphe du serin. — Il est l'objet d'un commerce important. — Naufrage d'un navire chargé de serins. — Les Suisses en apportent chaque année des milliers à Paris. — Prix des différentes espèces de serins. — Les grandes dames en font trafic. — Les serins d'Inspruck. — Redevances exigées des oiseliers. — Sacre des rois, entrées solennelles, etc. — Sacre de Louis XV, de Louis XVI, de Charles X. — Délivrance de prisonniers qui accompagnent ces solennités. — Droit de délivrance accordé à des particuliers : Charles d'Angoulême, les archevêques de Reims, les évêques d'Orléans. — Le métier d'oiselier devient libre. — Les oiseliers du roi. — Le grand-père de George Sand. — Patron et armoiries de la communauté des oiseliers.................................. **242**

CHAPITRE VII

PROCÈS FAITS AUX ANIMAUX. — L'AME DES BÊTES

I

PROCÈS FAITS AUX ANIMAUX

Le moyen âge regarde les animaux comme des êtres moraux et perfectibles, responsables de leurs actes. — Analyse des principaux jugements rendus contre eux. — Porcs brûlés vifs. — Taureaux et truies pendus. — Cheval exécuté en effigie. — Note des frais occasionnés par l'exécution d'une truie. — Porc pendu. — Truie assommée; ses chairs jetées au vent. — Taureau et truie pendus. — Sentences prononcées contre une chienne, un chien, des juments, des vaches. — Chien condamné à mort et exécuté en 1793. — Comment se justifiaient ces divers jugements. Procédure suivie.

Les accusations de bestialité. L'animal poursuivi comme complice de l'homme. — Procès faits à des vaches, à des juments, à des ânesses, à des chiennes, à une femme juive, à des brebis, à des truies, à un singe. — Pourquoi ces bêtes étaient condamnées au feu.

Justice ecclésiastique. — Excommunication prononcée contre des chenilles. — Procès fait à des rats. L'avocat Barthélemy de Chasseneuz, son plaidoyer en faveur des coupables. — Sentences d'excommunication rendues contre des limaces, des chenilles, des sangsues, etc. — Ces pratiques déjà condamnées au seizième siècle. . **255**

II

L'AME DES BÊTES

Les bêtes ont-elles une âme? Philippe de Beaumanoir, au treizième siècle, le nie. — Rorario soutient que leur raison est supérieure à celle de l'homme. — G. Pereira démontre qu'elles ne peuvent ni comprendre, ni sentir, que ce sont de véritables automates. — Opinion de Montaigne : orgueil de l'homme, intelligence des bêtes, nos devoirs envers eux, la chasse, les combats de taureaux. — Pierre Charron et Étienne Pasquier. — Descartes et l'automatisme des bêtes. — Disciples de Descartes : Et. Bauny, Pascal. — Le langage des bêtes. — Cureau de Lachambre et Pierre Chanet, Cordemoy, l'oratorien Poisson. — Port-Royal. — Tentatives de réaction : le jésuite Pardies, le médecin Willis, le carme Dilly, madame de Sévigné. — Rohault et Malebranche exagèrent encore la folie du cartésianisme. — Fontenelle, Ch. Perrault, Lafontaine et Labruyère. — Le philosophe Sylvain Régis. — Le *Voyage du monde de Descartes*. — Locke et Leibnitz. — La question est résolue par Fénelon, mais Bossuet revient à la doctrine cartésienne. — M. de Beaumont et l'abbé Macy. — Protestation du jésuite Bougeant. — Le cardinal de Polignac et l'*Anti-Lucrèce*. — Buffon et Louis Racine tentent de rajeunir l'automatisme. — Condillac. — Théorie nouvelle formulée par Diderot et adoptée par Voltaire. — Conclusion..................... **273**

LA
VIE PRIVÉE D'AUTREFOIS

LES ANIMAUX

TROISIÈME PARTIE

LES ANIMAUX DU QUINZIÈME AU DIX-NEUVIÈME SIÈCLE

CHAPITRE PREMIER

LE QUINZIÈME SIÈCLE

I

LE RÈGNE DE CHARLES VII

Au quinzième siècle, dans toute miniature représentant une scène de Cour figurent des animaux. — Ils n'y figurent pas comme symboles. — Les volières du Louvre, de l'hôtel des Tournelles et de l'hôtel Saint-Paul. — Chardonnerets, tarins, alouettes, rossignols, perroquets. — Oiseaux morts de froid. — La ménagerie de Vincennes. — Les lions de l'hôtel Saint-Paul. — Amour de Marie d'Anjou pour les bêtes. — Les ducs de Bourgogne. —

Les lions de Philippe le Hardi, de Jean sans Peur et de
Philippe le Bon. — Ces animaux assistent aux festins solennels. — On les fait combattre contre des taureaux. —
Singes, ours, dromadaires, buffles, chiens. — Luxe des
colliers.

C'est presque la règle, en ce siècle, que dans
toute miniature, dans toute représentation
d'une scène de Cour, figurent quelques animaux. J'ai reproduit déjà [1], d'après un manuscrit ayant appartenu à Colbert, une enlu-
minure où certain religieux dominicain fait
hommage d'un volume à Charles VII. Le roi
est entouré de graves personnages en robe et
de deux jeunes seigneurs court-vêtus dont l'un
porte un oiseau sur le poing; un chien, un
fort lévrier, je crois, est couché près du trône.
Dans une autre peinture du même genre, qui
nous montre Marie d'Anjou [2] recevant de son
chapelain un livre richement relié, un chien
est présent, qui semble courir par la pièce.
Ailleurs [3], Charles VII est à l'église; il écoute,
couronne en tête et sceptre en main, le sermon d'un moine augustin : au devant de la
chaire, un chien, l'air très animé, paraît prêt

---

[1] Dans *Les magasins de nouveautés*, t. I, p. 94.
[2] Femme de Charles VII.
[3] Dans Montfaucon, *Monumens de la monarchie françoise*, t. III, p. 280.

à aboyer. Dans l'édition des *Vigiles de Charles VII* publiée à Paris en 1493, le roi assis sous un dais regarde un singe et un chien qui jouent à ses pieds.

Un manuscrit provenant de la collection Gaignières est précédé d'une miniature qui nous a conservé le portrait de Charles VIII et celui du seigneur de la Gruthuyse. Auprès du roi sont deux lévriers ; au fond, dans l'embrasure d'une fenêtre, est perché un singe de mine très folâtre ; au dehors, l'on aperçoit un château, et deux cygnes nagent sur l'eau des fossés [1].

Il serait aussi aisé qu'inutile de multiplier ces citations. Beaucoup d'autres documents vont nous prouver que les animaux associés à ces scènes domestiques n'y apparaissent pas comme symboles, mais y jouent bien le rôle qui leur est dévolu dans la vie privée.

Sous Charles VII, les volières du Louvre, de l'hôtel Saint-Paul et de Vincennes étaient bien entretenues. Et il fallait parfois y multiplier les soins, car durant l'hiver de 1435, le froid fut si vif à Paris que, sur un seul arbre du bois de Vincennes, l'on trouva plus de

---

[1] Montfaucon, t. IV, p. 58.

cent quarante oiseaux morts de froid[1]. Il
existait des volières à la Bastille et aussi à
l'hôtel des Tournelles [2] que le nouveau roi
préférait à Saint-Paul. Parmi les oiseaux qui
y étaient rassemblés, je citerai les chardonnerets et les tarins. Les vergers du Parlement
d'amour, dit Alain Chartier,

> Pavez estoient de rommarins,
> Entre lesquels tousdiz chantoient
> Chardonnerelles et tarins[3].

On y voyait encore, prétend-il, des « alouetes
et des roussignoulz[4]. » Ces derniers surtout
étaient très recherchés. Guillebert de Metz,
auteur d'une curieuse description de Paris au
quinzième siècle, semble même avancer que
l'on avait déjà trouvé le moyen de fabriquer
des rossignols chantants : « Devant le Palais,
écrit-il, demeure ung pottier d'estain, bon
ouvrier de merveilleux vaisseaux d'estain ; et
tenoit des rossignols qui chantoient en hiver[5]. »

---

[1] « Furent trouvez le jour Sainct-Yves en ung arbre
creux, par compte fait, VII^{xx} oiseaux morts de froid et
plus. » *Journal d'un bourgeois*, édit. Tuetey, an. 1435,
p. 303.

[2] Sauval, *Antiquités de Paris*, t. II, p. 22.

[3] *Le parlement d'amour*, édit. de 1517, p. 696.

[4] Page 697.

[5] Première partie, chap. XXI et XXX.

A Vincennes, Charles VII possédait, nous
dit Antoine Astesan, des sangliers aux défenses menaçantes, des daims timides, des
cerfs chargés de hautes ramures, des lièvres
rapides, des chèvres sauvages et une multitude de lapins [1]. A l'hôtel Saint-Paul, il y avait
toujours [2] des lions, et leur garde était confiée
à une femme, « damoiselle Marie Padbon, »
qui recevait pour cet office deux cent cinquante livres par an [3].

Marie d'Anjou partageait sur ce point les
goûts de son époux. Durant son long séjour
au château de Chinon, elle y avait rassemblé
une vraie ménagerie : des chiens [4], des cerfs,
des biches [5], une chèvre sauvage [6], deux

---

[1] *Éloge de la ville de Paris* (écrit en 1451), vers 276 et
suiv., édit. Le Roux de Lincy, p. 546.

[2] Voy. ci-dessus, t. I, p. 284.

[3] Sauval, preuves, t. III, p. 370.

[4] « A Hance Lalement, qui garde et gouverne les chiens
de ladicte dame, xxvii sols, vi den. tourn. — A Jehanne
Moterelle, marchande de Chinon, pour deux aulnes de
bien grosse toile achetée d'elle le 1ᵉʳ octobre [1454], dont a
esté habillée la paillasse des chiens de ladicte dame, qui
avoit esté brûlée... — Une aulne et demie de bien grosse
toile, pour alonger et acroistre la paillasse des chiens de
ladicte dame. »

[5] « A Vincent le Musnier, garde des cerfs et bisches que
icelle dame fait tenir en la garenne de Montils-les-Tours :
pour ses gaiges, xxvii s., vi d. t, »

[6] « A Jacquet Chevalier, qui garde la chièvre sauvaige,

levreaux [1], un étourneau, un perroquet [2], etc.
On connaissait le faible de la reine, et, de
très loin, il lui arrivait tantôt deux outardes [3],
tantôt un marsouin [4].

D'étroits liens de parenté existaient entre
la cour de France et celle de Bourgogne.
Jeanne de Boulogne, deuxième femme de
Jean II, lui avait apporté ce duché. Le roi le
donna à son quatrième fils, Philippe le Hardi,
qui le transmit à sa postérité, représentée par
Jean sans Peur, Philippe le Bon et Charles le
Téméraire. Tous eurent pour les animaux un
penchant qui semble avoir été héréditaire

---

un escu. — A Jacquet Chevalier, varlet de fourière, la
somme de LV s. t., pour sa pension de XXVII s. VI d. t., que
ladicte dame lui a ordonnée avoir par chascun mois, pour
ses peine et salaire de gouverner la chièvre. »

[1] « Pour un quartier de veloux noir à tiers poil, pour
faire couvrir deux colliers de cuir que ladicte dame a fait
faire, pour mettre aux cols de deux levrons qu'elle fait nourrir pour sa plaisance... »

[2] « A deux jeunes compaignons qui ont apporté, le
XVIIe jour de novembre [1454], les estourneau et pape-
gault de ladicte dame... »

[3] « A Guillaume le Picart, serviteur de madame de Vendosme, pour avoir apporté au chasteau dudit Chinon deux
ostardes que la dame de Vendosme envoya à ladicte dame... »

[4] « Cent dix sols tournois baillés à ung compaignon qui
avoit apporté ung marsouin entier, que Floquet, bailly
d'Évreux, lui avoit envoyé... » Voy. Du Fresne de Beaucourt, *Histoire de Charles VII*, t. VI, p. 18.

dans cette famille. Toutefois, ils préféraient, paraît-il, les lions aux moutons, car nous voyons qu'en 1385, Philippe nourrissait dans sa maison de Bruges un lion auquel on servait chaque jour la moitié d'un mouton [1]. C'était bien la ration ordinaire, puisque en 1425 un jeune lion ayant été envoyé à Jean sans Peur, celui-ci ordonna qu'il lui fût attribué « demi mouton de char [2] pour son vivre, selon ce qui lui est nécessaire [3]. » Jacques de Melle, « bouchier et bourgeois de Gand, » avait la garde de quatre autres lions que le duc possédait dans cette ville. Il avait soumissionné « par cry d'église et à rabat » la nourriture de ces animaux ; mais, effrayé de leur appétit, il finit par les condamner à un régime si austère qu'ils faillirent mourir de faim, et le duc, qui aimait ses bêtes, dut augmenter le prix de leur pension [4]. S'il donnait un festin, il voulait que, pour faire honneur à ses hôtes, ses chers animaux y assistassent. Parfois, il se contentait de l'un d'entre eux ; en 1453, on paye vingt sous à « Gilles le Cat, serrurier

---

[1] De Laborde, *Les ducs de Bourgogne,* preuves, t. I, p. 7.

[2] De chair.

[3] De Laborde, t. I, p. 221.

[4] De Laborde, t. I, p. 216 et suiv.

demeurant à Lille, pour une chaisne, une
cheville de fer, deux havets[1] et deux touretz[2],
pour lyer le lyon en la salle de Monseigneur,
le jour de son banquet[3]. » En 1461, un Vénitien fit présent à Philippe le Bon d'un lion
apprivoisé : « A Berthélemy Cazal, demourant à Venize, quand il est naguères venu
devers Monseigneur à Bruxelles et lui a donné
ung lion privé, qu'il a amené et fait venir
dudit lieu de Venize... [4]. » Ces lions étaient
logés dans des parcs, et l'on s'amusait à les
faire combattre contre d'autres animaux,
contre des taureaux surtout : « A Jaque de
Melle, garde des lyons de Monseigneur à
Gand, pour l'achat de deux tors vifs, l'un bien
grand et l'autre moyen, que icelui seigneur
avoit fait mettre au parc et fait combatre à
l'encontre des lyons, pour son déduit[5]; lesquelz tors par lesdiz lions furent estranglez
et tous dévorez...[6]. — A un laboureur de lez
la ville de Gand, pour et en compensation
d'un sien toreau, qui avoit esté ocys[7] par l'un

---

[1] Deux crochets.
[2] Deux boucles.
[3] De Laborde, t. I, p. 427.
[4] De Laborde, t. I, p. 477.
[5] Pour son amusement.
[6] De Laborde, t. I, p. 223.
[7] Occis.

des lyons de Monseigneur, à l'encontre duquel il l'avoit fait combattre... [1]. » Comme le duc de Berri, il affectionnait les ours. Dans un compte de 1467, on mentionne « le petit ours de Monseigneur [2], » un favori sans doute.

En 1394, les « galées [3] de Venise » apportent à Philippe le Hardi deux singes, qu'il paye treize francs [4]. En 1411, son fils en achète un autre à Bruges, et le donne à maître Hélie, son médecin [5]. En 1427, il reçoit de Pologne une bête plus rare, un dromadaire [6], auquel d'autres succédèrent, puisqu'en février 1476, un sieur Floris de Bellemarin était «garde des cameulx [7] et dromadaires » de Monseigneur [8].

En 1441, des buffles arrivent d'Italie au duc, qui fait donner : « à Anthoine Avoine, la somme de cent francs, pour le récompenser

---

[1] De Laborde, t. I, p. 236.

[2] De Laborde, t. I, p. 499.

[3] Les galères.

[4] De Laborde, t. II, p. 203.

[5] De Laborde, t. I, p. 28.

[6] « A Nicolas de Poulonne, pour don à luy fait par Monseigneur, en considération de la peine qu'il a eue à avoir amené ung dromadaire des pays de Poulonne à Saint-Omer, et pour luy aider à vestir et habiller honnestement, 8 fr. 8 sols. » De Laborde, t. I, p. 372.

[7] Des chameaux.

[8] De Laborde, t. II, p. 229

des paines et despens qu'il a eus pour amener, du pays de Rommenye jusques à Dijon, deux jeunes beufs sauvaiges appelez bugles, et iceulx mener au Quesnoy, au parc d'iceluy seigneur. »

Les oiseaux paraissent avoir été peu recherchés à la Cour de Bourgogne, et les chiens y étaient surtout appréciés comme compagnons de chasse. Pourtant, en 1420, Philippe le Bon fait confectionner, pour un de ses lévriers, un collier de velours rouge, « brodé en deux escussons des armes de feu Monseigneur le duc Philippe, et escript dessus *Y me tarde*[1], de menues perles, etc. [2] »

II

LE RÈGNE DE LOUIS XI

Louis XI aime à s'entourer d'animaux de toutes sortes. — Acclimatation en France du dindon. Elle date du quinzième siècle. — Louis XI fait confisquer tous les oiseaux causeurs de Paris. — Passion de Louis XI pour les serins. Ses volières. — Pigeons, pics, tourterelles, chardonnerets, linots, verdiers, pinsons, cailles, mauvis, paons blancs. — Les cages de fer et les prisonniers du Plessis. — Les chiens à la Cour de Louis XI. Lévriers, alans, levrettes d'Espagne, dogues. — Riches colliers. — Essai

[1] *Il me tarde* ou *moult me tarde*, devise du duc.
[2] De Laborde, t II, p. 266

de poison sur un chien. — Animaux divers rassemblés
par Louis XI : mules, chevaux, renards, élans, rennes,
boucassins, daims, chèvres, cerfs. — La girafe d'Anne de
Beaujeu. — Statue placée sur le tombeau de Louis XI. —
Superstitions populaires relatives aux animaux. L'évangile
des quenouilles.

Louis XI, très dur, comme on sait, à l'espèce
humaine, réservait pour les animaux le peu
de sensibilité dont la nature l'avait doué. Il
aimait à s'en voir entouré, et les portes si bien
fermées du Plessis s'ouvraient toutes grandes
devant eux. Il y gardait volontiers en cage
ses ennemis et aussi les oiseaux, ses amis.

Deux volatiles qui ont depuis lors fort pul-
lulé, furent définitivement naturalisés en
France sous son règne, le dindon et le serin.
Je vais le prouver de façon irréfutable ; car
jusqu'ici, quand il s'est agi de déterminer la
date de leur introduction parmi nous, naturalistes et historiens n'ont pu réussir à s'entendre.

Le savant auteur de l'*Acclimatation et domestication des animaux utiles* [1] affirme que le
dindon « a été importé en Angleterre sous
Henri VIII et en France sous Louis XII [2], »

[1] Par Isidore Geoffroy Saint-Hilaire. Je cite la quatrième
édition, publiée en 1861.

[2] Page 173. Voy. aussi p. 220.

c'est-à-dire dans la première moitié du seizième siècle. Il est facile d'établir qu'il y a ici
une erreur d'un demi-siècle ; mais on va voir
quelles opinions variées se sont succédé sur
ce point.

Suivant une tradition très répandue et qui
n'a pas encore perdu tout crédit[1], les premiers dindons entrés dans Paris auraient été
servis au repas de noces de Charles IX en 1570.

Cependant Bruyerin Champier écrivait dès
1560 : Il est arrivé en France depuis peu
d'années « annos abhinc paucos, » certains
oiseaux étrangers que l'on appelle poules
d'Inde « quas gallinas Indicas appellant[2]. »

En 1557, Pierre Belon publiait un portrait
du dindon fort ressemblant[3], et inscrivait
au-dessous ces quatre vers :

> Quant à orgueil, ce coq au paon approche
> Et fait sa queuë en rouë comme luy.
> Les barbillons et creste d'iceluy
> Sont de couleur à l'azurée proche[4].

Jeanne d'Albret, élevée à Alençon, ville

---

[1] Voy. entre autres la dernière édition du *Dictionnaire des sciences*, de Bouillet, 1896, p. 492.

[2] *De re cibaria*, première édition, 1560, lib. XV, cap. LXXIII, p. 831.

[3] Je l'ai reproduit dans *La cuisine*, p. 71.

[4] *Portraits d'oyseaux*, édit. de 1557, p. 60.

principale du domaine patrimonial de sa
mère, y possédait un écureuil, six poules et
six coqs d'Inde, « les premiers qui aient paru
en France, » dit Odolant Desnos. En 1538,
lorsque Jeanne dut quitter le château, elle
assigna à un sieur Pierre Beauchesne une rente
annuelle de trente et une livres, huit sols, six
deniers, pour leur entretien [1].

Le Grand d'Aussy écrivait en 1782 : « On
croit communément que cette espèce d'oiseaux domestiques n'a été introduite en France
que sous François Ier, et qu'on les doit à Philippe de Chabot, alors amiral [2]. »

Arrivons au quinzième siècle.

Dans une lettre qui ne peut avoir été écrite
après 1491, Anne de Beaujeu avait demandé
à Aymar de Poitiers, sénéchal de Provence,
de lui envoyer deux poules d'Inde qu'elle
savait exister à Marseille. Le sénéchal lui répondit, le 23 octobre, qu'il avait ces poules
depuis longtemps, et qu'il attendait, pour les
lui expédier, l'arrivée de quelque navire
amenant un coq, « et n'attens fors que si vient

---

[1] Voy. Odolant Desnos, *Mémoires historiques sur la ville
d'Alençon*, t. II, p. 567, note 1, et A. de Ruble, *Le mariage
de Jeanne d'Albret*, p. 8.

[2] Édition de 1815, t. I, p. 352.

un coq sur quelque nef[1]. » Les poules et coqs d'Inde apportés par mer à Marseille ne passaient donc pas, à cette date, pour des objets bien rares.

Une autre opinion, émise par Delamarre dans son *Traité de la police*[2], nous ferait remonter jusque vers 1450. Il écrit : « Jacques Cœur, argentier ou surintendant des finances de Charles VII, fut disgracié et ses biens confisqués en 1450. Il se retira dans l'isle de Cypre et voyagea en Turquie. Ses amis, pendant son absence, ménagèrent son accommodement ; il fut rétabli dans tous ses biens. Et si l'on en croit une tradition que l'on tient pour constante, il en rapporta, à son retour, entre autres raretez, des poules de Turquie, qu'il fit élever dans son beau château de Beaumont-en-Gastinois. Ce sont les premières que l'on ait vuës en France. » Malheureusement pour Delamarre et pour les nombreux historiens qui l'ont copié, il est prouvé aujourd'hui que Jacques Cœur ne revit jamais la France et mourut en exil au mois de novembre 1456. M. Pierre Clément, qui lui a consacré deux volumes[3],

---

[1] *Bibliothèque de l'école des chartes*, t. XL (année 1879), p 333.

[2] Tome II, p. 1377.

[3] *Jacques Cœur et Charles VII*, 1853

reproduit le passage de Delamarre et conclut ainsi : « Il y a tout lieu de croire que les dindons furent apportés soit par Jean de Village [1], avec les autres présents dont le Soudan l'avait chargé, soit dans toute autre occasion, par un des navires de l'argentier [2]. »

Enfin, il est certain que la France avait vu des dindons, à l'état de curiosité sans doute, dès la fin du quatorzième siècle. Voici ce que je lis dans le *Compte de l'hôtel du roi Charles VI pour* 1380 : Payé à « Bakart, lequel avoit aporté deux petiz singes et deux poulles d'Ynde, pour don fait à mondit seigneur de Flandres par le commandement du Roy, 20 francs [3]. »

M. Geoffroy Saint-Hilaire fixe également au seizième siècle l'introduction en France du serin [4]. Nous verrons tout à l'heure que, dès 1478, Louis XI en possédait par douzaines.

Le cruel fils de Charles VII eut, en effet, la passion des petits oiseaux qui, dit-on, le lui rendaient bien. Il se présenta pourtant une circonstance dans laquelle, fort innocemment,

---

[1] Un des facteurs de Jacques Cœur.
[2] Tome I, p. 141.
[2] Douët-d'Arcq, *Comptes de l'hôtel*, p. 109.
[4] Pages 173 et 220.

ils trahirent leur ami Louis XI. Ce fut le jour
où, furieux de s'être laissé prendre à Péronne, d'où il était sorti vivant, mais en y
laissant son honneur de roi, Louis XI alla
cacher sa honte au château d'Amboise, sans
oser même traverser Paris. Et puis, en route,
il a soin de prescrire la confiscation de tous
les « oiseaux causeurs » qui, dressés par les
Parisiens, jacassaient mots inconvenants, celui de *Péronne*, par exemple, et aussi ceux de
Perrette de Chalon, une maîtresse que le roi
entretenait à Paris. Le 19 novembre (1468),
les crieurs publics annoncent dans les carre-
fours l'accord conclu entre Louis XI et le duc
de Bourgogne. Ils ordonnent en outre un silence absolu sur tout ce qui venait de se passer. Le roi entendait que personne ne fût « si
ozé ou hardi d'en rien dire à l'opprobre dudit
seigneur, soit de bouche, par escript, signes,
paintures, rondeaux, balades, virelais, libelles
diffamatoires, chansons de gestes, etc. » Le
même jour, raconte encore Jean de Roye,
chroniqueur contemporain, furent confisqués
par ordre royal les « pyes, jays [1] et chouetes
estans en caiges ou autrement et estans pri-

---

[1] Pies, geais.

vées, pour toutes les porter devers le roy. Et estoit escript et enregistré le lieu où avoient esté prins lesdiz oiseaulx et aussi tout ce qu'ils savoient dire, comme *larron! paillart! filz de p....n! Va hors, va! Perrette, donne-moy à boire!* et plusieurs aultres beaulx motz que iceulx oiseaulx savoient bien dire, et que on leur avoit aprins[1]. »

Le dernier éditeur de cette curieuse chronique, M. Bernard de Mandrot, fait ici une réserve. Certains auteurs, dit-il, « se sont peut-être montrés trop ingénieux, en inférant de ce passage que le roi avait pris ombrage de ce que les Parisiens faisaient répéter malicieusement à leurs oiseaux savants le nom de Perrette de Chalon et celui de Péronne. » Cette dernière interprétation a cependant réuni bien des suffrages ; elle a été acceptée par Henri Martin[2], par Michelet[3] et par Urbain Legeay[4]. Th. Basin ne mentionne pas la confiscation des oiseaux, mais il reconnaît que Louis n'osa entrer dans Paris et qu'il défendit toute parole relative aux derniers événements[5]. Il est

[1] Édit. B. de Mandrot, t. I, p. 220.
[2] Édit. de 1860, t. VII, p. 47.
[3] Édit. de 1874, t. VI, p. 143.
[4] *Histoire de Louis XI*, t. II, p. 2.
[5] *Hist. du règne de Louis XI*, édit. Quicherat, t. II, p. 208.

vrai qu'un peu plus tard, Louis XI fit encore confisquer à Paris « tous les cerfz, biches et grues qu'on y peust trouver et tout fait mener à Amboise. » On ne pouvait reprocher aux cerfs et même aux grues de mauvais propos contre Louis XI, l'avare souverain aurait-il donc tout simplement voulu se procurer, sans bourse délier, d'aimables bêtes qu'il avait l'habitude de payer, comme le prouvent les comptes de la maison.

En 1478, par exemple, je constate l'achat de quatre douzaines de serins [1], dont le prix moyen est de quarante sous tournois par douzaine. Mais le roi dépense plus encore pour les cages, dont quelques-unes sont ornées d'anneaux [2] « dorez de fin or. »

En 1479, il achète quarante-six serins, cent vingt et un autres petits oiseaux, et douze à treize cages, dites caiges, loges, voliers, etc.

La passion du roi n'a fait qu'augmenter en 1480. Nous le voyons alors acquérir trois cent trente serins et près de quatre cents oiseaux divers, chardonnerets, linots, verdiers,

[1] « Petits oyseaulx appelez serins. »
[2] Anneaux suspendus dans les cages et sur lesquels les oiseaux se balançaient.

pinsons, mauvis, qui sont nourris de chenevis, de navette, de graine de lin, etc.

En 1469, Louis XI s'éprit des paons blancs, et quand il eut réussi à s'en procurer, il s'efforça d'en multiplier l'espèce. S'il quittait le Plessis, il envoyait ses paonnes et ses paons blancs au château d'Amboise, où son secrétaire Jean Bourré les prenait sous sa garde[1].

Dans les comptes que je parcours en ce moment, je rencontre plusieurs mentions concernant certaines cages destinées à des êtres moins innocents que les oiseaux. J'en extrais quelques lignes, à titre de curiosité :

A Guion du Broc, escuier, 60 liv. tournois, pour icelles estre par lui emploiées à faire faire une caige de fer, laquelle ledit seigneur a ordonné estre faite pour la seureté et garde de la personne du cardinal d'Angiers[2].

A Clément Bocheteau, serrurier, 8 liv. 6 den., pour le paiement de trois grosses chesnes de fer, garnies de gros anneaulx, serrures et aultres choses servans pour enferrer aucunes personnes, lesquelles ont esté détenues prisonnières.

[1] Voy. G. Bricard, *Jean Bourré, seigneur du Plessis*, p. 219.

[2] Le cardinal Jean de la Balue, évêque d'Angers. La mention que je reproduis est datée du 11 février 1469, et le cardinal resta enfermé dans cette cage jusqu'en 1480.

A maistre Laurent Volme, 269 liv. 12 sols 6 den.,
pour un grant fer à double ferreure et une grande
chesne, pour enferrer messire Lancelot de Berne

Pour un treillis de fer, à mettre en la prison
du Plessis, 60 sols.

Pour ung fer à bouter les deux bras, les jambes
et à bouter au col et parmi le corps, pour un prisonnier, 16 livres.

Pour avoir fait faire au Plessis trois forges à faire
une caige de fer.

Pour ung fer trempé fermant à deux serrures,
et une grosse chesne de fer que ledit seigneur a
fait bailler à ung prisonnier; ungs autres petits
fers pour enferrer le frère de Francoys de la Sau-
vagerie; un cercle, avec une chesne, pour estre
baillez à Pierre Clerc, maistre d'ostel de la royne.

.   .   .   .   ´   .   .   .   .

Des oiseaux passons aux chiens, et consta-
tons d'abord que les quatre lévriers préférés du
roi se nommaient Paris, Plessis, Artus et
Cherami.

Pour ce dernier, il commande en 1462, à
l'orfèvre Jaquet de Chefdeville, un collier de
velours cramoisi, dans lequel il entre près de
trois marcs d'or, vingt perles, une hyacinthe
et onze rubis. Le menuisier Cadot confectionne onze pasques[1] pour le service des

---

[1] Augets, mangeoires. Du latin *paschare*, *pascere*, paître,
nourrir.

chiens « de la chambre du roi. » Le sellier
Coppin Sauvaige fournit de la « bourre de
cerf, pour faire des coussinets, pour coucher
les petits chiens, » et plus tard il « habille[1] les
paillasses à coucher les chiens. » L'apothicaire Guion Moreau médicamente à la fois le
roi et les chiens : « A Guion Moreau, apothicaire du roi, pour le paiement de plusieurs
parties[2] d'apothicairerie, drogues, médecines,
espices et autres choses qu'il a baillées pour
la personne dudit seigneur durant les mois de
novembre, décembre et janvier MCCCCLXXIX.
Comme pour plusieurs parties d'oignement,
lavemens, emplastres, pouldres, qu'il a pareillement baillés pour habiller[3] et médeciner les
chiens et lévriers qui estoient bléciez et ma-
lades. » Est-ce aussi pour obtenir du ciel la
guérison d'un animal préféré que Louis XI
achète un « chien de cire pesant douze livres,
qu'il fait offrir et présenter à sa dévocion
devant Monseigneur Saint-Martin de Tours? »

On voit que Louis XI, tout avare qu'il était,
ne regardait pas trop à la dépense quand il
s'agissait de sa santé et de celle de ses chiens.

---

[1] Recouvre.
[2] Mémoires.
[3] Habiller signifie ici recoudre, bander des plaies.

Je l'ai montré ailleurs[1] soumis comme un
enfant aux ordres de ses médecins. Jacques
Coitier avait même su lui persuader que leurs
deux existences étaient intimement liées, et
que l'un ne survivrait pas huit jours à l'autre[2].
Aussi, malgré son amour pour les bêtes,
Louis XI ne voyait-il nul inconvénient à ce
que l'on fît des expériences médicales sur les
animaux, pourvu que ce ne fût pas sur les
siens. Ceci est établi par une pièce curieuse
que M. A. Salmon a retrouvée dans les archives
municipales de Tours[3]. On y lit que le samedi
19 février 1480, un ordre du roi rassemblait
à l'Hôtel de Ville le maire, les quatre échevins
et les deux clercs, à qui se joignirent Jean
Guérin et Louis de la Mézière, maîtres d'hôtel
du souverain, Simon Moreau, apothicaire, et
deux des gens appartenant à Jean de Daillon,
gouverneur de la Touraine. Ces experts une
fois réunis, on apporta une fressure de mouton frite et une omelette auxquelles avaient
été mêlés « certains poisons. » Le repas fut
servi au chien d'un sieur Macé Blanchet. L'animal en mourut.

[1] Voy. *Les médecins*, p. 61.
[2] Comines, édit. Dupont, t. II, p. 264.
[3] *Bibliothèque de l'école des chartes*, t. XVI (1855),
p. 167.

Son cadavre fut conservé, et le lendemain sept barbiers et chirurgiens vinrent en faire l'autopsie. La crainte du poison était alors si générale que l'on commença par allumer dans la pièce un grand feu pour purifier l'air. L'on se partagea ensuite un frugal déjeuner composé de harengs et de noix sèches, puis l'opération commença. Procès-verbal en fut dressé. Le même jour, l'on paya vingt-deux deniers « à ung portefays qui porta en une hote ledict chien ès grèves, » puis l'enterra ; on donna encore onze deniers à la servante de Macé Blanchet « qui nectoya la chambre où fut ouvert ledict chien. » Quant aux trois écuelles et au plat d'étain où la pauvre bête avait pris son dernier repas « pour doubte d'inconvénient, fut ladicte vaisselle mise en feu et fondue, puis refaicte et rendue » .

M. Salmon fait remarquer que, durant l'année 1480, aucun personnage important ne mourut empoisonné, et on pense bien que pour quelque pauvre hère l'on n'eût pas pris tant de précautions. Peut-être s'agissait-il d'une tentative d'empoisonnement dirigée contre le roi ; mais il serait bien étrange que, ni Comines, ni Jean de Roye n'en eussent parlé. Cette anecdote toxicologique constituerait donc seulement une nouvelle preuve de l'intérêt que Louis XI portait à la médecine[1].

Sur la fin de sa vie, il s'abandonnait à mille fantaisies pour secouer l'ennui qui le rongeait, et la recherche des animaux de toutes sortes devint une passion sénile que rien ne pouvait lasser ni même satisfaire.

« Des chiens, écrit Comines, en envoyoit quérir partout : En Espagne, des allans[2]; de petites levrettes en Bretaigne; lévriers, espaigneulx[3], et les achaptoit chier; en Vallence, de petiz chiens veluz, qu'il faisoit achapter plus chier que les gens ne les vouloient vendre; en Cécille[4], envoyoit quérir quelque mulle, espéciallement à quelque officier du pays, et les payoit au double; à Naples, des chevaulx; et bestes estranges de tous costez, comme en Barbarie, une espèce de petiz lyons qui ne sont pas plus grans que de petiz regnards[5], et les appeloit aditz[6]. Au pays de Dannemarche

---

[1] Voy. *Les médecins*, p. **35**.

[2] Des alans, espèce de forts dogues, employés surtout pour la chasse au sanglier et à l'ours.

[3] Épagneuls.

[4] En Sicile.

[5] Renards.

[6] Comines veut sans doute désigner ici le corsac ou renard jaune, que Buffon décrit sous le nom d'adive.

et de Suerie[1] envoya quérir deux sortes de bestes : l'une s'appeloit helles[2] et sont de corsaige de cerfz, grans comme buffles, les cornes courtes et grosses ; les autres s'appeloient rangiers[3], qui sont de corsaige et de couleur de dain, sauf qu'elles ont les cornes beaucoup plus grandes, car j'ay veu rangier porter cinquante-quatre cors. Pour avoir six de chascune de ces bestes donna aux marchans quatre mil cinq cens florins d'Allemaigne. Quant toutes ces choses luy estoient amenées, il n'en faisoit compte, et la pluspart des fois ne parloit point à ceulx qui les amenoient[4]. »

Dans cette voie, Louis XI était sans doute soutenu plutôt que découragé par sa fille aînée. On l'a vue déjà[5] réclamer avec insistance des poules d'Inde qui devaient lui être expédiées de Marseille. Plus tard, et à un moment où tout le poids du pouvoir reposait sur elle (1489), elle écrivait à Laurent de Médicis, l'illustre prince de Florence : « Vous savez

---

[1] De Danemark et de Suède.
[2] Élans.
[3] Rennes.
[4] Comines, t. II, p. 233.
[5] Ci-dessus, p. 13.

que autres fois m'avez escript que m'envoie-
riez la girafle, et combien[1] que je me tienne
seure[2] de vostre promesse, néantmoins pour
vous donner à cognoistre l'affection que j'y ai,
je vous prie que vous la faites passer et la
m'envoier par deçà. Car c'est la beste du
monde que j'ay le plus grand désir de veoir. Et
s'il est chose par deçà que je puisse faire pour
vous, je m'y emploieray de bon cueur[3]. »

Louis XI était mort au Plessis-les-Tours le
30 août 1483, vers neuf heures du soir. Au
mois de janvier de la même année, sentant sa
fin prochaine, il avait ordonné qu'on l'enterrât dans l'église de Cléry et passé un marché
pour l'érection de son tombeau. Une statue
de bronze devait le surmonter, et il voulait y
être représenté à genoux, son chapeau entre
ses mains jointes, son épée au côté et son
chien près de lui[4].

Louis XI, avant de mourir, avait pu voir la
première édition[5] d'un très curieux petit livre
qui datait de sa jeunesse, de l'époque où de

[1] Bien.
[2] Sûre
[3] Lettre communiquée au docteur Hamy par M. E.
Müntz.
[4] Comines, preuves, t. III, p. 339. — G. Bricard, p. 191.
[5] Chez Colard Mansion, imprimeur à Bruges.

D'après un dessin du temps.

brillants seigneurs et de belles dames, grou-
pées autour de lui, inventaient ces joyeux ré-
cits devenus célèbres sous le titre des *Cent
nouvelles nouvelles*. Vers ce même temps, des
vieilles femmes se réunissaient, pour passer la
veillée, filer leurs quenouilles et conter aussi
des histoires. Ainsi prirent naissance *Les
évangiles des quenouilles*, « faits à l'honneur et
exaucement des dames. » Naturellement, il
était souvent question des animaux dans ces
bavardages, qui nous révèlent sur leur compte
plusieurs superstitions populaires bonnes à
recueillir. Voyez plutôt :

On ne doit point donner à jones[1] filles à mengier
de la teste d'un lièvre, afin qu'elles mariées et par
espécial enchaintes[2], n'y pensent : car, pour certain, leurs enfans en pourroient avoir leurs lèvres
fendues.

On ne doit point donner aux femmes grosses à
mengier nulles testes de poissons, affin que par
leur ymaginacion leur fruit n'apporte sur terre la
bouche plus relevée et plus aiguë[3] qu'elle n'est de
coustume.

Je vous dy pour évangile que quant aucun se met
en chemin et un lièvre lui vient au devant, c'est un

---

[1] Jeunes.
[2] Enceintes.
[3] Pointue.

très mauvais signe. Et pour tous dangiers éviter, il doit par trois fois soy retourner dont il vient, et puis aler son chemin, et alors sera il hors du péril.

Pour eschever [1] de venir palatineux [2] de la teste ou des rains, il se fault abstenir de mengier teste de chat ou d'ours.

Quant le seigneur ou la dame d'un hostel [3] est malade, et un corbauld vient crier dessus la cheminée ou la maison où le pacient gist, c'est grant signe qu'il mora [4] de ceste maladie.

Quant les anettes [5] sentent la tempeste esmouvoir en l'air, et qu'elles volent et crient sur l'eaue en bas, c'est signe qu'il plouvera sans tempeste; mais quant elles se taisent, elles redoubtent fort le tonnoire.

Quant on oit chien uller [6] on doit estoupper [7] ses oreilles, car ilz apportent mauvaises nouvelles. Et, par contraire, on doit oyr [8] le cheval crier et haynir.

Quant vous voyez les gélines [9] assembler dessoubz quelque apentis ou en requoy [10], sachiez pour vray que le temps se muera [11] en pluye de brief.

[1] Éviter.
[2] Paralytique.
[3] D'une demeure.
[4] Qu'il mourra.
[5] Canettes, jeunes canes.
[6] Quand on entend un chien hurler.
[7] Boucher.
[8] Entendre.
[9] Les poules.
[10] Se cacher.
[11] Se changera

Femme qui jamais ne veult perdre son bon chat, quant on l'a, on doit lui oindre les quatre pates de burre[1] par trois vesprez[2], et jamais de cestui hôtel ne se départira.

On ne doit jamais mettre couver oefs de géline ne d'anette par le jour du vendredy, car, pour vray, les pouchins qui en viennent sont volentiers dévorez des oyseaux et bestes sauvages.

Quant vous voyez arondelles faire leur nyd en aucune maison, sachiez que c'est tout signe de povreté; et si les moissons[3] y font leur nyd, c'est signe de prospérité et de toute bonne fortune.

Qui tient ung chat larron, et il est pris en présent meffait[4], l'on luy doibt frotter son museau à ce qu'il a dommagié, et par trois fois, et jamais plus ne s'i vouldra rembattre.

S'en[5] vostre maison avez une chatte qui faonne des petis au mois de may, faites-les incontinent jetter au loing, car qui en eslève doibt savoir que jamais ne font nuls biens.

III

CHARLES VIII ET LOUIS XII

Les oiseaux de Charles VIII. Merle blanc, tourterelles, serins, perroquets. — Ses marmottes et sa chienne pré-

[1] De beurre.
[2] Soirées.
[3] Les moineaux.
[4] En flagrant délit.
[5] Si dans.

férée. — Ses chiens se couchent sur son lit. — Les animaux d'Anne de Bretagne. — Ses oiseaux « estranges, » ses chiens et ses lions. — Les armoiries d'Anne de Bretagne et celles de Louis XII. — Marie de Clèves, ses chevaux, ses lévriers, son singe, sa folle. — Elle fait habiller ses chiens pendant l'hiver. — *Le chevalier au cygne* et la maison de Clèves. — Georges d'Amboise et la volière du château de Gaillon.

Charles VIII hérita de la volière de son père, et il continua à l'entretenir. Il posséda même un merle blanc, animal beaucoup moins introuvable que ne le prétend un proverbe menteur [1]. On connaissait déjà le caractère acariâtre et querelleur de ce passereau, aussi le petit roi eut-il soin de le renfermer dans une cage à part [2].

En 1490, il achète au sieur Jean Verdier, demeurant à Tours, « six douzaines de serins, pour mettre dans la grande cage de Montils-les-Tours. » Peu de temps après, il acquiert de Etienne Huet, « demeurant à Saint-Symphorien, oultre le pont de Tours, » encore sept douzaines de serins. Puis, en 1491, Jehan Richard, de Clermont en Beauvoisis, lui vend

---

[1] Cuvier cite le merle à plastron blanc. Voy. *Le règne animal*, t. I, p. 351.

[2] « A Raymond de Dezeft, tailleur, pour deux couvertes de drap vert gai, pour les cages d'un merle blanc et de deux tourterelles blanches estant en la chambre du Roy... »

trois perroquets « trois papagaults, » qui furent payés cinquante-deux livres tournois.

Charles VIII paraît avoir été fort tendre pour les petites bêtes qui l'entouraient. Les comptes de sa Maison nous révèlent que, durant l'hiver, il avait soin de faire habiller ses marmottes [1] et sa chienne préférée [2]. Il tolérait même que ses lévriers vinssent se coucher sur son lit, car nous voyons acheter dix-huit aunes de toile de lin, « pour faire deux draps à mettre par-dessus le lit dudit seigneur, par dessus les draps de toile de Hollande, pour garder que les lévriers de sa chambre ne les salissent et gastent quand ils se couchent dessus ledit lit. »

Dans cette attention, l'on reconnait bien Anne de Bretagne, la bonne ménagère. Elle aimait les oiseaux. Je lis qu'en 1492, elle paye à Louis de Sauvaiges dix livres tournois « pour luy ayder à soy retourner en sa maison, dont il estoit venu apporter plusieurs petits oyseaulx estranges à voler et à prandre

---

[1] « Ung habillement fait d'ung quartier de veloux rouge et d'ung quartier de veloux tanné [velours de couleur fauve,] pour servir à une des marmottes d'iceluy seigneur. »

[2] « Ung quartier de drap vert gai, pour faire un habillement à une petite chienne de la chambre. »

mouches, pour le plaisir de ladicte dame. »
A cette date, Anne de Bretagne avait seize
ans à peine ; mais, dès l'année suivante, elle
renonça à ces passe-temps enfantins. Elle
semble même avoir singulièrement exagéré
alors en sens contraire, puisque ses livres en
arrivent à contenir des dépenses ainsi moti-
vées : « A Jehannin Le Double, portier du
chastel d'Amboise, pour ung asne de luy
achepté, et par luy livré, du commandement
d'icelle dame la reine, devant les lyons dudit
lieu, pour les jouer et esbattre [1]. » A quels lions
étaient réservés ces ébattements ? Ceux du
Louvre [2] avaient-ils donc suivi la Cour à Amboise ? Tout ce que je puis dire, c'est que la
garde et l'entretien du favori de la reine était
dévolu aux bourgeois de Tours [3].

Anne possédait aussi vingt-quatre chiens,
tant grands que petits, parmi lesquels neuf
lévriers nés dans la Basse-Bretagne, où cette
race était renommée. Chacun des chiens portait un collier de velours noir, auquel pen-
daient quatre hermines fixées par des boucles
en fil de laiton doré de fin or. Dans un livre

---

[1] A. Jal, *Dictionnaire critique*, p. 791.
[2] Voy. ci-dessus, t. I, p. 283 et 317.
[3] Voy. la *Revue des provinces*, t. X (1866), p. 349.

écrit pour la reine, une miniature nous la
représente[1] occupée à écrire une lettre; sur
les plis traînants de sa jupe repose un petit
chien blanc; plus loin, dans une cage suspen-
due près du lit, s'agite un oiseau, perroquet
ou linotte, et nous savons que chaque soir on
recouvrait cette cage avec un morceau de
drap, de couleur vert gai[2].

Les hermines dont la reine ornait ses
chiens formaient le corps de la devise adoptée
par les ducs de Bretagne : *potius mori quam
fœdari*, plutôt la mort qu'une souillure. Anne
conserva l'hermine, lui ajouta au cou un petit
collier d'or et ces trois mots en banderole : *A
ma vie*, mots dont le sens est fort énigmatique[3].
La devise de Louis XII, un porc-épic accompagné des mots *Cominus et eminus*, est plus
facile à expliquer. Il faut se rappeler qu'au
quinzième siècle encore, on admettait que le
porc-épic avait le don de darder au loin ses
épines comme des flèches[4]. Il symbolisait

[1] Dans Montfaucon, t. IV, p. 109.
[2] *Extraits des comptes de l'argenterie de la reine.* Dans
Le Roux de Lincy, *Vie d'Anne de Bretagne*, t. II, p. 190,
et t. III, p. 55.
[3] Le Roux de Lincy, t. II, p. 175.
[4] Voy. ci-dessus, t. I, p. 132.

donc « ingénieusement, écrit Sainte-Marthe [1],
la puissance du prince pour se défendre ou
pour attaquer ses ennemis. »

Louis XII, d'ailleurs, n'accorda jamais une
grande attention aux animaux [2]. Ils étaient
moins indifférents à sa mère Marie de Clèves.
Dans les comptes de sa Maison abondent les
mentions relatives à ses lévriers, à ses faucons, à ses équipages de chasse. Elle admettait dans son intimité une folle nommée Belon,
une petite guenon, des oiseaux et des chiens.
En 1455, elle commande des vêtements pour
cinq de ses lévriers. En 1456, un serrurier
lui fournit deux colliers de fer, « l'un pour
attacher Belon, la folle, l'autre pour mettre
au col de la cingesse. » En 1470, sa chienne

---

[1] *Histoire générale de la maison de France*, t. I, p. 697.
[2] Il n'en était pas de même du cardinal Georges d'Amboise, confident et favori de Louis XII avant son avéne-
ment au trône, puis son premier ministre. Il commença,
vers 1497, la construction du merveilleux château de Gaillon, qui coûta près de trois millions de notre monnaie, et
où il n'eut garde d'oublier les oiseaux. Au centre des jardins
s'élevait un pavillon de forme octogone, flanqué sur quatre
côtés d'élégantes volières, dans lesquelles se jouaient des
paons, des outardes, des dindons, des faisans, des perdrix,
des pigeons, etc. Ce pavillon, objet de soins particuliers,
était l'œuvre d'un maître maçon qui, dans les comptes, est
qualifié de « tailleur d'antique. » Voy. V.-A. Deville,
*Comptes des dépenses de la construction du château de
Gaillon*, p. LXXXVI et 331, et l'atlas, planches II et III.

ayant suivi jusque chez lui le sire de Vatan, la duchesse expédie de Blois un sergent chargé de la réclamer. En 1474, elle fait faire six écussons de laiton doré pour ses chiens. En 1475, un sieur Jean Remon lui envoie trois petits chiens [1]. Dans ses armoiries figurait un cygne, en souvenir du *Chevalier au cygne*, le héros d'une chanson de gestes écrite entre le douzième et le treizième siècle. Une tradition pieusement conservée faisait remonter jusqu'à cet apocryphe paladin l'origine de la maison de Clèves.

[1] Voy. V.-R. de Maulde, *Marie de Clèves, duchesse d'Orléans,* p. 7.

CHAPITRE II

LE SEIZIÈME SIÈCLE

I

LES BÊTES FÉROCES

La ménagerie du Louvre. — Les bêtes féroces dans l'intimité de François Ier. — Spectacle qui lui est donné en
Espagne. — Premier crocodile vu en France. — Ménagerie de Saint-Germain sous Henri II. — Il la fait transporter à Paris, et il charge la municipalité de son entretien. — Crocodile empaillé confisqué par Charles IX. —
Combats de lions, d'ours, de taureaux et de dogues dans
le jardin du Louvre. — La ménagerie du Louvre dépeuplée par Henri III.

J'ai parlé plus haut[1] de la ménagerie établie à l'hôtel Saint-Paul. Après la vente de ce
domaine, vers 1516, elle fut transportée en
face, à l'hôtel des Tournelles, où l'on nourrissait encore, en 1539, un lion, une once,
trois autruches[2], etc. C'était une sorte d'an-

[1] Voy. t. I, p. 284, et ci-dessus, p. 3.
[2] De Laborde, *Comptes des bâtiments du roi*, t. II,
p. 412.

nexe de l'ancienne ménagerie installée, dès le règne de Philippe VI, à l'extrémité du jardin du Louvre [1]. Celle-ci jouit d'une grande faveur sous les Valois, et nous allons voir le pire d'entre eux la dépeupler dans un accès de niaise dévotion succédant à un rêve ridicule. Mais ceci se passera seulement vers la fin du siècle.

Le galant chef de cette exécrable dynastie avait pour les terribles fauves un faible assez étrange et recherchait leur société : « Comme nous tenons quelque petit chien pour compagnie, que faisons coucher sur les pieds de nostre lict par plaisir, François Ier y avoit telles fois quelque lion, once ou autre telle fière beste, qui se faisoyent chère comme quelque animal privé ès maisons des païsans [2]. » C'est un contemporain qui parle ainsi, il faut donc croire que, comme dans l'antiquité, le lion se laissait alors volontiers apprivoiser [3].

Les grands seigneurs espagnols partageaient, semble-t-il, la passion du roi pour ces beaux animaux. Durant sa captivité,

---

[1] Voy. ci-dessus, t. I, p. 283.
[2] P. Belon, *Histoire de la nature des oyseaux*, 1555, in-folio, p. 194.
[3] Voy. ci-dessus, t. I, p. 118.

François Ier fut reçu et festoyé chez don Diego de Mendoça, qui entretenait à grands frais une ménagerie où figuraient des lions, des ours, des tigres, etc. Afin de réjouir le prisonnier, on voulut faire combattre en son honneur un lion contre un taureau. Mais les bêtes montrèrent, en cette circonstance, plus d'esprit que les hommes. On eut beau les exciter, ils refusèrent obstinément de s'attaquer et l'assistance se retira fort désappointée [1]. On ne dit pas si le roi fut tenté de descendre dans l'arène et de se substituer à l'un des champions, comme il l'avait fait à Amboise vis-à-vis d'un sanglier, pour donner passe-temps aux belles dames [2]. Il paraît qu'elles étaient alors très friandes de ces ignobles spectacles. Brantôme a raconté [3] comment l'une d'elles, « un jour que François Ier faisoit combattre des lions en sa cour, » jeta son gant dans la lice et commanda à son ami, le brave de Lorges d'aller l'y chercher. Il y alla, et au retour jeta le gant « au nez » de la dame : en quoi il fit bien.

C'est sous ce règne que fut apporté à Paris

---

[1] *Revue des provinces*, t. X (1866), p. 349.
[2] *Bibliothèque de l'école des chartes*, t. II (1840), p. 281.
[3] Tome IX, p. 390.

le premier crocodile qui ait été vu en France ;
encore était-il empaillé ou plutôt « bouilly en
huyle. » M. de la Vernade, ancien ambassadeur près la République de Venise, tenait
d'elle ce présent magnifique. Il en gratifia
l'église Saint-Antoine, qui « le fit mettre et
attacher contre la muraille où il est de présent.
Ce serpent, nommé crododille, avoit esté prins
dedans le fleuve du Nil, près du Quaire [1]. »

François Ier mourut à Rambouillet. Henri II
abandonna aussitôt cette demeure, et vint
résider à Saint-Germain, d'où les Guises et
Diane de Poitiers commencèrent à exploiter
la France. Pour le roi, les distractions ne
manquaient pas : il avait là, par exemple,
trois belles bêtes auxquelles il tenait beaucoup : un lion, une once et un dromadaire.
Au mois de juillet 1547, il quitta Saint-Germain pour aller se faire sacrer à Reims ; mais
avant de partir, il voulut assurer le sort de
ses animaux préférés ; il enjoignit donc à la
municipalité de Paris de hâter leur transport
dans la capitale et de pourvoir à leur entretien. Le Bureau de la Ville fit la sourde oreille,
en sorte que le 18 juillet, il reçut la visite de

---

[1] *Journal d'un bourgeois de Paris sous François Ier*, année 1517, p. 49.

trois personnages qui lui présentèrent une lettre au nom du roi. C'était Pierre Destaiz, « gouverneur » du dromadaire de Sa Majesté, Laurens Soriot, gouverneur de l'once, et Michel Scoffier, gouverneur du lion. Henri II rappelait la municipalité à l'obéissance et lui ordonnait que « sans plus user de dissimulation, longueur ou difficulté, *elle eut* à recevoir et faire loger et nourrir lesdites bestes sauvages et ceulx qui ont charge d'icelles. » Il fallut bien s'exécuter. Dix-sept sous tournois par jour furent accordés à chacun des trois préposés, somme jugée suffisante pour « nourrir et loger leurs personnes et lesdites bestes [1]. » Comme la municipalité l'avait prévu, la garde et la nourriture de ces animaux restèrent à la charge de la ville, même après le retour du roi. Il est d'ailleurs probable qu'ils furent fort mal soignés, car dès 1549, le lion et le dromadaire étaient morts.

Charles IX hérita du goût de son père pour les bêtes féroces. Le corps de logis qui leur servait d'habitation au Louvre fut reconstruit sous son règne [2]. En 1566, il se fit livrer, en

---

[1] *Registres des délibérations du Bureau de la ville de Paris,* t. III, p. 91.

[2] De Laborde, t. II, p. 186 et 188.

vertu du droit d'aubaine [1], un crocodile empaillé que montrait un Vénitien nommé Bar-
tholomei Jurnati, mort récemment à Paris.
Ordre fut donné de confisquer l'animal, afin
qu'il pût être « veu par Sa Majesté [2]. »

L'odieux fils de Catherine se livrait volontiers à des fantaisies moins innocentes. Le
15 octobre 1572, deux mois après la Saint-
Barthélemy, il ordonne de payer à Nicolas
Audry deux cents livres tournois, « pour le
récompenser de quatre vaches à luy appartenant que Sa Majesté a faict estrangler par ses
grands lévriers. » Quatre jours plus tard, on
verse au muletier Robert Escorse cent vingt-
cinq livres tournois « pour le récompenser
d'un mulet que Sa Majesté a faict prendre de
luy pour faire combattre à ses lyons [3]. »

C'est dans le jardin du Louvre que Charles IX et son digne frère Henri III prenaient
plaisir à voir combattre des dogues, des lions,
des ours, soit entre eux, soit contre des tau-

---

[1] Ce droit attribuait au souverain la succession des étrangers morts dans ses Etats.

[2] *Bulletin de la société de l'histoire de Paris*, t. XXIII
(1896), p. 76.

[3] *Extrait des comptes de dépenses de Charles IX*, dans
Cimber et Danjou, *Archives curieuses*, 1re série, t. VIII,
p. 355.

reaux [1]. Mais, pendant une nuit du mois de janvier 1583, Henri III rêva que ces animaux se retournaient contre lui et le dévoraient. Il s'en alla faire ses dévotions dans un couvent, donna cent écus aux religieux, puis regagna le palais, « où arrivé, écrit Lestoile, il fit tuer à coups d'arquebuze les lions, ours, taureaux et autres semblables bestes qu'il souloit nourrir pour combattre contre les dogues [2]. » Nous verrons plus loin que cette ménagerie ne tarda pas à être reconstituée.

II

LES CHIENS

Passion des Valois pour les beaux chiens. — Louise de Savoie mentionne dans son journal la mort de Hapeguai. — Marguerite de Valois se fait représenter avec un chien sur ses genoux. — Clément Marot célèbre les vertus de Mignonne, chienne d'Éléonore d'Autriche. — Les chiens de François Ier. — Histoire du bon chien Souillard et de sa descendance. — Les chiens de Henri II. — Sa fille Élisabeth peinte avec son chien. — Marie Stuart habille ses chiens pendant l'hiver. — Les dogues et les petits chiens de Charles IX. — Sa chienne Courte et son lévrier Beaumont; Ronsard compose leur épitaphe. — Celle aussi de la chienne Barbiche. — Épitaphe d'un chien par

---

[1] Voy. Sauval, t. II, p. 13. — Brantôme, t. IX, p. 390. — Ét. Pasquier, *OEuvres*, édit. de 1723, t. II, p. 415.
[2] *Journal de Henri III*, édit. Michaud, p. 156.

Joachim du Bellay. — Passion des femmes pour les adives. — Les petits chiens de Henri III. — Il en vole dans Paris. — Ses singes et ses perroquets. — L'ordre du Saint-Esprit accordé en échange de deux chiens.

Tout méprisables que furent les derniers Valois, ils eurent pourtant deux passions dont il faut leur tenir compte, celle des Beaux-Arts et celle des beaux chiens. Je parle, bien entendu, non des chiens de chasse [1], mais des bonnes bêtes que l'on aime pour elles-mêmes, pour l'amour qu'elles vous témoignent et non pour l'utilité qu'on en retire. Encore, comme si aucune noble aspiration ne pouvait être le partage d'une aussi abominable race, allons-nous voir son dernier représentant dénaturer et exagérer ce sentiment au point de le rendre presque ridicule.

Avant d'en venir à François Ier, occupons-nous de sa famille, de sa mère d'abord. Dans le *Journal* où elle enregistre les principaux événements qui ont rempli sa vie, la naissance de ses enfants, leurs maladies, leurs absences, leurs retours auprès d'elle, elle ne néglige pas de mentionner, à la date du 22 octobre 1502, la mort de son petit chien

[1] Sur ce sujet, voy. ci-dessus, t. I, p. 288.

« Hapeguai, qui estoit de bon amour et loyal à son maistre [1]. »

Quand Marguerite, sœur du roi, commande le portrait que vient de reproduire M. Abel Lefranc [2], elle se fait représenter avec son chien favori sur ses genoux.

Sa seconde femme, Éléonore, sœur de Charles-Quint, avait une petite chienne nommée Mignonne, dont Clément Marot n'a pas dédaigné de célébrer les grâces et les vertus. Il nous apprend qu'elle partageait souvent le lit de sa maîtresse, qui avait chargé un peintre habile de fixer ses traits sur la toile :

> Sa maistresse, en un beau tableau,
> L'a fait paindre à Fontainebleau.
> La Royne en sa couche parée
> Luy a sa place préparée.
> Et dort la petite follastre
> Dessus la gorge d'allebastre
> De sa dame, si doucement
> Qu'on ne l'oit souffler nullement [3].

François Ier avait coutume de dire que, pour recevoir dignement chez soi un hôte il-

---

[1] *Journal de Louise de Savoie*, édit. Michaud, p. 87.

[2] *Dernières poésies de Marguerite de Navarre*, 1896, in-8°.

[3] *OEuvres*, édit. de 1731, t. III, p. 152.

lustre, il fallait veiller à ce qu'en arrivant, ses yeux fussent d'abord réjouis par la vue d'une belle femme, d'un beau cheval et d'un beau chien [1]. Une miniature provenant de la collection Gaignières nous montre le roi entouré des principaux seigneurs du royaume. Il est sur son trône, couronne en tête, revêtu du manteau royal, et il tient le sceptre et la main de justice. Au pied du trône se rengorge un énorme lévrier [2]. La race que François Ier préférait pour la chasse remontait à un vaillant animal, nommé Souillard, qui avait été donné à Louis XI. Celui-ci n'en fit pas grand cas ; comme ses prédécesseurs, il préférait les chiens gris, bons à toutes bêtes, tandis que Souillard, blanc de pelage, ne courait guère que le cerf. Il échut à un habile veneur, à Jacques de Brézé, et sous sa direction acquit une telle renommée qu'il excita l'envie d'Anne de Beaujeu [3], la plus sage, disaient les courtisans, la moins folle, disait le roi, des dames de la Cour. Elle-même possédait une admirable chienne, nommée Baude, qu'elle fit présenter à Souillard. D'une union si bien assor-

---

[1] Brantôme, t. IX, p. 296.

[2] Dans Montfaucon, t. IV, p. 320.

[3] Fille de Louis XI. Voy. ci-dessus, p. 13 et 25.

D'après Montfaucon.

tie naquirent seize chiens, dont les meilleurs furent Cleraut, Joubar, Meigret, Marteau, sans oublier Hoise, la bonne lice. C'étaient là, paraît-il, les noms en vogue pour les chiens de chasse. Dans les autres races, ils variaient à l'infini, témoin cette commère des *Caquets de l'accouchée* qui avait impertinemment appelé son chien Calvin[1]. François Ier croisa la descendance de Souillard avec deux nobles bêtes, Miraud, ami de Perot, dont j'ai parlé ailleurs[2], et Barraud, qu'il tenait de la reine d'Écosse[3].

Les chiens gris n'en avaient pas moins continué à pulluler, et Henri II hérita des deux lignages[4]. Il affectionnait aussi une petite race de chiens blancs, à laquelle il avait donné, non seulement un gouverneur, mais encore un boulanger chargé de fabriquer pour elle un pain particulier. On lit dans un des registres de la collection Baluze, cette mention : «16 novembre 1547, à Anthoine Andrault, boulengier des petits chiens blancs, 30 escus[5]. »

---

[1] Édit. elzév., p. 84.
[2] *Les magasins de nouveautés*, t. I, p. 182.
[3] Voy. Du Fouilloux, *La vénerie*, édit. de 1585, f⁰ˢ 2 et suiv.
[4] Brantôme, t. III, p. 276.
[5] *Magasin pittoresque*, t. XLII (1874), p. 164.

Sur la jolie estampe, contemporaine de
l'événement, qui représente la mort de Henri II,
deux petits chiens à long poil et en partie ton-
dus sont couchés entre le lit du mourant et
la table où les apothicaires préparent leurs
drogues [1]. La fille aînée du roi, Élisabeth, qui
devint reine d'Espagne, se fit peindre caressant de la main gauche un chien tout semblable [2]. Marie Stuart ne les recherchait pas
moins, même, durant l'hiver, elle les habillait
de velours bleu [3].

Au mois d'octobre 1572, la reine d'Angleterre envoie à Charles IX des dogues qu'il
essaye aussitôt, car le jour de leur arrivée, il
ordonne de payer vingt-cinq livres tournois à
un pauvre blanchisseur de Chaillot, « pour le
récompenser d'une vache qui luy auroit esté
tuée par les grands chiens du roi, revenant de
la chasse au bois de Boulogne. » Le 10 décembre de la même année, il confisque aux habitants de Meaux tous leurs chiens, sous prétexte qu'ils se permettent de chasser sur ses
terres [4]. Mais Charles IX, le fou qui attelait

---

[1] Dans A. F., *Les grandes scènes historiques du seizième siècle,* pl. 7.

[2] Dans Montfaucon, t. V, p. 64.

[3] *Inventaire de Marie Stuart,* p. 132 et 141.

[4] *Extrait des comptes,* etc. Comme ci-dessus.

quatre chevaux de front à son carrosse et les
lançait ventre à terre [1], s'entourait aussi de
chiens délicats ; nous le voyons, en 1560,
commander trente-six colliers de velours vert
et rouge « pour les levrettes de sa chambre [2]. »

Ronsard, qui semble avoir fort aimé les
bêtes, puisqu'il a chanté les grenouilles, les
fourmis et jusqu'aux frelons [3], écrivit l'épitaphe de Courte, chienne préférée de Charles IX. Loin de lui, dit-il, elle se montrait aimable et douce,

> Mais si tost qu'elle pouvoit estre
> En la présence de son maistre,
> Et que son Roy la caressoit,
> Ses amis plus ne cognoissoit
> Et les mordoit comme félonne,
> Ne voulant souffrir que personne
> Approchast de ce qu'elle aimoit.

Assez grande pour chasser le cerf, Courte
n'en montait pas moins sur la table aux heures
des repas, et allait prendre dans la main de
son maitre biscuits et massepains. Le roi la
regretta tellement qu'il ordonna de corroyer
sa peau et s'en fit confectionner des gants :

---

[1] Héroard, *Journal de Louis XIII*, t. I, p. 429.
[2] *Compte de David Blandin*, dans V. Gay, t. I, p. 414.
[3] *OEuvres,* édit. elzév., t. VI, p. 315, 322 et 351.

Après que la mort la ravit,
Encore le Roy s'en servit,
Faisant conroyer sa peau forte
En gans que Sa Majesté porte.
Courte ainsi, morte et vive a fait
A son Roy service parfait [1].

Ronsard a décrit aussi l'entrée aux enfers de Beaumont, robuste lévrier qui vint, en 1573, rejoindre Courte au séjour des morts :

Caron qui vit sa taille forte et grande,
Tout esbahy, du bateau luy demande :
« Qui t'a nourry? qui es-tu? d'où viens-tu?
Quelle contrée au monde t'a vestu
D'un si beau corps, qui de force surpasse
Tes compagnons qu'en ma barque je passe? »
Beaumont respond : « Un grand Roy m'a nourry,
De qui j'estois sur tous le favory;
Je viens de France et suis né de Bretagne [2]. »

L'année suivante, le même poète daigne rimer encore l'épitaphe d'une chienne bien-aimée, Barbiche, que pleurait Madeleine de l'Aubespine :

Ton sein luy servoit de rempart;
Elle vivoit de ton regard,
Toujours auprès de toy couchée.
Si tu avois joye ou soucy

---

[1] Tome VII, p. 250.
[2] Tome VII, p. 253.

Ta Barbiche en avoit aussy,
Comme toy joyeuse ou faschée[1].

Un autre membre de la Pléiade, Joachim de Bellay, composa également, mais en latin, une épitaphe ingénieuse destinée au tombeau d'un chien regretté. Brantôme en a reproduit deux vers[2], qui peuvent se traduire ainsi : « J'ai aboyé contre les voleurs, je suis resté muet vis-à-vis des amants : j'ai plu ainsi à mon maître et à ma maîtresse[3]. »

Henri III eut, comme ses prédécesseurs, une meute de chiens pour la chasse. Mais des bêtes si fières et si vigoureuses n'étaient pas faites pour charmer « ce douteux animal, au geste efféminé,

Au visage de blanc et de rouge empasté[4]. »

Et si, dans le beau portrait que le Louvre possède de ce « roy femme[5], » il est représenté avec un grand lévrier à son côté, c'est que le peintre s'est montré plus ami de la tradition que de la vérité.

---

[1] Tome VII, p. 257.
[2] Tome IX, p. 528.
[3] Voy. une imitation de cette épitaphe dans les poésies de Maynard, édit. de 1646, p. 96.
[4] Agrippa d'Aubigné, *Les tragiques*, édit. elzév., p. 101.
[5] Je l'ai reproduit dans *Les magasins de nouveautés*, t. I, p. 144.

Déjà, sous Charles IX, les femmes s'étaient prises de passion pour les adives, adires ou corsacs, petits carnassiers de la taille du chat, qui tiennent à la fois du chien et du renard, et qu'elles faisaient venir à grands frais du centre de l'Asie. Henri III s'engoua de chiens moins grands encore, une race alors très répandue à Lyon ; on les disait originaires de Malte ou de Naples[1], et il faut sans doute y reconnaître des bichons[2]. Il en portait plusieurs dans une corbeille galamment ornée, qu'un ruban suspendait à son cou ; pendant la marche, elle pendait du côté gauche, une fois assis, elle reposait sur ses genoux. Il ne la quittait, ni pour assister au sermon, ni pour donner audience aux ambassadeurs[3]. Quand ce drôle[4]

---

[1] Voy. A. Thevet, *Cosmographie*, édit. de 1575, t. I, p. 27. — H. Estienne, *Dialogues*, édit. Liseux, t. I, p. 194.

[2] Buffon écrivait vers 1755 : « Les chiens de Malte ou bichons étoient si petits que les femmes les portoient dans leur manchon... Il en reste si peu que je n'en ai pu trouver aucun pour le faire dessiner. » *Histoire naturelle*, t. V, p. 251.

[3] Voy. La Curne de Sainte-Palaye, *Mémoires de l'ancienne chevalerie*, édit. de 1826, t. II, p. 362.

[4] « Henri III tuait tout respect de la royauté. Il était femme jusqu'au bout des ongles. Il aimait les parures de femmes, les parfums, les petits chiens, il prit les pendants d'oreilles. Il en avait les manières, les grâces, et, comme elles, il aimait les jeunes gens hardis et duellistes, les

avait abandonné le trône de Pologne, il s'était
sauvé en volant les diamants de la couronne.
S'il avait besoin d'argent pour solder les folies
d'un de ses « mignons, » il allait à l'Hôtel de
Ville et pillait la caisse destinée au payement
des rentes. Le même procédé lui servit pour
se procurer les chiens qu'il aimait, « ces petits
mignards des dames, » comme les appelle
Henri Estienne[1]. Lisez ce qu'écrit dans son
Journal le chroniqueur Pierre de Lestoile[2] :

NOVEMBRE 1575. Il va en coche[3], avec la Roine,
son espouse, par les rues et maisons de Paris,
prendre les petits chiens damerets. Va semblablement par tous les monastères de femmes estans aux
environs de Paris faire pareille queste de petits
chiens, au grand regret et desplaisir des dames
auxquelles les chiens appartenoient.

14 JUILLET 1576. Le Roy et la Roine, sa femme,
arrivèrent à Paris, revenans du pays de Normandie,

bonnes lames qu'il supposait plus capables de le protéger. »
(Michelet, *Histoire de France*, t. X, p. 52.) « Rien dans
notre histoire n'offre la moindre analogie avec la Cour de
Henri III. Il faut remonter aux époques les plus dépravées
de l'antiquité romaine pour retrouver un pareil mélange de
débauche et de férocité, de folie et de légèreté sanguinaire...
La Cour était à la fois un lieu de prostitution et un coupe-
gorge. » (Henri Martin, t. IX, p. 471.)

[1] Comme ci-dessus.

[2] *Journal de Henri III*, édit. Michaud, p. 62 et 72.

[3] En voiture.

d'où ils rapportèrent grande quantité de guenons, perroquets et petits chiens achetés à Dieppe.

Écoutez encore un autre contemporain, le grave et impartial de Thou :

Le roi, ayant demeuré quelque tems en Bourbonnois, alla à Lyon, pour être à portée de ses deux favoris qui marchoient chacun avec une armée : Joyeuse du côté de l'Auvergne et du Gévaudan, et Épernon du côté de la Provence. Pendant qu'il étoit à Lyon, aussi tranquille que si tout le royaume eût joui d'une paix parfaite, il s'attacha à rassembler de ces petits chiens dont on est fort curieux dans cette ville. Tout le monde fut très surpris de voir un roi de France, au milieu d'une guerre si terrible et dans une disette extrême d'argent, donner à de semblables plaisirs tout ce qu'il avoit de tems et toutes les sommes qu'il pouvoit rassembler. En effet, quelque prodigue que fût ce prince, si l'on compare les profusions de sa Maison avec celles qu'il fit à Lyon pour des chiens, on trouvera ces dernières infiniment au-dessus des autres. Sans compter les dépenses en chiens de chasse et en oiseaux de proie, qui vont toujours à des sommes considérables par an dans les Maisons des rois, il lui en coûtoit tous les ans plus de cent mille écus d'or pour de petits chiens de Lyon ; et il tenoit à sa Cour, avec de gros appointemens, une multitude d'hommes et de femmes qui n'avoient d'autre emploi que de les nourrir. Il dépensoit aussi de grandes sommes en singes, en perroquets et en d'autres animaux des païs étrangers, dont il avoit toujours un grand nombre[1]. Quelquefois il s'en dégoûtoit et les donnoit tous; puis sa passion pour ces animaux revenoit, et il falloit alors lui en trouver à quelque prix que ce fut[2].

C'était déjà bien beau à lui de les payer, mais pour cela du moins toute monnaie était bonne, à preuve ce gentilhomme cité par Brantôme[3] qui, en échange de deux petits chiens, reçut l'ordre du Saint-Esprit.

Du Fouilloux s'élève avec raison contre le luxe dont on entourait alors les chiens de chasse eux-mêmes, contre « les poiles, estuves et autres magnificences qui semblent leur estre plus nuisibles que profitables[4]; » et Noël du Fail rappelle qu' « au temps de la simplicité, » l'on voyait « sous le grand banc de la salle, large de trois pieds, la belle paille fresche pour coucher les chiens, lesquels pour ouïr et sentir leur maistre près d'eux en sont meilleurs et vigoureux[5]. » Je ne saurais toutefois

---

[1] « Præterea magnos sumptus in simias et psittacos ac ejusmodi exotica animalia faciebat, quorum immanem copiam habebat. »

[2] *Historia*, édit. latine de 1620, lib. LXXXV, t. V, p. 144; raduct. française, t. IX, p. 599.

[3] Tome V, p. 105.

[4] *La vénerie*, fo 10 verso.

[5] *Contes d'Eutrapel*, édit. elzév., t. II, p. 167.

blâmer ce brave gentilhomme qui, regrettant
fort un chien dont il avait été bien servi et
bien aimé, le fit enterrer dans sa propre
chambre et pourtraire de grandeur naturelle
sur l'une des murailles[1].

III

LES CHATS ET LES PUCES

Le chat prédit la pluie. — Henri III hait les chats. —
    Raminagrobis. — Joachim du Bellay et son chat Belaud.
    — Haine de Ronsard pour les chats. — Leurs dange-
    reuses propriétés d'après Ambroise Paré. — Montaigne
    et sa chatte. — Le poète Maynard et sa chatte. — Les
    souricières.
Pourquoi les Chartreux n'ont jamais de punaises. — Les
    puces. — La puce de madame Desroches.

Des chiens passons aux chats. Le seizième
siècle a bien remarqué que ce joli animal possède la propriété de prévoir les jours de pluie.
On lit, en effet, dans l'*Évangile des quenouilles* :
«·Quant vous veez[2] un chat assis sur une
fenestre au soleil, qui lesche son derrière, et
la patte qu'il lève se porte au-dessus de
l'oreille, il ne vous convient de doubter que
ceste journée il ne pleuve[3]... » Mais en ce

---

[1] Brantôme, t. X, p. 109.
[2] Vous voyez.
[3] Édit. elzév., p. 42.

qui concerne les qualités et les défauts du chat, les opinions sont très partagées.

Henri III le hait. Rabelais l'appelle Raminagrobis, nom qui lui est resté et qui, à en croire les philologues, signifierait « un animal qui fait le gros monsieur sous sa robe d'hermine [1]. »

Le poëte Joachim du Bellay écrit à son ami Magny qu'il vient de perdre « *son* bien, *son* plaisir, *ses* amours. » C'est de son chat Belaud qu'il s'agit, et dans une jolie épitaphe, il nous en révèle toutes les vertus. Il était, dit-il, de couleur gris argentin, avait patte fine et longue queue. La mort n'eût osé le frapper si elle eût assisté à ses « folâtres ébats. »

Soit qu'il sautât, soit qu'il gratât,
Soit qu'il tournât ou voltigeât,
Soit que d'une façon gaillarde
Avec sa patte frétillarde
Il se frottât le musequin,
Ou soit que ce petit coquin
Privé sautelât sur ma couche,
Ou soit qu'il ravit de ma bouche
La viande sans m'outrager
Alors qu'il me voyoit manger,
Soit qu'il fit en diverses guises

---

[1] Voy. Rabelais, liv. III, chap. 21 ; édit. variorum, t. IV. p. 441.

Mille autres telles mignardises.

. . . .

> Aussi n'étoit-ce sa nature
> De faire partout son ordure,
> Comme un tas de chats qui ne font
> Que gâter tout par où ils vont.
> Car Belaud, la gentille bête,
> Si de quelque acte moins qu'honnête,
> Contraint possible il eut été,
> Avoit bien cette honnêteté
> De cacher dessous de la cendre
> Ce qu'il étoit contraint de rendre.

Ronsard et Ambroise Paré avaient l'esprit fait d'autre sorte. Le premier nous le dit carrément :

> Homme ne vit qui tant haïsse au monde
> Les chats, que moy d'une haine profonde ;
> Je hay leurs yeux, leur front et leur regard,
> Et les voyant je m'enfuy d'autre part,
> Tremblant de nerfs, de veines et de membres,
> Et jamais chat n'entre dedans ma chambre,
> Abhorrant ceux qui ne sçauroient durer
> Sans voir un chat auprès eux demeurer[1].

J'ai le regret de devoir rappeler qu'Ambroise Paré, ordinairement plus sage, a consacré tout un chapitre au venin du chat. Les chats écrit-il, infectent par leur cervelle, par

---

[1] *OEuvres*, édit. elzév., t. VI, p. 70.

leur poil, par leur haleine et même par leur
regard. « Matthiole[1] dit avoir cogneu[2] aucuns
prenans plaisir aux chats, qu'ils n'eussent jamais dormy sans en avoir quelques-uns couchez
auprès d'eux, de l'haleine desquels ils devinrent phthisiques, et enfin misérablement mou-
rurent. Les chats aussi offensent par leur
regard, tellement qu'aucuns voyans ou oyans
un chat, tremblent et ont une peur grande,
qui se fait par une antipathie venant de l'influence du ciel... Le chat infecte aussi ceux
qui mangent de sa cervelle[3], et sont tour-
mentez de grandes douleurs de teste, et quelquefois en deviennent insensez[4]. »

Montaigne chérissait sa chatte, et il subis-
sait le despotisme qu'exercent sur nous les
êtres que nous aimons. Presque au moment où
Paré traçait les lignes absurdes qu'on vient de
lire, Montaigne écrivait : « Quand je me joue
à ma chatte, qui sçait si elle passe son temps
de moy plus que je ne fais d'elle. Nous nous
entretenons de singeries réciproques. Si j'ay

---

[1] Le médecin italien Andrea Mattioli, mort en 1577.

[2] Connu.

[3] Sur la viande de chat et plus spécialement sur sa cervelle, voy. P. Castellanus, *De carnium esu,* lib. III, cap. xii,
de carne felina, p. 190.

[4] *OEuvres,* édit. de 1607, p. 782.

mon heure de commencer ou de refuser, aussi a-t-elle la sienne [1]. »

Le poète François Maynard ne devait guère se montrer moins complaisant, lui qui célébrait la mort de sa chatte par un sonnet, fort médiocre d'ailleurs :

> J'auray toujours dans la mémoire
> Cette peluche blanche et noire
> Qui la fit admirer de tous.
>
> .   .   .   .
>
> Dame Cloton l'a mal-traittée
> Pour plaire aux souris de chez nous
> Qui l'en avoient sollicitée [2].

Notons donc qu'en ce temps-là, les chats, mêmes gâtés, prenaient les souris, bien souvent dédaignées par les nôtres. Toutefois les souricières avaient reçu des perfectionnements [3]. Béroalde de Verville en décrit une, munie d'un ressort « qui serre le rat par le milieu du corps [4]. » Des marchands ambulants criaient aussi par les rues

> La mort aux ratz et aux souriz !
> C'est une invention nouvelle,

[1] *Essais*, liv. II, chap. XII.
[2] *OEuvres*, édit. de 1646, p. 99.
[3] Voy. ci-dessus, t. I, p. 311.
[4] *Le moyen de parvenir*, édit. de 1841, chap. L, p. 170.

Qui est assez bonne et belle
Pour prendre les ratz et souriz [1].

Les chats du seizième siècle avaient-ils des puces? Il y a lieu de le croire. Mais ce que des documents irréfutables permettent d'affirmer, c'est que les Chartreux étaient exempts de punaises dans leurs cellules. Notez que ces religieux ne portaient point de linge, couchaient tout habillés, changeaient fort rarement de vêtements et conservaient pendant vingt ans la même paillasse. Quelle est l'origine de cet inappréciable privilège? La question a été fort discutée et elle en valait la peine. Le Père du Breul assure qu'il y faut voir une prérogative toute spéciale accordée à l'ordre des Chartreux par le Très-Haut. Cardan n'en veut rien croire, et soutient que l'absence des punaises est due à ce que ces religieux ne mangeaient jamais de viande. Scaliger et Vossius reprennent aigrement Cardan : pour eux, il n'y a là ni privilège ni mystère; si, disent-ils, les Chartreux ne connaissent pas les punaises, c'est que, sans doute, ils sont moins malpropres que les autres moines [2].

[1] Voy. *L'annonce et la réclame*, p. 173.
[2] Voy. J.-B. Thiers, *Traité des superstitions*, édit. de 1697, t. I, p. 362.

Puisque j'ai été amené à mentionner ces
abominables bestioles, je consacrerai encore
quelque lignes à un autre insecte, dont je me
suis occupé déjà[1], et qui a eu l'honneur de
jouer un rôle dans l'histoire littéraire du seizième siècle. Durant les *Grands jours* de Poitiers en 1579, Madeleine Desroches et sa fille
Catherine, beaux esprits de la ville, ouvrirent
leurs salons à « plusieurs doctes advocats et
autres gentils personnages qui lors estoient
à Poitiers. » Parmi eux figuraient Scaliger,
Rapin, Harlay, B. Brisson, A. Loisel et le
savant Étienne Pasquier, jurisconsulte, historien, poète même, comme on va le voir. Un
jour, assis auprès de Mme Desroches, il aperçut une puce « qui s'estoit venue camper au
beau milieu de son sein. Il luy dit, par forme
de risée, que vrayement il estimoit ceste puce
la plus prudente et hardie que l'on eut sceu
désirer : prudente d'avoir entre toutes les
parties de ceste dame choisi ce beau lieu pour
hébergement, et très hardie de s'estre mise
en un si beau jour. Et comme ce propos fut
rejeté d'une bouche à autre par une conten-
tion mignarde, finalement celuy qui estoit

---

[1] Voy. ci-dessus, t. I, p. 218 et 315.

auteur de la noise luy dit que, puisque ceste
puce avoit receu tant d'heur de se repaistre du
sang d'elle et d'estre honorée de leurs propos,
elle méritoit encores d'estre enchassée dans
leurs papiers. » La société se mit à l'œuvre,
et il en résulta tout un volume d'ineptes madrigaux français, espagnols, latins et même
grecs, qui furent publiés en 1581 sous ce
titre : *La puce de Madame Des-Roches, qui est un*
recueil de divers poëmes composez par plusieurs
doctes personnages, aux Grans Jours tenus à
Poitiers l'an M D LXXIX [1]. De ces madrigaux,
voici le début du premier. Étienne Pasquier
l'avait perpétré, et il suffira pour donner une
idée de l'ensemble :

> Puce qui te viens percher
> Dessus cette tendre chair,
> Au milieu des deux mamelles
> De la plus belle des belles,
> Qui la piques, qui la poins,
> Qui la mors à tes bons poins,
> Qui t'enyvrant sous son voile
> Du sang, ains du nectar d'elle,
> Chancelles et fais maint sault
> Du haut en bas, puis en haut :
> O que je te porte envie
> A l'heur fatal de ta vie !

. . . .

[1] Paris, in-4º, très rare. Réimprimé en 1583.

IV

LES OISEAUX ET LES POISSONS

Les oiseaux au seizième siècle. — L'oiseau de paradis est-il
apode? — Belon donne le portrait du phénix. — Les
hérons de François Ier. — Le héron, le butor, la cigogne,
le cygne et la grue constituent des mets très recherchés.
— Le paon gardien des habitations. — Le corbeau est
aussi gros qu'un aigle. — La corneille aux choux. — Les
perdrix ne peuvent vivre en Angleterre. — Comment on
mange les alouettes. — L'étourneau, la gélinotte, la sarcelle, l'hirondelle, le coucou. — Introduction en France
de la tadorne, de la pintade et du francolin. — Castration
des poulets. — Éclosion des œufs obtenue par la chaleur
artificielle. Expériences faites sous les yeux de François Ier. — L'art d'élever les poules et de s'en faire quatre
mille cinq cents livres de revenu. — François Ier fait
creuser l'étang de Fontainebleau. — Introduction en
France du poisson rouge. — Un vieux proverbe.

Les oiseaux tiennent peu de place durant
cette période, et je n'ajouterai pas grand'-
chose à ce que j'en ai dit dans le chapitre
précédent. Le connétable Anne de Montmorency paraît avoir eu pour eux un goût assez
vif, et il en acceptait volontiers des souverains
étrangers qui voulaient lui plaire; le sultan
Soliman et Barberousse, « roy d'Alger, » lui
en envoyèrent[1]. Brantôme cite l'oiseau de
paradis[2], dit alors oiseau de Dieu, et qui

[1] Brantôme, t. III, p. 347.
[2] Tome IX, p. 262.

passait pour originaire du paradis terrestre,
Comme on coupait les pattes à ceux que le
nouveau monde nous envoyait empaillés, on
croyait et l'on crut encore longtemps après,
que cet oiseau était apode. Pourtant, dès
1522, Pigafetta écrivait, dans le récit de son
voyage autour du monde [1], que l'oiseau de
paradis possède « des jambes de la grosseur
d'une plume à écrire, » ce qui d'ailleurs est
fort exagéré.

Il semble bien que Brantôme ajoutait foi à
la légende du phénix [2] qui « se brusle luy
mesme quand vient sa fin, » ressuscite et est
ainsi toujours seul au monde de son espèce [3].
Je rappellerai à cette occasion qu'Éléonore
d'Autriche, seconde femme de François Ier,
avait pris pour devise les mots *Unica semper
avis*, accompagnant un phénix sur son bûcher [4]. Belon, en 1557, donne le portrait de
ce volatile fabuleux, et écrit : « Chacun peult
voir le plumage de ce bel oyseau estranger,

[1] *Premier voyage autour du monde, fait pendant les
années* 1519 *à* 1522, *traduit en français,* édit. de l'an IX,
p. 197.

[2] Voy. ci-dessus, t. I, p. 176.

[3] Tome IV, p. 143.

[4] Sainte-Marthe, *Histoire généalogique,* édit. de 1628,
t. I, p. 638.

assez commun dedans les cabinets des grands
seigneurs, tant de nostre France que du païs
de Turquie, qu'estimons estre ledit phœnix [1]. »

François Ier était possédé d'une sympathie
particulière pour les hérons. Il en avait dressé
plusieurs, qui lui obéissaient, venaient à son
appel comme des chiens ; aussi fit-il construire
Fontainebleau deux belles héronnières [2].

Le héron était alors fort estimé des gour-
mets : C'est « viande royale, dit Belon, et la
noblesse françoyse fait grand cas de les manger [3]. » Elle n'estimait pas moins le butor,
oiseau de la même famille : « Il est entre les
délices françoyses, » dit encore Belon [4]. Les
cigognes passaient également pour « viande
royale; » en outre, prétendait-on, « son gésier
est bon contre les venins, et qui aura mangé
d'un cigogneau ne sera lousche de sa vie [5]. »

La grue ne jouissait pas de ces utiles propriétés, mais elle était « réputée délicieuse [6], »

---

[1] *Portraits d'oyseaux, animaux, serpens, herbes, arbres,
hommes et femmes d'Arabie et d'Égypte observez par
P. Belon*, 1557, in-4°, p. 23 recto.

[2] Voy. P. Belon, *Histoire de la nature des oyseaux*, édit.
de 1555, p. 189.

[3] *Ibid.*, p. 190.

[4] *Ibid.*, p. 193.

[5] *Ibid.*, p. 203.

[6] *Ibid.*, p. 189.

bien que Castellanus [1], après Galien, eût déclaré sa chair dure, fibreuse, longue à cuire.

L'outarde, très estimée aussi, était tenue au contraire pour fort tendre [2].

Rabelais [3] et Belon [4] mentionnent le cygne parmi les mets recherchés ; Castellanus prétend toutefois qu'on les sert dans les repas « non tam ad gustum quam ad ostentationem [5]. »

Le paon avait vu sa gloire peu à peu s'obscurcir [6], mais il comptait encore des partisans : « Quelle plus exquise chair que la sienne sauriez-vous manger? » s'écrie Olivier de Serres. Il ajoute que le paon, à la voix aigre et criarde, peut au besoin remplacer le chien de garde ou s'associer à lui : « Ils descouvrent les estrangers survenans en la maison de jour et de nuict. De quoi je suis fidèle tesmoin, car durant les guerres civiles, ils m'ont fourni diverses preuves de ceste louable qualité, aians souventes fois esventé

[1] *De carnium esu*, p. 284.
[2] Belon, *Nature*, p. 237.
[3] Rabelais, liv. IV, ch. lix.
[4] Page 152.
[5] Page 274.
[6] Voy. *Les repas*, p. 60 et 92.

les secrètes approches des ennemis en la
mienne maison durant l'obscurité de la nuict,
estans perchés sur les arbres qui sont le plus
prochains [1]. » Suivant Bruyerin Champier,
l'on entretenait en Normandie, près de Lisieux, de vrais troupeaux de paons. Engraissés,
dit-il, avec de mauvais grains et de mauvais
fruits, ils sont vendus aux marchands poulaillers qui en trouvent le débit dans les grandes
villes; ils y sont recherchés par les gens riches
et figurent dans les repas de noce. On en
élève très peu dans les autres provinces de
France, où on les regarde comme une peste,
car ils ravagent les jardins et se plaisent à
voler sur les toits des maisons dont ils
brisent les tuiles [2].

La chair du corbeau était réputée malsaine;
cependant on mangeait les jeunes, affirme
Belon [3], qui prétend qu' « un corbeau est à
peu près aussi gros comme un aigle. » Si le
plus célèbre ornithologiste du seizième siècle
décrit ainsi les oiseaux qu'il a vus, il est per-

---

[1] *Théâtre d'agriculture et mesnage des champs*, p. 367.
Je cite ici l'édition de 1600, dernière limite de ce chapitre.

[2] Bruyerinus Campegius, *De re cibaria*, édit. de 1560,
p. 784.

[3] Page 279. — Voy. aussi Rabelais, liv. IV, chap. LIX.

mis de suspecter un peu sa précision à l'égard
des autres.

La corneille grise passait pour un mets
excellent, surtout accommodée aux choux[1].
C'était aussi la meilleure manière d'apprêter
les perdrix. Champier nous apprend que ce
gallinacé n'existe pas dans la Grande-Bre-
tagne. De nos jours, écrit-il, le roi d'Angleterre fit acheter une prodigieuse quantité de
perdrix rouges, espérant en peupler son île,
mais elles ne purent s'y acclimater[2]. Suivant
Delamarre, cette expérience eut lieu sous
François Ier, et un ambassadeur d'Angleterre
se serait borné à en emporter un couple en
cage. Ces petites bêtes, dit-il encore, s'apprivoisent facilement, et arrivent à parler aussi
bien que les perroquets[3].

Les alouettes étaient à Paris un mets très
commun. On les servait bardées de lard et
enfilées par six ou par douze dans une petite
broche de bois. On en faisait aussi des pâtés[4].
Le pluvier se montrait parfois si abondant que
la Beauce en envoyait à Paris de pleines char-

[1] Champier, p. 832.
[2] Champier, p. 791.
[3] *Traité de la police*, t. II, p. 1390.
[4] Champier, p. 808.

rettes[1]. Les merles se multipliaient surtout
dans la Normandie ; on les y prenait soit à la
glu, soit au flambeau durant la nuit[2] ; mais ils
étaient surtout estimés pour leur chant, dont
François Ier faisait, dit-on, grand cas.

L'étourneau se dressait comme le perroquet :

Un estorneau se peult nourrir en cage,
Et s'il est masle, à parler on l'apprend[3].

Les délicats préféraient la gélinotte au
faisan. Les gens qui en apportent à Paris
« viennent communément de la Lorraine, et
sachans qu'elle est de plus friand manger que
les faisans, les vendent quelquefois deux escus
la pièce, car quand ils en amènent, les pourvoyeurs des princes les envoyent à la Cour,
ou bien les rostisseurs les retiennent pour les
festins et banquets privez et pour les nopces
des grands seigneurs[4]. » Les sarcelles ne sont
guère moins estimées ; elles se vendent souvent aussi cher que les oies ou les chapons[5].

---

[1] Belon, *Nature*, p. 260.
[2] Champier, p. 806.
[3] Belon, *Portraits*, p. 81.
[4] Belon, *Nature*, p. 252.
[5] Belon, *Ibid.*, p. 176.

L'hirondelle recherche la présence de l'homme :

Dans les maisons fait son nid l'hirondelle,
Ou bien souvent dans quelque cheminée[1].

Le coucou, que Belon nomme *coqu*[2], pris jeune et au moment où il sort du nid, était regardé comme le mets le plus délicat qui existât, « nulla avium suavitate carnis comparatur illi[3]. »

La tadorne, variété de la cane, venait d'être introduite en France ; on l'y « voit rarement, écrit Belon en 1555, sinon ès courts des grands seigneurs, à qui on les apporte des autres provinces de dehors[4]. » Il en était de même de la pintade, qui avait été importée au commencement du siècle par des marchands venus de la Guinée : « Elle se voit rarement en nostre France, » dit Belon[5]. Le francolin s'y voyait encore moins : « Quelques hommes dignes de foy nous ont rapporté qu'ils en avoient veu manger en France à la table du feu roy Françoys, restaurateur des lettres, qui avoyent

---

[1] Belon, *Portraits*, p. 99.
[2] Belon, *Nature*, p. 132.
[3] Champier, p. 811.
[4] Belon, *Nature*, p. 172.
[5] Belon, *Portraits*, p. 36.

esté envoyez des monts Pyrénées et des montagnes de Foys [1]. »

La castration des poulets était pratiquée depuis longtemps, mais celle des poules date seulement du seizième siècle. « Cela, dit Olivier de Serres, se fait par incision, en leur ostant certaine pellicule, à quoi les moindres mesnagères sont entendues. Comme tous les autres chastremens, ceux-ci se font en la lune vieille et jour clair et serein [2]. »

C'est également au seizième siècle que l'on eut l'idée d'obtenir l'éclosion des œufs au moyen de la chaleur artificielle. Les premières expériences furent faites, sur l'ordre de François Ier et sous ses yeux, au château de Montrichard en Touraine. Jacques Gohorry, dans un livre publié en 1572, parle des « œufz des poulets qui estoient couvez l'hyver au grand Roy François à Montrichard [3], » et Champier mentionne un très habile homme qui aurait assuré le succès de cette découverte [4]. Olivier de Serres écrit encore : « C'est une trop grande

---

[1] Belon, *Nature*, p. 240.

[2] Page 361.

[3] *Instruction sur l'herbe petum ditte en France l'herbe de la Royne ou Médicée* [c'est le tabac], p. 9.

[4] « Hujus rei artifex ingeniosissimus extitit ætate nostra. » Page 777.

curiosité que de faire esclorre les œufs de
poule sans les mettre couver sous aucune
volaille. Cela se fait néantmoins en un petit
fourneau à cela accommodé, eschauffé par le
dessous d'un feu continuel, esgal et non trop
fort, duquel les œufs sont eschauffés, et dans
dix-huit ou vingt jours les poussins en sortent
avec esbahissement [1]. »

Même sans employer ce procédé, l'on avait
déjà préconisé une spéculation qui, de nos
jours, a eu plutôt le lapin pour objet, car l'on
doit à un jurisconsulte du seizième siècle l'art
d'élever les poules et de s'en faire quatre mille
cinq cents livres de revenu. Voici le titre complet du rarissime petit traité qu'il publia
en 1581 : *Discours œconomique, non moins
utile que récréatif, monstrant comme, par le
mesnagement de poulles, de cinq cens livres pour
une foys employées, l'on peult tirer par an quatre
mil cinq cens livres de proffit honneste. Par
M. Prudent le Choyselat, Procureur des Ma-
jestez du Roy et de la Royne à Sezanne* [2]. Le

---

[1] Page 358. — C'est en 1749 que Réaumur publia son *Art
de faire éclore et d'élever en toute saison des oiseaux domestiques de toutes espèces, soit par le moyen de la chaleur
du fumier, soit par le moyen de celle du feu ordinaire.*
Imprimerie royale, 2 in-12.

[2] « A Paris, chez Nicolas Chesneau, rue S. Jaques, au
chesne verd. »

volume est dédié « à Monseigneur Monsieur le comte de Rochefort, Damoyseau [1] de Commercy, chevalier de l'ordre du Roy, et capitaine de cinquante hommes d'armes de ses ordonnances. »

Un mot sur les poissons. François Ier fit creuser le magnifique étang de Fontainebleau [2]. Que des carpes y prissent leurs ébats, cela ne fait pas doute, mais a-t-on pu y voir des poissons rouges ? Le fait a été très contesté. Isidore Geoffroy Saint-Hilaire place l'introduction en France du cyprin doré soit au moyen âge, soit au dix-septième siècle, soit au dix-huitième [3], ce qui est un peu vague. Suivant Legrand d'Aussy, les premiers que l'on ait vus en France furent apportés de Chine pour Mme de Pompadour [4]. Je laisse à un autre le soin d'éclaircir cet important pro-

[1] Titre que portaient héréditairement les seigneurs de certains fiefs, celui de Commercy entre autres. Cette seigneurie ayant passé dans la maison de Gondi, le cardinal de Retz s'est dit parfois damoiseau de Commercy.

[2] Voy. P. Dan, *Le trésor des merveilles de Fontainebleau*, p. 179. — Guilbert, *Description de Fontainebleau*, t. II, p. 86.

[3] *Histoire naturelle des règnes organiques*, t. III, p. 50. — *Acclimatation des animaux utiles*, 4e édit., p. 179 et 219.

[4] Tome II, p. 76.

blème. Mais ce que je puis affirmer, c'est qu'un proverbe bien connu était déjà fort en usage au seizième siècle. Dans *Le morfondu* de Larivey, comédie écrite vers 1580, Léger qui est à la recherche de ses amis Lambert et Philippes, s'écrie : « Où diable les pourray-je trouver à ceste heure? Ce me sera chercher des poissons sur les tours de l'église Nostre-Dame [1]. »

---

[1] Acte IV, scène i. Dans Viollet-le-Duc, *Ancien théâtr françois,* t. V, p. 355.

CHAPITRE III

HENRI IV ET LOUIS XIII

I

La chienne et la guenon de Jeanne d'Albret. — Extraits des archives des Basses-Pyrénées. — Animaux qui égayent la Cour à Pau : chamelle, mulets, biches, chiens, oiseaux, ânesses, ours, loups, singes, etc. — La comtesse de Guiche allant à la messe. — D'Aubigné et Citron, chien de Henri IV. — Le Béarnais envoie à Dieppe son chien Fanor. — Qui m'aime, aime mon chien. — Robert et Frère-Jean, singes du roi. — Les chiens Cadet et Soldat; le premier mange à table, le second mord un jour le Dauphin. — Les chiens de Marie de Médicis : Favori et Brigantin. Son sapajou, ses guenons, ses écureuils apprivoisés.

Chiens d'agrément ayant appartenu à Louis XIII enfant : Charbon, Cavalon, Isabelle, Lion, Pataut, Vaillant, Gayan, Tinton, Nourac. — Ses singes, ses guenons, son lapin privé, son chameau, sa chèvre savante, son mulet. — Autres chiens appartenant à sa nourrice, à son médecin, etc.

Passion de Louis XIII pour les oiseaux. — Le connétable de Luynes. — La volière du Louvre et celle des Tuileries; celle de Fontainebleau. — Les oiseaux de la chambre du roi et leur siffleur; perroquet et caille privés. — Une volière au dix-septième siècle. — Madame d'Anguittard veut qu'on élève une volière sur son tombeau. — Nom donné au ramage de chaque oiseau. — Lycophagos, tourne-broche du collège de Reims.

Henri IV était Valois par sa grand'mère
Marguerite, mais il eut l'esprit d'emprunter
surtout à cette race ce qu'elle avait de bon,
son amour pour les bêtes. Jusqu'à la mort du
Béarnais, nous allons voir les palais royaux
encombrés d'animaux de toute espèce, trans-
formés en une sorte de ménagerie intime.

Sa mère Jeanne d'Albret affectionnait les
guenons. Elle posséda aussi une aimable
chienne qui, un jour, mangea à moitié une
lettre que sa maîtresse écrivait au roi d'Espagne[1]. Son mari Antoine de Bourbon paraît
avoir préféré les oiseaux; en 1557, il acheta
jusqu'à dix cigognes.

Au reste, pour tout ce qui concerne la
petite Cour de Pau, l'*Inventaire des Archives
des Basses-Pyrénées*[2] fournit des renseigne-

[1] Jeanne d'Albret, *Mémoires*, édit. de Ruble, p. **32**.

[2] Il a été dressé par M. Raymond, archiviste du département. Quelques extraits, étrangers au sujet que je traite
aujourd'hui, mais appartenant à la même période, vont montrer tout l'intérêt que présente ce travail pour l'étude des
mœurs et de la vie privée. J'avertis que le mot *roi* désigne
toujours ici Henri III de Navarre, celui qui devint Henri IV
de France.

ANNÉE 1571. Raccommodage des lunettes et de la montre
de la reine [Jeanne d'Albret]. — Jouets pour Catherine
[sœur de Henri IV].

ANNÉE 1577. Dépense faite par le roi chez un pauvre
paysan à la chasse. — Habillement de Thomiu, fou du roi.
— Achat de verges pour fouetter les pages.

ments aussi sûrs que curieux. J'y relève les mentions suivantes :

Année 1560. Dépense pour la chamelle, 64 livres.
Année 1563. Nourriture du mulet et des biches.

Année 1578. Guérison d'un valet atteint de syphilis. — Bonnet à houppes pour Thomiu. — Remboursé à Dufaur [de Pibrac], chancelier de Navarre, soixante-sept livres, avancées par lui pour l'ordinaire du roi, qui manquait faute d'argent. — Chausses de couleur, jupe verte, jaune et rouge, pour Thomiu.

Année 1579. Dépense de torture, payée à Jean Lanne, chirurgien. — Achat de dix-neuf paires de psaumes pour les pages de l'écurie. — Clystère laxatif pour le roi.

Année 1580. Panache d'oiseau de paradis, trois cents livres. — Papier à lettre au chiffre et à la devise royale.

Année 1581. Or pour plomber les dents du roi, quinze livres quinze sols. — Pour un pot de chambre d'argent, quatre livres.

Année 1582. Raccommodage des chausses du roi.

Année 1583. Éponges pour laver la tête du roi. — Étoupes pour les besoins du roi. — Urinal pour le roi. — Réparations à la chaise percée du roi.

Année 1585. Deux verres mis aux montres du roi par un vitrier de Montauban.

Année 1586. Cercueil pour Thomiu. — Cure-dents. — Location de linge de table. — Pour une cuirasse à l'épreuve de la balle. — Peignes de bois pour le roi.

Année 1587. Envoi à Paris de quinze cents exemplaires de *La loi salique*, par Pierre de Belloy.

Année 1588. A un laquais de Corisande d'Andouins, cinq livres.

Année 1589. Dépense dont le roi veut qu'il ne soit pas fait mention, 5,108 écus.

Année 1590. A François Lalo, nain, soixante-douze livres.

ANNÉE 1575. Entretien des chiens du roi[1].

ANNÉE 1576. Pour la nourriture des petits oiseaux, 30 livres.

ANNÉE 1577. Pour une guenon achetée à Blois pour la reine de Navarre[2], 38 livres.

ANNÉE 1578. Guérison de la gale des épagneuls. — Achats d'oiseaux pour le roi. — Nourriture de l'ânesse royale.

ANNÉE 1580. Entretien des lévriers à lièvres, des lévriers d'attache[3] et des chiens couchants. — A Johoratio do Cagla, Piémontais, marchand d'oiseaux.

ANNÉE 1581. Transport de petits oiseaux à la suite du roi. — Entretien du grand dogue du roi. — Achat d'oiseaux.

ANNÉE 1582. — Millet pour les cailles, perdrix et faisans du roi. — Achat d'un perroquet et d'une guenon, 53 livres. — Transport d'oiseaux exotiques de Bayonne à Pau. — Colombier pour des pigeons de l'Inde achetés à La Rochelle.

ANNÉE 1583. Chaîne pour le dogue du roi. — Achat de poules de Barbarie. — Achat de perroquets. — Entretien de l'ours du roi. — Dépenses du loup du roi.

ANNÉE 1584. Médicaments pour les chevaux.

ANNÉE 1585. Corde pour attacher Bertrand, singe du roi.

---

[1] Henri IV, né en 1552, devint roi de Navarre, sous le nom de Henri III, en 1572. Voy. *L'enfant*, t. I, p. 112.

[2] Jeanne d'Albret.

[3] Chiens de garde.

ANNÉE 1586. Envoi d'une guenon au roi. — Cage pour les perroquets du roi. — Chaîne pour les guenons. — Nourriture des grues, hérons et petits oiseaux. — A Arnaud de Bedora, pour l'entretien des petits chiens terriers.

ANNÉE 1587. Entretien des dogues du roi. — Entretien des singes et des petits chiens du roi. — Entretien des épagneuls.

ANNÉE 1588. Au capitaine Bertin, pour un perroquet. — Entretien de trente chiens. — Dégâts commis par Robert, singe du roi, chez un apothicaire et une fruitière. — Soins à un laquais mordu par Robert, singe du roi.

ANNÉE 1589. Dépense des chiens terriers du roi.

D'Aubigné nous apprend que la comtesse de Guiche[1], maîtresse du roi, se rendait à la messe accompagnée d'un singe et d'un barbet[2]. Il a aussi consacré quelques lignes au fidèle Citron, un épagneul qui avait été pendant longtemps le favori de son maître, car sans cesse il était à ses pieds, et souvent partageait son lit, couchait entre lui et Frontenac. D'Aubigné, traversant Agen en 1577, rencontra Citron, alors abandonné, errant, affamé. Citron le reconnut et le combla de caresses. D'Aubigné, ému, le conduisit d'abord à une

---

[1] La belle Corisande d'Andouins.
[2] *Sa vie, à ses enfants*, édit. Réaume, t. I, p. 51. — *Mémoires*, édit. Buchon, p. 495.

bonne dame de la ville, chez qui il le mit en
pension ; puis, ayant emporté son collier, il y
fit graver un sonnet dédié à Henri, et dont
voici le début et la fin :

Le fidèle Citron, qui couchoit autrefois
Sur votre lit sacré, couche ores sur la dure.

. . . .

Courtisans, qui jetez vos dédaigneuses vues
Sur ce chien délaissé, mort de faim par les rues,
Attendez ce loyer de la fidélité [1].

L'ingrat souverain profita-t-il de la leçon ?
Peut-être. Car, dans la suite, Fanor, un des
successeurs de Citron, ayant été mordu par
un chien enragé, Henri l'envoya aussitôt à
Dieppe, afin de lui faire prendre des bains de
mer, remède réputé fort efficace contre la
rage. Le seigneur de Sigongnes, gouverneur
de Dieppe, festoya très bien le pauvre animal,
d'où le roi vit qu'il avait en lui un ami, car,
disait-il, « qui m'aime aime mon chien [2]. »

Henri, devenu roi de France, ne s'en montra pas plus fier vis-à-vis de son singe Robert,
qui vécut au moins jusqu'en 1508, puisque,
le 9 mai de cette année, le petit Louis XIII
prit plaisir à le voir poursuivi par des chiens.

[1] *Mémoires, Ibid.*, p. 36 et 487.
[2] A. Bouteiller, *Histoire de la ville de Dieppe*, p. 338.
— Le proverbe date du treizième siècle.

Toutefois, Henri lui avait donné un compagnon, un autre singe nommé Frère-Jean. Un
chien appelé Cadet prenait part au repas de
la famille. Héroard, médecin du petit prince,
écrit dans son *Journal*, à la date du 25 juin
1607 : « Le roi jette sur la table à Cadet de
la menue dragée; le chien la lèche, M. le
Dauphin la ramasse et la mange. » Soldat
était un chien très hargneux que le roi semble
avoir beaucoup aimé. En août 1608, il mordit
le Dauphin; celui-ci, deux mois après, ayant
feint de le battre, le roi l'en blâma [1].

Henri IV épousa en 1600 Marie de Médicis.
Les époux, qui ne s'entendaient guère [2], avaient
pourtant tous deux le goût des bêtes. Favori,
un des chiens de la reine, assistait parfois aux
repas, assis près d'elle sur la table. Un autre,
nommé Brigantin, mordit un jour le Dauphin
à la figure [3]. Marie de Médicis admettait aussi
dans son intimité un sapajou et une guenon [4].
Plus tard, au temps de sa régence, elle s'engoua des écureuils, réussit à en apprivoiser,
à en dresser même. Malherbe écrivait à Pei-

---

[1] Héroard, t. 1, p. 104, 266, 327, 332, 338 et 342.
[2] Voy. *L'enfant*, t. I, p. 116 et suiv.
[3] Héroard, t. I, p. 127 et 434.
[4] *Ibid.*, t. I, p. 184.

resc le 27 janvier 1614 : « Les escuriaux ne
dansèrent point au Louvre; bien en parut-il
trois ou quatre ce soir, mais ils disparurent
tous aussitôt : le roi les devoit voir[1]. »

Dressons maintenant la liste des animaux
qui égayèrent l'enfance de Louis XIII, la liste
des chiens d'abord. Il n'avait pas encore
quatre ans quand M. de Longueville lui amène
un lévrier nain tout noir, nommé Charbon[2];
il possédait déjà un chien appelé Cavalon, et
il eut l'année suivante une petite chienne qui
répondait au nom d'Isabelle. En janvier 1606,
le prince de Galles lui envoie « une meute
de petits chiens; » au mois de septembre, le
roi lui donne Lion, un barbet qu'il attelle,
avec son vieux camarade Pataut, à un petit
carrosse. En 1607, le prince de Galles lui offre
encore « deux grands et beaux barbets. »
En 1608, autre don de douze chiens par la
comtesse de Mansfeld, et de deux « petits
chiens d'Artois; » puis on lui apporte deux
« chiens perdus. » En 1609, je le vois mettre
avec lui dans son lit son chien Vaillant[3].

---

[1] *Lettres* de Malherbe, édit. de 1822, p. 334.
[2] Héroard, t. I, p. 117.
[3] Héroard, t. I, p. 116, 117, 170, 187, 217, 218, 264,
267, 335, 336, 345, 366, 403 et 413.

En 1610, son chien Gayan est mordu par un chien enragé, mais il en acquiert deux autres : Ouël et Griffon. En 1611, il en possède encore deux nouveaux, Tinton et Mourac. En 1614, il fait courir un levraut par Valet, « son bon épagneul[1]. »

Outre tous ces chiens, il avait un lapin, des guenons et des singes apprivoisés; un caméléon; un chameau, don de M. de Nevers; une chèvre savante, achetée vingt-six écus d'or; un mulet, offert par M. de Courtanvaux; des haquenées et six petits bidets[2].

Il faut encore ajouter à cette intéressante ménagerie : Pataut, chien de sa nourrice; Miraude, chienne de son médecin Héroard, et Orianne, chienne de Mme Héroard[3].

Par la suite, et bien jeune encore, Louis XIII s'éprit surtout des oiseaux. On sait l'ascendant qu'acquit sur lui d'Albert de Luynes, petit gentilhomme de noblesse équivoque[4], que Souvré, gouverneur du Dauphin, plaça

---

[1] Héroard, t. II, p. 22, 43, 63, 82 et 166.

[2] Héroard, t. I, p. 370 et 408; t. II, p. 22, 36, 79, 81, 82, 87 et 93.

[3] Héroard, t. I, p. 242, 251 et 253.

[4] Il était fils du fils naturel d'un chanoine d'Avignon appelé Aubert. Son père emprunta le nom de Luynes « à quelque chaumière. » Tallemant des Réaux, t. I, p. 398.

auprès de son élève vers 1611. Luynes dut sa
faveur à l'habileté qu'il montra dans l'art de
dresser les pies-grièches, volatiles méchants
et hargneux, moitié passereaux, moitié oiseaux
de proie, que les Valois, François Ier et Charles IX entre autres, avaient eus en haute estime. Louis XIII créa d'abord pour Luynes la
charge de *maître de la volerie du cabinet*, le
faisant ainsi gouverneur de ses oiseaux préférés ; il le nomma ensuite grand fauconnier, et
un jour vint où l'on put voir ce dompteur de
pies-grièches ceindre l'épée de connétable, la
plus haute dignité militaire qui existât en
France.

L'ancienne volière du Louvre subsistait encore, mais Louis XIII ordonna de la recon-
struire du côté de la Seine, en face de ses
appartements[1]. Il voulut aussi en avoir une
aux Tuileries ; celle-ci, composée de plusieurs,
bâtiments[2], était située le long du quai, dans
l'espace aujourd'hui compris entre le Pont-
Royal et le pont de Solférino[3]. Il en existait

---

[1] D. H. I., *Supplément aux antiquitez de Paris de
Dubreul*, édit. de 1631, p. 76.

[2] Sous la Fronde, on y logea des troupes. Voy. *Registres
de l'hôtel de ville de Paris pendant la Fronde*, au 3 février 1649.

[3] Elle est indiquée et nommée sur le plan de Gomboust.

à Fontainebleau une troisième, qui mesurait trente toises de long sur trois de large, et faisait partie d'une sorte de ménagerie élevée par Henri IV. On y voyait des aigles, des grues, des cigognes, des hérons, des tadornes, des goélands, des cormorans, des faisans, des perdrix, des paons, des autruches, etc. [1] Tout cela ne suffisait pas à Louis XIII, qui avait en outre dans son intimité *les oiseaux de la chambre*, et même un *siffleur*, précepteur des oiseaux de chant [2]. En juin 1610, le Dauphin sert une partie de son potage à son perroquet jaune [3]. En septembre 1611, il « fait apporter sa caille privée, et lui donne de la mangeaille [4]. »

L'amour des oiseaux était encore général à cette époque. Le poète Claude Gauchet, décrivant « le logis d'un gentilhomme, » prévoit l'existence d'une volière, dont les hôtes auront tout l'espace nécessaire

Pour s'esplucher aux rais d'un Phœbus gratieux,
Alors qu'au temps d'hiver il esclaire les cieux [5].

---

[1] Voy. P. Dan, *Le trésor des merveilles de Fontainebleau*, p. 156 et 186.

[2] Voy. Jal, *Dictionnaire critique*, p. 386, et Héroard, t. I, p. 369.

[3] Héroard, t. II, p. 9 et 50.

[4] Héroard, t. II, p. 78.

[5] *Le plaisir des champs*, p. 76.

Vers le même temps, Mme d'Anguittard ordonnait qu'on l'enterrât dans son jardin et que l'on établit une volière sur son tombeau [1]. Les perroquets et les pies étaient l'objet de soins particuliers; on leur apprenait à parler, à crier *Vive le roi* [2]*!* et Étienne Binet [3] nous révèle ainsi le nom que l'on donnait alors au ramage de chaque oiseau :

La colombe *roucoule.*
Le pigeon *caracoule.*
La perdrix *cacabe.*
Le corbeau *croaille* et *croasse.*
Le coq *coquelique.*
Le coq d'Inde *glouglotte.*
La poule *clocloque, cracquette* et *clouse.*
Le poulet *pépie* et *piolle.*
La caille *carcaille.*
Le geai *cageole.*
Le rossignol *gringotte.*
Le grillon *grésillonne.*
L'hirondelle *gazouille.*
Le milan *huy.*
Le jars *jargonne.*
La grue *cracque* et *trompette.*
Le pinçon *frigotte* et *babille.*
Le hibou *hue.*

[1] Tallemant des Réaux, t. VI, p. 379.
[2] Étienne Tabourot, *Les escraignes dijonnoises,* édit. de 1628, p. 11.
[3] Sous le nom de René François.

La cigale *claquette*.
La huppe *pupule*.
Le merle *siffle*.
Le perroquet *cause*.
La pie *cause*.
La tourterelle *gémit*.
L'alouette *tirelire, adieu Dieu, Dieu adieu*.
Le moineau dit *pillery*[1].

Les épitaphes et les complaintes destinées à perpétuer le souvenir d'animaux regrettés n'avaient pas cessé d'être en honneur; témoin le petit poème consacré à la gloire du bon Lycophagos, qui remplissait les fonctions de tournebroche au collège de Reims, dans la rue des Sept-Voies[2].

II

Les chiens de manchon. — D'où ils venaient, comment on les empêchait de grandir. — Pourquoi on plaçait des chiens sous les tables à manger. — Divers proverbes zoologiques.
Les chats de Richelieu. — Les chattes de Mlle de Gournay. — Incertitudes de la science historique : quel était le sexe de Piaillon? — Richelieu et Mlle de Gournay. — Introduction en France du chat angora. — Convoitises dont il est l'objet. — Les chats de Peiresc.
L'éléphant de l'empereur d'Allemagne. — Celui de Henri IV. — Il le donne à la reine d'Angleterre. — L'éléphant de

[1] *Essay des merveilles de nature*, 7e édit., p. 60.
[2] Dans Éd. Fournier, *Variétés*, t. IV, p. 255.

Charlemagne et celui de saint Louis. — Indifférence de
Louis XIII pour celui qu'on lui amène. — Examen qu'en
fait Peiresc. — Les animaux féroces. — C'est une mode
d'en avoir. — Henri IV possède quatre ménageries. —
Combats d'animaux dans le jardin des Tuileries, à Fontainebleau, à Saint-Germain. — La lionne du duc de Guise.
— Les animaux au carrousel d'avril 1612.

Les femmes avaient conservé l'habitude de
porter sur leur bras ou dans leur manchon un
petit chien. Ces animaux venaient de l'Artois[1],
de Boulogne aussi[2]; pour les empêcher de
grandir, on leur frottait, dès la naissance et
plusieurs jours de suite, les jointures avec de
fort esprit-de-vin. S'il fallait en croire d'im-
pertinents gratte-papier, l'amour des femmes
pour ces minuscules quadrupèdes n'eût pas été
tout à fait désintéressé. Ils prétendaient y
retrouver une trace de la vieille coutume qui,
sous la table des festins, plaçait de bons chiens
destinés, victimes innocentes, à porter le
poids des péchés d'autrui, à assumer la res-
ponsabilité des brises intestinales émanant des
convives. « La femme pour sa propreté, dit
Le Diogène françois, doit porter un petit estuy,
de petits cizeaux, de petits cousteaux, un petit

---

[1] Le chien-d'Artois, produit du doguin et du carlin, était
au siècle suivant devenu aussi rare que le bichon; « on
n'en voit plus à Paris, » écrivait Buffon (t. V, p. 253.)

[2] Voy. ci-dessous, p. 144.

drajouer, un petit manchon et un petit chien pour servir de couverture aux exhalaisons du ventricule, suyvant ce proverbe : chassez les chiens, ces femmes vessent [1]. » Ce proverbe est cité aussi par Béroalde de Verville [2]. Au mot *vessir* [3] le dictionnaire de Furetière donne cet exemple : « Les dames accusent leur chien quand elles ont vessi [4]. »

Je citerai seulement deux ou trois des autres proverbes zoologiques que préférait le seizième siècle. Béroalde me fournit encore cette phrase : « Une chèvre regarde bien un ministre, et un chien un évêque, dont moult il s'esbahit [5]. » Gabriel Meurier nous enseigne que «qui se couche avec des chiens, il se lève avec des puces [6]. » Le poëte Baïf est plus concis :

[1] Dans Éd. Fournier, *Variétés*, t. I, p. 21.

[2] « Chassez ces chiens, ces femmes ont vessi. » *Le moyen de parvenir*, chap. XLIII, édit. de 1841, p. 138.

[3] L'Académie donne encore cette forme dans son édition de 1694. Mais dans sa troisième édition (1740), elle attribue à ce verbe la première conjugaison.

[4] *Dictionnaire universel des mots françois*, édit. de 1701, t. IV, au mot *vessir*. — Il existait d'autres procédés pour dissimuler les manifestations bruyantes de l'intestin :

Tel feint la toux qui son pet cache,

écrit Baïf (*Mimes et enseignemens*, liv. III, édit. de 1612, p. 131.)

[5] Chap. LIX, p. 205.

[6] *Recueil de sentences notables*, p. 47.

Qui hante chien, puces remporte[1].

Dans le *Plaisant galimatias d'un Gascon et d'un Provençal*[2], Chagrin adresse ce reproche à Allegret : « Tu as plus d'argent qu'un chien n'a de puces. » Et dans *Les tromperies* de Larivey, Dorothée dit[3] à Silvestre : « Voulez-vous apprendre aux chats à esgratigner et aux lièvres à courir ? »

Il ne faudrait pourtant pas croire que l'on redoutât beaucoup alors les griffes du chat ; la passion que lui témoignèrent en ce temps-là un grand ministre et un docte antiquaire suffit bien à le prouver. Le grand ministre était Richelieu. Parmi les chats qu'il honora d'une particulière affection, on cite :

Félimare, de pelage jaune.

Gazette, calme et discrète.

Lucifer, noir comme du jais.

Lodoïska, chatte polonaise.

Pyrame, } deux bêtes très douces et très
Thisbé, } attachées l'une à l'autre.

Soumise, tendre et caressante.

Serpolet.

Rubis.

[1] Livre II, p. 58.
[2] Dans Éd. Fournier, *Variétés*, t. II, p. 276.
[3] Dans l'*Ancien théâtre françois*, t. VII, p. 49.

L'amour de Richelieu pour les chats était sincère à ce point qu'il s'intéressait même aux chats des autres. L'aimable Piaillon en sut quelque chose. Elle appartenait à mademoiselle de Gournay, une bonne vieille rimailleuse fort amie de Montaigne. Bien qu'elle ait possédé encore au moins deux autres chattes de mérite, Minette et Donzelle[1], c'est à mie Piaillon surtout que je m'intéresse, car mie Piaillon, cher lecteur, va nous prouver une fois de plus combien il est difficile d'arriver à la précision quand on écrit l'histoire. Piaillon occupe une place distinguée dans les mémoires de Michel de Marolles[2], qui affirme que c'était, non une chatte, mais un chat. Lequel faut-il croire de Marolles ou de Tallemant, à qui j'emprunte la jolie anecdote qui suit : « Boisrobert mena mademoiselle de Gournay au cardinal de Richelieu, qui luy fit un compliment tout de vieux mots qu'il avoit pris dans son *Ombre*[3]. Elle vit bien que le

---

[1] Voy. *Les advis ou les présens de la demoiselle de Gournay*, édit. de 1641, p. 950, dans le chapitre intitulé *Bouquet de Pinde composé de fleurs diverses*.

[2] *Suite des mémoires de M. de Marolles*, édit. de 1657, p. 99.

[3] C'est le titre de la première édition des *Advis*, etc., que je citais tout à l'heure. Voy. Brunet, *Manuel du libraire*, t. II, p. 1682.

cardinal vouloit rire : « Vous riez de la pauvre vieille, dit-elle; mais riez, grand génie, riez; il faut que tout le **monde** contribue à votre divertissement. » Le cardinal, surpris de la présence d'esprit de cette vieille fille, luy en demanda pardon, et dit à Boisrobert : « Il faut faire quelque chose pour mademoiselle de Gournay. Je luy donne deux cens escus de pension. — Mais elle a des domestiques, dit Boisrobert. — Et quels? reprit le cardinal. — Mademoiselle Jamin, répliqua Boisrobert, bastarde d'Amadis Jamin, page de Ronsard. — Je luy donne cinquante livres par an, dit le cardinal. — Il y a encore ma mie Piaillon, adjousta Boisrobert; c'est sa chatte. — Je luy donne vingt livres de pension, respondit l'éminentissime. — Mais, monseigneur, elle a chatonné, dit Boisrobert. Le cardinal adjousta encore une pistole pour les chatons [1]. » M'est avis que le cardinal employa mieux son temps ce jour-là que le jour où il fit décapiter Marillac.

On attribue au savant Peiresc l'introduction en France du chat dit angora. Ce qu'il y a de certain, c'est que les chats français ne lui suf-

---

[1] *Historiettes*, t. II, p. 346.

fisant pas, il mit à contribution l'Orient, et
qu'il en reçut de très beaux félins, cendrés,
roux, mouchetés, etc. [1] D'ailleurs, il n'était
pas seul à connaître tout le prix de cette race.
Sa correspondance nous révèle que les plus
éminents personnages cherchaient à en obtenir des rejetons. Mais il ne s'en défaisait qu'à
bon escient, les employait surtout pour se
concilier les bonnes grâces des collection-
neurs à qui il proposait l'achat ou l'échange
de quelque objet curieux. Au cours de l'année
1632, il soupirait après trois vases antiques,
dont deux appartenaient au sieur Gault et le
troisième à l'orfèvre Vivot. Peiresc habitait
alors Aix, d'où il écrivait à son ami Guillemin
que peut-être on pourrait séduire Gault par
l'offre d'un ou deux petits chats : « Plus je pense
à la négociation du sieur Gault pour ces vases,
plus je me confirme à l'opinion que si vous
trouviez moyen de luy faire voir les petits
chats chez vous, il est si curieux qu'il pourroit
bien en prendre envie, principalement d'avoir
masle et femelle, qui luy pourroient faire

---

[1] « Ob solam delectationem, numerosos habuit. Ex
Oriente quippe obtinuit cinereos, rufos, variegatosque, ele-
gantia spectabili... » P. Gassendi, *Claudii Fabricii de Peiresc vita,* édit. de 1655, p. 212. — Voy. aussi Requier,
Vie de Peiresc, édit. de 1770, p. 352.

espérer de proffiter de la race, auquel cas vous
seriez bien tost maistre de ces vases pour si
peu d'argent que vous voudriez... Si, pour
avoir le vase de Vivot, il ne falloit que luy
promettre un de ces petits chats, faites-le har-
diment... Seulement, pour mieux faire valoir
la marchandise, il faudroit le prier de ne se
point vanter de ceste promesse, à cause des
autres personnages des plus éminentes conditions qui m'en font demander [1]. »

Occupons-nous maintenant de plus grosses
bêtes, et commençons par l'éléphant, auquel
personne ne saurait disputer la première
place.

Quand Henri III se sauva de Pologne [2], il
passa par Vienne, où l'empereur lui « fit voir
tout ce qu'il avoit de plus singulier [3], » et
dans le nombre figurait un éléphant. Ce pachyderme était donc regardé encore comme
un animal peu commun. Dix-sept ans après,
Henri IV eut le bonheur d'en posséder un,
car, le 29 juillet 1591, étant au camp devant
Noyon, il écrivait à son bureau des finances,

---

[1] Voy. L. Delisle, *Un grand amateur français du dix-
septième siècle*, p. 17.

[2] En 1574.

[3] P. Matthieu, *Histoire de France*, t. I, p. 396.

alors séant à Dieppe : « Parce que nous désirons que l'elléphant qui nous a esté admené des Indes soit conservé et gardé comme chose rare et qui ne s'est encore veue en cestuy nostre royaulme, nous vous mandons faire marché avec quelque personne qui s'entende à le traicter, nourrir et gouverner... » Mais en ce temps-là, le Béarnais ne pouvait consacrer beaucoup de temps ni beaucoup d'argent aux distractions zoologiques, et puis une bête aussi extraordinaire qu'un éléphant était bien faite pour exciter des convoitises. Le gouverneur de Dieppe reçut donc, au mois de septembre suivant, une lettre ainsi conçue : « Ayant entendu que la royne d'Angleterre auroit agréable ung éléphant qui est à Dieppe, je luy en ay faict présent, comme je ferois encores plus volontiers de chose plus excellente si je l'avois... » Ainsi qu'on le voit, Henri IV croyait être le premier roi de France qui eût possédé un éléphant. En quoi il se trompait.

Entre 801 et 803, Haroun al Raschid envoya de Bagdad à Charlemagne un éléphant nommé Abulabaz[1], que le juif Isaac conduisit à Aix-

---

[1] *Annales Tiliani*, dans le *Recueil des historiens*, t. V, p. 24 et 822.

la-Chapelle[1], et qui mourut subitement en
810[2]. Quatre siècles et demi plus tard,
Louis IX revenant de la Terre Sainte envoya
« pro magno munere » un éléphant « quidam
elephas » à Henri III, roi d'Angleterre. Matthieu Paris, qui a enregistré le fait dans sa
grande chronique[3], ajoute : « Nous ne croyons
pas qu'on eût jamais vu jusque-là d'éléphant
en Angleterre, ni même en deçà des Alpes;
aussi les populations s'empressaient-elles autour d'un spectacle si nouveau[4]. »

Même sous Louis XIII, l'arrivée en France
d'un éléphant constituait un événement no-
table. Au cours de l'année 1626, un Hollandais nommé Sevender en amena un à Paris.
Sur son passage, il excita à ce point la curiosité que le gouverneur de Montreuil ordonna
d'élever « quelques barricades au lieu où
estoit logée la beste, » afin de la conserver

---

[1] Éginhard, *Opera*, édit. Teulet, t. I, p. 52 et 254. —
Annales Fuldenses, dans le *Recueil*, etc., t. V, p. 332.

[2] *Annales Nazariani*, dans le *Recueil*, etc., t. V, p. 59.

[3] *Chronica majora*, édit. Luard, t. V, p. 489.

[4] Sur tout ceci, voy. la *Bibliothèque de l'école des chartes*,
t. LIV (1893), p. 358. Deux fautes d'impression assez
importantes se sont glissées dans cet article. L'envoi de
l'éléphant à Charlemagne est daté de 810, au lieu de 801
sans doute. Pour l'éléphant de saint Louis, on renvoie au
tome IV, non au tome V, de l'édition Luard.

plus longtemps dans la ville[1]. Louis XIII
semble avoir fait peu de cas du présent, car
nous retrouvons l'animal à Rouen en 1627 et
à Toulon en 1631. Peiresc, alors dans le Midi,
comprit beaucoup mieux que le roi l'intérêt de cette exhibition ; il examina l'énorme
proboscidien avec un soin minutieux[2], et le
26 décembre il écrivait à son ami Dupuy :
« Je ne scay si je ne vous ay point mandé que
j'eus la curiosité de voir cet éléphant que vous
avez veu là[3] quelques années y a, lequel on
ramenoit d'Italie. Il vint passer par icy, où il
fut troys jours, durant lesquels je le considé-
ray bien à mon aise et avec grand plaisir, ne
l'ayant pas laissé eschapper de mes mains que
je ne l'aye fait peser contre six vingts boulets
de canon. Il me cognoissoit desjà quasi comme
son gouverneur, et je me laissay porter jusques à ce poinct de curiosité ou pour mieux
dire de folie, que de luy mettre ma main dans
la bouche et de luy manier et empoigner une
de ses dents maxiliaires pour en mieux reco-
gnoistre la forme, et ne les ayant pas assez

---

[1] Voy. *Discours apologétique en faveur de l'instinct et naturel admirable de l'éléphant*, Rouen, 1627, p. 30.

[2] Gassendi, p. 155. — Requier, p. 266.

[3] A Paris.

bien pu voir sans les toucher, à cause qu'en ouvrant la gueulle, il les entrecouvroit avec sa langue [1]. »

Louis XIII, qui dédaignait ainsi les éléphants, avait connu, dès sa plus tendre enfance, le spectacle des bêtes féroces se déchirant entre elles. C'était une mode alors de posséder des animaux de ce genre. Le roi en avait partout, aux Tuileries, à Fontainebleau, à Saint-Germain, à Vincennes, à Versailles, et de grands seigneurs imitaient le roi. Quelques citations, extraites du *Journal* d'Héroard, vont nous montrer à quel point, même sous un souverain aussi débonnaire que le Béarnais, les sanglantes et ignobles luttes de bêtes entre elles semblaient une innocente distraction.

19 NOVEMBRE 1606, à Fontainebleau. Le Dauphin est mené au roi en la salle de bal, pour y voir combattre les dogues contre les ours et le taureau. Un ours ayant mis sous lui un des dogues, il se prend à crier : « Tuez l'ours, tuez l'ours ! » Le soir, il ne veut point se coucher, se fait mettre sa cotte et se tenir par la lisière, pour imiter les dogues qu'il avoit vus tirant la laisse pour se jeter contre les ours.

[1] Tamisey de Larroque, *Lettres de Peiresc*, t. II, p. 293.

Le lendemain 20, il est mené sur les terrasses de la reine, pour voir combattre des dogues.

LE 14 JUIN 1610, à Paris. Mené en carrosse jusqu'à la Savonnerie, puis à cheval jusqu'aux Tuileries, où il voit un lion attaché à un arbre, auquel on jette un chien qu'il étrangla soudain.

LE 24 DU MÊME MOIS. Mené en carrosse à Saint-Martin des Champs. Il y fait attaquer un sanglier apporté. Il n'avoit pas voulu permettre qu'on le fît combattre à un lion, craignant que le sanglier ne le tuât.

LE 21 MARS 1611. Après dîner, il va à la fenêtre des Tuileries, pour voir combattre un homme contre un lion.

LE 22 OCTOBRE 1611, à Saint-Germain. Pendant son dîner, M. le duc de Guise qui le servoit lui disoit qu'il étoit venu un Anglois qui avoit des dogues fort furieux et des ours, et que s'il plaisoit à Sa Majesté de lui donner une pension de mille écus, il lui entretiendroit toute l'année vingt et cinq dogues qui lui donneroient du plaisir; et quand il lui plairoit, les feroit combattre à outrance. A trois heures, il va en la chambre ovale, pour voir combattre les dogues de l'Anglois contre un ours [1].

Un léopard [2] que Henri IV avait reçu du Grand Turc s'étant permis d'étrangler un des

---

[1] Héroard, t. I, p. 227 et 228; t. II, p. 9, 10, 54 et 83.

[2] « Une beste qui avoit la teste de léopard et le corps de tigre. »

meilleurs dogues du roi, celui-ci s'en défit je
ne sais comment; mais Lestoile raconte qu'en
1607 on le montrait pour deux sous dans une
baraque de la rue de la Harpe [1].

Le chroniqueur Lestoile a noté aussi que,
au mois de mars 1608, « M. de Guise arque-
busa lui-mesme une lyonne qu'il faisoit nourrir par plaisir à son hostel de Guise, pour
avoir estranglé ung de ses grands laquais que
le duc aimoit. »

On lit dans certaines relations du carrousel
donné en 1612 à l'occasion du mariage de
Louis XIII qu'il y parut des chariots traînés
par six lions, par six léopards, par huit cerfs [2],
par deux éléphants, par des chameaux [3],
même par quatre lions de front [4]. Il importe
de ne pas prendre trop au pied de la lettre

[1] *Journal de Henri IV*, 23 mai 1607.
[2] Vulson de la Colombière, *Vray théâtre d'honneur et de
chevalerie*, p. 371, 403 et 418.
[3] *Le carousel des pompes et magnificences faites en
faveur du mariage du très chrestien Roy Louis XIII, les 5,
6, 7 d'avril à la place Royalle à Paris.* Paris, 1612, p. 8
et 14.
[4] *Le camp de la place royalle, ou relation de ce qui s'est
passé,* etc., Paris, 1612, p. 299. — Au carrousel donné à
Naples à la même occasion, l'on remarqua « une baleine
d'une grandeur si prodigieuse qu'elle montoit jusques au
second estage des maisons. » Voy. *Les magnificences faites
au carrozel de la ville de Naples,* etc. Paris, 1612, p. 17.

cette brillante énumération zoologique. Il s'agit toujours ici de chevaux recouverts avec des peaux de lion, de cerf, etc [1].

[1] Voy. *Le triomphe royal, contenant un brief discours de ce qui s'est passé au parc royal à Paris au mois d'avril 1612.* Paris, 1612, p. 13 et 14.

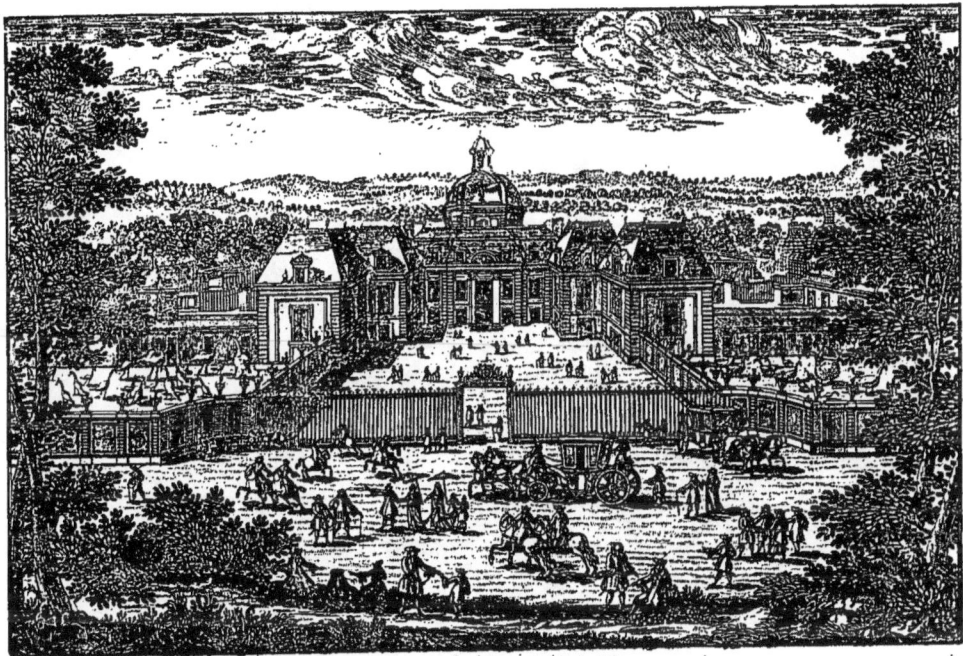

Veüe et perspective de l'Entrée de la Menagerie

LA MÉNAGERIE DE VERSAILLES, d'après Aveline

CHAPITRE IV

LES DIX-SEPTIÈME ET DIX-HUITIÈME SIÈCLES.

I

LES MÉNAGERIES

I. La ménagerie de Vincennes. — Où située. — Soins donnés aux animaux. — On les fait combattre les uns contre les autres. — Ils sont transportés à Versailles. — État actuel des bâtiments.
La ménagerie des Tuileries. — La ménagerie de Versailles. — Elle date de Louis XIII. — On y élevait surtout des vaches. — Veaux nourris de lait au jus d'orange. — L'emplacement est aliéné, et Louis XIV construit à Versailles une nouvelle ménagerie. — Le légat la visite en 1664. — Animaux qu'elle reçoit. — Les officiers de la marine royale, les consuls, les missionnaires, etc., sont chargés de la peupler. — Éléphant offert par le roi de Portugal. — Les animaux morts sont livrés à l'Académie des sciences et disséqués à la Bibliothèque royale. — Acquisition d'un crocodile. — Louis XIV donne cette ménagerie à la duchesse de Bourgogne. — Embellissements. Mansart y dépense 50,000 écus. — Où elle était située. — Le pavillon central et les cours. — Pierre le Grand veut la visiter. — Animaux qu'elle reçoit successivement. — Les Parisiens admis à la visiter le dimanche de la Pentecôte. — Traditions ridicules, fables dont elle est l'objet. — Le vin du dromadaire. — Le chef du régiment des dindons. — La ménagerie est pillée en 1789.

La ménagerie de Vincennes[1] était située à l'entrée du parc, près de Saint-Mandé, et la voie qui y conduisait est devenue la rue du Bel-Air[2]. La garenne, la héronnière et le parc aux daims se trouvaient plus rapprochés du château. Deux Hollandais, qui visitèrent la ménagerie en 1657, nous apprennent que Mazarin y avait réuni des troupeaux de vaches destinées à lui procurer du lait pur et d'excellents veaux[3]; mais les bêtes fauves y étaient aussi en grand nombre, et le soin qu'on en prenait nous est attesté par Charles Perrault. Il raconte qu'un des lions étant tombé malade, on le nourrit d'animaux vivants, et, comme sa santé restait chancelante, ses gardiens eurent l'idée de lui servir des agneaux écorchés vifs. Il ne mourut pas moins, Perrault en conclut « que le poil, la laine, les plumes qu'avalent tous les animaux de proye sont un assaisonnement et un correctif nécessaires pour empêcher que leur avidité ne les fasse emplir d'une nourriture trop succulente[4]. »

[1] Voy. ci-dessus, p. 5 et 104.

[2] Voy. le plan placé en tête de G.-G. de Laval, *Esquisse historique du château de Vincennes.*

[3] A.-F. Faugère, *Voyage de deux jeunes Hollandais à Paris*, p. 175.

[4] *Mémoires pour servir à l'histoire naturelle des animaux*, t. I, p. 16.

Ces bétes si choyées n'étaient pas seulement un objet de curiosité, on leur demandait surtout de servir aux grossiers divertissements encore à la mode. En 1663, la jeune reine visita Vincennes; « elle eut d'abord le plaisir d'un combat du lion avec le taureau, ainsi que celui d'autres animaux, puis celui de la chasse dans le parc[1]. »

Les aimables distractions de ce genre figuraient dans le programme des réjouissances publiques. Ainsi, lors des fêtes données à l'occasion de la naissance du duc de Bourgogne en 1682, le Dauphin, après avoir bien diné, « alla à la ménagerie de Vincennes, et y vit combattre plusieurs animaux les uns contre les autres. Les chiens combattirent d'abord contre un ours, et ensuite contre un taureau. Ce combat fut suivy de celuy d'une vache contre la tygresse offerte à Sa Majesté par les ambassadeurs du Roy de Maroc. La vache vainquit et eut le mesme avantage contre une lionne et puis contre un tygre. Après cela, on la fit combattre contre un lyon. Elle l'attaqua, et quoiqu'on luy eût dépouillé la hanche et qu'elle en fût demeurée boiteuse, elle ne laissa pas

---

[1] Poncet de la Grave, *Tableau historique du château de Vincennes*, t. II, p. 139.

de le vaincre, aussi bien qu'un loup qu'elle combattit encore. On la fit retirer, et l'on amena un lévrier de M. le grand louvetier pour combattre contre le loup. Le lévrier fit merveilles ; il mordoit sans cesse les jarrets du loup et le colleta à vingt reprises [1]. »

Le « gouverneur des animaux du sérail du château de Vincennes » était alors un sieur Jacques Petit-Maire, qui recevait pour ses gages, la nourriture des bêtes et l'entretien de deux garçons 5,400 livres par an [2]. Ses descendants restèrent titulaires de cet emploi. Mais Marie Petit-Maire et Jacques Pallas son fils, nommé en survivance, changèrent leur titre en celui de concierge [3], quand, au cours de l'année 1706, la ménagerie de Vincennes fut supprimée et réunie à celle de Versailles, dont je parlerai tout à l'heure. Des constructions nouvelles couvrent aujourd'hui l'emplacement qu'elle occupait ; il n'en reste plus qu'un assez vaste corps de logis, élevé de deux étages [4].

[1] *Mercure galant,* n° d'août 1682, p. 185.
[2] A. de Montaiglon, *Dépenses de la chambre du roi en 1677,* p. 9.
[3] Voy. l'*État de la France pour 1712,* t. I, p. 351.
[4] Voy. V. Dufour, dans le *Bulletin de la société de l'histoire de Paris,* t. XVII (1890), p. 62.

C'est également à Versailles qu'avaient été transportées les bêtes fauves qui composaient la ménagerie des Tuileries[1]. Bien qu'il existât dans le jardin un amphithéâtre où plus de mille spectateurs pouvaient trouver place[2], on n'y conservait plus, en 1657, qu'un lion et une lionne, un léopard, un tigre, deux ours, un loup cervier et deux aigles. La garde et la nourriture de ces animaux coûtaient trois livres par jour[3].

Pour repeupler les bois où il allait prendre le plaisir de la chasse, Louis XIII avait réuni à Versailles, dans un vaste enclos, des bêtes destinées à la reproduction : ce fut l'origine du parc aux cerfs. Une ferme attenante, où l'on renferma quelques oiseaux de proie et quelques fauves, prit le nom de ménagerie. On y élevait aussi des vaches qui fournissaient à la table royale, non seulement du lait, mais des veaux soumis à un régime tout spécial. Dans un poème manuscrit, conservé à la Bibliothèque nationale[4], et qui porte pour titre : *Explication de toutes les grottes, rochers,*

---

[1] Voy. ci-dessus, p. 105.
[2] Expilly, *Dictionnaire de la France,* t. V, p. 437.
[3] *Estat général des officiers domestiques, commensaux de la maison du Roy en* 1657, p. 164.
[4] Fonds de Versailles, n° 168.

etc., du château de Versailles, par C. Denis, on lit au sujet de la ménagerie :

Pour la bouche du Roi, l'on y nourrit des veaux
De lait et jaunes d'œufs, excellens et fort beaux.

Héroard, médecin du petit Louis XIII, écrit de son côté, à la date du 28 janvier 1614 : « A six heures, soupé; le Dauphin mange du veau rôti de quatre mois, nourri de lait au jus d'orange [1]. »

Le terrain consacré à ces animaux fut, un peu plus tard, aliéné, puis couvert de maisons, et en 1663 Louis XIV commença la construction de la célèbre ménagerie dont notre Jardin des plantes devait hériter cent trente ans plus tard. Dès 1664, les travaux étaient assez avancés pour que le roi pût les faire visiter à la Cour et au cardinal Chigi, le nouveau légat envoyé par Alexandre VII; il y admira, dit la *Gazette de France* [2], « la grande diversité d'animaux qui s'y void, ainsi que la disposition du lieu. » Les travaux furent poussés avec activité. En juin 1665, le curé de Versailles permit même d'y travailler le dimanche après la messe [3].

[1] *Journal de Louis XIII*, t. II, p. 131.
[2] Année 1664, n° 85, p. 688.
[3] *Lettres, instructions et mémoires de Colbert*, t. V, p. 325.

A dater de ce moment, les animaux les
plus variés affluent à la ménagerie. Un sieur
Mosnier est envoyé en Orient, d'où il expédie
ou amène à Versailles une foule de bêtes
« achetées pour le plaisir du roi, » disent les
quittances à lui délivrées. Et elles sont nombreuses. D'après M. Guiffrey, qui a retrouvé
la trace de ces dépenses, on paye à Mosnier
en 1665, quatre cents livres, pour avoir été
chercher à Toulon une gazelle, trois moutons de
Barbarie et six oiseaux de proie. En 1671, il
reçoit, pour ses voyages, achat et nourriture
d'animaux, environ huit mille livres. De 1672
à 1687, il touche encore près de cent mille
livres[1]. Les officiers de la marine royale, les
consuls, celui du Caire en particulier, les
gouverneurs des colonies, celui de Madagascar entre autres, expédient à Versailles
toutes les curiosités qu'ils peuvent se procurer. Les missionnaires ecclésiastiques emportent des instructions en ce sens. Ainsi, à leur
instigation, le roi de Siam fait « chercher in-
cessamment tous les animaux inconnus à
l'Europe qui se trouvent en son royaume. »
En 1668, on vit arriver à Versailles un élé-

---

[1] J. Guiffrey, *Comptes des bâtiments du roi*, t. II.

phant offert par le roi de Portugal. Il mesurait sept pieds et demi[1] de hauteur sur huit pieds et demi[2] de longueur, et mourut après treize années de captivité, nous dit Cl. Perrault, qui en fit une autopsie très complète.

Les animaux rares décédés à la ménagerie étaient livrés à l'Académie des sciences et disséqués dans une des salles de la Bibliothèque royale. Claude Perrault put ainsi publier, avec de curieuses figures, la description exacte d'un tigre et de trois tigresses, d'un lion, d'un ours, d'un élan, d'une autruche, d'un pélican, d'un crocodile, etc[3]. Ce dernier, arrivé à Versailles en 1681, fut « considéré comme une des choses les plus rares qui se soient vues en France en ce genre[4]. »

Toutes ces merveilles devinrent, en 1698, la propriété de la duchesse de Bourgogne. Elle aussi voulait avoir une ménagerie, et elle ne trouvait à Versailles aucun emplacement convenable. Le roi, qui ne savait rien lui re-

---

[1] 2 mètres 48 cent.

[2] 2 mètres 81 cent.

[3] Voy. *Mémoires pour servir à l'histoire naturelle des animaux*, dans les publications de l'Académie des sciences, 1733-34, 3 in-4°.

[4] De la Chesnaye des Bois, *Dictionnaire raisonné des animaux*, t. I, p. 801. — Voy. ci-dessus, p. 42 et 44.

MÉMOIRES POUR SERVIR A L'HISTOIRE NATURELLE DES ANIMAUX

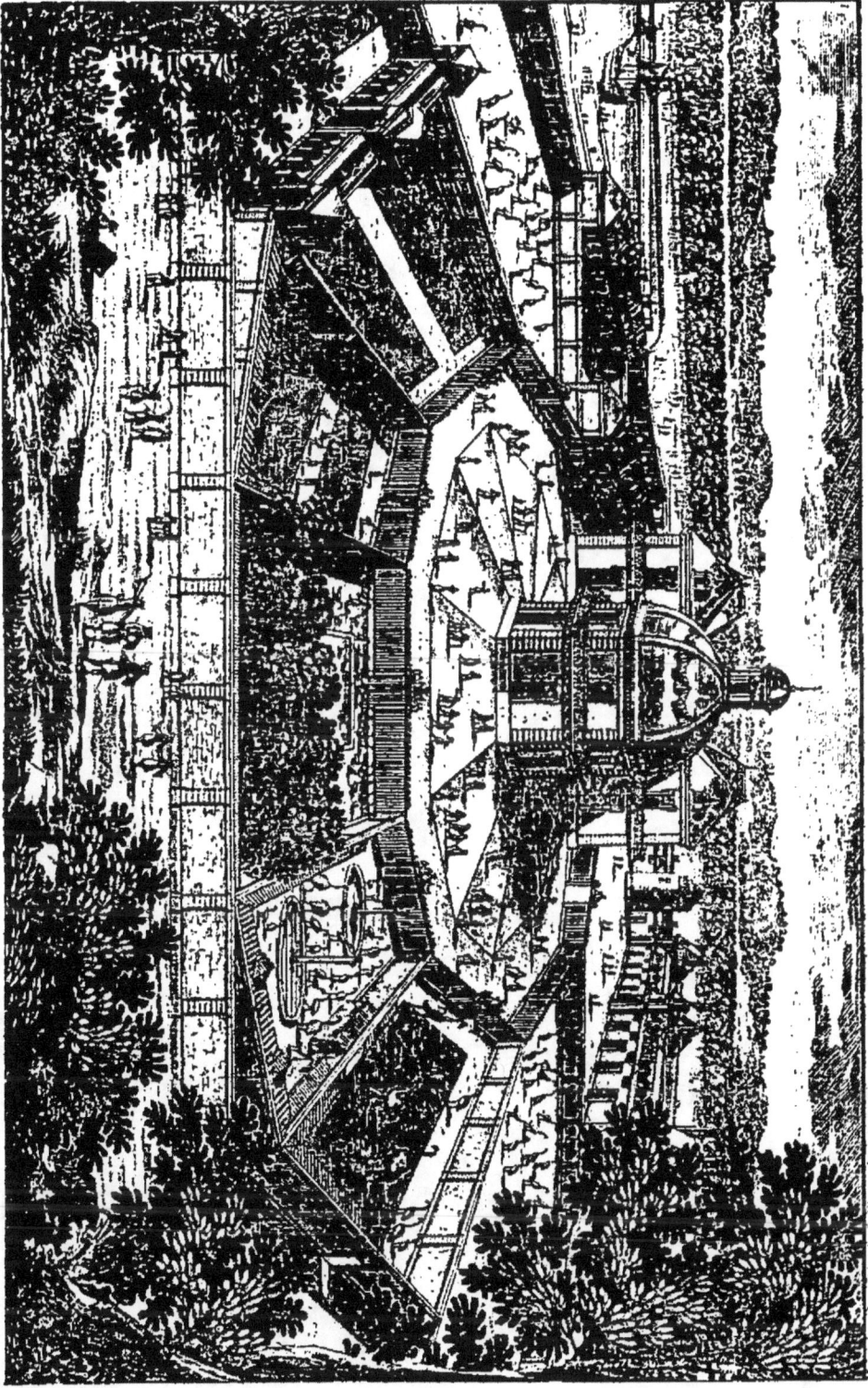

Veüe et perspective du Salon de la Menagerie de Versailles, que l'on voit icy par derriere au milieu de sept Cours remplies D'Oyseaux rares et d'autres Animaux de divers pays eloignes

fuser, lui donna la sienne [1]. Mansart se chargea d'y diriger les embellissements que pro-
jetait la princesse, et réussit à y dépenser
cinquante mille écus [2].

Ce petit domaine était situé dans le parc du
château, à gauche du grand canal, dont le
bras de ce côté était dit bras de la ménagerie.
Une partie des constructions subsiste encore,
et sert aujourd'hui de caserne pour la gendar-
merie. Aveline et Perelle nous ont transmis
plusieurs vues des bâtiments, et il en existe
aussi des plans [3]. Autour d'un pavillon central, décoré et meublé avec un luxe inouï,
régnait un balcon qui facilitait la vue des
différentes cours et des animaux qu'elles
renfermaient, la cour du lion, celles des cerfs,
des pélicans, des autruches, etc., etc., sans
omettre la volière, la laiterie, la couverie, le
colombier, le lavoir, etc.

La duchesse affectionnait beaucoup cette
charmante demeure ; elle y recevait joyeuse
compagnie, on y soupait, on y dansait et
même on y prêchait. Sa mort y ramena le

[1] Dangeau, *Journal*, 23 mai 1698, t. VI, p. 351.
[2] Dangeau, *Journal*, 25 septembre 1698, t. VI, p. 427.
[3] Voy. A. Dussieux, *Le château de Versailles*, t. II,
p. 449.

calme, d'où naquit bientôt l'oubli. Toutefois,
en 1717, Pierre le Grand vint visiter le château de Versailles et la ménagerie, Trianon
et Marly[1]. Deux ans après le roi y mena la
Cour[2]. On continuait, d'ailleurs, à l'entretenir. Je vois alors signalées, entre autres acqui-
sitions, un ibis blanc apporté d'Égypte[3], un
mouton de Barbarie, un lion et une lionne[4],
une biche du Bengale[5], etc. En 1750, les appartements n'avaient rien perdu de leur
splendeur ; les peintures, les plafonds, les
sculptures, les dorures étaient dans un état
parfait de conservation, et la ménagerie renfermait encore beaucoup d'animaux, parmi
lesquels le duc de Luynes cite un loup marin,
un pélican, deux tigres, deux ou trois lions,
un dromadaire, etc.[6] On y ajouta plus tard
un rhinocéros[7], un éléphant qui finit par se
noyer, et un lion du Sénégal qui prit en

---

[1] Duclos, *Mémoires*, édit. Michaud, p. 520.
[2] *Mercure de France*, décembre 1725, p. 3154.
[3] Cl. Perrault, t. III, p. 61.
[4] Duc de Luynes, *Mémoires*, 18 décembre 1748, t. IX,
p. 157.
[5] Duc de Luynes, *Mémoires*, 4 août 1749, t. IX, p. 458.
[6] Duc de Luynes, *Mémoires*, 23 août 1750, t. X, p. 317.
[7] Duc de Croy, *Mémoires*, publiés par le vᵗᵉ de Grouchy,
p. 360.

affection un petit chien, son compagnon de captivité[1].

La ménagerie et ses hôtes excitaient fort la curiosité des Parisiens, admis à la visiter une fois par an, le dimanche de la Pentecôte. La galiote, qui partait chaque matin du pont Royal à sept heures, les conduisait pour cinq sous jusqu'à Sèvres[2], d'où ils gagnaient Versailles à pied. Au retour[3], on se racontait gaiement les amusantes historiettes qu'une tradition fort suspecte liait au souvenir de la ménagerie. Un des gardiens, un Suisse, avait pour emploi, disait-on, de servir tous les jours au dromadaire, quadrupède célèbre par sa sobriété, six bouteilles de vin de Bourgogne. Le dromadaire étant mort, son gardien présenta au roi un placet dans lequel il demandait à remplacer le défunt ruminant, sollicitait sa survivance, suivant l'expression consacrée[4].

On attribuait aussi, tantôt à Louis XIV, tantôt à Louis XV, un assez joli mot, dont aurait été victime un chevalier de Saint-Louis, alors

---

[1] Cte d'Hézecques, *Souvenirs d'un page*, p. 249.
[2] Jèze, *État ou tableau de la ville de Paris*, p. 368.
[3] La galiote repartait à six heures du soir.
[4] S. Mercier, *Tableau de Paris*, t. IV, p. 249.

gouverneur de la ménagerie. Il avait eu l'idée
d'y introduire un troupeau de dindons, galli-
nacés que le roi trouvait désagréables. Il le
témoigna au gouverneur, qui n'en tint compte,
et le roi les retrouva encore à sa visite suivante : « Monsieur, dit-il au chevalier, que
cette troupe disparaisse ou, je vous en donne
ma parole royale, je vous fais casser à la tête
de votre régiment [1]. »

Ces fables ridicules contribuèrent certainement pour une large part à déchaîner l'inepte
colère de la foule contre la ménagerie, qui fut
pillée pendant les journées d'octobre 1789.

II. De quels animaux se composait la ménagerie de Ver-
    sailles en 1792. — Ils sont offerts au Jardin des plantes.
    — Le lion et son camarade le chien. — Mémoire de Ber-
    nardin de Saint-Pierre sur la nécessité de joindre au Jar-
    din des plantes une ménagerie. — Les animaux confisqués
    à Paris sur les montreurs de bêtes lui sont attribués. —
    Rapport de Thibaudeau à la Convention.
Les ménageries de Clagny, du Petit-Trianon, de Chantilly,
    du Raincy.
Ménageries ambulantes. — Les ours. — Premier rhinocéros
    vu en France. — Lion, tigre, otarie.
Le concert spirituel et le combat du taureau. — Courses de
    taureaux organisées à Nîmes et à Marseille. — L'amphi-
    théâtre de la rue Grange-aux-Belles. — La barrière du
    Combat. — On propose d'organiser à Paris des courses

[1] Duc de Lévis, *Souvenirs et portraits*, édit. Barrière,
p. 264. — Baronne d'Oberkirch, *Mémoires*, t. I, p. 206.

de taureaux semblables à celles d'Espagne. — Objections
que soulève ce projet.

Dès 1782, Buffon, alors intendant du Jardin du roi, songeait à y établir une ménagerie, et il avait tenté de se faire accorder celle
de Versailles [1]. La Révolution se chargea de
réaliser cette utile pensée.

Au mois de septembre 1792, Bernardin de
Saint-Pierre, qui venait de remplacer Buffon,
se vit offrir ce que son prédécesseur avait vai-
nement demandé. Il se rend à Versailles et
constate que la ménagerie possède encore un
couagga du Cap, sorte de zèbre ; un beau
goura des Moluques ; un bubale ou antilope,
présent du dey d'Alger ; un rhinocéros, envoyé de l'Inde en 1771 ; un beau lion, arrivé
du Sénégal en 1788, et qui avait pour compagnon un petit chien braque [2]. Au sujet de ces
deux derniers pensionnaires, Bernardin de
Saint-Pierre écrit : « Leur amitié est un des
plus touchans spectacles que la nature puisse
offrir aux spéculations des philosophes. Aussitôt que le chien nous aperçut, il vint avec le

[1] *Mémoires secrets* dits de Bachaumont, 23 juillet 1782,
t. XXI, p. 31.
[2] Bernardin de Saint-Pierre, *Mémoire sur la nécessité de
joindre une ménagerie au Jardin des plantes de Paris* (janvier 1793), édit. de 1818, t. XII, p. 638.

lion à la grille, nous faisant fête de la tête et
de la queue. Pour le lion, il se promenait
gravement le long de ses barreaux, contre
lesquels il frottait sa tête énorme. L'air sérieux de ce terrible despote et l'air caressant
de son ami m'inspirèrent pour tous deux le
plus tendre intérêt. Le chien sembla deviner
que sa familiarité avec le roi des animaux était
le principal objet de notre visite. Cherchant à
nous complaire dans sa captivité, dès que
nous lui eûmes adressé quelques paroles d'affection, il se jeta d'un air gai sur la crinière
du lion et lui mordit, en jouant, les oreilles.
Le lion, se prêtant à ses jeux, baissa la tête
et fit entendre de sourds rugissements. Cependant ce chien, si complaisant et si hardi, portait à son côté une cicatrice toute rouge, qu'il
léchait de temps en temps et qu'il semblait
nous montrer comme les effets d'une amitié
trop inégale. » Ajoutons, que le chien étant
mort de maladie, « on essaya, pour consoler
le lion, de lui faire adopter un autre chien ;
mais, à peine introduit, le nouvel hôte fut
étranglé avec fureur [1]. » Le ministre avait dé-
cidé que les animaux restés à Versailles se-

---

[1] P. de la Mésangère, *Le voyageur à Paris*, t. III, p. 20.

raient détruits, et on les offrait à Bernardin de Saint-Pierre «pour en faire des squelettes.» C'est à cette occasion qu'il rédigea son *Mémoire sur la nécessité de joindre une ménagerie au Jardin des plantes*. « Une ménagerie, écrivait-il, sera utile à Paris, en y attirant des curieux. Ceux qui veulent achalander une foire, y apportent des animaux étrangers, et la partie où on les montre en est la plus fréquentée... Les animaux féroces, dit-on, sont dangereux dans une ville, parce qu'ils peuvent parvenir à s'échapper. C'est une bien faible objection; on ne l'a jamais employée contre les animaux qu'on amène journellement aux foires et sur les boulevards de Paris. On ne voit point qu'il s'en échappe aucun, quoiqu'ils ne soient renfermés que dans de mauvaises cages de bois mobiles. D'ailleurs, quand cet accident est arrivé, il n'en est résulté aucun malheur. Une bête féroce dans les rues d'une ville est aussi étonnée à la vue du peuple que le peuple l'est à la vue de la bête féroce; ses gardiens la reprennent aisément [1]. » Bernardin de Saint-Pierre demande donc qu'on lui livre vivants ces animaux, et il promet d'en avoir

[1] *Mémoire*, p. 643.

grand soin. « Leur logement et leur nourriture seront de peu de dépense. » Le bubale, le couagga et le rhinocéros vivent de foin, d'avoine et de son, le lion mange par jour six livres de basse viande, et le chien, son ami, six livres de pain par semaine [1]. Et il conclut ainsi : « Ne permettez pas, illustres membres de la Convention nationale, que je sois obligé de solliciter, sous le régime de la liberté, de faibles secours pour porter à sa perfection un établissement entrepris avec magnificence sous celui du despotisme [2]. »

Non seulement Bernardin de Saint-Pierre obtint ce qu'il demandait, mais la police résolut de débarrasser Paris des saltimbanques montreurs de bêtes qui y avaient élu domicile, au grand émoi des gens paisibles. Par arrêté du 25 octobre 1793, la Commune décida que tous les animaux de ce genre seraient saisis, puis, soit tués, soit envoyés à la ménagerie de Versailles [3]. Un second arrêté, daté

---

[1] *Mémoire,* p. 662.

[2] *Mémoire,* p. 668.

[3] « Sur le réquisitoire du procureur de la Commune, le Conseil arrête que tous les animaux dangereux, tels que les léopards, lions et autres que l'on fait voir sur les places publiques seront tués ou envoyés à la ménagerie à Versailles. Sauf indemnité aux propriétaires. »

du 3 novembre, les attribua au Jardin des plantes. Les propriétaires dépouillés devaient recevoir une indemnité qui les mit à même « de gagner autrement leur vie. » Le 4 novembre, on prit, chez un sieur Dominique Martini, un lion marin, une civette et un singe, qui formèrent le premier fonds de la ménagerie actuelle du muséum. Quelques jours après, une autre confiscation lui fournit un chat-tigre, un ours blanc, deux singes, deux agoutis, deux aigles et un vautour. Au milieu du mois d'avril 1794, les survivants de la ménagerie de Versailles arrivent enfin à Paris, et le 10 décembre suivant, Thibaudeau lit à la Convention un long rapport qui approuve définitivement la nouvelle organisation du muséum d'histoire naturelle. Des crédits sont demandés pour l'aménagement de loges spacieuses destinées aux bêtes féroces, et le rapporteur termine par une amusante critique de l'ancienne ménagerie royale : « Jusqu'à présent, les plus belles ménageries n'étaient que des prisons, où les animaux resserrés avaient la physionomie de la tristesse et restaient presque toujours dans des positions qui attestaient leur langueur. Pour les rendre utiles à l'instruction publique, les ménageries doivent être construites de manière que les animaux jouissent de toute la liberté qui s'accorde avec la sûreté des spectateurs. Que les animaux destinés aux jouissances et à l'instruction du peuple ne portent pas sur leur front, comme dans les ménageries construites par le faste des rois, la flétrissure de l'esclavage ; qu'on puisse admirer la force majestueuse du lion, l'agilité de la panthère et les élans de colère ou de plaisir de tous les animaux [1]. »

Accordons maintenant un souvenir à quelques autres ménageries, toutes plus ou moins dues aussi au faste des rois. Mme de Montespan voulut en avoir une attenante à son château de Clagny. Mais les bêtes qu'elle renferma n'étaient pas plus cruelles que leur maîtresse. « On pouvoit y admirer, dit Mme de Sévigné, les tourterelles les plus passionnées, les truies les plus grasses, les vaches les plus pleines, les moutons les plus frisés, et de tous les oisons les plus oisons [2]. »

En 1749, Mme de Pompadour, ne sachant plus comment distraire Louis XV, eut l'idée de lui faire construire une ménagerie au Petit-

---

[1] *Moniteur universel,* n° du 14 décembre 1794.
[2] *Lettre* du 18 novembre 1676, t. V, p. 146.

Trianon [1] ; mais elle ne la peupla guère que de poules et de vaches [2]. En 1722, Louis XV avait daigné visiter la ménagerie de Chantilly [3], où un lion avait pour compagne et pour amie une petite chienne [4]. Enfin, au mois de mars 1794, les animaux composant la ménagerie du Raincy furent transportés au Muséum.

Celui-ci s'enrichissait sans cesse de dons semblables, ils devinrent si nombreux que l'énumération en serait fastidieuse. Ainsi, du 23 mars au 18 mai 1798, il reçut deux éléphants, envoyés par le stathouder de Hollande ; des ours offerts par la ville de Berne ; vingt-deux buffles, expédiés de Rome par la commission des arts et des sciences, etc [5].

De tout temps, les Parisiens s'étaient montrés fort épris des ménageries, et les nombreux dompteurs qui traversaient la ville étaient sûrs d'exciter la curiosité, d'attirer

---

[1] Voy. G. Desjardins, *Le Petit-Trianon*, p. 3 et suiv.

[2] Voy. d'Argenson, *Journal*, 8 décembre 1749, t. VI, p. 85.

[3] *Mercure de France*, n° de novembre 1722, p. 91.

[4] *Correspondance de la marquise du Deffand*, lettre du 14 mars 1764, t. I, p. 286.

[5] Voy. le *Moniteur* des 23 mars, 3 avril, 28 avril et 18 mai 1798.

dans leur baraque un public où toutes les
classes de la société étaient parfois représentées. Les ours avaient d'abord été les préférés. Nous avons vu que le duc de Berri les
admettait dans son intimité, et il paraît certain que l'on arrivait alors à obtenir d'eux des
services dont peu d'animaux domestiques
eussent été capables. Enfin, dès le quatorzième siècle, il était entendu que leur graisse
avait la propriété de faire repousser les cheveux[1]. Au dix-septième siècle encore, on
croyait fermement que quiconque s'était assis
sur un ours, même muselé, ne pouvait plus
jamais avoir peur[2]. Mme de Rambouillet n'en
était pas là, et elle le prouva bien à Voiture.
Ce bel esprit ayant un jour rencontré, rue
Saint-Thomas du Louvre, un montreur d'ours
l'introduisit discrètement avec ses deux bêtes
dans la chambre de la marquise. « Elle lisoit,
le dos tourné à des paravents ; elle entend du
bruit, se tourne et voit deux museaux d'ours
sur sa tête[3]. »

Au mois de mars 1749, Paris fut mis en
émoi par l'arrivée d'un rhinocéros, le premier,

[1] Voy. ci-dessus, t. I, p. 127, 128 et 294.
[2] Sauval, *Recherches sur Paris*, t. I, p. 154.
[3] Tallemant des Réaux, t. III, p. 53.

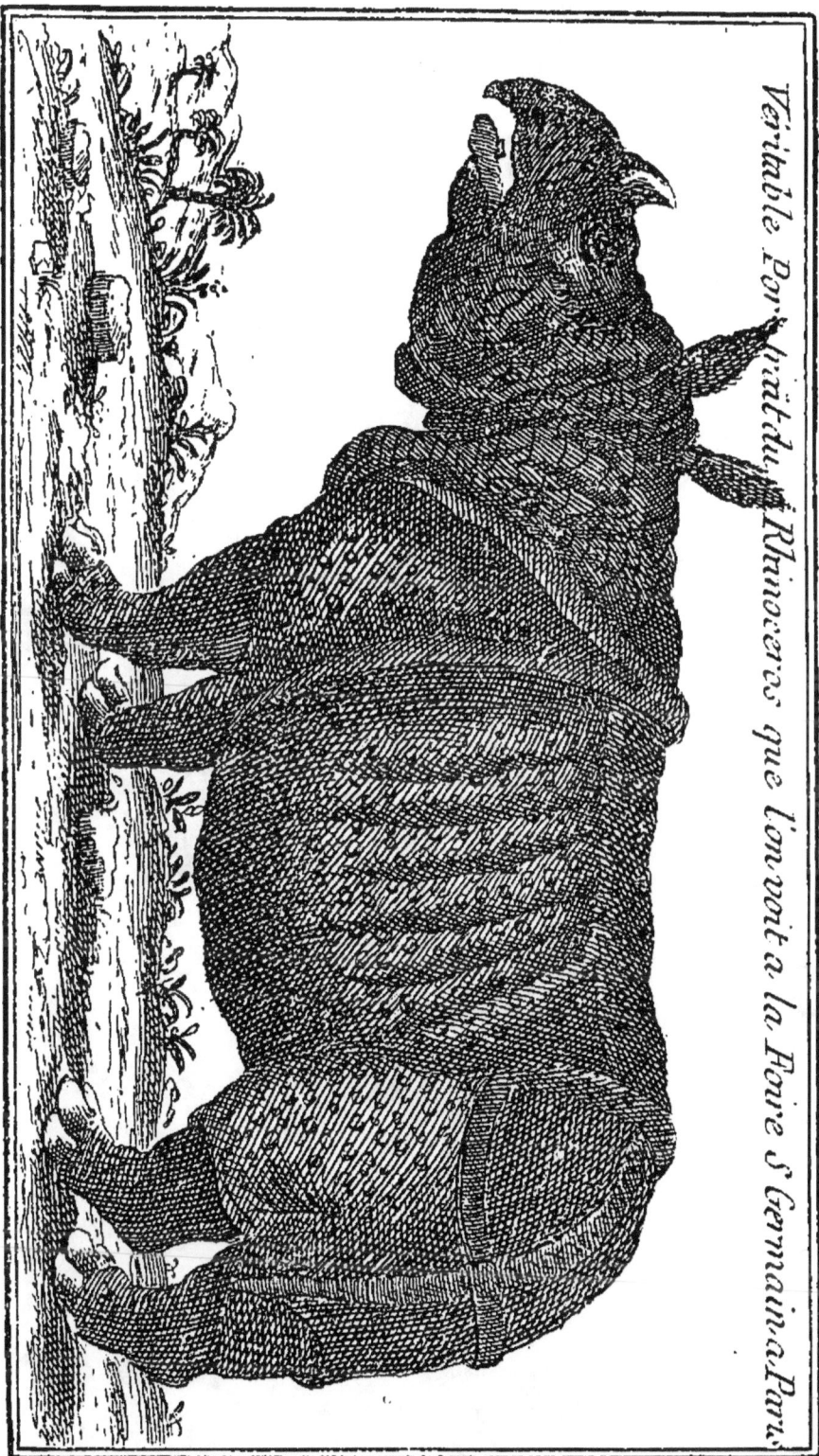

Véritable Portrait du Rhinoceros que l'on voit a la Foire S. Germain a Paris.

Frontispice d'une brochure publiée en **1749**.

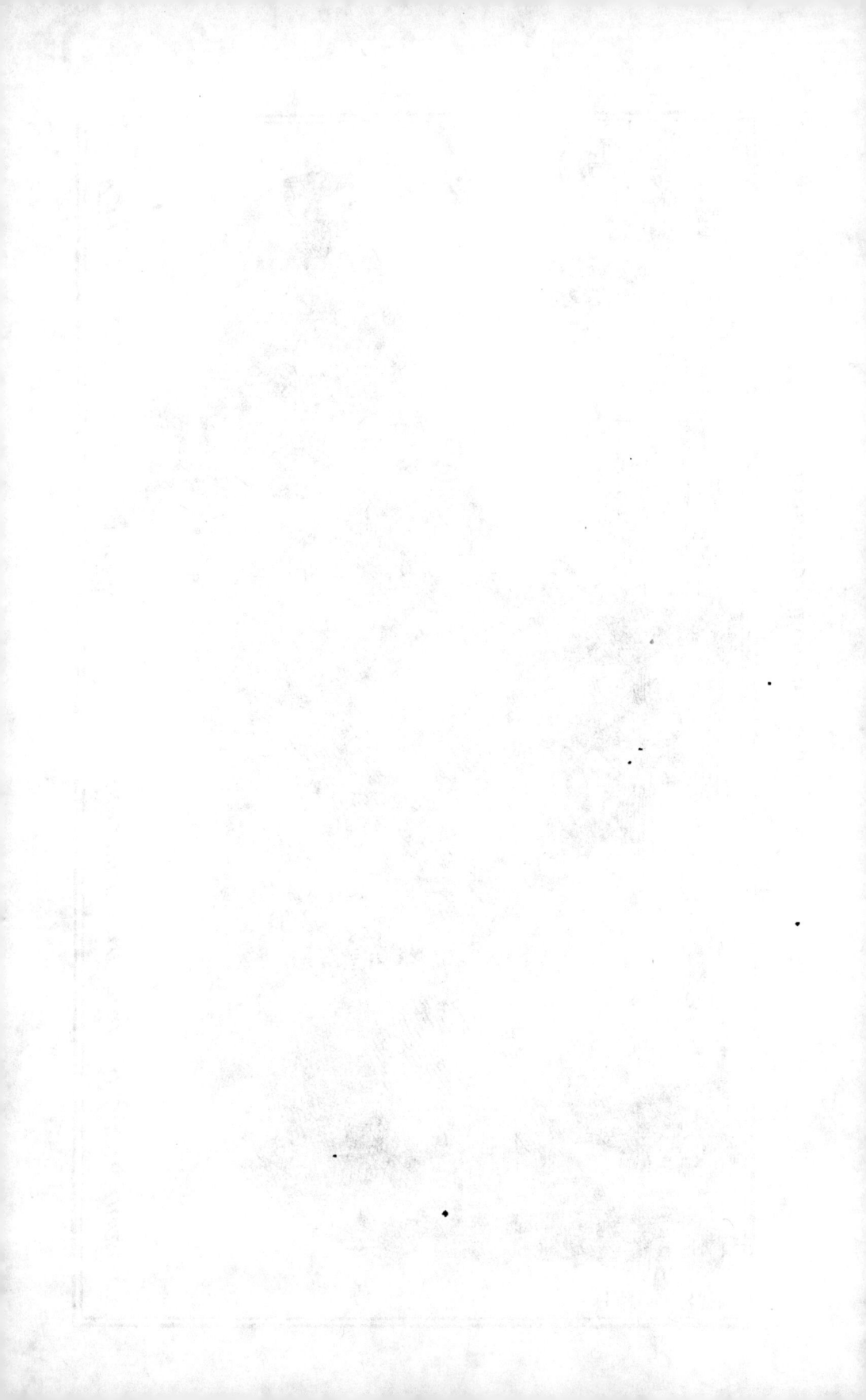

paraît-il, qu'on eût vu en France. Conduit à
Versailles, toute la Cour alla le contempler,
et il fallut l'y ramener encore après son séjour
à Paris[1]. Exhibé à la foire Saint-Germain, une
foule avide se succédait sans relâche autour
de lui, et l'énorme pachyderme était le sujet
de toutes les conversations. On s'arrachait une
notice dans laquelle un savant docteur, J.-B.
Ladvocat, bibliothécaire de la Sorbonne, avait
recueilli à cette occasion ce que les naturalistes et les voyageurs avaient raconté de plus
curieux sur les mœurs de cet énorme animal. « On prétend, écrivait Grimm, qu'il
pèse cinq mille livres. Il a été amené en Hollande par mer, de là en Allemagne, et d'Allemagne en France. Pour le transporter par
terre, on s'est servi d'une voiture couverte, traî-
née quelquefois par vingt chevaux. Il mange
par jour jusqu'à soixante livres de pain et il
boit quatorze seaux d'eau. Il aime tout,
excepté la viande et le poisson[2]. » L'avocat
Barbier[3] nous apprend que le roi voulut
acheter ce phénomène; il recula devant les

---

[1] Duc de Luynes, *Mémoires*, 19 avril 1749, t. IX, p. 386.
[2] Grimm et Diderot, *Correspondance*, édit. Tourneux,
t. I, p. 272.
[3] *Journal*, t. IV, p. 356.

cent mille écus qu'en demanda son maître,
un capitaine hollandais. Naturellement, les
femmes raffolèrent de cet animal, qui unissait,
disait-on, à sa force prodigieuse une extrême
douceur de caractère, qui léchait, avec une
langue douce comme du velours la figure
de ses gardiens et la main des docteurs de
Sorbonne[1]. Il y eut des perruques, des bon-
nets, des coiffures *à la rhinocéros;* on vit
même un soir, à l'Opéra, une élégante arrié-
rée qui « étoit coeffée *en comète,* lorsque
depuis deux mortels jours, on étoit *en rhinocéros*[2]. » Au mois de mai, l'on annonça que
cet énorme personnage était mort à Lyon et
mort enragé[3]. La nouvelle était fausse. En
novembre seulement, un vaisseau qui le
transportait de Rome à Naples fit naufrage, et
la mer engloutit la grosse bête « avec tout l'argent qu'elle avoit gagné à son propriétaire[4]. »

L'année suivante, on produisit encore à la
foire Saint-Germain deux lions et un tigre,
« lesquels sont privés ensemble et obéissent

[1] J.-B. Ladvocat, *Lettre sur le rhinocéros, à M***, membre de la société royale de Londres,* 1749, in-8°.

[2] Abbé Coyer, *Lettre à une dame angloise,* dans les
Œuvres, t. I, p. 156.

[3] D'Argenson, *Journal,* 30 mai 1749, t. V, p. 485.

[4] D'Argenson, 21 novembre 1749, t. VI, p. 77.

au commandement de leur maître comme font les chiens les plus dociles[1], » disait l'annonce. Mais ces fauves, dont l'espèce était connue depuis longtemps des Parisiens, n'obtinrent qu'un succès d'estime. Une otarie, arrivée en juillet 1784, jouit, au contraire, d'une grande vogue. On se pressait à la foire Saint-Laurent pour la voir évoluer dans un immense bassin d'eau salée[2].

L'amour que les Parisiens témoignaient, tout comme ceux du dix-neuvième siècle, pour les animaux domestiques, s'alliait à une coutume abominable, qui survécut même à la Révolution. Les jours de grandes fêtes religieuses[3], les théâtres, sans aucune exception, restaient fermés par ordre, et un concert spirituel réunissait, au château des Tuileries[4] ce que nous appelons aujourd'hui le *Tout-Paris*. En même temps, à l'extrémité de la rue de Sèvres, près de la barrière, la populace était conviée à un ignoble spectacle, dit *le combat du taureau*.

---

[1] *Les affiches de Paris*, n° du 9 février 1750.

[2] Mme Cradock, *Journal*, 29 juillet 1784, p. 69.

[3] Quinze jours à Pâques, l'Ascension, la Pentecôte, la Trinité, la Fête-Dieu, les fêtes de la Vierge, la Toussaint, la veille et le jour de Noël.

[4] Dans la grande salle dite des Cent-Suisses.

Dans un champ clos entouré de gradins, on venait applaudir d'énormes dogues qui, dressés à cet exercice, luttaient contre des taureaux, des lions, des ours, des tigres, des loups, des sangliers. La représentation durait trois heures en été[1] et deux heures en hiver[2], elle était terminée par un feu d'artifice où des dogues jouaient encore leur rôle[3].

Déjà, dans un but de bienfaisance, pour pourvoir, par exemple, aux dépenses toujours croissantes des hôpitaux, quelques villes du Midi, Nîmes et Marseille entre autres, avaient organisé des combats de taureaux, empruntés aux mœurs espagnoles. Mais on n'en reproduisait « que la partie comique ; la prudence des magistrats, en bannissant le tragique de ce spectacle, n'a voulu qu'en faire un véritable jeu, sans la moindre effusion de sang[4]. »

Il n'en était pas de même à Paris, car voici ce qu'écrivait en 1775 un Anglais, le chevalier

---

[1] De cinq à huit heures.

[2] De trois à cinq heures.

[3] Le prix des places était assez élevé. En 1760, on payait les galeries et les premières loges 3 liv., les loges 2 liv. 8 sols, l'amphithéâtre 1 liv. 10 sols, le parterre 15 sols. A la même date, l'Opéra cotait les premières loges 7 liv. 10 sols, les secondes loges 4 liv. et le parterre 2 liv.

[4] *Affiches, annonces et avis divers*, n° du 6 juillet 1774, p. 108.

James de Rutlidge : « Les entrepreneurs,
pour attirer la multitude, ne manquent pas
de spécifier dans les affiches le nombre et la
qualité des animaux qui sont dévoués à combattre jusqu'à la mort, ainsi que le degré de
fureur et de rage qu'on a sujet d'espérer
qu'ils emploieront pour leur défense. A la fin
de toutes les affiches, on lit cette apostille :
« On espère qu'ils se défendront cruellement[1]. »

La malsaine curiosité qu'excitait ce spectacle devint telle, que l'on songea à lui consacrer un amphithéâtre pouvant contenir vingt
mille personnes, et même à faire venir d'Espagne « des maîtres capables de diriger ces
sanglantes boucheries[2]. » Elles furent, en
effet, transportées près de l'hôpital Saint-
Louis, à l'extrémité de la rue Grange-aux-
Belles, et la barrière de Pantin devint la barrière du Combat. Jusque-là, l'on n'y avait
admis comme acteurs que des animaux, et
aucun homme n'y risquait sa vie[3]. On trouva
sans doute ces émotions insuffisantes, et l'on
demanda au gouvernement d'autoriser des

---

[1] *Essai sur le caractère et les mœurs des François*, p. 204.
[2] *Mémoires secrets*, 15 mai 1778, t. XI, p. 225.
[3] Voy. pourtant ci-dessus, p. 105.

courses de taureaux semblables à celles dont
jouissait l'Espagne. Aussi, le 4 mai 1780,
M. Amelot, ministre de la Maison du roi, écrivait-il au lieutenant général de police Lenoir :
« Je vous avoue que j'ai beaucoup de répugnance à accorder la permission d'établir la
course de taureaux dont il est parlé dans le
mémoire ci-joint. Indépendamment de ce que
c'est un nouveau spectacle et qu'ils sont déjà
trop multipliés, il me semble qu'il y a quelque
inconvénient à en autoriser un qui n'est point
dans nos mœurs et dont l'effet seroit d'accou-
tumer le peuple à voir du sang [1]. » L'autorisation fut refusée, et un *Guide* de 1824 écrivait encore : « On est rarement témoin, à ce
spectacle, de scènes sanguinaires. Des dogues
y combattent contre des taureaux, des loups,
des ours, qui ne sont presque jamais mis à
mort. Le ridicule *peccata* [2] est le paillasse de
ces acteurs à quatre pieds. Quoique l'on n'y
voie jamais des hommes risquer leur vie pour
le plaisir du peuple, comme en Espagne, on
s'étonne de l'existence d'un tel spectacle dans
une ville où l'on devrait craindre d'inspirer

---

[1] *Archives historiques, artistiques et littéraires*, t. I
(1889-90), p. 29.

[2] Un pauvre âne qui luttait aussi contre les chiens

la moindre idée de férocité aux gens, souvent
sans éducation et sans moralité, qui le fré-
quentent[1]. »

II

LES CHIENS ET LES CHATS.

I. Le dix-septième siècle. — Les chiens de Boulogne, les
bassets et les épagneuls. — Les marchands de chiens. —
Louis XIV et ses chiens. — Le capitaine des levrettes de
la chambre et le gouverneur des petits chiens. — Le
chien d'Étienne Pasquier. — Épitaphe d'un chien composée en vers latins par Racine. — Les quatre premiers
vers de Boileau. — La mode veut que l'on célèbre en
vers les mérites des chiens et des chats. — Le chat d'Iris.
— La chienne de la princesse de Carignan, celle de la
duchesse de Nemours, celle de Mlle de Montpensier et
celle de la duchesse d'Orléans. — Scarron dédie un de
ses livres à la chienne de sa sœur. — Vers de Saint-
Amant et de Cailly. — Amour des Parisiens pour les
chiens. — Mahomet et son chat. Création du chat et du
chien. — La rencontre d'un chat est un mauvais présage. — Les chiens du nouveau monde n'aboyaient pas. —
Portraits d'Henriette d'Angleterre et de ses enfants par
Van Dyck. — Le duc de Vendôme et ses chiens. — Marphise et Fidèle, chiens de Mme de Sévigné. — Le testament de Mlle Dupuy. — Amour de Colbert pour les
chats. — Les protectrices de Lafontaine : Mme de la

---

[1] F.-M. Marchant, *Le nouveau conducteur de l'étranger à
Paris en* 1824, p. 327. — On lit dans l'édition publiée
l'année suivante (p. 266) : « Les animaux sont rarement mis
à mort, mais leur sang coule; n'est-il pas dangereux d'ha-
bituer des hommes sans éducation à se repaître de cet horrible boucherie. Prix des places : 12 sous à 30 sous. »

Sablière et la duchesse de Bouillon. — La duchesse
du Maine compose l'épitaphe de son chat. — *La mort de
Cochon,* tragédie par Mme Deshoulières. — Plaidoirie de
Minette contre Boscot. — Le tombeau de l'hôtel de Lesdiguières. — Les souricières.

Les chiens de Boulogne, dont j'ai parlé plus
haut[1], conservèrent la vogue pendant la première moitié du règne de Louis XIV. En 1692,
ces chiens de manchons, variété du carlin, se
vendaient surtout dans la rue du Bac, chez
une demoiselle Guérin qui faisait le « commerce des petits chiens pour dames[2]. » Les
autres marchands occupèrent pendant longtemps le Pont-au-Change, puis se transportèrent sur les trottoirs du Pont-Neuf.

La race des chiens de Boulogne se perdit ou
plutôt s'altéra, et ils se virent remplacés par
les chiens dits Burgos[3] ou de Burgos, bassets
à jambes torses, au museau allongé et aux
oreilles pendantes. Les chiens-loups leur succédèrent et, sous la Régence, la mode adopta
les chiens d'Espagne ou épagneuls[4].

Louis XIV aimait les chiens. Le soir, avant

---

[1] Voy. ci-dessus, p. 94.
[2] *Le livre commode,* t. I, p. 273.
[3] Voy. Buffon, édit. de 1755, t. V, p. 254.
[4] Voy. *Lettres de J.-P. Marana,* édit. V. Dufour, p. 20
et 65.

de se coucher, il entrait parfois dans un cabinet situé près de la salle à manger et où se trouvaient quelques chiens de chasse, ceux que l'on nommait « les petits chiens de la chambre du roi, » et pour lesquels le pâtissier royal fournissait chaque jour sept biscuits. Louis XIV s'amusait à les faire manger, afin de « les rendre plus obéissants quand il alloit tirer [1]. » Il avait encore d'autres favoris, Malice l'épagneul, par exemple, ou Zette la levrette, et c'est en leur honneur qu'avaient été confectionnées les magnifiques niches, garnies de velours et décorées de bronzes dorés, dont l'inventaire du mobilier de la couronne [2] nous a conservé la description.

Une charge fort recherchée à la Cour était celle de *capitaine des levrettes de la chambre du Roi.* En 1657, ces jolis animaux étaient au nombre de six; et les frères Nicolas et Pierre Bourlon, assistés de trois valets, en prenaient soin, mais sans être pourvus d'un titre spécial [3]. Leur emploi paraît même avoir été tenu

---

[1] Trabouillet, *État de la France pour* 1712, t. I, p. 188 et 305.

[2] Pour 1687, t. II, p. 376 et 430.

[3] *État général des officiers domestiques de la maison du Roi,* année 1657, p. 159.

d'abord par une femme, la vieille Michelette, qui, durant l'enfance de Louis XIV, fut faite par lui *gouvernante de la guenon et des chiens de la chambre*. Le poète La Ménardière a consacré une longue épitaphe à Michelette, et il nous apprend les noms des cinq petits quadrupèdes sur lesquels s'étendait sa sollicitude ; c'étaient Pistolet, Silvie, Mignonne, Princesse et Dorinde [1]. En 1677, le roi possède neuf levrettes qui sont placées sous la haute autorité de Pierre et René Bourlon, tous les deux qualifiés d'*escuyers capitaines des levrettes* [2].

En 1712, un bon gentilhomme, Zacharie de Vassan, est *capitaine des levrettes du Roi*, et il commande aux quatre *valets des levrettes de la chambre* [3].

Notez qu'à cette date, le duc de Berri et le duc d'Orléans comptaient aussi, parmi les dignitaires de leur Maison, un *capitaine des levrettes* [4].

En 1737, le duc de Villeroy obtenait pour

[1] *Les poësies de Jules de la Mesnadière, maistre d'hostel ordinaire de Sa Majesté*, édit. s. d., in-folio, p. 75.
[2] Voy. A. de Montaiglon, *Dépenses des menus plaisirs de la chambre du roi pendant l'année 1677, d'après un manuscrit de la bibliothèque de Rouen*, p. 5.
[3] Trabouillet, t. I, p. 187.
[4] Trabouillet, t. II, p. 65 et 149.

un de ses protégés la place de *gouverneur des petits chiens de la chambre du Roi*[1]. S'agit-il de la même charge? Il est permis d'en douter, car nous allons voir que celle de capitaine des levrettes était restée, par survivance, dans la famille de Vassan. En effet, au mois de mai 1786, était publié un édit[2] solennel, bien digne de passer à la postérité :

Louis, par la grâce de Dieu roi de France et de Navarre, à tous présens et à venir, Salut.

La charge de capitaine des levrettes de notre chambre, dont étoit pourvu le sieur de Vassan, étant vacante par la démission qu'il en a faite en nos mains, nous avons jugé à propos d'en ordonner la suppression.

À ces causes et autres à ce nous mouvant, de l'avis de notre Conseil et de notre certaine science, pleine puissance et autorité royale, nous avons, par notre présent édit, perpétuel et irrévocable, éteint et supprimé, éteignons et supprimons, à compter du premier de ce mois, la charge de capitaine des levrettes de notre chambre, vacante comme dit est...

Si donnons en mandement à nos amés et féaux conseillers les gens tenant notre chambre des

---

[1] Duc de Luynes, *Mémoires*, 29 septembre 1737, t. I, p. 362.

[2] Enregistré le 15 septembre en la chambre des Comptes, le 20 à la cour des Aides, et publié par l'imprimeur du Parlement.

Comptes et cour des Aides à Paris que notre présent
édit ils aient à faire registrer, et le contenu en
icelui garder, observer et exécuter pleinement,
paisiblement et perpétuellement, cessant et faisant
cesser tous troubles et empêchemens, et nonobstant
toutes choses à ce contraires : Car tel est notre
plaisir.

Et afin que ce soit chose ferme et stable à toujours, nous y avons fait mettre notre scel.

Signé LOUIS. Et plus bas : *Par le Roi*, Baron
de Breteuil. Et plus bas : *Visa*, Hue de Miro-
mesnil.

Ce n'est pas seulement à la Cour que les
chiens se voyaient l'objet des soins les plus
tendres. Comme aujourd'hui, le Parisien adorait les bêtes intelligentes devenues, par la
domestication, ses fidèles compagnons d'existence. Les preuves abondent, et quelques-
unes méritent d'être recueillies.

Étienne Pasquier conversait avec son chien,
et bien mieux qu'il ne l'eût fait avec un
homme muet ; car, dit-il, « un muet ne pourroit m'entendre que par signes, et mon petit
chien m'entend au simple son de ma voix, selon que je la diversifie [1]. »

Racine fut poète latin avant d'être poète

---

[1] *Lettre à M. de Tournebu*, dans les *OEuvres*, t. II,
p. 260.

français. Tout jeune encore, il composa « en vers pleins de feu et d'harmonie » l'épitaphe latine d'un gros chien qui gardait la cour de Port-Royal. Ce brave animal se nommait Rabotin, et Racine, dans ses vers, lui promet l'immortalité :

Semper honor, Rabotine, tuus laudesque manebunt,
Carminibus vives, tempus in omne meis [1].

L'immortalité, c'est beaucoup ; mais enfin, il y a deux siècles et demi que Rabotin est mort, et vous voyez qu'il n'est pas encore oublié.

On me permettra de rappeler ici, pour mémoire, que les quatre premiers vers que composa Boileau sont consacrés à une bête. Lui-même les transmit ainsi, à son ami Brossette :

Du repos des humains implacable ennemie,
J'ay rendu mille amans envieux de mon sort.
Je me repais de sang, et je trouve la vie
Dans les bras de celui qui recherche ma mort.

C'est une énigme, et « tout ce que je puis vous dire par avance, ajoute Boileau, c'est que j'ay tâché de respondre par la magnificence de mes

---

[1] L. Racine, *Mémoires sur la vie de J. Racine,* édit. P. Mesnard, t. I, p. 213.

paroles à la grandeur du monstre que je vou-
lois exprimer [1]. »

En ce temps-là, les plus grandes dames se
faisaient une gloire de leur passion pour les
animaux, et c'était la mode de célébrer les
mérites de ces êtres aimés dans des « sonnets,
des rondeaux, des portraits, des énigmes, des
métamorphoses, des triolets, des ballades, des
chansons et jusqu'à des bouts-rimés [2]. » Ainsi,
comme Iris « pleuroit à chaudes larmes un
chat qu'on lui avoit dérobé, on s'avisa, pour
la consoler, de lui adresser un sonnet dont les
rimes n'étoient composées que de noms de
villes et de provinces. » On ne voit pas bien
ce que les noms de villes et de provinces viennent faire ici, mais les personnes qui voudraient connaître cette petite ineptie la trouveront dans le *Ménagiana* [3].

Loret a pris la peine de mentionner, en
vers inconvenants, le retour au logis de Joine,
une aimable chienne appartenant à la princesse de Carignan. Vingt écus d'or furent
donnés à celui qui la rapporta [4]. Le même

[1] *Lettre* du 29 septembre 1703, édit. Laverdet, p. 162.
[2] Furetière, *Le roman bourgeois*, édit. elzév., p. 145.
[3] Édit. de 1715, t. I, p. 232.
[4] *Muze historique*, n° du 12 septembre 1654.

chroniqueur n'a garde d'oublier *Gogo-Souris*, une chienne très féconde[1] ; elle fut pleurée par sa maîtresse, l'altière duchesse de Nemours, qui partageait avec Mme de Carignan le bel hôtel de Soissons[2]. Mlle de Montpensier aimait mieux les lévriers que les épagneuls ; elle ne dissimule pourtant pas la joie qu'elle éprouva en recevant du cardinal Mazarin une petite chienne de Boulogne[3]. Lafontaine a adressé une *épître à Mignon, chien de Son Altesse Madame douairière d'Orléans*[4] :

> Petit chien, qu'as-tu? dis-le-moi.
> N'es-tu pas plus aise qu'un roi?
> Trois ou quatre jeunes fillettes
> Dans leurs manchons aux peaux douillettes
> Tout l'hiver te tiennent placé[5].

A tous les chiens, Scarron préférait les chats, ce qui ne l'empécha pas de dédier un de ses ouvrages à « très honneste et très divertissante Guillemette, » chienne de sa sœur. « Vos gambades, écrit-il, me satisferont bien plus que le froid accueil d'un grand seigneur, qui ne me sçauroit point de gré de mon pré-

---

[1] *Muze historique*, n° du 6 juillet 1658.
[2] Saint-Simon, *Mémoires*, t. V, p. 279.
[3] *Mémoires*, édit. Petitot, IIe série, t. XLII, p. 406.
[4] Seconde femme de Gaston d'Orléans.
[5] *Épître* X.

sent, parce qu'il croiroit que je lui en deman-
derois un autre [1]. » Vrai est qu'il ne fit que
cela toute sa vie et n'avait guère d'autre moyen
d'existence. Un autre poète, Saint-Amant,
presque aussi gueux que Scarron, a célébré
les charmes de Marmousette, une jolie épa-
gneule blanche aux oreilles couleur de feu,

> Son corps qui faisoit honte aux lys,
> Ses longues oreilles tannées [2].

Jacques de Cailly, gentilhomme ordinaire
du roi, mais connu surtout par ses mauvais
vers, sacrifiait volontiers les chats aux chiens,
comme le prouve ce quatrain :

> Notre chatte qu'il vous souvienne
> Que si vous battez notre chienne,
> Vous serez bien-tôt le manchon
> De notre petite Fanchon [3].

Le *Mercure galant* de 1673 [4] tourne en déri-
sion les gens « qui ne sçauroient voir donner
un coup de fouet à un cheval ou un coup de
pied à un chien sans accuser de cruauté ceux
qui les donnent, et les traiter de bourreaux.»

---

[1] *OEuvres*, édit. de 1663, t. I, p. 267.
[2] *OEuvres*, édit. elzév., t. I, p. 242. — De couleur tannée,
c'est-à-dire fauve.
[3] *Ménagiana*, t. III, p. 270.
[4] Tome III, p. 159.

Une de ces âmes sensibles, que je me garde
bien de condamner, avait, dit-on, consacré
sa fortune à fonder un hôpital destiné aux
chiens sans maître. « Il y eut une personne de
la compagnie qui traita de foux ceux qui tin-
·rent ce discours, mais on luy fit voir que dans
plusieurs villes de l'antiquité, il y avait eu des
hôpitaux pour les chiens. » Les Turcs les af-
fectionnaient assez pour cela, et pourtant ils
mettaient encore au-dessus des chiens les
chats. Ils croient, écrit Tournefort, que Mahomet « aima mieux couper le parement de
sa manche, sur laquelle son chat reposoit, que
de l'éveiller en se levant [1]. » Ce gracieux animal éveillait en France moins de sympathies.
On racontait que, lors de la création du
monde, le soleil et la lune se disputèrent l'honneur de le peupler d'animaux. Le soleil commença par créer le lion ; la lune jalouse fit
aussitôt sortir de terre un chat ; le soleil à son
tour

Créa, par forme de mespris,
En mesme temps une souris.

Colère de la lune, qui produit un singe. Un
éclat de rire accueillit sa naissance. La lune

[1] *Relation d'un voyage du Levant*, édit. de 1717, t. II,
p. 83.

alors, pour se venger, inspira une haine éternelle entre le singe et le lion, entre le chat et
la souris. On admettait aussi que la prunelle
du chat croissait et décroissait suivant le cours
de la lune. Sa morsure était réputée mortelle.
Comme on n'obtient rien de lui par la con-
trainte, les anciens rois de Bourgogne avaient
placé un chat dans leurs armoiries, avec cette
devise : *Tout par amour, rien par force* [1]. C'était
encore une croyance universelle que, quand
on allait faire une demande en mariage, la
rencontre d'un chat, d'un chien, d'un lièvre
constituait un mauvais présage [2]. On était
également convaincu que les chiens d'Amérique n'aboyaient pas, et que les autres per-
daient la voix aussitôt qu'ils touchaient la
terre du nouveau monde.

Ils continuaient à être chéris dans l'ancien.
Van Dyck a représenté Henriette, fille de
Henri IV, entourée de trois chiens. Dans un
autre tableau, il nous a transmis le portrait
des enfants de cette princesse, et auprès d'eux
sont deux chiens [3]. Le duc de Vendôme, ar-

---

[1] P. Palliot, *La vraye et parfaite science des armoiries*,
p. 142.

[2] J.-B. Thiers, *Traité des superstitions*, t. IV, p. 457.

Voy. A. Alexandre, *Histoire de la peinture*, école hol-
landaise, p. 219 et 221.

rière-petit-fils de Henri IV, « étoit, dit Saint-Simon [1], toujours plein de chiens et de chiennes dans son lit, qui y faisoient leurs petits à ses côtés [2]. »

Madame de Sévigné parle souvent dans ses lettres de sa chienne Marphise, dont elle ne se séparait guère, et de Fidèle, qu'elle lui donna pour camarade. Elle s'était pourtant promis de ne donner jamais son cœur qu'à à un seul chien, en dépit, disait-elle, des *Maximes* de La Rochefoucauld [3]. Mais quoi? un beau matin, elle avait vu « entrer un valet de chambre, avec une petite maison de chien, toute pleine de rubans, et sortir de cette jolie maison un petit chien tout parfumé, d'une beauté extraordinaire, des oreilles, des soies, une haleine douce, etc. [4] »

Au cours de l'année 1678, une demoiselle Dupuy, célèbre joueuse de harpe, étant tombée gravement malade, fit appeler un notaire et lui dicta son testament. Elle déclara vou-

[1] Tome IV, p. 385.

[2] Sur cet ignoble personnage, voy. *L'hygiène*, appendice, p. 22.

[3] « On peut trouver des femmes qui n'ont jamais eu de galanterie, mais il est rare d'en trouver une qui n'en ait jamais eu qu'une seule. » *Maxime* LXXIII.

[4] Voy. *Lettres* du 13 novembre et du 11 décembre 1675 t. IV, p. 229 et 272.

loir disposer de la plus grande partie de ses biens en faveur de son chat, auquel elle entendait léguer une maison à la ville et une autre à la campagne, avec un revenu suffisant pour lui assurer une vie large et tranquille. Puis, afin d'être certaine qu'on respecterait sa volonté, elle choisit plusieurs personnes connues par la sûreté de leur caractère, et leur fit des legs importants, sous la condition qu'elles veilleraient à ce que toutes les clauses de son testament fussent fidèlement exécutées ; elle leur imposait en outre l'obligation d'aller, certains jours de la semaine, tenir compagnie à son chat. Ces étranges dispositions furent attaquées par les héritiers naturels, qui confièrent leurs intérêts à un avocat de grand talent, Maurice Vautier ; les légataires choisirent le docte Claude de Ferrière, et la cause fut plaidée avec beaucoup d'esprit des deux côtés. Moncrif, qui a écrit tout un volume sur les chats, déclare qu'il a « fait les recherches les plus exactes pour trouver les factums produits sur cette grave affaire. Il se perd comme cela tous les jours des ouvrages aussi curieux qu'intéressants, dont il est bien injuste que le public soit privé [1]. »

[1] Voy. P. de Moncrif, *Lettres philosophiques sur les*

D'après Coypel.

On sait que Colbert avait toujours de petits chats folâtrant dans son cabinet de travail, mais je ne vois pas qu'il leur ait rien légué. Fontenelle recherchait aussi la société de ces souples félins[1].

Mme de la Sablière, la protectrice de Lafontaine, adorait les chiens et en était sans cesse entourée. Un jour, ses amis furent tout étonnés de trouver les chiens remplacés par des chats. Quand ils lui demandèrent la cause de ce changement, elle répondit « qu'ayant éprouvé qu'on s'attachoit avec passion aux chiens, elle s'étoit déterminée à n'avoir que des animaux dont le commerce ne mène pas plus loin qu'on ne veut[2]. » Vain espoir ! Les chats lui devinrent aussi chers que l'avaient d'abord été les chiens, et elle termina sa vie entre sa ménagerie et Lafontaine.

Une autre protectrice du fabuliste, la duchesse de Bouillon[3], ouvrait largement son cœur à tous les animaux. Les chiens et les chats, Médor, Chop, Dorine, Percinet et Pussy

chats, p. 139. — Mercure galant, n° de juillet 1678, p. 253. — Bayle, Dictionnaire historique et critique, art. Rosen, édit. de 1720, t. III, p. 2485.

[1] Moncrif, p. 102.
[2] Moncrif, p. 122.
[3] Marie-Anne Mancini, nièce de Mazarin.

entre autres, y occupaient la première place ;
la seconde appartenait à la guenon Dodo, au
perroquet Loteret, au serin Filis, au sanson-
net Jacob, au bouvreuil Boulé, etc., etc. Les
intimes de la duchesse, ses meilleurs amis se
plaignaient de la préférence qu'elle accordait
sur eux à tout ce petit monde ; ce qui ne les
empéchait pas de choyer leurs rivaux et aussi
de composer des épitaphes pour ceux que la
Parque avait condamnés[1].

Chaulieu écrivait à la duchesse, le 18 octobre 1681 : « Vous avez plus de bétes que je
n'ai d'imagination, et il vous faut prendre
Boursault à gages pour faire des épitaphes, si
vous voulez avoir autant de chiens que vous
en avez[2]. » Lafontaine lui reprochait surtout
de se laisser trop distraire par sa ménagerie :

Nul auteur de renom n'est ignoré de vous,
    L'accès leur est permis à tous.
Pendant qu'on lit leurs vers, vos chiens on beau se
Vous mettez les holà en écoutant l'auteur. [battre.

Il me souvient qu'un matin, en lisant des vers,
je vous trouvai en même temps attentive à ma lec-

---

[1] Voy. Saint-Évremont, *OEuvres*, t. V, p. 260.
[2] *OEuvres*, édit. de 1750, t. I, p. 91.

ture et à trois querelles d'animaux. Il est vrai qu'ils étoient sur le point de s'étrangler [1].

La duchesse du Maine composa elle-même l'épitaphe de son chat Marlamain [2], et Mme Deshoulières a choisi pour sujet d'une tragédie : *La mort de Cochon, chien de M. le maréchal de Vivonne*. La scène se passe à Paris, dans la maison de Mme Deshoulières, et le théâtre représente « une terrasse de plain pied aux gouttières. » Personnages :

GRISETTE, chatte de Mme Deshoulières, amante de Cochon.

MIMY, chat de Mlle Deshoulières, amant de Grisette.

MARMUSE, chat de Mme Deshoulières, confident de Mimy.

CAFAR, chat des Minimes de Chaillot, député des chats du village.

Troupe de chats du voisinage.

L'amour [3].

Cochon figure encore dans une correspondance poétique entre Grisette et Tata, chat de Mlle de Montglat ; dom Gris, chat de la duchesse de Béthune ; Mittin, chat de Mlle Bocquet ; Gas, épagneul de Mlle Deshoulières, les chats Blondin, Regnault, etc. [4]

---

[1] *OEuvres*, édit. Régnier, t. IX, p. 39.

[2] Moncrif, p, 96 et 107.

[3] *OEuvres*, édit. de 1732, t. II, p. 273.

[4] *Ibid.*, t. II, p. 144 et suiv.

Parmi les facéties de ce genre, on peut citer aussi deux amusantes plaidoiries anonymes, imitées de celles des *Plaideurs*, et où l'avocat de la demanderesse débutait ainsi : « Messieurs, je suis en cette cause pour Geroflette-Perronelle-Minette, veuve de Rominagrobis Mitoulet, ancien syndic de la communauté des Miaulans, chevalier de l'ordre des Gouttières, généralissime de l'armée des chats, demanderesse, accusatrice. Contre Boscot Polichinel, marchand de mort aux rats, défendeur, accusé [1]. »

Au nombre des curiosités que tout étranger était tenu de visiter à Paris, les guides avaient toujours soin de signaler, dans la rue de la Cerisaie, le jardin de l'hôtel de Lesdiguières. Et qu'y admirait-on? Un sarcophage de marbre noir, surmonté d'une chatte, noire aussi, reposant sur un coussin de marbre blanc. C'était le monument [2] élevé à la mémoire de Menine, chatte de Mme de Lesdiguières. Au côté gauche du piédestal on lisait :

CI GIST

MENINE, *la plus aimable et la plus aimée de toutes les chattes.*

[1] Dans Éd. Fournier, *Variétés historiques*, t. I, p. 349
[2] Il est reproduit dans Moncrif, p. 104.

D'après Coypel.

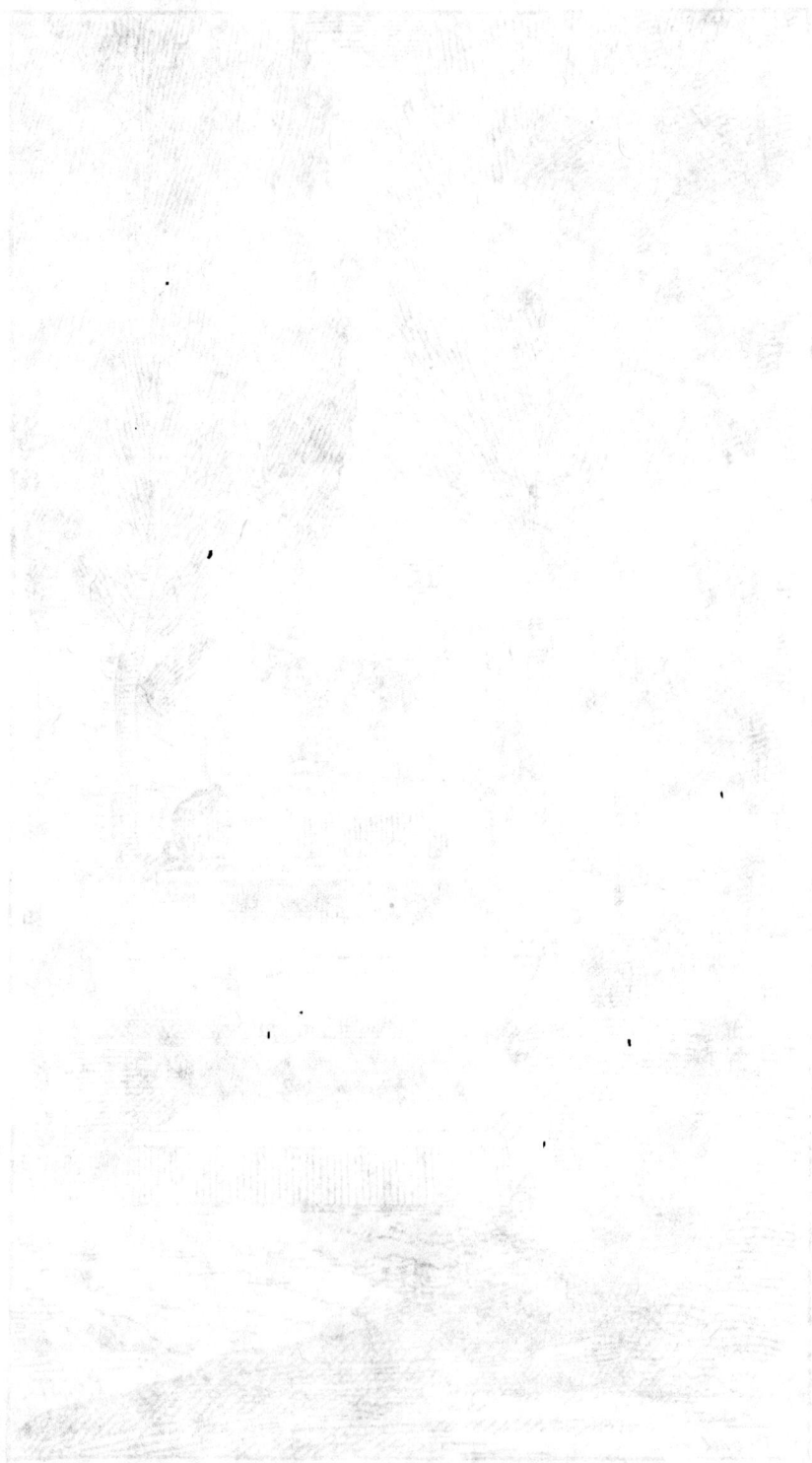

Et sur l'autre face :

> Ci gît une chatte jolie.
> Sa maîtresse, qui n'aima rien,
> L'aima jusques à la folie.
> Pourquoi le dire? On le voit bien[1].

Tout porte à croire que Menine, comme Grisette, Mimy, Cafar et autres, professait le plus complet mépris pour les souris. Heureusement, les souricières y suppléaient[2], et l'on s'efforçait de les perfectionner. Le musée de Cluny[3] possède une curieuse souricière de cuivre, en forme de guillotine et qui date du dix-septième siècle. Les couteaux dentelés sont mus par des ressorts dont la détente a son point de départ dans la fourche mobile qui soutient l'appât.

II. LE DIX-HUITIÈME SIÈCLE. — Chiens à la mode sous Louis XV. — Chiens danois courant devant les carrosses. — Filou, kings-charles de Louis XV. — Les gimblettes des chiens familiers de Louis XV. — Sa biche blanche. Il la tue. — Terreur que les chats inspiraient au duc de Noailles. — Les chats de Louis XV et de Marie Leszcinska. — Les chiens de la princesse Palatine. — Ceux de la princesse de Talmont. — Chiens et chats perdus. Récompense honnête promise à qui les ramènera. Extraits des journaux du temps. — Vétérinaire en vogue sous

---

[1] *Voyage de Lister à Paris en* 1698, p. 173.
[2] Sur les souricières, voy. ci-dessus, t. I, p. 311 et suiv.
[3] N° 6200 du catalogue.

Louis XV. — Épidémie sur les chiens en 1763. — Le
chat et le chien de Montesquieu. — Les chats des poètes
Ducerceau et Sanadon, de Fontenelle et de Crébillon.
— Les douze chats de Mme Dupin. — Brillante, chatte
de la maréchale de Luxembourg, est servie dans un plat
d'argent. — Touton, chien de Mme Du Deffand. Elle le
lègue à Walpole. — Pouf, chien de Mme d'Épinay.
Origine des chiens de Terre-Neuve. — Louis XVI et les
chiens. Il tue un chien dans le jardin des Tuileries. Il tue
le chat de la comtesse de Maurepas. — Moufflet, chien de
Louis XVII. — Coco, chien de sa sœur Marie-Thérèse.
— Les lévriers de Madame Élisabeth. — La levrette
Zémire et Catherine II. — Passion des Parisiens et surtout des Parisiennes pour les chiens. — Il n'y a pas de
chats dans les cieux. — La chatte de Mme de Staal. — Les
animaux de Mme Helvétius. Comment elle reçoit M. d'Andlau. Joli récit fait par la baronne d'Oberkirch.

Sous Louis XV, la mode fut aux épagneuls,
aux danois et aux king's-charles, auxquels
succédèrent les caniches et les griffons.

Les grands seigneurs faisaient précéder
leur carrosse de coureurs à la livrée étince-
lante d'argent et de fleurs artificielles, costume qui coûtait à entretenir plus de mille
écus par an. Devant les coureurs bondissaient
d'énormes lévriers danois, dont il était prudent de se garer, car, incapables parfois de
maîtriser leur élan, ils renversaient les prome-
neurs distraits [1].

[1] Comtesse de Genlis, *Dictionnaire des étiquettes*, t. I,
p. 106.

Louis XV chérit pendant longtemps un
king's-charles nommé Filou, le seul être au
monde, pensait-il, qui l'aimât pour lui-même [1].
Une assez curieuse publication nous a conservé le portrait de Filou et aussi une vue de
son tombeau. Filou occupait la première place
dans la voiture royale, couchait près de son
maître sur un coussin de velours cramoisi, et
son collier était couvert d'or et de diamants [2].

Louis XV, écrit d'Argenson [3], « a fait véritablement un travail de chien pour ses chiens. »
Il s'agit ici, de ses chiens de chasse, au nombre
de plus de mille, et que, dit-on, il connaissait
tous par leur nom. Il avait, en outre, comme
Louis XIV, ses chiens familiers, et chaque
jour, après dîner, le premier maître d'hôtel
offrait au roi deux cornets de gimblettes destinées à ces amis intimes. Sachez bien que si le
grand maître de la garde-robe était présent,
c'est à lui qu'était dévolu le privilège de
remettre les gimblettes ; et s'il n'y avait là ni
premier maître d'hôtel, ni grand maître, le
premier gentilhomme de la chambre ou le

---

[1] Voy. Dufort de Cheverny, *Mémoires*, t. I, p. 40 et 125.

[2] Voy. *Épître à Filou, petit chien du roi*, par l'abbé de
Luy***, s. d., in-8°.

[3] *Mémoires*, t. II, p. 263.

premier chambellan recevaient les gimblettes de la main des officiers de bouche et avaient l'honneur de les donner au roi [1].

Louis XV ne s'était pas toujours montré si tendre pour les animaux, et une vilaine aventure, qui datait de 1722, avait inspiré de vives craintes à son entourage. Le roi, alors âgé de douze ans, possédait une petite biche blanche qu'il avait élevée et qui ne mangeait que dans sa main. Un beau jour, il déclare qu'il veut s'en défaire. Il la fait mettre à distance, tire sur elle et la blesse. La biche revient vers lui et le caresse, il l'éloigne et la tue [2]. L'année précédente, sachant que le duc de Noailles, frère de Mme de Louvois, avait horreur des chats, il va se placer derrière lui et lui pince le cou, en contrefaisant un miaulement. Le duc tomba évanoui [3].

Plus tard, au contraire, Louis XV aima beaucoup les chats. Il affectionnait surtout un gros angora tout blanc, qui avait pour lit un coussin de damas rouge, et dans la journée se prélassait sur la cheminée de son cabi-

---

[1] Duc de Luynes, *Mémoires*, 16 novembre 1738, t. II, p. 277.

Barbier, *Journal*, avril 1722, t. I, p. 211.

[3] Rosalba Carriera, *Journal*, 26 janvier 1721, p. 297.

net[1]. Marie Leszcinska s'était attachée aussi à un chat que l'on rencontrait partout dans les appartements[2], et à une chienne à qui elle permettait de coucher sur son lit[3].

La mère du Régent adorait les chiens ; sa correspondance ne cesse d'en fournir la preuve. Le 29 septembre 1702, elle raconte qu'étant à Fontainebleau sa voiture a versé, et elle termine ainsi : « Il y avait sept chiens dans le carrosse, aucun n'a éprouvé le moindre accident. » Sa chienne Candace était fille de Charmille, qui avait accouché dans de singulières conditions. « La bonne bête était couchée sur un canapé derrière moi, écrit sa maîtresse, un jour que la princesse de Condé me faisait visite. La princesse me dit : « Votre chienne se démène, que veut-elle ? » Je réponds : « Elle veut que je la caresse. » Je passe la main derrière moi pour la caresser et je la trouve toute mouillée ; elle venait de mettre bas ses petits chiens sur ma robe qui était étalée autour de moi. » Le 18 octobre 1715, elle interrompt une lettre par cette phrase :

[1] Dufort de Cheverny, t. I, p. 124. — Comte d'Hézecques, *Souvenirs d'un page*, p. 214.
[2] Mme Campan, *Mémoires*, t. III, p. 67.
[3] D'Argenson, 10 octobre 1740, t. III, p. 192.

« Mon petit chien, qui est toujours près de moi, vient de sauter sur mon papier et a effacé trois mots ; je ne sais si vous pourrez les lire. » Son amour pour les chiens ne se montrait pas exclusif, car, à ses yeux, les chats étaient « les plus jolies bêtes qu'il y ait au monde [1]. » La princesse de Talmont n'exagérait guère moins l'amour des chiens et des chats [2].

Quand une de ces bêtes adorées venait à se perdre, on s'adressait à l'un des rares journaux d'annonces alors existant [3], et, comme aujourd'hui, l'on promettait une récompense honnête à qui la ramènerait. Les formules variaient peu :

Un louis d'or à gagner. Il a été perdu, depuis le mercredi des Cendres, une chienne de chasse, ayant un collier avec une plaque de cuivre où est écrit : « J'appartiens à M. Dupin de Francueille [4], receveur général des finances, rue Plâtrière [5]. »

[1] . *Correspondance de la princesse Palatine*, trad. Brunet, t. I, p. 68, 109, 164, 196 et 414.

[2] Voy. la *Correspondance de la marquise du Deffand*, t. II, p. 383.

[3] Voy. *L'annonce et la réclame*, p. 129.

[4] Dupin de Francueil, ami de Mme d'Epinay. Il avait épousé une fille naturelle du maréchal de Saxe, qui fut la grand'mère d'Armandine-Lucile-Aurore Dupin, devenue célèbre sous le nom de George Sand.

[5] Devenue rue Jean-Jacques Rousseau.

Cette chienne est de moyenne taille, vieille et toute blanche, excepté une tache noire à l'oreille droite. Ceux qui l'auront trouvée sont priés de la ramener chez M. Dupin; on donnera la récompense promise.

Douze livres à gagner. Il a été perdu, le 7 du présent mois de mars, une petite chienne blanche, marquée de taches jaunes à la tête et au côté gauche; elle a les pattes fines, les oreilles coupées, un collier de cuivre rouge avec des grelots. Ceux qui l'auront trouvée sont priés de la rapporter à Madame la veuve la Croix, rue Quinquempoix, vis-à-vis le bureau des merciers, qui donera la récompense promise et trois livres à ceux qui indiqueront chez qui elle est.

Il a été perdu, le mardi 5 du présent mois de mai, un gros chat blanc angola, le dessous des pattes de devant un peu rousses, ayant un collier verd, une plaque de cuivre avec un grelot. Ceux qui le rapporteront ou qui en donneront des nouvelles à Madame Hocquart, rue du Gros Chenet [1], auront une récompense honnête [2].

Le vétérinaire en vogue à cette époque était un sieur Lionnais, qui ne put parvenir à sauver Filou, l'ami de Louis XV [3]. Il eut fort à faire en 1763, année où les chiens se virent

---

[1] Aujourd'hui comprise dans la rue du Sentier.

[2] *Les affiches de Paris*, nᵒˢ des 19 février, 19 mars et 14 mai 1750.

[3] *Épître à Filou.*

décimés par une épidémie dont les médecins
eux-mêmes ne réussirent à déterminer ni la
cause ni le remède. Le docteur Desmars en
fit une étude spéciale et il veut bien nous
apprendre qu'il ne faut pas l'attribuer seulement « aux astres qui auroient versé sur notre
athmosphære des influences qui, sans nuire aux
autres espèces de quadrupèdes, ont été pesti-
lentielles à la race canine [1]. »

Montesquieu avait un chat dont le nom
n'est pas venu jusqu'à moi, et un chien appelé
Edward [2]. Fontenelle et Crébillon, les poètes
Ducerceau et Sanadon recherchèrent la société des chats. Une fille naturelle du riche
Samuel Bernard en eut douze, tous dressés
par elle à l'obéissance ; l'un d'eux, Bibi, vécut
vingt-cinq ans. Brillant, chatte de la maréchale de Luxembourg, resta longtemps célèbre ; le chevalier de Beauvau lui consacra
une pièce de vers qui finit ainsi :

> Luxembourg est votre maîtresse,
> Que n'est-elle la mienne aussi.

On servait Brillant dans un plat d'argent,

---

[1] *Lettre sur la mortalité des chiens dans l'année* 1763,
p. 8. — Voy. aussi *Les médecins*, p. 197 et suiv.

[2] Voy. P. Bonnefon, *Montesquieu inédit*. Dans le *Journal
des Débats,* n° du 12 mars 1895.

et Louis XV daigna lui envoyer parfois quelques fines pièces de sa chasse.

Tonton, chien de la marquise du Deffand, n'était guère moins gâté. Très jaloux, il cherchait à mordre tous ceux qui approchaient la marquise. Elle écrivait à Walpole : « Je l'aime à la folie, et je lui pardonne tous ses défauts ; il aboie, il mord ; la liste de ses morsures et des manchettes déchirées est très longue. » Pour ses étrennes de 1778, la maréchale de Luxembourg donna à la marquise six volumes des œuvres de Voltaire, et une boîte d'or ornée d'une jolie miniature représentant Tonton ; elle y avait joint ce sixain :

> Vous les trouvez tous deux charmants,
> Nous les trouvons tous deux mordants :
>   Voilà la ressemblance.
> L'un ne mord que ses ennemis,
> Et l'autre mord tous vos amis :
>   Voilà la différence[1].

Tonton fut légué à Walpole, chez qui il survécut dix ans à sa maîtresse.

Je donnerai encore un souvenir au favori de Mme d'Epinay, au petit Pouf, qui faillit être tué par les cygnes du château de la Che-

---

[1] *Correspondance de la marquise du Duffand*, t. I, p. 355 ; t. II, p. 385, 608 et 630.

vrette. Puis, négligeant une foule d'épitaphes,
d'épîtres, de stances et de madrigaux rimés
en l'honneur des chiens ou des chats, j'arrive
au règne de Louis XVI.

D'après Thiébaut de Berneaud[1], c'est de
cette époque que daterait l'introduction en
France du chien de Terre-Neuve[2], produit,
disait-on, d'un dogue anglais et d'une louve
indigène. Mais l'épais Louis XVI ne comprenait ni n'aimait les animaux. Un jour, sur la
terrasse des Feuillants, il assomma avec sa
canne un petit épagneul que promenait une
jeune dame[3]. Plus tard, il tua d'un coup de
marteau le chat de la comtesse de Maurepas.
Sa famille valait mieux que lui. Le premier

---

[1] *Traité de l'éducation des animaux domestiques,* t. II,
p. 451.

[2] Buffon ne semble pas l'avoir connu.

[3] « ... Cette dame était précédée par un joli petit épagneul,
qui se trouvait déjà tout près du roi. Dès qu'elle reconnut
celui-ci, elle se hâta de rappeler son chien, en s'inclinant
profondément. De suite, le chien se retourna pour accourir
vers sa maîtresse; mais Louis XVI, qui tenait à la main un
jonc énorme, lui cassa les reins d'un coup de gourdin. Et
pendant que des cris échappaient à la dame, pendant qu'elle
fondait en larmes et que la pauvre bête expirait, le roi continuait sa promenade, enchanté de ce qu'il venait de faire,
se dandinant un peu plus que de coutume, et riant comme
le plus gros paysan aurait pu le faire. » Général baron Thié-
bault, *Mémoires,* t. I, p. 266.

Dauphin, mort à huit ans, possédait un chien nommé Moufflet qui passa à son frère [1], le pauvre petit martyr du Temple. Sa sœur aînée, Marie-Thérèse, adorait Coco, un barbet qui fut son compagnon de captivité. Madame Élisabeth préférait les lévriers [2]. Le comte de Ségur, ambassadeur de France en Russie, et très désireux de plaire à la fière Catherine, s'empressa de composer une épitaphe pour une chienne qu'elle venait de perdre, la levrette Zémire, fille de Tom et de Lady. L'impératrice reconnaissante fit graver l'inscription sur le tombeau de Zémire, dans les jardins de Krasnoë-Selo [3].

A Paris, Sébastien Mercier, toujours malcontent et grognon, se plaignait que les chiens tinssent trop de place dans la vie privée des hommes comme des femmes, des pauvres comme des riches :

Les femmes du peuple ont des chiens qui font des ordures dans les escaliers, et l'on se passe mutuellement cette dégoûtante malpropreté, parce qu'à Paris on aime mieux avoir des chiens que d'avoir des escaliers propres... Point de misérable

---

[1] A. de Beauchesne, *Louis XVII, sa vie, son agonie, sa mort*, t. I, p. 19.

[2] Comte d'Hézecques, p. 40.

[3] Comte de Ségur, *Mémoires*, édit. Barrière, t. I, p. 387.

qui n'ait dans son grenier un chien pour lui tenir
compagnie. On en interrogeoit un, qui partageoit
son pain avec ce fidèle camarade; on lui représen-
toit qu'il lui coûtoit beaucoup à nourrir, et qu'il
devroit se séparer de lui. « Me séparer de lui,
reprit-il, et qui m'aimera?... »

La folie des femmes est poussée au dernier période sur cet article. Elles sont devenues gouver-
nantes de roquets, et ont pour eux des soins incon-
cevables. Marchez sur la patte d'un petit chien,
vous êtes perdu dans l'esprit d'une femme. Elle
pourra dissimuler, mais elle ne vous le pardonnera
jamais : vous avez blessé son manitou.

Les mets les plus exquis leur sont prodigués;
on les régale de poulets gras, et l'on ne donne pas
un bouillon au malade qui gît dans le grenier.
On voit de petites maîtresses, fardées et bien mises,
porter leurs petits chiens à la promenade et laisser
leurs enfans à la servante... Et, ce qu'on ne voit
qu'à Paris, ce sont de grands imbéciles qui, pour
faire leur cour à des femmes, portent leur chien
publiquement sous le bras dans les promenades et
dans les rues; ce qui leur donne un air si niais et
si bête qu'on est tenté de leur rire au nez pour
leur apprendre à être hommes [1].

Voltaire fait remarquer qu'il n'y a point de
chat dans les cieux, tandis que l'on y contemple des chiens, des chèvres, des écrevisses,

[1] *Tableau de Paris*, t. II, p. 226; t. III, p. 133; t. IV,
p. 207; t. VIII, p. 336.

des taureaux, des lièvres, etc. [1] Pure impertinence d'astronomes, car les chats méritaient tout comme les chiens l'amour que leur portaient les Parisiens et surtout les Parisiennes. Mme de Staal, enfermée à la Bastille et tourmentée par les souris, demanda une chatte, et l'obtint. La prisonnière, qui n'avait « jamais aimé aucune sorte de bête, » fut bientôt forcée de reconnaître que la présence et la gaieté de cette jolie compagne rendaient sa captivité beaucoup plus supportable [2]. Mme Helvétius, aussi célèbre par sa bienfaisance que par son esprit, témoignait pour les félins une passion que j'oserai qualifier d'un peu excessive. C'était même l'opinion de ses meilleurs amis. La baronne d'Oberkirch va nous raconter [3] comment fut reçu chez cette excellente femme M. d'Andlau, qui lui rendait visite pour la première fois. Le morceau est si joli que je ne puis me résoudre à l'analyser :

Madame Helvétius habite une superbe maison à Auteuil; elle y vit entourée des plus beaux chats angoras du monde. M. d'Andlau arrive avec son introducteur; il est d'abord ébloui d'une grande

---

[1] *Dictionnaire philosophique*, art. chien.
[2] *Mémoires*, édit. de 1755, t. II, p. 127.
[3] *Mémoires*, t. II, p. 213.

magnificence. Il salue, on le nomme; la maîtresse de la maison le reçoit à merveille, le laquais cherche à lui avancer un siège. Voici la conversation textuelle :

— Monsieur, j'ai l'honneur de vous saluer... Que faites-vous donc, Comtois? vous dérangez Marquise. Laissez ce fauteuil.... Charmée, monsieur, de faire connaissance avec vous.... C'est encore pis cette fois, Aza est malade; il a pris ce matin un remède...

— Mais, madame, c'est que...

— Vous êtes un imbécile, cherchez mieux. Messieurs, vous voici par un temps superbe.... Pas par ici, misérable! c'est la niche de Musette; elle y est avec ses petits et va vous sauter aux yeux.

Pendant ce temps, le baron d'Andlau et son cousin sont debout, au milieu du salon, ne sachant où prendre un siège, et se trouvant entourés de vingt angoras énormes de toutes couleurs, habillés de longues robes fourrées, sans doute pour conserver la leur et les garantir du froid en les empêchant de courir. Ces étranges figures sautèrent à bas de leurs bergères, et alors les visiteurs virent traîner des queues de brocart, de dauphine[1], de satin, doublées des fourrures les plus précieuses. Les chats allèrent ainsi par la chambre, semblables à des conseillers au parlement, avec la même gravité, la même sûreté de leur mérite. Madame Helvétius les appela tous par leurs noms, en offrant ses excuses de son mieux. M. d'Andlau se mourait

---

[1] Étoffe bariolée.

de rire, et n'osait le laisser voir ; mais tout à coup
la porte s'ouvrit, et on apporta le dîner de ces
messieurs dans de la vaisselle plate, qui leur fut
servie tout autour de la chambre. C'étaient des
blancs de volaille ou de perdrix, avec quelques
petits os à ronger. Il y eut alors mêlée, coups de
griffes, grognemens, cris, jusqu'à ce que chacun
fût pourvu et s'établit en pompe sur les sièges de
lampas qu'ils graissèrent à qui mieux mieux.

III

LES OISEAUX, LES SINGES, LES POISSONS

La Bruyère et les amateurs d'oiseaux. — Les oiseaux du duc
de Gèvres. — Volières pratiquées dans l'embrasure des
fenêtres. — Volières d'appartement. — Luxe des cages.
— Les diamants du Temple. — Le peuple et les oiseaux.
— Le perroquets de Mme Duplessis-Bellière. — Dulot
vaincu. — Le perroquet de la duchesse de Mazarin. —
Les perroquet de Mme Peyre. — Le perroquet se reproduit en France. — Les basses-cours. — Redevance imposée à l'abbesse de Montivilliers. — L'incubation artificielle. — L'apprivoisement des perdrix. — La chasse
aux cygnes. — La Seine peuplée de cygnes. — L'île des
Cygnes. — Les serins de la duchesse de Mazarin et ceux
du poète Santeuil. — Les oiseaux de chant. — L'art
d'élever les serins. — Le serin de J.-J. Rousseau et celui
de Robespierre. — Les volières du château de Saint-
Germain. — Les volières du Louvre, de Fontainebleau,
des Tuileries et de Versailles.
Les singes de Mazarin. — La guenon de Mme de Longueval
et celle de Mme Guébriant. — Les grandes dames se dis-
putent 260 singes apportés de Madagascar.
On élève des poissons dans les fossés des châteaux. — Les

carpes de Fontainebleau. — Le gouverneur des cormorans. — Carpes transportées dans les pièces d'eau de Marly. — Mort de la carpe dorée. — Chagrin qu'en témoigne Louis XIV. — Les carpes de Marly et Mme de Maintenon.

L'amour prodigué aux chiens et aux chats n'enlevait rien à celui que l'on avait de tout temps témoigné pour les oiseaux. « Diphile commence par un oiseau et finit par mille, sa maison n'en est pas égayée, mais empestée. La cour, la salle [1], l'escalier, le vestibule, les chambres, le cabinet, tout est volière. Ce n'est plus un ramage, c'est un vacarme; les vents d'automne et les eaux dans leurs plus grandes crues ne font pas un bruit si perçant et si aigu; on ne s'entend pas plus parler les uns les autres que dans ces chambres où il faut attendre, pour faire le compliment d'entrée, que les chiens aient aboyé. Ce n'est plus pour Diphile un agréable amusement, c'est une affaire laborieuse et à laquelle à peine il peut suffire. Il passe les jours, ces jours qui échappent et qui ne reviennent plus, à verser des grains et à nettoyer des ordures. Il donne pension à un homme qui n'a point d'autre ministère que de siffler des serins au flageolet

[1] Sur le sens de ce mot, voy. les *Variétés gastronomiques,* p. 5.

et de faire couver des canaries. Il est vrai que
ce qu'il dépense d'un côté, il l'épargne de
l'autre, car ses enfants sont sans maîtres et
sans éducation [1]. »

Labruyère exagère un peu. Encore ses contemporains ne protestèrent-ils pas trop contre
ce tableau, où pouvaient seuls se reconnaître
deux ou trois originaux dont les noms sont
difficiles à déterminer [2]. On a voulu y voir le
poëte Santeuil et un sieur Hervieux que j'au-
rai l'avantage de vous présenter tout à l'heure.
Si Labruyère eût vécu vingt-cinq ans plus
tard, le portrait eût pu s'appliquer au duc de
Gêvres. « Il avoit, écrit le duc de Luynes,
beaucoup d'oiseaux de différentes espèces
dans tous les lieux où il habitoit. On en a
vendu pour environ trois mille livres, somme
fort considérable pour pareille marchandise,
surtout la plupart n'étant pas des oiseaux fort
rares. Il y a eu un perroquet, de ceux qu'on
appelle kakatoès, qui a été vendu 434 livres [3]. »

A cette époque, la mode était de transformer en volières l'embrasure des fenêtres :
« Je fis faire une volière dans une croisée, et

[1] *De la mode,* édit. Servois, t. II, p. 141.
[2] Voy. Ed. Fournier, *La comédie de La Bruyère,* p. 208.
[3] *Mémoires,* 4 décembre 1757, t. XVI, p. 259.

Nogent en fit le proverbe : « le coadjuteur siffle ses linottes[1]. » C'est le coadjuteur lui-même qui parle ainsi ; et je dois rappeler que l'expression « siffler la linotte » signifiait alors donner des instructions à un conjuré, à un complice. Le duc d'Anjou[2] avait également installé une volière dans la fenêtre de son cabinet[3].

Ceci, sans préjudice des cages luxueuses et des volières d'appartement. Dans l'*Inventaire du mobilier de la couronne* pour 1663, figurent de « grandes cages d'argent, avec quelques ornemens de vermeil doré[4]. » Les *Affiches de Paris* du 15 juin 1703 offrent en vente « une très belle volière de fil de laiton, composée de trente-six cages propres à y mettre chaque oiseau séparément, et enrichie de plusieurs agrémens qui en augmentent la gentillesse[5]. »

Certaines cages étaient ornées de diamants du Temple[6], d'autres garnies d'ambre et

---

[1] Cardinal de Retz, *Mémoires*, avril 1651, édit. Feillet, t. III, p. 304.

[2] Fils du duc de Bourgogne.

[3] Voy. J. Guiffrey, *Comptes des bâtimens du roi*, t. III, p. 536.

[4] Tome I, p. 65.

[5] Page 6.

[6] Imitation de diamants dont le commerce se faisait pres-

d'ivoire [1]. Le petit peuple savait se contenter à moins, car ce n'étaient pas seulement les grands seigneurs et les grandes dames qui recherchaient les hôtes ailés, « les tailleurs, les cordonniers, les ciseleurs, les brodeurs, les couturières, tous les métiers sédentaires tiennent toujours quelque animal enfermé dans une cage, comme pour leur faire partager l'ennui de leur propre esclavage [2]. »

Pitton de Tournefort, le savant voyageur, rapporte que les Turcs croyaient accomplir œuvre charitable en achetant un oiseau prisonnier, « afin de lui rendre la liberté. Il est vrai, ajoute-t-il, qu'ils ne se font aucun scrupule de tenir leurs femmes en prison et nos esclaves à la chaîne [3]. »

Quelques oiseaux, alors fort en vogue, les perroquets, par exemple, jouissaient cependant d'une demi-indépendance. L'histoire lit-

que exclusivement dans la cour du Temple. Ils étaient surtout employés pour les costumes de théâtre. Il ne faut pas les confondre avec les diamants d'Alençon, pierres assez nombreuses aux environs de cette ville, ni avec les diamants du Médoc, cailloux durs et transparents recueillis dans le Midi. Voy. Savary, *Dictionnaire du commerce,* édit. de 1741, t. II, p. 877.

[1] Hervieux, *Nouveau traité des serins de Canarie,* p. 25.
[2] Mercier, *Tableau de Paris,* chap. 669, t. VIII, p. 336.
[3] *Relation d'un voyage au Levant,* t. II, p. 48.

téraire du dix-septième siècle nous a conservé le souvenir du perroquet appartenant à
Mme du Plessis-Bellière, et dont la mort fut
consignée par Loret dans sa gazette[1]; il
devint, en outre, l'occasion de nombreux
bouts-rimés et d'un poème héroï-comique[2].
Au même moment, s'il faut en croire Scarron[3],
don Dïëgue mourant laissait à son neveu

Cent mille beaux écus, trente jeunes magots,
Autant de perroquets....

Le Pretty, perroquet de la duchesse de Mazarin[4], suivait les pas de sa maîtresse ou
voletait autour d'elle, prenait chaque matin
le thé sur son lit[5]. Mme de Peyre sentant
approcher sa fin, partageait ses deux perroquets entre les duchesses de La Vallière et
d'Aiguillon; « ces dames étoient ses amies intimes, écrit Mme du Deffand, mais les perroquets les consoleront[6]. » Pour en finir avec
ce bavard grimpeur, je constaterai que, dès

---

[1] N° du 29 novembre 1653.
[2] Voyez, dans les œuvres de Sarrasin : *Dulot vaincu, ou
la défaite des bouts-rimez*, édit. de 1663, 2ᵉ partie, p. 120.
[3] *L'héritier ridicule*, scène II.
[4] Hortense Mancini, une des nièces de Mazarin.
[5] Saint-Evremont, *OEuvres*, t. IV, p. 159.
[6] *Lettre* du 31 mai 1767, t. I, p. 431.

1774, l'on avait obtenu en France sa reproduction[1].

Les belles dames s'amusaient aussi à entretenir des basses-cours peuplées de nombreux
volatiles. A Trianon, à Fontainebleau, à
Compiègne, à l'Ermitage, à Bellevue, dit le
duc de Luynes, Mme de Pompadour élevait
des poules, des pigeons, des canards, des
oies et des paons[2]. Il rappelle l'étrange redevance imposée aux bénédictines de Montivilliers[3], dont l'abbesse était tenue de présenter
à chaque nouveau roi, et au roi en personne,
un paon vivant[4]. Cette redevance, négligée
depuis le règne de Henri IV, fut acquittée
entre les mains de Louis XV au cours de
l'année 1749.

Depuis bien longtemps, l'on se plaisait à
apprivoiser des perdrix et à faire parler des
merles[5]. Au seizième siècle déjà, le cardinal
de Châtillon nourrissait à Lisieux des perdrix
qui tous les jours s'en allaient aux champs
avec les poules, et revenaient le soir avec

[1] *Affiches, annonces,* etc., n° du 20 juillet 1774, p. 115.
[2] *Mémoires,* 28 septembre 1750, t. X, p. 439.
[3] Auj. dans la Seine-Inférieure.
[4] « A cause d'un fief dépendant de l'abbaye, qu'on
appelle le fief du paon. » 29 septembre 1749, t. IX, p. 513.
[5] Delamarre, *Traité de la police,* t. II, p. 1396.

elles [1]. Vers le milieu du dix-huitième siècle
encore, le duc de Noailles nourrissait dans
son parc de Saint-Germain en Laye une multitude de perdrix privées, qui entraient dans
les appartements et ne s'effarouchaient de
rien.

La France avait toujours nourri beaucoup
de cygnes. On disait de la Charente qu'elle
était couverte de cygnes, pavée de truites et
bordée d'écrevisses [2]. Quant à Valenciennes
(*val de cygnes*), on a prétendu qu'elle devait
ce nom aux innombrables palmipèdes de ce
genre qu'on y élevait [3]. En Flandre et en Pi-
cardie avait lieu chaque année la chasse aux
cygnes, divertissement que je dois ici me
borner à mentionner [4].

L'idée d'animer, par la présence de ces
gracieux oiseaux, les cours d'eau où la navi-
gation était peu active, avait été aussi appli-
quée à la Seine. Dès 1672, Colbert chargeait
notre ambassadeur à Copenhague de lui en

[1] Bruyerin Champier, *De re cibaria*, p. 791.
[2] Olivier de Serres, édit. de 1600, p. 380, et édit. de
1648, p. 343.
[3] Liébault, *Agriculture et maison rustique*, édit. de 1698,
p. 78.
[4] Mais voy. Daire, *Histoire de la ville d'Amiens*, édit. de
1757, t. I, p. 501 et suiv.

expédier une centaine, et il les logeait dans
l'île Maquerelle, qui est devenue l'île des
Cygnes. Quatre ans après [1], une ordonnance
menaçait de peines sévères ceux qui tente-
raient de les prendre ou de les détruire, et
en 1684, le roi en confiait la surveillance à
un des officiers attachés à sa personne, le
sieur Ballon, huissier ordinaire.de la chambre.
Ces beaux animaux pullulèrent rapidement et
étendirent leur domaine depuis Villeneuve-
Saint-Georges jusqu'au delà de Rouen. Mais
les ordonnances destinées à assurer leur conservation furent en vain renouvelées ; les élégants palmipèdes qui égayaient le cours de la
Seine ont disparu depuis longtemps, tandis
que l'on voit encore en Prusse de beaux
cygnes blancs glisser sur les eaux de la Sprée [2].

En revanche, les serins avaient conservé la
faveur dont ils jouissaient depuis tant de
siècles dans toutes les classes de la société.
La duchesse de Mazarin pleurait à chaudes

[1] 16 octobre 1676.
[2] Sur ce sujet, voy. Delamarre, t. IV, p. 397. — Liébaut,
p. 79. — Colbert, *Correspondance*, t. V, p. 334, 386 et
passim. — Barbier, *Chronique de la Régence*, t. III, p. 94.
— J. Guiffrey, *Comptes des bâtiments du roi*, passim. Voir
les tables. — *Bulletin.de la société de l'histoire de Paris*,
t. IV, p. 115 ; t. V, p. 47, et t. VI, p. 111.

larmes son aimable Filis [1], et le poète Santeuil qui avait une pleine volière de serins, se mettait « en fureur » quand ils refusaient de chanter [2]. Comme aux chiens et aux chats, on leur consacrait des madrigaux et des épitaphes :

> Je vins exprès de Canarie
> Pour le service de Silvie.
> Je la servis fidèlement,
> Et cette nymphe estoit si belle
> Que je ne chantay que pour elle
> Et pour ses amis seulement [3].

On les associait au rossignol, dont le chant, disait-on, devenait ainsi plus exquis et plus varié [4], à la fauvette, au chardonneret, au pinson, au tarin, au roitelet, à la linotte, à la mésange, à la grive, à l'alouette [5]. Jean Bedout, l'avocat sans causes qui courtisait Javotte, dans *Le roman bourgeois*, suspendait au plafond de sa chambre « plusieurs cages pleines d'oyseaux qui avoient appris à siffler

---

[1] Saint-Évremont, t. IV, p. 339.
[2] Abbé Legendre, *Mémoires*, p. 184.
[3] *Mercure galant*, extraordinaire de juillet 1678, t. III, p. 45.
[4] Liger, *Nouvelle maison rustique*, édit. de 1749, t. II, p. 819.
[5] Liébault, p. 657.

sous luy [1]. » L'art d'élever les serins et de
perfectionner leur chant était alors fort cultivé.
En 1705, le sieur Hervieux, qui se qualifiait
de « gouverneur des serins de Mme la princesse de Condé, » publia son *Traité des serins
de Canarie*, réimprimé dès 1713, et encore
en 1802 [2], bien que d'autres ouvrages semblables eussent vu le jour entre ces deux dates.
« Dans les hôtels les plus opulens, écrit Lémontey [3], on employait des femmes de chambre et même des demoiselles de qualité à
élever ces jolis oiseaux, auxquels la mode
donnait du prix. » Au mois de juin 1772,
Bernardin de Saint-Pierre alla faire visite à
Rousseau, alors logé rue Plâtrière. « Sa
femme, raconte-t-il, étoit assise, occupée à
coudre du linge, et un serin chantoit dans
sa cage accrochée au plafond [4]. » Il en eût
trouvé tout autant, dix ans après, chez Robespierre [5].

J'ai déjà parlé des riches volières établies

---

[1] Édit. elzév., p. 107.
[2] Voy. ci-dessous, p. 243 et suiv.
[3] *Histoire de la Régence*, t. II, p. 319.
[4] *Essai sur Jean-Jacques Rousseau*. Dans les *OEuvres*,
t. XII, p. 43.
[5] Voy. le *Cabinet historique*, t. II (1856), p. 47

dans les palais royaux ; je passerai donc rapidement sur chacune d'elles.

Les deux volières de Saint-Germain, l'ancienne et la nouvelle, étaient confiées,
en 1657, aux sieurs Bertelot et Bertin, qui
touchaient 1,455 livrès de gages. A la même
date, le sieur Pierre Poissier, chargé de sur-
veiller la volière du Louvre, recevait seulement 720 livres [1].

Au dix-septième siècle, la volière de Fontainebleau eut successivement pour titulaires
Nicolas Dupont, puis Nicolas Dupont, son fils,
et enfin Jéronime Dupont, sa fille. Tous trois
continuèrent à jouir de leur traitement, même
après que la volière eut été convertie en
orangerie [2].

Une femme aussi, Mlle de Guise, gouver-
nait les oiseaux des Tuileries. Elle avait le
titre de « capitaine de la grande volière du
Roy aux Thuilleries [3]. »

A Versailles, la ménagerie [4] comprenait une
magnifique et immense volière, où tout avait
été prévu pour donner à ses hôtes emplumés

[1] *Estat général des officiers domestiques de la maison du
Roy*, p. 164.
[2] Voy. Guiffrey, t. I, II, III, passim.
[3] Guiffrey, t. I, p. 295, 390 et passim.
[4] Voy. ci-dessus, p. 116 et suiv.

l'illusion de la liberté. Un contemporain décrit ainsi ce séjour enchanteur :

La grande et magnifique volière de la ménagerie du château royal de Versailles est la plus belle qui se puisse voir. C'est un assemblage nombreux, dans de vastes couverts ou sous de superbes édifices, de tout ce qu'il y a de plus rare entre les oiseaux des climats les plus éloignés du nôtre. Les lieux y sont tellement disposés que chaque espèce s'y plaît et s'y trouve comme dans son lieu naturel. Les autruches ont une cour exposée au midi et couverte de sable aride et de cailloutis, qui leur représente les déserts de l'Afrique d'où elles sont tirées. Les pélicans sont renfermés dans un lieu planté d'arbres, sur les bords d'un canal d'eau claire et vive, et qui surpasse en beauté ce que la Grèce où ils se plaisent tant a de plus délicieux. Les oiseaux tirés des climats heureux de l'Asie sont à part, dans un autre lieu orné de verdures et de plantes aromatiques. Ceux des Indes et tous les aquatiques ont aussi leur cour séparée et un grand étang au milieu, ombragé d'arbres qui l'environnent. Tout ce qu'il y a enfin de plus rare et de plus curieux entre les petits oiseaux et les plus beaux pigeons est renfermé sous une longue galerie, dont la façade dans toute son étendue n'est fermée que par des châssis dorés et garnis de fils de laiton ; le bas est couvert d'un sable fort délié et traversé d'une rigole dont le milieu est orné d'un bassin d'eau jaillissante ; et tout ce qui convient à ces petits animaux et qui leur fait plaisir s'y trouve dans ce même goût et dans cette même délicatesse.

Il serait difficile de trouver ailleurs une semblable volière, qui demande une dépense véritablement royale ; mais il y en a de moins considérables dans quelques maisons des princes et des seigneurs, et beaucoup de petites chez des particuliers, en différens lieux du royaume [1].

Au nombre des animaux qui se disputaient alors la faveur des Parisiens et des Parisiennes, il faut encore mentionner les singes. Durant la Fronde, Mazarin tenait le Conseil dans sa chambre et y donnait des audiences tandis qu'on le rasait, qu'on l'habillait, qu'il jouait avec sa fauvette et son singe préféré [2]. Les *Mazarinades* le lui reprochaient chaque matin, mais il ne s'en inquiétait guère, comme on sait. « Vous faisiez faire antichambre même à des cordons bleus, pendant que vous vous amusiez avec vos favoris et vos singes [3]. »

Par votre petite calote,
Par votre tête un peu falote,
Par les singes que vous aimez,
Qui sont comme vous parfumez,

[1] Delamarre, t. II, p. 1413.
[2] Voy. G. Naudé, *Mascurat*, p. 445 et 448. — Loménie de Brienne, *Mémoires*, t. II, p. 215.
[3] *Lettre à Monsieur le Cardinal* (1649), p. 9.

. . . .

Allez [1], sans jamais revenir [2].

Et encore :

> Que toutes ces mazarinettes,
> Ses singes et ses marionnettes
> Soient secouez quant et quant luy.

. . . .

> Donnez encor six tourdions
> Pour ses singes et ses mions,
> Pauvre éminence débiffée [3].

Dans sa gazette du 24 août 1650, Loret raconte que les Espagnols ayant ravagé de fond en comble le château de Madame de Longueval, celle-ci en rentrant chez elle se préoccupa surtout du sort qu'avait subi sa guenon :

> Or, la dame estant retournée
> Dedans sa maizon ruinée,
> Elle s'écria : « Ma guenon !
> L'ont-ils tuée ? » On lui dit : « Non,
> Là voilà qui vous fait la moue. »
> « O ciel ! dit-elle, je te loue
> D'avoir prézervé de tout mal
> Ce pauvre petit animal. »

---

[1] Allez-vous-en.
[2] *Le passe-port et l'adieu de Mazarin* (1649), p. 11.
[3] *La berne mazarine* (1651), p. 5 et 6.

Elle la baize, elle l'accolle,
Elle fait tout à fait la folle.
Et, voyant la beste en santé,
Recommença, par piété,
De louer la bonté céleste,
Et se soucia peu du reste.

La guenon de Mme de Guébriant était

Dans tout Paris si renommée
Par ses gestes et faits divers

que Loret mentionna en termes émus son décès et les pleurs qu'il avait causés [1]. Vingt ans plus tard, des vaisseaux, arrivant de Madagascar, apportèrent deux cent soixante singes et guenons dont les Parisiens se disputèrent la possession [2]. Les preuves de l'attachement que ces animaux savaient inspirer aux plus éminents seigneurs et aux plus grandes dames abondent dans les journaux comme dans les mémoires du temps [3]. Pourtant Louis XV, en 1737 au moins, ne goûtait pas cette distraction, puisque le duc de Luynes a soin de nous faire savoir qu'au nombre des officiers royaux

---

[1] N° du 19 juin 1655.
[2] Lettre de Chaulieu à la duchesse de Bouillon. Dans les *Œuvres*, t. I, p. 75.
[3] Voy. entre autres, le *Mercure de France*, n° de juin 1723 et passim, et les *Mémoires* de la baronne d'Oberkirch, t. I, p. 204.

figurait un porte-nain ; et il ajoute : « Le porte-nain est aussi obligé de porter les singes du roi, si le roi en avoit [1]. »

Avant de finir, jetons un coup d'œil au fond des eaux. Les fossés qui entouraient alors les châteaux étaient remplis de poissons dont on prenait grand soin, car, surtout durant le carême, ils constituaient la principale nourriture du manoir. Pendant un séjour en Berry, Mlle de Montpensier reçut l'hospitalité chez M. de Saint-Germain Beaupré, et elle y fit, écrit-elle, « la plus grande chère du monde, surtout en poissons d'une grosseur monstrueuse, que l'on prend dans les fossés [2]. »

Les cygnes, les truites et surtout les carpes de Fontainebleau furent longtemps célèbres. Elles égayaient les nombreux canaux du jardin et le grand étang, long de 150 toises sur 114 de largeur [3]. En 1663, la surveillance de ces immenses viviers était confiée à une femme, nommée Madeleine Lefèvre. Elle fut remplacée en 1664 par la veuve Latour, puis

---

[1] 29 septembre 1737, t. I, p. 362.

[2] *Mémoires*, édit. Michaud, p. 398. Cf. édit. Chéruel, t. IV, p. 43.

[3] P. Dan, *Le trésor des merveilles de Fontainebleau*, p. 179.

par Jean Dariès, dit Galland, qui eut à son tour pour successeur le sieur Simon Pion[1]. Le roi entretenait encore à Fontainebleau un fontainier, un capitaine des bateaux voguant sur le grand étang, et un gouverneur des cormorans[2], animal aquatique dont la chasse ou plutôt la pêche servait parfois de divertissement aux hotes du château[3].

Quand Louis XIV construisit Marly, les jardins furent, comme ceux de Versailles, ornés de bassins, de cascades, de vastes pièces d'eau que l'on s'empressa d'animer par la présence de beaux poissons. Le 8 juin 1702, le Dauphin y envoyait des carpes pêchées dans le grand étang de Meudon[4]. Quelques jours après, on enlève à l'étang de Fontainebleau 92 carpes « de couleur », dont une pièce retrouvée aux Archives nationales nous a conservé la description[5]. Le mois suivant, la

---

[1] Guiffrey, passim.

[2] *État de la France pour* 1712, t. I, p. 344 et 633.

[3] Duc de Luynes, 29 septembre 1737, t. I, p. 362.

[4] Dangeau, *Journal*, 8 juin 1702, t. VIII, p. 429.

[5] « Une carpe parfaitement belle, blanche, avec une grande marque noire en manière de papillon sur le haut de la tête.

Une petite blanche, ayant le nez extraordinairement camus.

Une belle argentée, mouchetée de rouge.

Palatine écrivait de Marly à la duchesse de Hanovre : « Ce matin, je suis allée me promener avec le roi. On dirait que ce sont des fées qui travaillent ici, car là où j'avais laissé un grand étang, j'ai trouvé un bois ou un bosquet; là où j'avais laissé une grande place et une escarpolette, j'ai trouvé un réservoir plein d'eau, dans lequel on jettera ce soir cent et quelques poissons de diverses espèces et trente grandes carpes admirablement belles. Il y en a qui sont comme de l'or, d'autres comme de l'argent, d'autres d'un beau bleu incarnat, d'autres tachetées de jaune, blanc et noir, bleu et blanc, jaune d'or et blanc,

Une isabelle mouchetée.
Quatre argentées, mouchetées de noir.
Deux argentées, avec une grande marque noire sur l'oreille.
Une argentée, avec une espèce de mouche noire sur la tête.
Treize dorées, marbrées.
Trois bronzées, de couleur d'or.
Une autre bronzée et mouchetée de noir.
Six argentées et marbrées.
Quatre argentées et truitées.
Deux belles dorées au miroir.
Onze autres dorées au miroir.
Quarante et une communes très belles. »

Mémoires des carpes qui ont été pêchées dans l'étang de Fontainebleau les 12 et 13 du mois de juin 1702, pour être portées à Marly. Dans les *Archives historiques, artistiques et littéraires*, t. I (1889-90), p. 164.

avec des taches rouges ou des taches noires ;
bref, il y en a de tant d'espèces que c'est
vraiment merveilleux [1]. »

L'auteur du *Nouveau siècle de Louis XIV*[2]
raconte qu'un jour, le roi n'ayant pas vu paraître dans un des canaux de Marly une carpe
qu'il aimait et que l'on nommait la carpe dorée, ordonna de mettre le canal à sec. La
carpe y fut trouvée morte. Le roi, très con-
tristé, ne voulut plus parler à personne de
toute la journée, pas même à un courrier di-
plomatique qui partait pour l'Angleterre.
D'où ce couplet satirique :

> A Marly paroît un courrier
> Que l'on devoit expédier,
> Mais l'huissier qui garde la porte
> Lui dit : « Retirez-vous d'ici !
> La carpe favorite est morte,
> On ne voit personne aujourd'hui. »

Il semble que le changement de résidence
imposé aux carpes de Meudon et de Fontainebleau ne leur ait guère été favorable, au
moins s'il faut en croire cette anecdote, contée
par Chamfort et qui pourrait bien avoir été

---

[1] *Lettre* du 6 juillet 1702. Cette lettre n'existe pas dans la
traduction G. Brunet et toute la fin manque dans la traduction Jaeglé, voy. le t. I, p. 270.

[2] Sautreau de Marsy. Édit. de 1793, t. IV, p. 336.

inventée par lui : « Mme de Maintenon et
Mme de Caylus se promenoient autour de la
pièce d'eau de Marly. L'eau étoit très transpa-
rente, et l'on y voyoit des carpes dont les
mouvemens étoient lents, et qui paroissoient
aussi tristes qu'elles étoient maigres. Mme de
Caylus le fit remarquer à Mme de Maintenon,
qui répondit : « Elles sont comme moi, elles
regrettent leur bourbe [1]. »

[1] *OEuvres*, édit. de 1824, t. II, p. 76.

CHAPITRE V

LES CHATS ET LE BUCHER DE LA SAINT-JEAN.

Les feux de joie dans Paris. — Les feux de la Saint-Jean. Description d'une de ces fêtes. — Arbre, bûcher, chats brûlés vifs. — Places réservées que loue l'exécuteur des hautes œuvres. — Service d'ordre. — Musique. — Décharges d'artillerie. — Feu d'artifice. — Couronnes de fleurs, bouquets, torches. — Le bûcher allumé par le roi. — Bal et collation, cadeaux, distribution d'aliments au peuple. — Décadence de la cérémonie.

Feu de 1471 allumé par Louis XI. — Celui de 1531 par le Dauphin. — Celui de 1549 par Henri II. — Celui de 1572 par Charles IX. — Compte des dépenses faites pour le feu de 1573. — Le feu de 1574. — Celui de 1585 allumé par Henri III. — L'hérésie brûlée sur le bûcher de 1588. — La Ligue brûlée sur celui de 1594. — Le feu de 1598 allumé par Henri IV. — La décapitation du maréchal de Biron et le feu de 1603. — En 1604, le Dauphin obtient la grâce des chats qui allaient être brûlés. — Il allume le feu de 1606 et celui de 1615. — Feux de 1616, de 1618 et de 1620. — Louis XIV allume le feu de 1648 et celui de 1651. — La Fronde. — Les feux de 1657, de 1658, de 1688, de 1692 et de 1694. — Louis XV allume le feu de 1719. — Origine des feux de la Saint-Jean. — D'où vient la coutume d'y brûler des chats.

Les Parisiens avaient la passion des feux de joie, et tout heureux événement en devenait

l'occasion, qu'ils fussent allumés par l'autorité sur les places publiques, ou par des particuliers devant leurs maisons. Ainsi, des feux
de joie solennisèrent, en juillet 1530, le retour
des enfants de François Ier après le traité de
Cambrai, et en juillet 1538, l'élection du
pape Paul III[1]. Le 3 février 1549, le connétable de Montmorency, gouverneur de Paris,
écrivait au prévôt des marchands : « Cette
lettre sera pour vous advertir qu'il a pleu à
Nostre Seigneur donner un beau fils à la
Reyne[2], dont elle est accouchée cette nuict,
de quoy devons tous rendre grâces à Nostre
Seigneur. A cette cause, je vous prie de
regarder d'en faire les feux de joye en Grève,
comme il est de bonne coustume de faire en
tels cas. J'écris aussi aux lieutenans et officiers
de l'artillerie qu'ils tirent, au mesme instant
que ferez le feu, une trentaine de pièces d'artillerie[3]. » Autant en fut fait au mois de
juin 1573, lors de l'élection de Henri III au
trône de Pologne[4]; au mois de septembre

---

[1] *Délibérations du Bureau de la Ville*, t. II, p. 67, 194
et 376.

[2] Louis, duc d'Orléans, mort l'année suivante.

[3] Godefroy, *Cérémonial françois*, t. II, p. 155. Voy.
aussi p. 156, 161, etc.

[4] Sauval, *Recherches sur Paris*, t. III, p. 632. — Voy.
ci-dessous, p. 212.

1574 pour fêter son retour à Paris[1] ; au mois de mai 1576, pour la publication de la paix dite *de Monsieur*[2], etc., etc.

On disposait aussi un feu de joie, la veille de la Saint-Pierre, dans la cour de la Sainte-Chapelle, et les enfants de chœur étaient chargés de l'allumer[3]. Mais la plus célèbre des cérémonies de ce genre est celle qui avait lieu chaque année, le 23 juin, veille de la Saint-Jean. Ce jour-là, tout Paris était en fête. Des chantiers de bois de l'île Louviers, on transportait à la Grève un arbre haut de dix toises[4], dix voies de grosses bûches, deux cents cotrets, cinq cents bourrées et vingt-cinq bottes de paille. L'arbre était dressé. L'on y suspendait, enfermés tantôt dans un sac, tantôt dans un tonneau ou dans un muid, une ou deux douzaines de chats destinés à être brûlés vivants. L'auteur d'un pamphlet dirigé en 1594 contre les prédicateurs de la Ligue, dit qu'il « les falloit bailler aux Seize[5] la veille de la Saint-Jean, afin d'en faire une offrande,

---

[1] *Délibérations du Bureau de la Ville*, t. VII, p. 206.

[2] *Ibid.*, t. VII, p. 379.

[3] Abbé Lebeuf, dans le *Journal de Verdun*, n° d'août 1751, p. 127.

[4] Environ dix-neuf mètres.

[5] Chefs de la Ligue.

et qu'attachez comme fagotz depuis le pied
jusques au sommet du haut arbre, et leur Roy
dans le muid où l'on met les chats, on eust
fait un sacrifice agréable au ciel et délectable
à toute la terre[1]. »

De l'année 1571 à l'année 1573, les chats
offerts en holocauste furent fournis par un
sieur Lucas Pommereux, commissaire de la
Ville; en 1572, il y ajouta un renard, « afin,
disent les comptes de la prévôté, de donner
plaisir à Sa Majesté[2]. » La Majesté qui se
délectait si bien à voir brûler des chats et des
renards était Charles IX.

La veille de la fête, le Bureau de la Ville
allait en grande pompe supplier le roi et sa
famille de vouloir bien y prendre part. L'exécuteur des hautes œuvres faisait élever des
tribunes près du bûcher, et il en louait les
places, comme le prouve cet avis manuscrit
que je trouve dans un des recueils de la bibliothèque Mazarine[3] : « Le sieur Bausire, maître
ordinaire des hautes et basses œuvres de la
ville et banlieue de Paris, et le sieur Lepautre,

---

[1] Louis d'Orléans [avocat au Parlement de Paris], *Le
banquet et après-dînée du comte d'Arete, ou il se traicte de
la dissimulation du roy de Navarre*, p. 193.

[2] Sauval, t. III, p. 632.

[3] Coté A 15,407, 9ᵉ pièce.

son dessignateur effigiaire [1], advertissent le public qu'ils loueront des places sur leurs échafaux, à un prix raisonnable, pour voir le feu que l'on fera à la Grève. L'on prendra les billets au pilory, chez M[rs] leurs valets. Les places seront marquées d'une fleur de lys, et les méros [2] d'une croix de Saint-André [3]. »

Au seizième siècle, le service d'ordre était fait par les cent vingt archers, les cent arbalétriers, les cent arquebusiers et les douze sergents de la Ville.

Vers sept heures du soir, les trompettes sonnaient, des musiciens et les habiles artistes dits *de la grande bande* qui étaient attachés à la Maison royale [4] faisaient entendre leurs plus beaux morceaux. L'artillerie municipale, réunie sur la place, tonnait assez fort pour briser parfois les vitres de l'hôtel de ville [5]. En

---

[1] Pour les coupables exécutés en effigie.

[2] Les méreaux ou jetons qui garantissaient la location.

[3] C'est sur une croix de Saint-André qu'étaient étendus les condamnés au supplice de la roue.

[4] Voy. *Biblioth. de l'école des chartes*, t. IV (1842), p. 539.

[5] Au feu de joie allumé en 1549, « le maistre de l'artillerie mit le feu en cinquante pièces ou mortiers qui firent si grand bruit qu'ils cassèrent les verrières du concierge de l'hôtel de ville, et l'artillerie du Roy estant derrière les Célestins leur répondoit et canonnoit si fort que les verrières des Célestins en furent aussi cassées. » Godefroy, t. II, p. 156.

même temps, des pièces d'artifice étaient tirées, et de brillantes fusées s'élevaient en l'air. Gabriel Naudé, parlant des ouvrages imprimés avant 1474, cite les principaux d'entre eux, et avance que l'on en peut voir « mille autres dans la bibliothèque du collège royal de Navarre [1], qui n'a point encore condamné ces vieux livres à servir aux fusées de la Saint-Jean [2]. » Les fonctionnaires de la Ville et les hauts personnages convoqués étaient couronnés de roses; sur leur épaule reposait une écharpe de roses ou d'œillets, et ils portaient à leur ceinture un gros bouquet. Le prévôt et les échevins tenaient une torche de cire jaune, le roi ou son représentant chargé d'allumer le feu en recevaient une de cire blanche et garnie de deux poignées en velours rouge. Enfin, l'arbre flambait, et au crépitement du bois venaient se joindre les gémissements et les cris de douleur des malheureux animaux brûlés vifs. Stupide amusement, qui n'était, en somme, ni plus répugnant ni plus barbare que nos courses actuelles, où une foule imbécile exulte à la vue des taureaux martyrisés et des chevaux éventrés.

---

[1] Fondé en 1304 à Paris par la reine Jeanne de Navarre.
[2] *Additions à l'histoire de Louis XI*, éd. de 1630, p. 307.

La cérémonie terminée, une collation et un bal étaient offerts par la municipalité ; on y servait des dragées, des confitures, des pièces montées, des crèmes, des fruits, etc. C'est là sans doute ce qu'une vieille matrone, citée dans *Les caquets de l'accouchée* [1], nomme « les superfluitez du feu de la Saint-Jean. » En 1528, les enfants de François Ier ayant assisté à la fête, la Ville leur fit don de nombreux jouets : des pelotes et des raquettes ; un petit chariot doublé de velours vert et trainé par deux chevaux « couverts de poils ; » à l'intérieur se prélassaient deux dames richement habillées et trois petits chiens, couverts de poils, eux aussi ; un singe était monté derrière. Tout ceci pour les garçons. Mais les filles ne furent pas oubliées, elles reçurent un jeu de quilles, une boite à ouvrage [2] et un petit ménage d'argent [3]. Le populaire lui-même avait part aux libéralités municipales ; un muid de vin et six douzaines de pains lui étaient dévolus. Les plus rapprochés du feu se les disputaient, en même temps qu'ils se ruaient sur le bûcher afin d'en

---

[1] Édit. elzév., p. 23.

[2] « Un panier à coudre. »

[3] *Bulletin de la société de l'histoire de Paris*, t. XVIII (1891), p. 172.

arracher des cendres et des tisons, qu'ils em-
portaient chez eux comme un talisman bien
connu pour porter bonheur.

Dès le milieu du dix-septième siècle, je ne
trouve plus mention des chats sacrifiés, et le
bûcher, accompagné d'un merveilleux feu
d'artifice[1], ne joue plus dans la fête qu'un rôle
très secondaire. A dater du dix-huitième
siècle, celle-ci perd chaque année de son
éclat, mais elle ne disparaît pas avant la Révolution.

Un mot maintenant sur quelques-uns des
feux de la Saint-Jean.

Celui du 23 juin 1471 fut allumé par
Louis XI. A la suite de la trêve imprudente
qu'il venait de conclure avec le duc de Bourgogne, il se savait chansonné dans Paris et « il
avoit remarqué que le peuple est plus sensible
à cette familiarité de son prince qu'à des bienfaits dont les sujets jouissent presque sans s'en
apercevoir[2]. »

En 1531, le feu fut allumé par le Dauphin[3]
et ses frères les ducs d'Orléans[4] et d'Angou-

---

[1] Voy. H. Monin, *L'état de Paris en* 1789, p. 524.

[2] Duclos, *Histoire de Louis XI*, édit. de 1745, t. II,
p. 307.

[3] François, duc de Bretagne, mort en 1536.

[4] Roi en 1547, sous le nom de Henri II.

lême [1]. Il y eut ensuite bal et banquet [2].

En 1549, la cérémonie fut présidée par le roi Henri II. Il « mit le feu à l'arbre, d'une torche blanche que le prévôt lui bailla en la main [3]. »

J'ai dit qu'en 1572, Charles IX fit ajouter un renard aux malheureux chats qu'il allait voir brûler. Sauval ne nous dit pas s'il s'offrit le même plaisir en 1573, mais il nous fournit le compte des dépenses qu'entraîna la solennité. Je le reproduis ici, car c'est le document le plus curieux et le plus précis qui existe sur ce sujet.

Un grand arbre, à l'entour duquel a été levé ledit feu, contenant dix toises de haut : 25 *livres*.

Pour l'avoir fait charrier depuis les Célestins [4] au lieu de Grève : 40 *sols*.

Pour quatre contrefiches, chacune de seize pieds de longueur, à raison de quinze sols pièce : 60 *sols*.

Pour la peine des charpentiers qui ont percé ledit arbre, fait les renches [5] et icelui levé : 27 *livres* 10 *sols tournois*.

---

[1] Charles, mort en 1545.

[2] *Registre des délibérations du Bureau de la Ville*, t. II, p. 123.

[3] Félibien, *Histoire de Paris*, preuves, t. V, p. 377.

[4] L'île Louviers, située en face du couvent des Célestins, était alors occupé par des chantiers de bois.

[5] On nommait ranches les chevilles d'un ranchier. Un

Pour la roue et le tonneau : 30 *sols*.

Pour une voye de menu compte[1] pour faire les renches : 4 *liv*. 10 *sols*.

Pour cinq cens de bourrées et deux cens de coterests, au feur[2] de trente-sept sols six deniers le cent de bourrées et cinquante sols le cent de coterests : 13 *liv*. 2 *s*. 6 *deniers*.

Pour dix voyes de gros bois : 35 *liv*.

Pour le chariage depuis les Célestins en Grève, dix sols la voye, et un sol pour le chargeage : 60 *sols tournois*.

Pour les débardeurs qui ont porté les bourées, coterests, et entassé le bois de moule[3] : 30 *sols*.

Aux jurés[4] qui ont compté ledit bois de moule, bourées et coterests : 4 *sols* 6 *den*.

Pour le moulinet[5] et la perche : 26 *sols tournois*.

Aux autres débardeurs qui ont acoustré les bourées et coterests à l'entour dudit arbre : 20 *sols*.

Pour les manœuvres qui ont fait le trou : 12 *sols*.

Au cordier, pour quarante-huit toises de corde de teil[6], à quinze deniers la toise : 60 *sols*.

---

ranchier était constitué par une forte poutre traversée de chevilles placées à distances égales comme les échelons d'une échelle. On s'en servait pour monter aux grues, aux estrapades, etc.

[1] Sur le *bois de compte,* voy. *La cuisine,* p. 225.

[2] Au prix.

[3] On nommait *moule* une mesure destinée au bois à brûler. Voy. *La cuisine,* p. 222.

[4] Aux jurés compteurs de bois. Voy. *La cuisine,* p. 217 et 225.

[5] Je crois qu'ici ce mot est synonyme de treuil.

[6] On nommait *teille* ou *tille* l'écorce du tilleul, qui est

Pour dix-huit livres de menue corde de chanvre à trois sols la livre : **54** *sols tournois.*

Pour un grand chableau d'escharpe[1], pesant quarante livres, à trois sols la livre : **6** *liv.*

Pour vingt-cinq gluys de feure[2], à dix-huit deniers pour gluy : **37** *sols tournois.*

Pour une livre de clouds : **3** *sols.*

A Jaques Hemon le jeune et Claude Bouchandon, maistres joueurs d'instrumens à Paris, tant pour eux que pour leurs compagnons aussi joueurs d'instrumens de la grande bande[3] : *sept livres tournois;* pour avoir par eux et leursdits compagnons, joué de leurs instrumens en la manière accoustumée ledit jour, à la solennité du feu fait en la place de Grève la veille de la Saint-Jean-Baptiste.

A Claude Lambert, veuve de Nicolas Chaumery, bouquetière de la ville de Paris, *quarante-quatre livres tournois*, pour avoir fourni tous les bouquets, chapeaux de roses et grandes escharpes, le mardi 23 juin 1573.

A six-vingts archers de ladite ville, qui ont assisté à ladite place de Grève en la manière accoustumée, pour y faire serrer et retirer le peuple pour éviter la presse : **30** *sols tournois.*

Aux cent arbalétriers de ladite ville, pareille somme de **30** *sols tournois.*

si unie, si souple qu'on en confectionnait de grosses cordes communes, des cordes à puits surtout.

[1] Les maçons nomment *chablots* les cordages qui lient entre eux les grandes perches dites *échasses.*

[2] Feurre signifiait, paille, fourrage, et l'on nommait glui la grosse paille de seigle.

[3] Voy. ci-dessus, p. **205.**

Aux cent arquebusiers de ladite ville, semblable somme de 30 *sols tournois*.

Aux dix sergens de ladite ville, qui ont assisté devant Messieurs[1] audit feu, 40 *sols tournois*. A celui qui a pris le moulinet et icelui porté audit hôtel de ville : néant.

A Michel Noiret, trompette juré du Roi notre Sire, 8 *livres parisis*, tant pour lui que pour six autres trompettes, pour avoir par eux, suivant l'ordonnance et commandement de mesdits sieurs, sonné de la trompette, le dimanche septième jour dudit mois de juin audit an, à la solennité du feu mis en la place de Grève pour la joyeuse élection de Monsieur, frère du Roi, au royaume de Pologne.

A Gilles Amyot, maistre cordier de la ville de Paris, 9 *livres* 3 *sols tournois*, pour certaine quantité de corde et chanvre, qu'il a, par le commandement de mesdits sieurs, fourni et livré pour le feu artificiel fait la vigile de Saint-Jean audit an.

A Olivier Turmier, maistre artillier à Paris, 12 *livres* 10 *sols tournois*, pour avoir fourni un baril d'artifice avec lances à feu, trois douzaines de fusées, six douzaines de gros doubles pétarts et cinq douzaines et demi de doubles fusées, pour la solennité du feu de la Saint-Jean, fait à la place de Grève la vigile dudit jour vingt-troisième juin audit an, en la manière à tel jour chacun an accoustumée.

A Jean Durand, capitaine de l'artillerie de ladite ville de Paris, 37 *livres* 5 *sols* 6 *deniers*, pour les

---

[1] Le prévôt et les échevins.

frais qu'il lui a convenu faire, pour amener en la place de Grève les pièces d'artillerie, bouëtes et arquebuses à crocq par lui tirées à la solennité du feu de la Saint-Jean fait à la Grève le vingt-troisième juin audit an, en la manière accoustumée, et icelle artillerie fait ramener en l'arsenal de ladite ville.

A Lucas Pommereux, l'un des commissaires des quais de la Ville, 100 *sols parisis*, pour avoir fourni, durant trois années finies à la Saint-Jean 1573, tous les chats qu'il falloit audit feu, comme de coustume; même pour avoir fourni il y a un an, où le Roi y assista, un renard pour donner plaisir à Sa Majesté, et pour avoir fourni un grand sac de toile où estoient lesdits chats.

A Michel Noiret, trompette juré du Roi, 6 *liv. parisis*, pour avoir par lui et cinq autres trompettes, sonné et assisté au feu solennel fait en la place de Grève la vigile de Saint-Jean 1573.

A Jean de la Bruyère, marchand, bourgeois de Paris, 315 *liv.* 5 *sols* 6 *deniers*, tant pour six torches de cire jaune de quatre livres pièce, à douze sols la livre, qu'il a fournies à mesdits sieurs et au greffier de ladite ville, et une torche de cire blanche de deux livres, à quinze sols la livre, par lui livrée pour le Roi, ladite torche garnie de deux poignées de velours rouge, le jour et vigile de Saint-Jean audit an 1573, pour allumer le feu en la place de Grève en la manière accoustumée.

Ensemble :

Pour vingt-quatre livres de dragées musquées de plusieurs sortes, à 25 sols.

Douze livres de confitures seiches, à 50 sols tournois.

Quatre livres de camichons [1], à 5 sols.

Quatre grandes tartes de massepins, à 60 sols.

Trois grandes armoiries de sucre royal dorées, à 25 sols.

Le tout pour servir à quatre plats dressés, tant au grand bureau qu'au petit bureau, au retour du feu, pour donner la collation au Roi, messieurs ses frères et leurs compagnies.

Deux livres et demi de sucre fin pour mettre sur les cresmes et fruits. Et pour la quantité de deux cent cinquante sept livres de dragées assorties, mises en bouëtes, tant pour donner à plusieurs Seigneurs et Dames, amis de mesdits sieurs, que pour les dróits de mesdits sieurs et des officiers de ladite ville, en la manière accoustumée : à 15 sols la livre [2].

En 1574, la cérémonie fut triste et courte, « à cause de la mort du Roy encore toute fraische [3]. » En effet, Charles IX avait exhalé sa belle âme le 30 mai.

En 1585, Henri III « fit allumer le feu par son prévost des marchands, puis, aiant faict la collation, s'en alla [4]. »

---

[1] « Je ne sais ce qu'étoient les camichons, » écrit l'abbé Lebeuf, qui a cité ce menu. (Voy. le *Journal de Verdun*, août 1751, p. 128.)

[2] Sauval, preuves, t. III, p. 631.

[3] Lestoile, *Journal de Henri III*, t. I, p. 10.

[4] Lestoile, t. II, p. 199.

En 1588, les officiers municipaux eurent l'heureuse idée de placer sur un échafaud « la représentation d'une grande furie qu'ils nommèrent hérésie, pleine de feux artificiels, dont elle fut toute bruslée[1]. »

En 1594, Paris s'offrit le luxe de deux bûchers, l'un à la Grève, l'autre dans la cour du Palais. Là, comme l'hérésie avait triomphé dans la personne de Henri IV, on brûla, cette fois, la Ligue, le légat et les Seize[2].

En 1598, le prévôt des marchands, après avoir fait trois fois le tour du bûcher « print une torche ardente, et s'estant prosterné à genoux, la présenta au Roy, qui la prist, et avec elle alluma le feu. » Henri IV portait « une escharpe d'œillets blancs et autres belles fleurs[3]. »

Il n'assista pas à ce spectacle en 1603. Le prévôt, grand ami du maréchal de Biron qui avait été décapité l'année précédente, en profita pour « incendier une Ambition qui décoloit un homme estant à genoux. » L'Ambition représentait Henri IV, l'homme représentait le maréchal. On alla dénoncer le fait

[1] Lestoile, t. III, p. 165.
[2] Lestoile, *Journal de Henri IV*, t. VI, p. 214.
[3] Félibien, t. V, p. 480. — Lestoile, t. VII, p. 122.

au roi qui, dit Lestoile, « s'en mocqua[1]. »

L'année suivante, le petit Louis XIII, alors âgé de quatre ans à peine, obtint « la grâce des chats que l'on vouloit mettre au bûcher[2]. » Mais, en 1606, c'est lui qui l'alluma, à Saint-Germain où résidait la Cour[3].

En 1610, on alluma le feu à la Grève. Mais il n'y eut « ni cérémonie ni fanfare, » parce que l'assassinat de Henri IV était encore trop récent[4].

Louis XIII mit le feu au bûcher de l'Hôtel de Ville en 1615. Ce jour-là, son écharpe était formée d'œillets blancs, celles du prévôt et des échevins étaient faites de roses et de giro-flées rouges[5].

En 1616 et en 1618, Anne d'Autriche assista à la cérémonie, mais le feu fut allumé par le gouverneur de Paris, qui avait arboré pour la circonstance une grande écharpe et un chapeau de fleurs, et portait à la main un « grand bouquet[6]. »

En 1620, le roi et la reine étaient présents.

---

[1] Lestoile, t. VIII, p. 85.
[2] Héroard, *Journal de Louis XIII*, 24 juin 1604.
[3] *Ibid.*, 23 juin 1606.
[4] Lestoile, t. X, p. 287.
[5] Félibien, t. V, p. 529.
[6] Félibien, t. V, p. 534.

La collation avait été préparée dans la salle
Saint-Jean, et leurs majestés y firent honneur.
Une autre collation attendait les seigneurs et
dames de la suite; mais le populaire ayant
envahi la pièce ne leur laissa pas le loisir d'y
toucher : on vit en un moment « les tables
renversées, toutes les vaisselles de fayence
cassées et brisées : à quoy le Roy prit fort
grand plaisir[1]. »

Louis XIV avait allumé le feu de la Saint-
Jean en 1648. Le gazetier Loret nous apprend
qu'en 1650, il se fit remplacer par son frère :

> Mercredy dernier, ou je rêve,
> Monsieur d'Orléans fut en Grève,
> Où tous les ans à jour pareil
> On fait un fort grand appareil.
> Il s'y trouve grand' compagnie
> Pour voir cette cérémonie.
> Il fit trois tours autour du feu
> Et puis luy-mesme y mit le feu[2].

Ce fut le roi qui alluma le feu l'année suivante[3].

Le 23 juin 1652, en pleine Fronde, la fête
eut lieu sans aucune pompe, « sans aucuns

---

[1] Félibien, t. V, p. 539.
[2] *Muze historique,* n° du 25 juin 1650.
[3] *Muze historique,* n° du 25 juin 1651.

tambours, trompettes, ni collation, » disent les
registres de la Ville. On dressa à la Grève un
bûcher de deux cents fagots, et le feu y fut mis
par le greffier de la municipalité[1].

En 1657, le maréchal de l'Hôpital, gouverneur de Paris, « mit le feu à la machine, qui
est sur un échafaud de bois, au milieu duquel
il y a une grande statue, farcie de feu d'artifice et qu'on diversifie tous les ans. » Vingt
coulevrines rangées sur le bord de la Seine
tirèrent chacune trois coups. Ces détails me
sont fournis par deux jeunes Hollandais qui
visitèrent Paris en 1657. Ils ajoutent : « On a
une superstition particulière pour cette fête,
et telle qu'il n'y a presque pas un gentilhomme
ou un bourgeois qui porte le nom de Jean
qui ne fasse ce jour-là un feu devant sa
porte[2]. »

Le 23 juin 1658, la Grève se couvrit

De plus de cent mille habitans,
Pour voir le feu que l'on allume,
Suivant la chrestienne coutume,
Tous les ans à semblable jour[3].

[1] *Registres de l'hôtel de ville de Paris pendant la Fronde*,
t. III, p. 7.

[2] Faugère, *Journal de deux Hollandais*, p. 195.

[3] *Muze historique*, n° du 29 juin 1658.

Le feu d'artifice du 23 juin 1688 figura les succès remportés par Louis XIV sur les corsaires algériens [1].

Le 13 juin 1692, décoration et feu d'artifice en l'honneur du roi, qui fut représenté « sous la figure d'un Mars, dans tous les ornemens que l'antiquité attribuoit à ce Dieu [2]. »

L'année suivante, nouvelle décoration et nouveau feu d'artifice en l'honneur de Louis XIV. « Le dessin fut exécuté par le sieur Dumesnil, peintre ordinaire de la Ville, et l'artifice par le sieur Caresme, artificier ordinaire de la Ville [3]. »

Les mêmes artistes composèrent le feu de joie allumé le 23 juin de l'année suivante [4].

En 1719, Louis XV, qui venait d'avoir huit ans, assista au feu d'artifice, mais on l'avait fait souper avant la cérémonie. « Le roi parti, il y eut plusieurs tables servies pour tout ce qui avoit été convié, et un bal à l'Hôtel de Ville termina la fête [5]. »

---

[1] Voy. *Explication du feu d'artifice dressé devant l'hôtel de ville...*, 1688, in-4°.

[2] *Explication*, etc., 1692, in-4°.

[3] *Explication*, etc., 1693, in-4°.

[4] Voy. *Explication*, etc., 1694, in-4°.

[5] Saint-Simon, *Mémoires*, t. XVI, p. 273. — Voy. aussi *Explication du feu d'artifice*, etc., 1719, in-4°.

L'origine des feux de la Saint-Jean paraît remonter très haut[1].

L'abbé Lebeuf retrouve dans cette fête le souvenir de fort anciennes traditions[2]. Jean Beleth, théologien du douzième siècle, raconte que, de son temps et suivant une coutume qui datait déjà de fort loin[3], l'on rassemblait en monceau les os épars d'animaux morts, et qu'on y mettait le feu, afin d'éviter que les bêtes saines en fussent infectées ; on choisissait pour cette incinération la date de la Saint-Jean[4]. L'évêque de Mende, Guillaume Durand, qui mourut en 1296, rapporte le même fait ; mais, suivant lui, il faut voir dans cet usage une commémoration du sacrilège commis par les gentils quand ils brûlèrent, à Sébaste, les os de saint Jean-Baptiste. Cette pratique, dit-il, était d'ailleurs observée en peu d'endroits[5].

---

[1] Voy. *Journal de Verdun*, n° de juin 1749, p. 425, et n° d'août 1751, p. 126, articles reproduits dans Leber, *Dissertations sur l'histoire de France*, t. VIII, p. 472. — Voy. aussi *Discours historique sur l'origine des feux que l'on fait à la solennité de la naissance de saint Jean-Baptiste*, 1692, in-4°.

[2] Voy. le *Journal de Verdun*, n° de juin 1749, p. 427.

[3] « Ex veteri consuetudine, » écrit-il.

[4] *Rationale divinorum officiorum*, édit. de 1592, p. 1062.

[5] *Ibid.*, p. 838.

Mais d'où provenait l'abominable coutume
d'associer à cette cérémonie de malheureux
chats? Moncrif propose une explication qui
peut être acceptée, faute de mieux. Ce fut,
écrit-il, pendant longtemps une croyance populaire que, la veille de la Saint-Jean, les
chats se rendaient tous à un sabbat général[1].
La race étant ainsi convaincue de sorcellerie,
ceux que l'on brûlait place de Grève payaient
pour tous les autres.

[1] *Lettres philosophiques sur les chats*, édit de 1748,
p. 7.

CHAPITRE VI

LA CORPORATION DES OISELIERS

I

DU TREIZIÈME AU SEIZIÈME SIÈCLE

Les oiseliers au treizième siècle, d'après Jean de Garlande.
— Où établis. — Leur nombre. — Le jour de la Pente-
côte, des oiseaux sont lâchés sous les voûtes de Notre-
Dame. — Les cages et les fabricants de cages. — Les
grillages devant les fenêtres du Louvre et du couvent des
Célestins. — Les oiseliers s'établissent sur le Pont-au-
Change, puis à la Vallée de Misère. — Ils sont autorisés
à revenir sur le Pont-au-Change. A quelles conditions.
— Les oiseliers à l'entrée de Charles VII, à celle de
Henri IV, à celle de Louis XI. — Les changeurs et les orfèvres veulent chasser du Pont-au-Change les oiseliers. —
Le parlement donne gain de cause aux oiseliers. — Un
huissier de la Cour installe leurs cages sur le pont. — Les
changeurs et les orfèvres les enlèvent et menacent les marchands. — Poursuites exercées contre un orfèvre. — Sa
condamnation.

Je rencontre les marchands d'oiseaux cités
pour la première fois dans le curieux dictionnaire de Jean de Garlande, qui fut composé
vers le milieu du treizième siècle. On y lit
que ces humbles commerçants étaient établis

sur une place située près du parvis Notre-Dame, et que l'on pouvait se procurer chez eux

Des oies.
— coqs.
— poules.
— canards.
— perdrix.
— faisans.
— alouettes.
— passereaux.

Des pluviers.
— hérons.
— grues.
— cygnes.
— paons.
— tourterelles.
— étourneaux [1].

La chasse, dit-il encore, permettait aux oiseleurs de se procurer aussi :

Des phénix.
— aigles.
— vautours.
— faucons.
— émouchets.
— éperviers.
— gerfauts.
— merles.
— chardonnerets.
— milans.

Des tourds?
— mauvis.
— perroquets ?
— rossignols.
— corneilles.
— corbeaux.
— chats-huants.
— chauves-souris.
— chouettes.
— pélicans [2].

---

[1] « Anseres, galli, gallinæ, anates, perdices, phasiani, alaudæ, passeres, pluviarii, ardei, grues, cigni, pavones, turtures et sturdi. »

[2] « Fenix, aquila, aucipiter, falco, capus, nisus, erodius, merulus, merula, sturdus, maviscus, sithacus, filomela, lucinia, milvius, cornix, corvus, bubo, vespertilio, nicticorax, pelicanus. » *Lexicographie latine du XIe et du XIIe siècle*, édit. Scheler, p. 35.

C'est devant le portail de l'église Sainte-
Geneviève la Petite [1] que se trouvait la petite
place occupée par les oiseliers, et l'église
elle-même s'élevait à l'extrémité de la rue
Neuve-Notre-Dame, qui commençait au parvis. Un poème écrit vers 1325 confirme l'assertion de Jean de Garlande. Après avoir
passé en revue les principales églises de Paris,
il cite :

> Le moustier Sainte-Geneviève
> La petite,

et il ajoute :

> Devant celle esglise sans faille [2]
> Vent-on chapons, gelines, cos [3],
> Perdris, plouviers et widecos [4].

Vers la fin du treizième siècle, il n'y avait
guère à Paris plus de cinq maîtres oiseliers [5]. Nous avons pourtant vu [6] que les oiseaux jouaient déjà un grand rôle dans la vie
privée. L'Église même les associait parfois à ses
pompes ; le jour de la Pentecôte, on jetait du

---

[1] Dite plus tard Sainte-Geneviève des Ardents. Voy.
Jaillot, quartier de la Cité, p. 94.

[2] Sans faute.

[3] Coqs.

[4] Bécasses. — *Les églises et monastères de Paris,* édit.
H. Bordier, vers 30 et suiv.

[5] Voy. la *Taille de* 1292, p. 526.

[6] Ci-dessus, t. I, p. 258 et suiv.

haut des voûtes de Notre-Dame des fleurs, des
étoupes enflammées et de petits oiseaux pendant l'office divin [1].

Les cages portaient alors le nom de *cagette,
gayolle, geôle, gloriette*, etc. [2], et ceux qui les
fabriquaient sont inscrits en ces termes dans
les *Tailles de* 1292 et *de* 1313 : « X qui fait
cages. » Je vois, un peu plus tard, appelés
cagetiers et *serruriers* les ouvriers chargés de
confectionner les grillages de métal. On lit,
par exemple, dans le *Compte des dépenses faites
par Charles V au château du Louvre :* « A Pierre
Lescot, cagetier, pour avoir treillissé de fil
d'archas [3] au devant de deux croisiées et de
deux fenestres ez deux derrains [4] estages de
la tour de la Fauconnerie, où est ordonnée
la librairie [5] du Roy, pour défense des oiseaux
et autres bestes, à cause et pour la garde des
livres qui y seront mis [6]. » Ces grillages, dits souvent *treillis, iraignes yraingnées* ou *yraingnes* [7],

---

[1] Abbé Lebeuf, *Histoire du diocèse de Paris*, t. I, p. 17.

[2] Voy. V. Gay, *Glossaire archéologique*, t. I, p. 247,
769, 781, etc.

[3] D'archal.

[4] Derniers.

[5] Bibliothèque.

[6] Publié par Le Roux de Lincy, p. 29.

[7] Sans doute à cause de leur ressemblance avec les toiles
d'araignée.

que Charles V chargeait de protéger ses livres, étaient aussi utilisés pour mettre les riches verrières des églises à l'abri des pierres que les enfants de tous les siècles se sont amusés à lancer contre elles. Je recueille cette mention dans les *Comptes de la chapelle du monastère des Célestins de Paris* : « A Philippe de Péronne, serrurier, pour deux yraingnées de fer, assises au-devant des deux fenestres du revestiaire [1]. »

A une date que je ne saurais préciser, les oiseliers abandonnèrent l'église Sainte-Geneviève, et vinrent s'installer sur le Pont-au-Change, d'où ils se transportèrent à la Vallée de Misère [2]. Ils étaient là, sans aucun abri contre pluies et rafales, au grand préjudice de leur délicate marchandise ; aussi demandèrent-ils à Charles VI l'autorisation de reprendre leur ancien emplacement sur le Pont-au-Change. Cette faveur leur fut accordée au mois d'avril 1402, « en considération, dit le roi, de ce qu'ils sont tenus bailler et délivrer quatre cens oyseaux quand nous et nos successeurs Rois sommes sacrez, et pareillement quand

---

[1] De la sacristie.
[2] C'est aujourd'hui la partie du quai de la Mégisserie qui va de la place du Châtelet à la rue des Lavandières.

nostre très amée et très chère compagne la Royne vient et entre nouvellement en nostre ville de Paris [1]. »

Le Pont-au-Change, dont l'histoire reste assez confuse [2], était alors bordé de hautes maisons ; les changeurs en occupaient un côté, les orfèvres occupaient l'autre [3]. Nous verrons que ces deux riches corporations protestèrent toujours contre la présence des humbles oiseliers, qui avaient obtenu le droit de se tenir sous les auvents des maisons et d'accrocher leurs cages aux devantures des boutiques.

J'ai dit que l'ordonnance de 1402 imposait aux oiseliers l'obligation de lâcher un certain nombre d'oiseaux pendant le sacre du roi à Reims et lors de l'entrée solennelle de la reine à Paris. On ne tarda pas à en exiger autant

---

[1] A. de Saint-Yon, *Les édicts et ordonnances des Roys... et jugemens notables des eaux et forêts,* 1610, in-f°, p. 279. — Reproduit dans Chailland, *Dictionnaire raisonné des eaux et forêts,* t. I, p. 404, et dans Delamarre, *Traité de la police,* t. II, p. 1414.

[2] Voy. un excellent article de M. Ad. Berty, dans la *Revue archéologique,* 12ᵉ année (1855), p. 193 ; un article de M. A. Bonnardot, dans la *Revue universelle des arts,* t. VII (1858), p. 125 ; et un article de M. Jules Cousin dans la *Gazette des Beaux-Arts,* t. VIII (1860), p. 151.

[3] Voy. Jaillot, quartier de la Cité, p. 161.

Vue en perspective du fond du *Champ* amiable à bâtir en 1763 pour ce qui concerne la rue *Trois* .....F. 17

D'après Aveline.

D'après une miniature du seizième siècle. — Bibliothèque nationale

pour celle du souverain, car sur une miniature [1] du seizième siècle représentant l'entrée à Paris de Charles VII [2], l'on voit des oiseliers placés sur son passage rendre la liberté à de petits oiseaux. Mais le fait n'est pas mentionné par Monstrelet, qui raconte assez longuement l'entrée du roi [3].

Celle de Louis XI eut lieu le 31 août 1461. Quand il passa sur le Pont-au-Change, les oiseliers délivrèrent deux cents douzaines « d'oiseaux de diverses sortes, » écrit le chroniqueur Jean de Roye [4]. Le pont avait été couvert, afin que les oiseaux « chantans chacun leur ramage, ne se peussent esgarer [5]. »

Les changeurs et les orfèvres, représentant deux des plus opulentes corporations pari-

---

[1] Elle a été reproduite dans l'ouvrage suivant : Paul Lacroix, *Mœurs et usages du moyen âge*, p. 532.

[2] 12 novembre 1437.

[3] *Chronique*, édit. Douët-d'Arcq, t. V, p. 301. — Lors de l'entrée de Henri VI (fin novembre 1431), Monstrelet rapporte que des bourgeois venus à sa rencontre lui présentèrent un cœur renfermant « des petits oyselets qu'ilz laissèrent voler pardessus le chief du roy. » (*Ibid.*, t. V, p. 3.)

[4] *Chronique scandaleuse*, édit. Mandrot, t. I, p. 29. — Ce nombre, qui paraît bien exagéré, a été accepté par Sauval, *Recherches sur Paris*, t. II, p. 643 et 458 (voy. aussi t. I, p. 221), et par Godefroy, *Cérémonial françois*, t. I, p. 183.

[5] De Lancre, *L'incrédulité et mescréance du sortilége*, p. 632.

siennes, supportaient fort impatiemment le
voisinage des pauvres oiseliers. Ceux-ci ayant
obtenu en 1573[1], puis en 1576[2], la confir-
mation de leurs privilèges, changeurs et orfèvres adressèrent au Parlement une requête
tendant à faire reléguer les oiseliers sur l'emplacement qu'ils avaient jadis occupé à la
Vallée de Misère. La Cour les débouta de leur
demande[3] par un arrêt fort curieux et tout à
l'avantage des marchands d'oiseaux. Attendu,
y est-il dit, « que les supplians ont leurs maisons accoustumées à ceste charge de laisser
les oyseleurs[4] mettre et attacher leurs cages
contre les ouvroirs[5] et maisons, pourvu que
l'on y mette des oyseaux tant seulement, et
non point des chiens, lappins ne autres den-
rées et marchandises ; avec deffense, aux
jours de processions générales ou autres actes
publics, auxdits oyseleurs de vendre, afficher
ou empescher le passage, il n'y a pas grand
mal de les laisser continuer. Car, de les ren-
voyer à la Vallée de Misère, lieu descouvert

---

[1] 17 mai. Chailland, p. 404. — Saint-Yon, p. 997. —
Delamarre, t. II, p. 1414.
[2] 7 août.
[3] 11 mars 1577.
[4] Sic.
[5] Boutiques.

et où ils n'ont moyen de se sauver de l'injure du temps, ce ne seroit raison. Mesmement que ces privilèges sont à charge ancienne de fournir aux Roys jusques à la quantité de quatre cens oyseaux [1].... » Les oiseliers triomphaient, mais leurs adversaires étaient furieux. Il firent si bien que, le 27 mai, un des huissiers de la Cour dut se rendre au Pont-au-Change, pour faire « ficher cloux ès estaux et boutiques des orphèvres et changeurs, et y mettre les cages et oyseaux des supplians. » Les esprits étaient surexcités à ce point qu'aussitôt que l'huissier se fut retiré, « iceux orphèvres et changeurs, au contempt et mespris de l'authorité de la Cour, en blasphémant Dieu, proférant paroles injurieuses contre l'honneur d'icelle, auroient jeté par terre lesdictes cages et oyseaux, icelles foulé et attrippé aux pieds; battu et excédé les supplians, tellement que, pour éviter le danger de leurs personnes et perte de leurs oyseaux n'ont depuis osé vendre sur ledit pont. » La Cour enjoignit aux changeurs et orfèvres de se soumettre, à peine de quatre cents livres d'amende [2].

---

[1] Saint-Yon, p. 998. — Delamarre, t II, p. 1414.
[2] Arrêt du 8 juin 1577, dans Saint-Yon, p. 998. — Delamarre, t. II, p. 1414.

Celui d'entre eux qui s'était montré le plus acharné contre les oiseliers était un sieur Fillacier, orfèvre à l'enseigne de *la Rose*. Il avait été emprisonné, et son affaire fut jugée le 4 mars 1578. La Cour le condamna à dix écus d'amende, vingt écus de dommages-intérêts envers les oiseliers, à tous les dépens et à tenir prison jusqu'à entier payement. Elle ordonna, en outre, que l'arrêt serait lu, le dimanche suivant à neuf heures du matin, sur le Pont-au-Change, et déclara les oiseliers placés sous la sauvegarde du roi et de la Cour[1].

II

LE DIX-SEPTIÈME SIÈCLE

Transaction entre les orfèvres et les oiseliers. — Ceux-ci transportent une partie de leurs cages à la Vallée de Misère. — Statuts de 1600. — Juridiction de la Table de marbre. — Oiseaux préférés par le dix-septième siècle. — Mois où la chasse est interdite. — Les forains. — Vente des serins. — Droit de prise pour la volière royale. — Redevances imposées aux oiseliers. — Sacre de Louis XIV. — La varenne du Louvre et sa capitainerie. — Statuts de 1698. — Nouvelles redevances imposées aux oiseliers. — Lieux et jours de vente. — Apprentissage et compagnonnage. — Les cages et les abreuvoirs. — Cages spéciales pour les mâles.

[1] Saint-Yon, p. 999. — Chailland, p. 406. — Delamarre, t. II, p. 1415.

Le Parlement avait sagement agi en rappelant les orfèvres au respect de l'autorité, mais il était bien difficile de maintenir la paix entre deux voisins exerçant des métiers si dissemblables. Les oiseliers le comprirent d'autant mieux que leur nombre en augmentant rendait chaque jour plus gênante leur présence sur le Pont-au-Change. Ils finirent donc par accepter une transaction et allèrent d'eux-mêmes accrocher une partie de leurs cages hors du pont, sur cette Vallée de Misère qu'ils avaient jadis occupée. Un règlement du 13 avril 1600, émané de la *Table de marbre*[1], mentionne cet accord et contient d'intéressants détails sur le commerce des oiseaux[2]. On y voit que les « menus oyseaux de chant et de plaisir » étaient alors les serins[3], les tarins, les fauvettes, les rossignols, les cailles, les linottes, les chardonnerets, les pinsons, les alouettes, les sansonnets[4] et les merles[5].

---

[1] Trois juridictions portaient ce nom : la connétablie et maréchaussée de France, l'amirauté, la grande maitrise des eaux et forêts. Toutes trois tenaient leurs séances au Palais, sur l'immense table de marbre qui occupait le fond de la grande salle.

[2] Saint-Yon, p. 1000. — Chailland, p. 407. — Delamarre, t. II, p. 1415.

[3] « Les serains. »

[4] « Les sançonnets. »

[5] Article 1.

Leur chasse était interdite depuis la mi-mai
jusqu'à la mi-août[1]. Pour permettre de distinguer les marchands forains des oiseliers
parisiens, ceux-ci suspendaient leurs cages
aux murs des maisons, tandis que les premiers
devaient les garder à la main[2]. Il était interdit aux forains de vendre « les serains com-
muns et canariens » avant qu'ils eussent été
« mis et posés depuis dix jusqu'à douze heures
sur la pierre estant au bas des grands degrez
en la cour du Palais et à jour d'entrée du Parlement[3]. » Le roi se réservait également un
droit de prise[4] : les oiseliers n'étaient autorisés à acheter des forains un seul de ces oiseaux avant que « le maistre et gouverneur
de la volière du Roy, » et même après lui les
bourgeois eussent fait leur choix[5]. Les femelles ayant beaucoup moins de prix que les
mâles devaient être mises à part, « en cages
basses et muettes[6]. » Les oiseliers étaient
tenus, « aux jours de feste du Saint-Sacrement
et aux entrées des Roys et Roynes, de lascher, en

---

[1] Article 2.
[2] Article 4.
[3] Article 5.
[4] Sur le droit de prise, voy. *La cuisine*, p. 31 et 58.
[5] Article 6.
[6] Article 7.

signe d'allégresse, telle quantité de menus
oyseaux qu'il sera arbitré suivant la coutume
ancienne [1]. » Il n'est plus question ici du sacre
des rois, ce qui n'empêcha pas les oiseliers
de donner la volée à cinquante douzaines
d'oiseaux le jour du sacre de Louis XIV [2].

Le 30 mai de la même année, les 9 mai
1657, 2 avril 1658 et 9 août 1666 défenses
furent faites aux oiseliers de tendre leurs
filets dans un rayon de six lieues à partir du
Louvre [3].

Ce territoire, appelé la *varenne du Louvre*,
était réservé pour la chasse royale, et un tribunal spécial, la *capitainerie de la varenne du
Louvre*, y réprimait sévèrement le bracon-
nage [4]. Huit exempts, huit gardes à cheval
et douze gardes à pied étaient aux ordres du
tribunal, composé de sept membres dont
l'*Almanach royal* fournit les noms à dater de
1735 [5]. Les audiences se tenaient au Louvre.

---

[1] Article 10.

[2] *Journal d'Olivier Lefévre d'Ormesson*, juin 1654, t. II,
p. 692.

[3] Chailland, p. 409. — Delamarre, t. II, p. 1417.

[4] Voy. *Recueil des tiltres du baillage et capitainerie des
chasses de la varenne et chasteau du Louvre, parc et bois de
Boulogne, et des six lieuës à la ronde de son étenduë ès
environs de Paris*, 1676, in-4°.

[5] Page 262 pour cette année.

Cette juridiction était tout à fait distincte
de la *grande maîtrise des eaux et forêts* et même
de la *maîtrise particulière*. Au mois de juillet 1697, Étienne de la Molère, seigneur de
Pomponne, maître particulier es eaux et forêts
de Paris, convoqua dans son « auditoire » les
oiseliers de la capitale, afin de les consulter
sur la revision de leurs statuts. Quinze d'entre
eux répondirent à l'appel, et « de leur con-
sentement » l'on adopta un projet de règlement qui fut soumis à l'homologation royale [1].
Les premiers articles visent les redevances
imposées à la corporation.

Lors du sacre des rois, les jurés de la communauté devaient se rendre à Reims « pour
chasser et faire chasser aux menus oyseaux et
fournir le nombre d'oyseaux qu'il sera réglé
suivant les coûtumes anciennes, pour estre
làchés, en signe de joye et de liberté, dans
l'église pendant la cérémonie [2]. » Il en était
de même lors des entrées des reines [3] à Paris [4].
Le jour de la Fête-Dieu, chaque maître était

---

[1] *Nouveaux statuts et règlemens de la communauté des
maistres oyseleurs de la ville, prévôté et vicomté de Paris.*
In-4°.

[2] Article 1.

[3] Les entrées des rois ne sont plus mentionnées.

[4] Article 2.

obligé de fournir deux oiseaux, « pour estre
lâchés devant le Saint-Sacrement, pendant la
procession, dans l'église royale de Saint-Germain l'Auxerrois, en signe de liberté et pour
marquer l'honneur qu'il porte au Saint-Sacrement [1]. »

Suivent diverses prescriptions déjà mentionnées dans le règlement de 1600, notamment celles que contenaient les articles 1, 2,
5, 6 et 7. La vente des oiseaux était centrali-
sée « à la Vallée de Misère et Pont-au-Change, »
et pouvaient « les maistres oyseleurs attacher
leurs cages contre les boutiques et murs
des maisons. » L'exposition avait lieu de dix
heures à une heure et demie les dimanches et
jours de fêtes ordinaires, mais était interdite
les jours de fêtes solennelles [2]. Afin de prévenir
toute tentative de fraude, les mâles devaient
être séparés des femelles et placés dans des
cages spéciales munies d'un écriteau [3].

La durée de l'apprentissage était fixée à
trois ans, auxquels succédaient trois années
de compagnonnage. Les fils de maître et les

---

[1] Article 3.
[2] Article 13. Voy. aussi *Le livre commode pour* 1692,
t. I, p. 273.
[3] Article 16.

individus épousant une fille de maître étaient dispensés même de l'apprentissage. Tous les membres de la corporation devaient être de bonne vie et mœurs, et professer la religion catholique [1].

L'article 22 autorise les oiseliers à fabriquer des cages, et aussi à fondre le plomb qui entrait dans la confection des petits abreuvoirs destinés aux oiseaux. Toutefois, les vanniers conservaient le droit de faire les cages en osier, et les épingliers celui de construire les grandes volières [2].

Ces statuts furent homologués par lettres patentes du roi, enregistrées le 26 novembre 1648.

———

III

LE DIX-HUITIÈME SIÈCLE

Triomphe du serin. — Il est l'objet d'un commerce important. — Naufrage d'un navire chargé de serins. — Les Suisses en apportent chaque année des milliers à Paris. — Prix des différentes espèces de serins. — Les grandes dames en font trafic. — Les serins d'Inspruck. — Redevances exigées des oiseliers. — Sacres des rois, entrées solennelles, etc. — Sacre de Louis XV, de Louis XVI,

[1] Articles 19 et 20.
[2] Voy. Savary, *Dictionnaire du commerce*, édit. de 1741, t. II, p. 32 et 1115.

de Charles X. — Délivrance de prisonniers qui accom-.
pagne ces solennités. — Droit de délivrance accordé à
des particuliers : Charles d'Angoulême, les archevêques
de Reims, les évêques d'Orléans. — Le métier d'oiselier
devient libre. — Les oiseliers du roi. — Le grand-père de
George Sand. — Patron et armoiries de la communauté
des oiseliers.

L'oiseau de chant alors le plus recherché
était le serin. Aux Canaries et à Madère, « de
gros marchands ne faisoient guère d'autre
négoce[1]. » Pietro Olina raconte que, vers le
début du dix-septième siècle, un vaisseau qui
portait une immense quantité de serins fit
naufrage près de l'île d'Elbe. Les oiseaux
devenus libres gagnèrent la terre, adoptèrent
cette nouvelle patrie, et s'y multiplièrent avec
une merveilleuse rapidité[2]. Pourtant au dix-
huitième siècle, la plupart des serins vendus
à Paris provenaient de la Suisse et de l'Autriche, du Tyrol surtout. Écoutez Hervieux de
Chanteloup, le gouverneur des serins de
Mme la princesse de Condé : « Il vient à
Paris quelques Suisses deux fois l'année, au
printemps et dans l'automne ; ils font leur
demeure ordinaire dans le fauxbourg Saint-

[1] Savary, t. I, p. 397, et t. III, p. 127.
[2] G.-P. Olina, *Uccelliera, overo discorso della natura,* etc.,
1622, in-4°, p. 7.

Antoine, *à la Boule-Blanche*, fameux cabaret.
Ils apportent avec eux sur leur dos, en forme
de balles, des milliers de serins, qu'ils vont
chercher dans le Tirol et dans d'autres lieux
circonvoisins. Ils ne sont pas plutôt arrivez
ici qu'on y court de toutes parts; les uns y
sont conduits par la curiosité de voir s'ils
n'ont pas quelques serins hors du commun;
les autres y vont pour y porter leur argent.
Ils reçoivent ces derniers-ci plus favorable-
ment que les autres[1]. » Les beaux serins se
payaient fort cher. Voici, au reste, la liste et
le prix des espèces les plus recherchées :

Serin gris commun............	2 liv. 10 sous.	
— gris à duvet ou queue blan-che.................	4 —	
— blond commun..........	3 —	
— — doré.............	4 —	
— — à queue blanche...	5 —	
— jaune commun..........	3 —	
— — à queue blanche...	5 —	
— agathe commun.........	3 — 10 —	
— — panaché..........	5 —	
— isabelle commun........	3 — 10 —	
— — doré...........	4 —	

[1] *Nouveau traité des serins de Canarie*, p. 273. Cet
ouvrage a été très souvent réimprimé, la première édition
date de 1705, la dernière, je crois, de 1802. Je cite la
deuxième, publiée en 1713.

Serin isabelle à queue blanche.	4 liv. 10 sous.	
— panaché commun........	5 —	
— — de blond........	5 — 10 —	
— — de noir........	8 —	
— — de noir et régulier.	15 —	
— jonquille commun.......	10 —	
— — panaché de noir.	25 —	
— plein et parfait.........	45 —	

Hervieux ajoute : « Il y a des serins qui sont vendus bien au-dessus du prix que l'on a marqué ici. Quelquefois une plume ou deux noires à la queue d'un panaché le renchérissent du double du prix ordinaire des autres. Je ne marque pas ici le prix des serins qui ne sont pas ordinaires, et dont la valeur dépend de celuy qui tient bon à les vendre à celuy qui peut avoir la bourse bien garnie, avec un ardent désir de les acheter. L'on voit tous les jours des curieux aisez qui ne se font point une affaire de payer quarante ou cinquante écus une paire de serins à leur gré[1]. » Sous la Régence, les grandes dames en faisaient trafic. Après les avoir bien stylés chez elles, elles les envoyaient « vendre chez le célèbre oiselier du quai de la Mégisserie[2]. » Les oiseliers se

---

[1] Page 301.

Lémontey, *Histoire de la Régence*, t. II, p. 319.

plaignirent, et une sentence du 27 mai 1735
dut interdire ce commerce[1]. La sentence éma-
nait de la maîtrise des eaux et forêts, qui en
rendit une nouvelle le 18 mai 1736 ; cette
dernière condamnait à dix livres d'amende et
aux frais plusieurs particuliers qui avaient
« exposé en vente, le long du parapet du quai
de la Mégisserie, des marchandises de la pro-
fession des maîtres oiseleurs[2]. »

La ville d'Inspruck fournissait alors les plus
beaux serins, et l'exportation annuelle y dépassait soixante-dix mille francs[3].

J'ai énuméré plus haut les cérémonies au
cours desquelles, vers la fin du dix-septième
siècle, les oiseliers étaient tenus de délivrer
un certain nombre de petits oiseaux. Cette
redevance fut plus souvent exigée d'eux par
la suite ; il semble que le gracieux symbole de
liberté dont ils étaient les dispensateurs fut
devenu l'accompagnement obligé de toute
présence exceptionnelle du roi ou de la reine.
Le 12 septembre 1715, le petit Louis XV est
amené de Vincennes pour tenir au Palais un

---

[1] Chailland, p. 409.
[2] Chailland, p. 410.
[3] Comtesse de Genlis, *Correspondance de deux jeunes
mariées*, dans les *Mémoires*, t. X, p. 115.

lit de justice, et Mathieu Marais écrit à cette date dans son journal : « On a délivré plusieurs petits oiseaux, suivant la coutume, dans la cour du Palais[1]. »

Le 25 octobre 1722, a lieu le sacre du roi. Après l'intronisation, « les oiseleurs lâchèrent une grande quantité d'oiseaux, » dit la relation officielle de la cérémonie[2].

Le 4 octobre 1728, la reine fait à Paris son entrée solennelle, et va entendre la messe à Notre-Dame. Quand elle est reçue aux portes de la ville et quand elle sort de l'église, « on lâche d'une corbeille une vingtaine d'oiseaux qui s'envolent[3]. »

Le 19 septembre 1751, Louis XV alla entendre à Notre-Dame un *Te Deum*, après l'accouchement de la Dauphine[4], et l'avocat chroniqueur Barbier écrit : « Quand le roi descend de carrosse à la porte de Notre-Dame, il y a des oiseliers qui lâchent une grande quantité d'oiseaux. Le parvis en étoit rempli, il en est même entré dans l'église[5]. » Les

---

[1] Tome I, p. 201.

[2] *Relation du sacre et couronnement du Roy*, 1722, in-4°.

[3] Barbier, *Journal*, t. II, p. 52.

[4] Elle avait eu, le 13 septembre, Louis-Joseph-Xavier, duc de Bourgogne, qui mourut en 1761.

[5] Tome V, p. 103.

maîtres oiseliers étaient alors au nombre de trente-sept environ[1].

Louis XVI fut sacré le 11 juin 1775. Au moment de l'intronisation, « les oiseleurs lâchèrent un grand nombre de petits oiseaux qui, par le recouvrement de leur liberté, signifioient l'effusion des grâces du Souverain sur son peuple, et que jamais les hommes ne sont plus véritablement libres que sous le règne d'un prince éclairé, juste et bienfaisant[2]. »

Après la naissance de son premier enfant[3], Marie-Antoinette vint à Paris remercier Dieu de son heureuse délivrance, et lorsque leurs majestés pénétrèrent dans l'église, les oiseliers délivrèrent quatre cents oiseaux, « en signe de joie et d'allégresse[4]. »

Au sacre de Charles X[5] « plusieurs centaines d'oiseaux » furent lâchés dans la nef[6]. C'était, écrit M. Ernest Hamel, « en souvenir de la vieille liberté des Francs, mais les Français

---

[1] Savary, t. II, p. 425.

[2] *Journal historique du sacre et du couronnement de Louis XVI*, p. 49.

[3] Marie-Thérèse-Charlotte, dite *Madame Royale*, née le 19 décembre 1778.

[4] Nougaret, *Anecdotes du règne de Louis XVI*, t. I, p. 318.

[5] Le 29 mai 1825.

[6] A. Lenoble, *Relation du sacre de Charles X*, p. 59.

attendaient encore la leur[1]. » La relation
officielle du sacre de Napoléon Ier ne mentionne la présence ni d'oiseliers, ni d'oiseaux[2].

Ces captifs emplumés n'étaient pas les seuls
qui fussent remis en liberté à l'occasion des
réjouissances royales. Aux sacres, aux ma-
riages, aux naissances, aux entrées dans les
bonnes villes, aux lendemains de victoi-
res, etc., etc[3], les geôles s'ouvraient et lais-
saient sortir leurs hôtes, sans en excepter parfois les plus coupables.

Henri IV, entré à Paris le 22 mars, se rendit
le 7 avril aux prisons, pénétra « avec un
flambeau dans les cachots, » et élargit un
grand nombre de détenus[4]. Louis XIII l'imita
à son retour de La Rochelle. Je ne sais s'il en
avait fait autant à la fin du siège, mais tout
roi entrant dans une ville conquise y entendait un *Te Deum* et délivrait des prisonniers[5].
Dès le quinzième siècle, la reine ou le Dauphin faisant leur entrée solennelle dans une
ville, avaient le droit « d'accorder, au nom

---

[1] *Histoire de la Restauration*, t. II, p. 465.
[2] Paris, 1804, grand in-folio.
[3] Voy. Trabouillet, *État de la France pour 1712*, t. I,
p. 18.
[4] Lestoile, *Journal de Henri IV*, 7 avril 1594.
[5] Duc de Luynes, *Mémoires*, t. VII, p. 301.

du roi, des lettres de rémission à tous les prisonniers [1]. » Lors du mariage de Louis XIV,
l'arrivée de Marie-Thérèse à Saint-Jean de
Luz ouvrit les prisons de cette ville [2].

Louis XV avait été sacré le 25 octobre. Le
29, le cardinal de Rohan, grand aumônier de
France, se rendit en camail et en rochet aux
prisons de Reims, pour rendre la liberté aux
criminels que le roi graciait. « Le cardinal,
ayant fait assembler ces prisonniers, qui
estoient au nombre de plus de six cens, leur
fit un discours aussi éloquent que pathétique,
pour les engager à mériter par leur conduite
la grâce que le Roy leur accordoit. Ensuite,
il leur apprit les ordres que Sa Majesté avoit
donnez pour faire expédier gratis toutes leurs
grâces et pour faire fournir des secours à ceux
qui en avoient besoin pour retourner chez
eux [3]. » Une instruction sommaire avait été
ouverte auparavant dans chaque geôle par

[1] Guyot, *Traité des offices*, t. II, p. 236 et 299.
[2] Voy. *Exemples tirez de plusieurs célèbres auteurs…
pour justifier que MM les grands aumosniers, premiers
aumosniers, etc. ont élargi les prisonniers aux entrées des
rois…* In-folio, s. d. — Sur la manière dont était faite l'instruction relative aux coupables à gracier, voy. Godefroy,
Cérémonial françois, t. II, p. 242, et Guyot, t. II, p. 297.
[3] *Suite de la relation du sacre du Roy*, p. 598.

quatre maîtres des requêtes, privilège que
leur avaient longtemps disputé les aumôniers
du roi[1]. Lors du sacre de Louis XVI, les prisons de Reims renfermaient cent cinquante
prisonniers, sur lesquels cent douze furent
délivrés. On excepta les coupables de duel,
de vol sur grand chemin, de lèse-majesté
divine et humaine, d'emprisonnement, de
rapt, de viol, d'incendie avec préméditation,
de contrebande à main armée, les faux
monnayeurs, les faux sauniers, les déser-
teurs, etc.[2]

Ce que l'on sait moins, c'est que des particuliers eux-mêmes jouissaient du même privilège. Louis XI accorda à Charles d'Angoulême le droit de délivrer des prisonniers lorsqu'il ferait sa première entrée dans une ville de
son gouvernement. Les évêques de Reims
entrant à Péronne ou à Lille étaient autorisés
à élargir les prisonniers, sauf ceux qui expiaient
un meurtre ou une sédition[3]. De temps immé-
morial, les évêques d'Orléans, inaugurant

---

[1] Voy. *Response au mémoire présenté au Roy par
MM. les maistres ordinaires de son hostel, concernant l'élar-
gissement des prisonniers.* In-folio, s. d.

[2] *Journal historique du sacre,* p. 80.

[3] Guillaume Marlot, *Le théâtre d'honneur et de magnificence,* 1643, in-4°, p. 700.

leur siège épiscopal, pouvaient délivrer « les
prisonniers détenus en toutes prisons quel-
conques de la ville pour crimes commis dans
l'étendue et limites du diocèse. » Un arrêt de
novembre 1753 confirma ce droit, mais exi-
gea que les grâces fussent accordées par le
roi « sur lettres d'intercession et de précation
à lui adressées. » En outre, exception était
faite pour les coupables d'assassinat, de
meurtre, de rapt avec violence, et d'outrage à
la personne de magistrats dans l'exercice de
leurs fonctions[1].

Reprenons l'histoire des oiseliers. Vers la
fin du dix-septième siècle, l'oiselier du roi
habitait rue Saint-Antoine, et sur sa boutique,
une inscription en lettres d'or faisait connaître à tous sa qualité de « gouverneur, précepteur et régent des oyseaux, perroquets,
singes, guenons et guenuches de Sa Majesté[2]. »
Il eut pour successeur, au siècle suivant, un
sieur Château, qui avait sa « ménagerie » rue
des Postes et son magasin quai de la Mégis-

---

[1] Voy. *Édit du roi concernant la délivrance des prisonniers pour crimes qui se trouvent à l'avènement des évêques
d'Orléans dans les prisons de cette ville.* In-4°.

[2] Noël d'Argonne, *Mélanges d'histoire et de littérature,*
édit. de 1725, t. II, p. 46.

serie [1]. C'est là aussi que demeurait l'oiselier Antoine Delaborde, grand-père maternel de George Sand [2]. Le métier était devenu héréditaire, car l'on n'y recevait plus guère que des fils de maître. Quand l'édit d'août 1776 le déclara libre [3], le nombre de ceux-ci ne dépassait pas trente-six. La table de marbre crut devoir leur rappeler, le 3 septembre, qu'ils n'en restaient pas moins « tenus d'observer la coutume ancienne d'allégresse, en lâchant aux fêtes du Saint-Sacrement, au sacre du Roi, à son entrée ou à celle de la Reine en la Ville de Paris, la quantité pour le moins de quatre cents oiseaux [4]. »

Comme toutes les autres corporations, celle des oiseliers avait obtenu des armoiries que l'*Armorial général* [5] décrit ainsi : *D'azur, à un homme de carnation vêtu d'or, un genou en terre sur une terrasse de sable, tenant une cage à trébuchet d'or pour prendre des oiseaux de même qui volent en l'air, et un chef cousu de gueules,*

---

[1] Thiéry, *Guide des amateurs et des étrangers*, t. II, p. 222.

[2] G. Sand, *Histoire de ma vie*, t. I, p. 19.

[3] Voy. *Comment on devenait patron*, p. 251 et suiv.

[4] Isambert, *Anciennes lois françaises*, t. XXIV, p. 111

[5] Biblioth. nationale, manuscrits, t. I, p. 571.

chargé d'un agneau pascal d'argent contourné et couché sur un tertre de sinople.

Le patron de la communauté était saint Jean l'évangéliste.

CHAPITRE VII

PROCÈS FAITS AUX ANIMAUX. — L'AME DES BÊTES.

I

PROCÈS FAITS AUX ANIMAUX

Le moyen âge regarde les animaux comme des êtres moraux et perfectibles, responsables de leurs actes. — Analyse des principaux jugements rendus contre eux. — Porcs brûlés vifs. — Taureaux et truies pendus. — Cheval exécuté en effigie. — Note des frais occasionnés par l'exécution d'une truie. — Porc pendu. — Truie assommée, ses chairs jetées au vent. — Taureau et truie pendus. — Sentences prononcées contre une chienne, un chien, des juments, des vaches. — Chien condamné à mort et exécuté en 1793. — Comment se justifiaient ces divers jugements. Procédure suivie.

Les accusations de bestialité. L'animal poursuivi comme complice de l'homme. — Procès faits à des vaches, à des juments, à des ânesses, à des chiennes, à une femme juive, à des brebis, à des truies, à un singe. — Pourquoi ces bêtes étaient condamnées au feu.

Justice ecclésiastique. — Excommunication prononcée contre des chenilles. — Procès fait à des rats. L'avocat Barthélemy de Chasseneuz, son plaidoyer en faveur des coupables. — Sentences d'excommunication rendues contre des limaces, des chenilles, des sangsues, etc. — Ces pratiques déjà condamnées au seizième siècle.

J'ai dit plus haut[1] que le moyen âge n'avait pas voulu voir dans l'animal une créature inférieure à l'homme, que les premières légendes chrétiennes, la poésie, les romans chevaleresques le traitent comme son égal, souvent même le proposent à l'espèce humaine comme un modèle à imiter. Être moral et perfectible, il devenait dès lors responsable de ses actes, et la loi agit avec logique en le soumettant aux mêmes pénalités que l'homme.

On connaît une centaine d'arrêts prononcés contre des bêtes accusées de mauvaises actions, et trente-sept au moins d'entre eux datent du dix-septième siècle. Mais je ne dois m'occuper ici que de ceux qui furent rendus soit à Paris, soit dans ses environs.

Le plus ancien remonte au treizième siècle. Il fut exécuté vers 1266 suivant l'abbé Lebeuf[2], vers 1268 suivant M. Tanon[3], qui tous deux en ont publié le texte d'après un registre criminel de Sainte-Geneviève. A Fontenay-aux-Roses, seigneurie dépendant alors de ce couvent, un porc, convaincu d'avoir mangé un

---

[1] Voy. tome I, p. 255 et suiv.

[2] *Histoire du diocèse de Paris*, t. IX, p. 401.

[3] *Histoire des justices des anciennes églises de Paris*, p. 378.

enfant, fut brûlé vif dans la cour du maire ou juge de l'abbaye.

En avril 1274, est exécuté à Torcy [1] un porc coupable d'avoir tué un porcher habitant le village voisin [2].

En février 1314, les juges du comté de Valois instruisirent contre un taureau qui avait occis un homme d'un coup de corne. Après interrogatoire des témoins, il fut condamné à mort et pendu [3].

De 1317 à 1332, trois sentences du même genre sont rendues par la justice de Saint-Martin des Champs à Paris. Les deux premières concernent des truies qui s'étaient attaquées à plusieurs enfants. Les bêtes furent attachées aux fourches patibulaires du prieuré. Le troisième fait est très curieux. Un cheval tua quelqu'un sur le territoire de Bondy, relevant de Saint-Martin des Champs. Le propriétaire, espérant échapper aux poursuites, s'empressa de conduire la bête en dehors du territoire sur lequel s'étendait la juridiction

[1] Arrondissement de Meaux.
[2] *Registre criminel de Saint-Maur des Fossés*, dans L. Tanon, p. 341.
[3] Arrêt cité par Poullain de Saint-Foix (historien très suspect), dans ses *Essais sur Paris*, édit. de 1766, t. V, p. 100.

du prieuré. L'homme put cependant être saisi, et comme les religieux tenaient à affirmer leurs droits, il dut payer la valeur de l'animal coupable, et fournir « une figure de cheval, » qui fut pendue, comme un criminel ordinaire, aux fourches de Saint-Martin [1].

En 1403, à Meulan, une truie fut condamnée à mort pour avoir mangé un enfant. M. Lejeune a retrouvé le compte des frais que nécessita l'exécution :

A tous ceux qui ces lettres verront, Symon de Baudemont, lieutenant à Meullent de noble homme mons. Jehan, seigneur de Maintenon, chevalier chambellan du Roy nostre sire, et son bailli de Mante et dudit lieu de Meullent : Salut.

Savoir faisons, que pour faire et accomplir la justice d'une truye qui avoit dévoré un petit enfant, a convenu faire nécessairement les frais, commissions et dépens ci-après déclarés. C'est à savoir :

Pour dépense faite pour elle dans la geôle : *six sols parisis.*

Item, au maistre des hautes œuvres, qui vint de Paris à Meullent faire ladite exécution, par le commandement et ordonnance de nostre dit maistre le bailli et du procureur du roi : *cinquante quatre sols parisis.*

[1] L. Tanon, *Registre criminel de la justice de Saint-Martin des Champs au XIVᵉ siècle,* p. 227.

Item, pour la voiture qui la mena à la justice : *six sols parisis.*

Item, pour cordes à la lier et hâler : *deux sols huit deniers parisis.*

Item, pour gans : *deux deniers parisis*[1].

En 1405, à Gisors, un bœuf est exécuté « pour ses démérites[2]. »

En 1408, à Pont-de-l'Arche, un porc qui avait tué un enfant est pendu. L'instruction de l'affaire dura vingt-quatre jours pendant lesquels l'animal fut maintenu en prison au taux de deux deniers tournois par jour, prix fixé sans doute pour la nourriture des détenus ordinaires[3].

En 1497, au village de Charonne, une truie est assommée parce qu'elle avait dévoré le menton d'un enfant. La sentence ordonne que les chairs de la bête seront dépecées et

---

[1] *Mémoires de la société des antiquaires de France,* t. VIII (année 1829), p. 433. — M. Lejeune met ici en note : « On ne peut se dispenser de remarquer, dans cet état de frais, la paire de gants donnée au bourreau, parce qu'elle semble indiquer que les mœurs d'alors voulaient que ses mains sortissent pures de l'exécution dont il était chargé par la justice. » Pour moi, je n'en crois rien. Voy. dans cette collection : *Les médecins,* p. 51 ; *Les magasins de nouveautés,* t. II, p. 4, 11 et suiv. et passim.

[2] Vernet, dans *La Thémis,* t. VIII, p. 45 et suiv.

[3] *Archives de la Normandie,* dans L. Delisle, *Études sur la condition de la classe agricole en Normandie,* p. 107.

jetées aux vents, que le propriétaire et sa femme feront un pèlerinage à Notre-Dame de Pontoise, « où étant le jour de la Pentecôte, ils crieront *Merci !* De quoi ils rapporteront certificat[1]. »

En 1499, à Corroy, seigneurie dépendant de l'abbaye de Beaupré, un taureau ayant tué le jeune garçon commis à sa garde, enquête et information furent faites, et l'arrêt rendu ordonna que « pour raison de l'homicide ci-dessus, ledit thorreau sera pendu à une fourche ou potence et exécuté jusques à mort inclusivement. » Toute la procédure de cette affaire se conservait encore en 1730 au monastère de Beaupré[2].

La même année, le bailli de l'abbaye de Josaphat près Chartres, jugeant un porc accusé d'avoir tué un enfant placé en nourrice chez le sieur Delalande, condamnait celui-ci à dix-huit francs d'amende et le pourceau « à être pendu et exécuté par justice. » Le dossier du procès était très complet. On y lisait que la sentence avait été signifiée au porc dans le lieu même où l'on avait coutume de renfer-

---

[1] B. Warée, *Curiosités judiciaires*, p. 442.
[2] Durand et Martène, *Voyage littéraire de deux Bénédictins*, édit. de 1730, t. II, p. 167.

mer les prisonniers avant de les conduire au supplice [1].

A Meaux en 1540, une chienne est livrée au bourreau [2].

Le parlement de Paris condamne une vache en 1550.

En 1601, jugement prononcé dans la Brie contre un chien, et spécialement à Provins contre une jument.

En 1609, condamnation d'une vache à Paris et d'une jument à Montmorency.

Une jument est condamnée à Paris en 1647, une autre à Chartres en 1650, une autre à Fourches, près de Provins, en 1680.

Plus d'un siècle après, je rencontre encore une sentence du même genre, que je relève pour en finir avec ce sujet. Le 17 novembre 1793, le tribunal révolutionnaire condamna à mort un invalide et son chien. Il fut établi que l'animal avait été dressé à « aboyer contre les habits bleus [3], et qu'il avoit plusieurs fois

---

[1] Pièce communiquée par M. Lejeune.

[2] *Registre secret du parlement de Paris*, dans les *Mémoires de la société des antiquaires de France*, t. VIII (1829), p. 448 et suiv. — Même source pour les huit arrêts suivants.

[3] De la garde nationale.

mordu un porteur de billets de garde[1].» M. Cam-
pardon a retrouvé aux Archives nationales le
procès-verbal de l'exécution du chien, qui fut
assommé en présence d'un inspecteur de police[2].

Depuis longtemps déjà, les procès intentés
aux animaux n'avaient plus pour excuse la
haute estime que le moyen âge professait pour
ces compagnons de l'homme. Dans un traité
qu'a publié sur ce sujet Pierre Ayrault, lieutenant criminel au siège présidial d'Angers, on
lit que la justice, en punissant l'animal, prétendait donner une leçon à l'humanité. « Si nous
voyons un pourceau pendu et estranglé pour
avoir mangé un enfant au berceau, c'est pour
advertir les pères et mères, les nourriciers, les
domestiques, de ne laisser leurs enfans tout
seuls ou de si bien resserrer leurs animaux
qu'ils ne leur puissent nuire ny faire mal. Si
nous voyons lapider un bœuf et sa chair jetée
aux chiens, pour avoir tué un homme ou une
femme ; si nous voyons brûler toute une
ruche de mouches à miel pour avoir commis
semblable faict, c'est pour nous faire abhor-

---

[1] *Mémoires sur les prisons*, édit. Barrière, t. II, p. 485.
[2] *Histoire du tribunal révolutionnaire*, t. II, p. 187.

rer l'homicide, puisqu'il est mesme puny ès
bestes brutes[1]. »

Ainsi, lorsqu'était signalé un méfait commis par un animal, l'autorité compétente se
saisissait aussitôt de l'affaire. La bête était
arrêtée et incarcérée dans la prison appartenant au siège de la justice criminelle qui devait connaître de la cause. Des procès-verbaux
étaient dressés, et l'on procédait aux enquêtes
les plus minutieuses. Le crime une fois établi,
le magistrat remplissant les fonctions de ministère public requérait la mise en accusation
du coupable. Le juge entendait, confrontait
les témoins et rendait la sentence. Avant de
l'exécuter, signification en était faite à l'animal en personne dans sa prison[2].

Quand Racine nous montre l'intimé plai-
dant pour des chiens, il se borne donc à mettre
en scène des faits qui, de son temps, n'avaient
rien d'exceptionnel[3]. S'il a peut-être un peu
forcé la note, c'est qu'il entendait protester

---

[1] *Des procez faicts au cadaver, aux cendres, à la mémoire,
aux bestes brutes, choses inanimées et aux contumax.* Angers, 1591, in-4°.

[2] Voy. Alex. Sorel, *Procés contre les animaux*, dans le
Bulletin de la société historique de Compiègne, t. III (1876),
p. 269 et suiv.

[3] *Les plaideurs* furent joués en 1668.

contre le spectacle ridicule qui se jouait alors devant le prétoire.

L'inconcevable naïveté des juges et des avocats se donnait encore pleine carrière dans les accusations de bestialité, qu'il ne m'est pas permis de passer sous silence. En ces circonstances, l'animal regardé comme complice de l'homme, était le plus souvent condamné et exécuté avec lui.

Au mois de novembre 1389, Étienne Blondel est brûlé vif à Paris devant le Palais. Toutefois, l'arrêt met hors de cause, en raison de leur nombre, les vaches, les juments, les ânesses, les chiennes qui avaient figuré au procès [1].

L'année suivante, Jaquet de Lyembois est également brûlé seul, sans la « lévrière » et la FEMME JUIVE qu'il avoua avoir connues, l'une à Pavie, l'autre à Avignon [2].

En décembre 1390, le Parlement de Paris condamne encore au feu Robin Lefèvre seul, bien qu'il ait eu pour complices, en diverses provinces, des brebis, une jument et une vache [3].

---

[1] *Registre criminel du Châtelet de Paris*, t. I, p. 112.
[2] *Registre criminel du Châtelet de Paris*, t. I, p. 230.
[3] *Registre criminel du Châtelet de Paris*, t. I, p 567.

En août 1391, est brûlé Martin Duval ; le Parlement néglige encore la chienne et la jument compromises dans cette cause. Il est vrai que le crime avait été commis six ans auparavant et loin de Paris[1].

En 1466, Henriet Cousin, bourreau de Paris, se rend à Corbeil pour pendre et brûler Gillet Soulart, ainsi que la truie condamnée par la même sentence. Sauval nous a conservé la note des dépenses qu'occasionna ce procès. Les hommes qui creusèrent les deux fosses reçurent deux sols. Henriet et son client Soulart se partagèrent trois pintes de vin et un pain : ci, deux sols un denier. La nourriture de la truie, au cours de l'instance qui dura onze jours, coûta sept sols quatre deniers. Enfin, l'on paya neuf livres, seize sols, cinq deniers les « cinq cens bourrées et coterets » qui constituèrent le bûcher[2].

Le 26 mai 1546, le sieur Guyot Vide fut pendu et brûlé avec une vache que l'on assomma avant l'exécution[3].

Au mois de janvier 1556, Jean de la Soille

---

[1] *Registre criminel du Châtelet de Paris*, t. II, p. 272.
[2] *Recherches sur Paris*, preuves, t. III, p. 387.
[3] Parlement de Paris, registre coté 84, cité par Dulaure, *Histoire de Paris*, t. IV, p. 75.

ayant été condamné à mort avec une ànesse, celle-ci fut assommée, puis jetée sur le bûcher[1].

En décembre 1575, arrêt rendu contre Jean le Gaigneux. Le Parlement de Paris ordonne qu'il sera pendu et l'ànesse assommée par l'exécuteur en présence de l'accusé, qu'ensuite homme et bête seront brûlés et mis en cendre[2].

Le 15 décembre 1601, à Paris, une femme est condamnée à être pendue avec un chien, « le chien attaché à la même potence, leurs corps et le procez jetez au feu[3]. »

Un homme et une chienne sont encore l'objet d'une sentence semblable en décembre 1606, mais rendue par le maire de Loens, près Chartres[4].

J'ai à peine besoin de dire que l'on n'était pas plus sage à l'étranger qu'en France. J'en donnerai pour seule preuve une plaquette très rare, qui fut publiée à Paris sous ce titre :

[1] Parlement de Paris, registre coté 105, cité par Dulaure, *Histoire de Paris*, t. IV, p. 75.

[2] Brillon, *Dictionnaire des arrêts*, t. I, p. 284. — Ayrault, p. 27.

[3] Brillon, t. I, p. 283.

[4] Voy. *Mémoires de la société des antiquaires de France*, t. VIII, p. 436.

Discours prodigieux et véritable d'une fille de chambre, laquelle a produict un monstre, après avoir eu compagnie d'un singe en la ville de Messine. En ce discours sont récitées les paroles que ladite fille proféra estant au supplice et les prières qu'elle fist. Ensemble le jour qu'elle fust bruslée avec le monstre et le singe [1].

La thèse soutenue par Pierre Ayrault au seizième siècle n'aurait plus trouvé de défenseur sérieux au dix-septième. Si donc un même supplice était infligé à l'homme et à l'animal, c'est qu'il ne devait « rester aucune trace pouvant rappeler le souvenir de ce crime monstrueux [2]; » aussi, comme on l'a vu, ordonnait-on souvent que les pièces du procès seraient brûlées en même temps que les coupables.

La justice ecclésiastique se montrait tout aussi extravagante que la justice civile. En 1120, l'évêque de Laon excommunia les chenilles et les mulots qui ravageaient les récoltes de ses ouailles [3]. L'année suivante, autant en

---

[1] A Paris, chez Fleury Bourriquant, pet. in-8° de 12 pages, sans date (premières années du dix-septième siècle).

[2] Muyart de Vouglans, *Les loix criminelles de France*, p. 244.

[3] Poullain de Saint-Foix, t. II, p. 167.

arriva aux mouches de Foigny, près Laon[1].
En 1516, Jean Milon, official de Troyes en
Champagne, accorda aux chenilles six jours
pour abandonner le pays : « Parties ouïes,
faisant droit sur la requeste des habitans de
Villenoce, admonestons les chenilles de se
retirer dans six jours, et à faute de ce faire les
déclarons maudites et excommuniées[2]. »

Vers le même temps, un savant jurisconsulte, Barthélemy de Chasseneuz[3], publia en
tête de ses *Concilia*[4], un long traité sur la
matière[5]. Il y démontre d'abord que les animaux sont justiciables des tribunaux ordinaires et examine à qui incombe le droit de
les défendre. Il recherche ensuite devant
quelle juridiction ils doivent comparaître, soit
en personne, soit représentés par procureur.
Il rapporte enfin[6] trois curieuses sentences
rendues par les officialités de Lyon, d'Autun
et de Mâcon.

[1] J.-B. Thiers, *Traité des superstitions*, édit. de 1697, t. I,
p. 487.

[2] Poullain de Saint-Foix, t. II, p. 167.

[3] Bartholomæus a Chassenco, a Chassenæo, a Chassanæo.
On le trouve presque toujours nommé en français Chassanée,
mais lui-même prend le nom de Chasseneuz en tête de la
première édition de ses *Concilia*, Lyon, 1531, in-folio.

[4] Consultations.

[5] *De excommunicatione animalium*, concilium I.

[6] Folio 16, recto.

Chasseneuz s'intéressait d'autant plus à ce sujet qu'il avait été pour lui l'occasion d'un grand succès oratoire, pendant qu'il était avocat à Autun. Il arriva alors qu'une multitude de rats envahirent la ville et ses environs, et se mirent à y vivre grassement aux dépens des récoltes. Comme on ne parvenait pas à détruire ces hôtes malfaisants, on songea à employer contre eux un moyen qui avait, paraît-il, donné déjà d'excellents résultats en pareil cas, on résolut de les faire excommunier. Plainte fut portée devant le grand vicaire représentant l'évêque d'Autun. Celui-ci voulut qu'avant tout trois assignations fussent données aux prévenus et qu'on leur désignât un avocat. On fit droit à cette requête, et c'est Chasseneuz qui fut d'office attribué aux rats pour défenseur. L'événement prouva qu'il était impossible de mieux choisir.

Afin de gagner du temps, Chasseneuz employa des moyens dilatoires. Les rats ayant négligé de répondre à la citation de l'official et ne se présentant point, leur avocat représenta qu'ils étaient dispersés dans un nombre considérable de villages, de maisons et de champs, en sorte qu'une première assignation n'avait évidemment pu les toucher

tous. Il obtint ainsi, que les curés leur notifie-
raient bien et dûment une assignation nouvelle au prône de chaque paroisse. Cela fait,
Chasseneuz établit encore que le délai assigné
aux rats pour comparaître était beaucoup trop
court. Les chemins étaient longs, souvent
mal tracés, et sur la plupart d'entre eux, les
chats, que l'on s'était efforcé de multiplier
dans le pays, se tenaient en embuscade afin
de surprendre les prévenus.

Tous les ajournements épuisés, il fallut bien
en venir à l'audience publique.

Chasseneuz, au cours de son plaidoyer, allé-
gua l'Écriture sainte, invoqua les plus hautes
considérations, les plus solennelles leçons de
la politique et de l'histoire. Le grave et savant
de Thou, qui nous a conservé le souvenir de
cet événement, ne dit pas comment se termina l'affaire, mais il a soin de nous apprendre
que la plaidoirie de Chasseneuz fut imprimée
et qu'elle valut à son auteur « la réputation
d'un vertueux et habile avocat[1]. »

Des procès aussi ridicules sont intentés en
1543 contre des limaces, en 1554 contre des

---

[1] Eoque facto, magnam æquitatis et juris peritiæ laudem
te persecutum. » J.-A. Thuanus, *Historiarum* lib. VI,
cap. xvi.

sangsues, en 1590 contre des chenilles. Dulaure déclare posséder l'extrait, rédigé d'après
les pièces originales, d'une poursuite intentée,
au dix-huitième siècle encore, contre des chenilles qui désolaient le territoire de Pont-du-
Château en Auvergne. Un grand vicaire,
écrit-il, excommunia ces chenilles et transmit
le dossier de l'affaire au juge du lieu ; celui-ci
rendit à son tour un arrêt ordonnant aux coupables de se retirer sur un territoire inculte
qui leur était concédé[1].

Parfois, soit que l'autorité ecclésiastique
refusât de poursuivre, soit que l'on dédaignât
de s'adresser à elle, les habitants des localités
envahies disposaient eux-mêmes de l'excommunication. Écoutez un théologien du seizième siècle, qui d'ailleurs réprouve déjà
toutes ces pratiques : « Il y a un abus en quelques endroicts, lequel mérite d'estre blasmé
et supprimé. Car, quand les villageois veulent
chasser de leurs champs les sauterelles et
autre dommageable vermine, ils choisissent
un certain conjureur pour juge, devant lequel
on constitue deux procureurs, l'un de la part
du peuple et l'autre du costé de la vermine[2].

---

[1] Édit. de 1839, t. V, p. 434.

[2] « Aliquem adjuratorem in judicem eligunt, coram quo

Le procureur du peuple demande justice contre les sauterelles et chenilles pour les chasser hors des champs, l'autre respond qu'il ne les faut point chasser; enfin, toutes cérémonies gardées, on donne sentence d'excommunication contre la vermine si, dedans un certain temps, elle ne sort. Cette façon est pleine de superstition et d'impiété, soit pour ce qu'on ne peut mener procès contre les animaux qui n'ont aucune raison, comme ainsi soit qu'elles sont engendrées de la pourriture de la terre, elles sont sans aucun crime, soit pour ce qu'on pèche et blasphème griefvement quand on se mocque de l'excommunication de l'Église : car de vouloir soubmettre les bestes brutes à l'excommunication, c'est tout de mesme que si quelcun vouloit baptiser un chien ou une pierre[1]. »

duo procuratores constituuntur, ex populi parte unus, ex brutorum animalium alter. »

[1] Leonardo Vairo (mort en 1603), *De fascino libri tres*, édit. de 1589, p. 159. — Le texte français est de Julian Baudon, *Les trois livres des charmes, sortiléges et enchantemens*, édit. de 1583, p. 315.

II

L'AME DES BÊTES

Les bêtes ont-elles une âme? Philippe de Beaumanoir, au treizième siècle, le nie. — Rosario soutient que leur raison est supérieure à celle de l'homme. — G. Pereira démontre qu'elles ne peuvent ni comprendre, ni sentir, que ce sont de véritables automates. — Opinion de Montaigne : orgueil de l'homme, intelligence des bêtes, nos devoirs envers eux, la chasse, les combats de taureaux. — Pierre Charron et Étienne Pasquier. — Descartes et l'automatisme des bêtes. — Disciples de Descartes : Et. Bauny, Pascal. — Le langage des bêtes. — Cureau de Lachambre et Pierre Chanet, Cordemoy, l'oratorien Poisson. — Port-Royal. — Tentatives de réaction : le jésuite Pardies, le médecin Willis, le carme Dilly, madame de Sévigné. — Rohault et Malebranche exagèrent encore la folie du cartésianisme. — Fontenelle, Ch. Perrault, Lafontaine et Labruyère. — Le philosophe Sylvain Regis. — Le *voyage du monde de Descartes*. — Locke et Leibnitz. — La question est résolue par Fénelon, mais Bossuet revient à la doctrine cartésienne. — M. de Beaumont et l'abbé Macy. — Protestation du jésuite Bougeant. — Le cardinal de Polignac et l'*Anti-Lucrèce*. — Buffon et Louis Racine tentent de rajeunir l'automatisme. — Condillac. — Théorie nouvelle formulée par Diderot et adoptée par Voltaire. — Conclusion.

Les lignes qui précèdent nous emportent bien loin de l'aimable doctrine qui faisait des animaux des êtres presque humains, capables de discerner le bien du mal, et par conséquent responsables. Mais où est la vérité? Dès le treizième siècle, un célèbre jurisconsulte pro-

testait contre les supplices infligés aux bêtes ;
la justice, écrivait-il, ne doit frapper un coupable que si celui-ci est en état de comprendre
qu'ayant transgressé la loi, il mérite une pu-
nition[1], « entendement qui n'est pas entre
les bestes[2]. » Comme on l'a vu, cette théorie
n'avait pas encore été acceptée par les tribunaux quatre siècles plus tard. Mais les philosophes s'étaient emparés de la question qui
formait le fond du débat, ils s'étaient demandé
si l'on pouvait reconnaître, chez les bêtes
comme chez l'homme, un principe imma-
tériel, une âme.

Depuis les futiles querelles de la scolastique, peu de problèmes ont fait couler plus
d'encre et déprécier plus de papier en pure
perte. Comme arguments, les paradoxes tiennent le premier rang, car, au début surtout,
les adversaires n'admettent pas de moyen
terme. De deux choses l'une, ou les bêtes sont
de simples machines, des automates habile-
ment construits, ou bien ils possèdent une
raison supérieure à celle de l'homme.

[1] « Car justice doit estre fete por la venjance du meffet,
et que cil qui a fet le meffet sace et entende que por cel
meffet il emporte tel paine. »

[2] Philippe de Beaumanoir, *Coutumes du Beauvoisis* (ouvrage écrit vers 1280), édit. Beugnot, t. II, p. 485.

Cette dernière opinion a été soutenue au seizième siècle par un littérateur italien, Girolamo Rorario, favori des papes Clément VII et Paul III. Lui-même raconte qu'au cours d'une conversation tenue vers 1545, ayant entendu un des interlocuteurs placer Frédéric Barberousse au-dessus de Charles-Quint, il en conclut aussitôt que les bêtes étaient bien plus raisonnables que les hommes[1]. On ne distingue pas très bien d'où pouvait découler cette conséquence, peu flatteuse après tout pour Charles-Quint, mais Rorario n'y regarda pas de si près. Possédé du désir de propager une si ingénieuse pensée, il prit la plume et réunit en faveur des animaux mille traits singuliers et alors peu connus. Le manuscrit de cette apologie, écrite en bon style, resta longtemps inédit. Découvert en 1648 par Gabriel Naudé, celui-ci le publia sous ce titre : *Hieronymi Rorarii quod animalia bruta ratione utantur melius homine.*

La doctrine diamétralement opposée trouva bientôt un défenseur en la personne du médecin espagnol Gomez Pereira. Dans un volume in-folio, imprimé à Medina del Campo

---

[1] Épitre au cardinal Madrucci, en tète du volume publié par Naudé.

en 1554[1], il entreprit de démontrer que les
bêtes, guidées seulement par un vague instinct, ne possèdent en réalité ni la faculté de
comprendre, ni la faculté de sentir. Un jeune
bachelier de Salamanque, Miguel de Palacios,
s'étant permis quelques objections, Pereira
lui répondit[2] en accumulant de nouveaux arguments à l'appui de la thèse dont il s'était fait
le champion.

Voyons maintenant ce que le sage Montaigne
écrivait moins de trente ans après les divagations de Rorario et de Pereira :

C'est par la vanité de son imagination que
l'homme s'esgale à Dieu, qu'il s'attribue les conditions divines, qu'il se trie soy-mesme et sépare
des autres créatures, taille les parts aux animaux,
ses confrères et compaignons, et leur distribue
telle portion de facultés et de forces que bon luy
semble...

La manière de naistre, d'engendrer, nourrir,
agir, mouvoir, vivre et mourir des bestes est voi-
sine de la nostre. Pour reiglement de nostre santé,
les médecins nous proposent l'exemple du vivre
des bestes et leur façon...

---

[1] *Antoniana margarita, opus nempe physicis, medicis ac
theologis non minus utile quam necessarium.* Ouvrage
devenu très rare.

[2] *Apologia Gometii ad quasdam objectiones adversus...*
Les objections et l'*Apologia* sont ordinairement reliées à la
suite de l'*Antoniana.*

J'ay veu autrefois parmy nous des hommes amenez par mer de loingtain pays, desquels parceque nous n'entendions aucunement le langage, et que leur façon et leurs vestemens estoient du tout esloignez des nostres, qui de nous ne les estimoit et sauvages et brutes? Qui n'attribuoit à stupidité et à bestise de les voir muets, ignorans la langue françoise, ignorans nos baise-mains, notre port et notre maintien, sur lequel sans faillir doit prendre son patron la nature humaine? Tout ce qui nous semble estrange, nous le condamnons, et ce que nous n'entendons pas. Il nous advient ainsi au jugement que nous faisons des bestes...

Chascun est saoul, ce croy-je, de voir tant de sortes de singeries que les bateleurs apprennent à leurs chiens : les dances où ils ne faillent une seule cadence du son qu'ils oyent; plusieurs divers mouvemens et saults qu'ils leur font faire par le commandement de leur parole. Mais je remarque avec plus d'admiration cet effect, qui est toutesfois assez vulgaire, des chiens de quoy se servent les aveugles et aux champs et aux villes : je me suis pris garde comme ils s'arrestent à certaines portes d'où ils ont accoustumé de tirer l'aumosne, comme ils évitent le choc des coches et des charettes, lors mesme que pour leur regard ils ont assez de place pour leur passage. J'en ay veu le long d'un fossé de ville, laisser un sentier plain et uni, et en prendre un pire, pour esloigner son maistre du fossé. Comment pouvoit-on avoir faict concevoir à ce chien, que c'estoit sa charge de regarder seulement à la seureté de son maistre et mespriser ses

propres commoditez pour le servir? et comment
avoit-il la cognoissance que tel chemin luy estoit
bien assez large, qui ne le seroit pas pour un
aveugle? Tout cela se peut-il comprendre sans
ratiocination [1].

Un mot encore sur les égards que Montaigne témoignait à ses amis les animaux :

> Nous devons la justice aux hommes et la grâce
> et la bénignité aux autres créatures qui en peuvent estre capables. Il y a quelque commerce entre
> elles et nous et quelque obligation mutuelle. Je
> ne crains point à dire la tendresse de ma nature
> si puérile que je ne puis pas bien refuser à mon
> chien la feste qu'il m'offre hors de saison ou qu'il
> me demande [2].

Montaigne va nous dire aussi ce qu'il pensait de la chasse ; il conclura de manière à
nous montrer comment il eût jugé les courses
de taureaux qui, de nos jours encore, déshonorent certaines villes du midi :

> De moy, je n'ay pas sceu voir seulement sans
> desplaisir poursuivre et tuer une beste innocente,
> qui est sans défense, et de qui nous ne recevons
> aucune offense. Et, comme il advient communément que le cerf se sentant hors d'haleine et de
> force, n'ayant plus autre remède, se rejette et rend

---

[1] *Essais*, livre II, chap. XII.
[2] *Essais*, livre II, chap. XI.

à nous-mesmes qui le poursuivons, nous demandans mercy par ses larmes, ce m'a toujours semblé un spectacle très déplaisant. Je ne prends guère beste en vie, à qui je ne redonne les champs. Les naturels sanguinaires à l'endroit des bestes tesmoignent une propension naturelle à la cruauté. Après qu'on se fut apprivoisé à Rome au spectacle des meurtres des animaux, on vint aux hommes et aux gladiateurs[1].

Toutes ces idées se retrouvent dans Pierre Charron[2], l'ami de Montaigne, et aussi dans une belle et longue lettre[3] que, vers la fin du siècle, écrivait Étienne Pasquier, le célèbre jurisconsulte. Je citerai seulement le début et la conclusion.

Je suis du nombre de ceux qui pensent que nature ait esté trop indulgente mère envers les autres animaux au regard de nous. Je vous laisse à part que, sans pleurs et sans gémissemens, ils entrent au monde ; que la plus grande partie d'eux, soudain qu'ils sont nés connoissent, qui la mammelle, qui les aisles de leur mère, sous lesquelles ils se nourrissent d'eux-mesmes ; qu'ils naissent chaussez et vestus, et que, se faisant grands, ils sçavent se maçonner et façonner leurs maisons, quester leur vie et pasture sans autre *chef-d'œuvre*

---

[1] *Essais*, livre II, chap. XI.
[2] *De la sagesse.* liv. I, chap. VIII.
[3] Elle remplit onze colonnes in-folio en petit texte.

de leur apprentissage que leurs propres instincts,
d'autant que nous n'acquérons que par bien longues
fatigues ce qui leur est octroyé par une grande
facilité et débonnaireté de nature. Le plus grand
défaut qu'on leur baille est que Dieu, les ayant
accompagnez de toutes ces commoditez, leur a osté
ceste grande dame Raison, dont il a, par récompense, voulu bien-heurer les hommes. C'est le
premier point de présomption qui nous perdit dès
le commencement de ce monde...

Suit un éloge des animaux, où l'auteur
passe en revue les vertus dont ils sont doués,
l'intelligence dont ils fournissent tant de
preuves, les sages lois qui régissent certaines
de leurs républiques. Il termine ainsi :

Je vous ay voulu réciter ceci tout au long, pour
bannir de nous ceste outrecuidance et orgueil, par
lesquels nous donnans tous autres animaux en
proie, comme si nous fussions leurs Roys, nous
sommes si misérables que nous pensons commander
aux choses célestes, voulans escheller le ciel et lui
faire la guerre... [J'estime] que, combien que Dieu
ait voulu gratifier l'homme de plusieurs grandes
bénédictions par dessus les autres animaux; toutesfois, pour lui ravaler son orgueil, il a advantagé
les bestes de plusieurs grands advantages que nous
tous devons tirer à nostre édification [1].

Au début du siècle suivant, les animaux

---

[1] *OEuvres*, édit. de 1723, t II, p. 249.

rencontrent un redoutable adversaire dans le
créateur de la philosophie moderne, dans
Descartes. A-t-il connu le livre de Pereira?
On l'a nié[1], et cela n'importe guère. Ce qui
est certain, c'est que sa théorie sur l'âme des
bêtes est bien celle qu'avait exposée le para-
doxal théologien espagnol, et que toutes les
insanités enfantées par le premier se virent
pieusement acceptées par le second. Il en fut,
d'ailleurs, l'écho plus fidèle que convaincu,
et il est intéressant de rechercher comment il
fut amené à le devenir.

Après neuf années de méditations, employées à s'étudier soi-même et à interroger
son esprit sur la meilleure voie à suivre[2], il
en arriva à faire consister l'essence de l'âme
dans la pensée et à accepter pour fondement
de la philosophie la distinction de l'âme et du
corps[3]. Mais une objection se présentait. On
ne saurait assimiler les animaux aux végétaux
ou aux minéraux, qui semblent bien privés de
la faculté de sentir et de penser : les animaux

---

[1] Voy. A. Baillet, *Vie de Descartes,* édit. de 1691, t. II,
p. 537.

[2] *Discours de la méthode,* p. 132 et 155. Je cite toujours
l'édition Cousin, 1824, in-8°.

[3] Voy. l'article de Diderot dans l'*Encyclopédie raisonnée,*
t. I, p. 343.

auraient donc une âme. S'ils en ont une, elle
est nécessairement immortelle comme celle
des hommes, et une seconde vie leur est ré-
servée. Il serait en outre contraire à la justice
divine que des êtres doués d'une âme fussent
exposés, comme nous et sans dédommagement
futur, aux souffrances imméritées que nous
les voyons supporter.

Descartes trouva un moyen bien simple
d'écarter cette double objection. Il décida que
certaines fonctions intellectuelles peuvent
être expliquées par des lois purement mécaniques. « Non seulement, proclama-t-il, les
bêtes ont moins de raison que les hommes,
mais elles n'en ont point du tout... Ce que
les animaux font mieux que nous ne prouve
pas qu'ils ont de l'esprit, mais prouve plutôt
qu'ils n'en ont point, et que c'est la nature
qui agit en eux selon la disposition de leurs
organes : ainsi qu'on voit qu'un horloge, qui
n'est composé que de roues et de ressort,
peut compter les heures et mesurer le temps
plus justement que nous avec toute notre prudence [1]. »

Voilà où en était arrivé le logicien qui avait

[1] *Discours de la méthode*, p. 188.

eu l'honneur de formuler et de s'imposer à soi-même ce principe fondamental : « Ne recevoir jamais aucune chose comme vraie que je ne la connusse·évidemment être telle [1]. »

Descartès creusait ainsi un abîme infranchissable entre la théologie et la philosophie ; mais cette règle ne fut pas plus observée par ses disciples que par lui-même, et l'histoire de la philosophie ne cessa guère d'être, comme l'histoire de la théologie, que le tableau des divagations de l'esprit humain à la recherche des vérités métaphysiques. La plupart des idées émises par Descartes, ses hypothèses invraisemblables et incohérentes, ses esprits vitaux, ses tourbillons, sa glande pinéale, son axiome de l'existence humaine démontrée par la pensée, tout cela est depuis longtemps relégué dans l'immense domaine des absurdités philosophiques.

A.-L. Thomas, qui écrivit en 1765 un éloge de Descartes qu'a couronné l'Académie française, se trouva fort embarrassé quand il lui fallut aborder cette étrange théorie de l'animal automate, mais il sut se tirer d'affaire fort spirituellement. Ne pouvant justifier une pa-

[1] *Discours de la méthode*, p. 141.

reille doctrine, il trouva le moyen de la condamner sans interrompre le panégyrique de
celui qui l'avait conçue : « Qui nous démon-
trera ce que c'est que l'âme des bêtes ? Quelque
parti que l'on embrasse, la raison se trouble,
la dignité de l'homme s'offense ou la religion
s'épouvante. Chaque système est voisin d'une
erreur, chaque route est sur le bord d'un
précipice. Ici Descartes est entraîné par la
force des conséquences et l'enchaînement de
ses idées vers un système aussi singulier que
hardi, et qui est digne au moins de la grandeur
de Dieu. En effet, quelle idée plus sublime
que de concevoir une multitude innombrable
de machines, à qui l'organisation tient lieu de
principe intelligent ; dont les ressorts sont
différens selon les différentes espèces et les
différens buts de la création ; où tout est prévu,
tout combiné pour la conservation et la reproduction des êtres ; où toutes les opérations
sont le résultat toujours sûr des lois du mouvement ; où toutes les causes qui doivent produire des millions d'effets sont arrangées
jusqu'à la fin des siècles, et ne dépendent
que de la correspondance et de l'harmonie
de quelque partie de matière [1]. »

[1] *OEuvres*, édit. de 1773, t. IV, p. 33.

Descartes eut bientôt la satisfaction de voir
sa doctrine adoptée par le jésuite Bauny et
par Pascal.

Étienne Bauny, ingénieux casuiste, professe
que les malédictions adressées aux éléments
et aux bêtes sont péché véniel; même, « osté
la colère, il n'y a nulle faute, ny vénielle, ny
mortelle, à maudire les chiens, les oyseaux et
autres telles choses qui sont sans raison [1]. »

S'il faut en croire un biographe de Descartes [2], « l'opinion sur les automates est ce
que M. Pascal estimoit le plus dans la philosophie de M. Descartes [3]. » En effet, Pascal a
écrit : « Si un animal faisoit par esprit ce qu'il
fait par instinct, et s'il parloit par esprit ce
qu'il parle par instinct pour la chasse et pour
avertir ses camarades que la proie est trouvée
ou perdue, il parleroit aussi pour des choses
où il a plus d'affection, comme pour dire :
« Rongez cette corde qui me blesse et où je

---

[1] *Somme des péchez qui se commettent en tous estats*,
p. 72.

[2] A. Baillet, t. I, p. 52.

[3] Sainte-Beuve s'exprime ainsi : « Si Pascal ne jugeait
pas, avec Descartes, les animaux de purs automates, il les
séparait du moins de l'homme par un abîme qui ne laissait
place à aucun degré de comparaison. » *Port-Royal,* édit. de
1860, t. III, p. 40.

ne puis atteindre [1]. » L'idée est mal rendue et elle a surtout le tort d'être fausse. D'abord, à moins de supposer le chien muselé, on ne voit guère comment il ne pourrait ronger une corde qui le blesserait. Admettons qu'il l'ait au cou, un chien, même d'une intelligence ordinaire, déciderait sans peine un camarade à venir ronger cette corde invraisemblable. Il faut surtout conclure de ceci que Pascal connaissait trop peu les chiens pour en parler. Notez que, suivant Vossius, contemporain de Pascal, les animaux se communiquent leurs pensées avec plus de rapidité et de clarté que les hommes ne sauraient le faire [2]. Charron avait dit avant lui : « Nous parlons aux bêtes et elles à nous ; et si nous ne nous entr'entendons parfaitement, à qui tient-il, à elles ou à nous ? C'est à deviner. Elles nous peuvent bien estimer bestes par ceste raison, comme nous elles. Mais encore nous reprochent-elles que nous ne nous entr'entendons pas nous-mesmes : nous n'entendons pas les Basques, les Bretons, et elles s'entr'entendent

---

[1] Édit. Molinier, t. II, p. 148.

[2] « Melior longe quam nostra hac in parte videatur conditio, utpote quæ promtius et forsan felicius sensus et cogitationes suas significent. » *De poematum cantu,* édit. de 1673, p. 66.

bien toutes, non seulement de mesme espèce, mais qui plus est, de diverses [1]. »

Antoine Arnauld soutenant devant le duc de Liancourt, comme lui fervent janséniste, que les animaux devaient être comparés à des horloges, le duc lui répondit : « J'ai là-bas deux chiens qui tournent la broche chacun leur jour. L'un, s'en trouvant embarrassé, se cachoit lorsqu'on l'alloit prendre, et on eut recours à son camarade pour tourner au lieu de lui. Le camarade cria, et fit signe de sa queue qu'on le suivit. Il alla dénicher l'autre dans le grenier et le houspilla. Sont-ce là des horloges [2] ? »

Pour revenir à Pascal et à Descartes, tous ces géomètres, habitués à voir le nombre deux multiplié par le nombre deux produire inévitablement le nombre quatre, trébuchent aussitôt que les facultés de leur esprit se portent sur des sciences où les conclusions restent toujours incertaines et discutables.

Il faut toutefois reconnaître qu'à Port-Royal l'on mettait les actes d'accord avec les paroles. « Il n'y avoit guère de solitaire qui ne

---

[1] *De la sagesse*, liv. I, chap. VIII, § 6.

[2] Nic. Fontaine, *Mémoires pour servir à l'histoire de Port-Royal*, t. II, p. 470.

parlât d'automate. On ne faisoit plus une affaire d'abattre un chien. On lui donnoit fort indifféremment des coups de bâton et on se moquoit de ceux qui le plaignoient comme s'il eût senti de la douleur. On disoit que les bêtes étoient des horloges, que les cris qu'elles faisoient n'étoient que le bruit d'un petit ressort qui avoit été remué, mais que tout cela étoit sans sentiment. On élevoit de pauvres animaux sur des ais par les quatre pattes pour les ouvrir tout vivans et voir la circulation du sang, qui étoit une grande matière d'entretien [1]. » M. de Saci protestait bien un peu : « Quelle nouvelle idée, disait-il, me donne-t-on de la grandeur de Dieu en venant me dire que les animaux sont des horloges [2] ? »

Je passe, sans m'y arrêter, sur une âpre controverse qui s'était élevée, vers 1646, entre Cureau de Lachambre, médecin du chancelier Séguier, et un sieur Pierre Chanet, médecin établi à La Rochelle. Chanet, ayant critiqué l'opinion de Montaigne et de Charron sur l'intelligence des animaux [3], fut combattu

[1] C'est en 1659 que Harvey publia ses *Exercitationes anatomicæ*.

[2] Fontaine, t. II, p. 53.

[3] *Considération sur la sagesse de Charron*, 1643, in-8°, p. 103 et suiv.

par de Lachambre. Il répondit par un volume [1], auquel de Lachambre riposta par un
autre [2]; mais il n'y a guère à glaner en tout
cela, sauf peut-être cette phrase, que je cueille
dans Chanet : « Je n'ay jamais pu apprendre
la cause pourquoy les pierres descendent toujours par la ligne la plus droite, sans cognoistre qu'elle est la plus courte ou sans
avoir un instinct qui supplée à cette cognoissance [3]. »

Géraud de Cordemoy, un littérateur bien
oublié aujourd'hui, quoiqu'il ait appartenu à
l'Académie française, entreprit vers ce temps-
là de démontrer que le « système de Monsieur
Descartes et son opinion touchant les textes
n'ont rien de dangereux, et que tout ce qu'il
en a écrit semble estre tiré du premier livre
de la Genèse [4]. » La même année, parut l'apologie cartésienne de l'oratorien Poisson. Je
n'ai pas eu le courage de la lire, mais les *Nou-*

[1] *De l'instinct et de la connoissance des animaux,* 1646,
in-8°.

[2] *Traité de la connoissance des animaux,* 1647, in-4°.

[3] *De l'instinct,* etc., chap. III : *Première preuve de l'instinct par l'ordre du monde et le mouvement des corps
simples,* p. 22. — C'est en 1687 seulement que Newton publia ses *Philosophiæ naturalis principia.*

[4] C'est le titre même de son livre, publié en 1668, 67 pages
in-18.

velles de la république des lettres[1] m'apprennent qu' «elle est fondée sur ce principe de saint Augustin que, Dieu étant juste, la misère est une preuve nécessaire du péché ; d'où il s'ensuit que les bêtes n'ayant point péché ne sont point sujettes à la misère : or, elles y seroient sujettes si elles avoient du sentiment, donc elles n'ont point de sentiment. »

De pareils arguments ne contribuaient guère à éclaircir le problème, mais ils ne décourageaient pas non plus les recherches.

Ignace Pardies, à la fois jésuite et géomètre, fut soupçonné, disait Furetière[2], d' « avoir voulu établir adroitement l'opinion de Descartes en faisant semblant de la réfuter, car il répond très bien lui-même à ses objections[3].» Le médecin anglais Thomas Willis attribue aux bêtes une sorte d'âme, mais une âme différente de celle de l'homme, et l'homme possède à la fois l'une et l'autre[4]. Un carme de Lyon, le P Dilly, vint ensuite reprocher à Descartes de n'avoir «pas répondu à plusieurs

---

[1] Numéro de mars 1684, p. 27.

[2] *Furetiriana*, édit. de 1696, p. 38.

[3] Voy. son *Discours de la connoissance des bestes*, 1672, in 12.

[4] Voy. son *De anima brutorum*, Oxford, 1672, in-4°.

choses qu'on pouvoit luy objecter, ni touché les conséquences ridicules de l'opinion contraire à la sienne [1]. »

Mme de Sévigné, cartésienne à l'occasion, surtout les jours où sa fille ne l'était pas, avait une petite chienne nommée Marphise, qu'elle aimait beaucoup ; aussi écrivait-elle à Mme de Grignan : « Parlez un peu au cardinal de vos machines, des machines qui aiment, des machines qui ont une élection pour quelqu'un, des machines qui sont jalouses, des machines qui craignent. Allez, allez, vous vous moquez de nous ; jamais Descartes n'a prétendu nous le faire croire [2]. » Jacques Rohault, physicien estimé de son temps, ne partageait pas du tout les idées de Mme de Sévigné, et son excuse était qu'il avait épousé la fille de Clerselier, l'éditeur de Descartes. J'emprunte à ses *Entretiens sur la philosophie* [3] ce court dialogue : « Que me dites-vous du cry que fait un chien lorsqu'on le frappe, n'est-ce pas une marque qu'il ressent au moins

---

[1] *De l'âme des bestes, où, après avoir démontré la spiritualité de l'âme de l'homme, l'on explique par la seule machine les actions les plus surprenantes des animaux.* In-18.

[2] Lettre du 23 mars 1672, t. II, p. 543.

[3] Paris, 1775, in-18, p. 117.

quelque douleur? — Non, monsieur, car un son plus grand que l'on entend lorsqu'on touche les orgues en certains endroits n'est point une marque qu'il y ait de la douleur dans les orgues. » Ce Rohault eût fait bon ménage avec l'oratorien Malebranche. Celui-ci, plus insensé encore que Descartes, réduisait l'homme lui-même au rôle d'automate. Il avait, d'ailleurs, une bonne raison pour nier la douleur, il ne regardait pas comme bien prouvée l'existence des corps : « Pour Malebranche, écrit M. Francisque Bouillier, une première question se présente, celle de savoir s'il y a des corps, et si même nous avons un corps. Il loue Descartes de n'avoir pas voulu supposer démontrée l'existence des corps ni la prouver par des preuves sensibles. Nulle démonstration de l'existence des corps n'est possible, parce qu'on ne peut montrer la liaison nécessaire du monde avec son principe, qui est Dieu [1]. » Il faut toutefois reconnaître que cet abstracteur de quintessence était conséquent avec lui-même. Fontenelle l'étant allé voir dans son couvent, une belle chienne appartenant à la

---

[1] *Histoire de la philosophie cartésienne*, édit. de 1868, t. II, p. 106.

maison et qui alors était pleine, vint caresser
notre songe-creux. Pour l'écarter, il lui dé-
tacha un violent coup de pied qui « arracha
à l'animal un cri de douleur et à Fontenelle un cri de compassion. Eh quoi! lui
dit froidement le P. Malebranche, ne savez-
vous pas que cela ne sent point[1]? » Cette
brutalité, loin de convaincre Fontenelle, le
révolta, lui qui critiquait si finement le système quand il écrivait à une amie : « Vous
dites que les bêtes sont des machines aussi
bien que les montres. Mais, mettez une machine de chien et une machine de chienne
l'une auprès de l'autre, il pourra en résulter
une troisième petite machine ; au lieu que
deux montres seront l'une auprès de l'autre
toute leur vie sans jamais faire une troisième
montre[2]. »

Lafontaine se fût montré aussi ingrat qu'il-
logique s'il eût refusé la raison aux animaux
qu'il fait si bien parler et penser[3]. Il faut lire
aussi dans Labruyère le joli passage qui com-

---

[1] Abbé Trublet, *Mémoires pour servir à l'histoire de
la vie de Fontenelle*, p. 115.

[2] *OEuvres diverses*, édit. de 1728, t. II, p. 310.

[3] Voy. entre autres passages : livre VIII, fable 14;
liv. IX, discours à Mme de la Sablière; liv. XI, fable 9.

mence ainsi : « J'entends corner sans cesse à
mes oreilles : « L'homme est un animal raisonnable. » Qui vous a passé cette définition ?
sont-ce les loups, les singes et les lions, ou si
vous vous l'étes accordée à vous-mêmes [1] ? »

En revanche, voici ce que nous apprend
le philosophe Sylvain Regis : « Comme il se
voit aux navires qui changent de route au
moindre changement de gouvernail, ainsi
les animaux se meuvent à la façon des automates, par l'effort et l'impétuosité d'un feu
naturel qui est renfermé dans leur cœur pendant qu'ils vivent [2]. » Je ne comprends pas
bien, mais il est possible aussi qu'en sa qualité de philosophe, Regis ne se comprit pas
lui-même. Le jésuite Gabriel Daniel avait
l'esprit tourné d'autre sorte. Dans son curieux
Voyage du monde de Descartes, il raconte
qu'aussitôt son âme installée dans la glande
pinéale [3] comme une reine sur son trône,

---

[1] *Des jugements*, édit. Servois, t. II, p. 128.
[2] *Système de philosophie*, édit. de 1690, t. II, p. 633.
[3] Suivant Descartes, cette glande, située au centre du
cerveau, était la résidence de l'âme, « l'organe immédiat,
le lieu où se font toutes nos pensées, à cause de son unité
qui répond à l'unité de la pensée, tandis que toutes les autres
parties du cerveau sont doubles. » Francisque Bouillier,
t. I, p. 134.

toutes ses idées changèrent subitement :
« Avant que d'être cartésien, ajoute-t-il, j'é-
tois si tendre que je ne pouvois pas seulement
voir tuer un poulet ; mais depuis que je fus
une fois persuadé que les bêtes n'avoient
ni connoissance ni sentiment, je pensai dépeupler de chiens la ville où j'étois, pour faire
des dissections anatomiques, et je travaillois
moi-même sans avoir le moindre sentiment de
compassion[1]. »

Pour Locke, les animaux ne sauraient concevoir d'idées abstraites[2]. Mais Leibnitz n'hésite pas à écrire : « Je crois que les bêtes
ont des âmes impérissables[3]. » N'est-ce pas
bien absolu ? Et s'il fallait sur cette question
décerner le prix de la sagesse, c'est Fénelon

[1] Edit. de 1690, p. 357.
[2] Voy. son *Essai sur l'entendement humain*, édit. de
1750, t. I, p. 317 et suiv.
[3] *Nouveaux essais sur l'entendement*, édit. Erdmann,
liv. II, ch. I, p. 224 ; édit. Janet, t. I, p. 81. — Et plus
loin : « Si nous voulons comparer l'entendement et la capa-
cité de certains hommes et de certaines bêtes, nous y trou-
verons si peu de différence, qu'il sera bien malaisé d'assurer
que l'entendement de ces hommes soit plus net et plus
étendu que celui des bêtes. » Mais les contradictions ne sont
pas rares dans Leibnitz. Au besoin, il présentera l'homme le
plus stupide comme supérieur au plus intelligent des animaux, ou supposera « dans quelque autre monde des espèces
moyennes entre l'homme et la bête. »

que j'en gratifierais. Voyez comment il termine son dialogue entre Aristote et Descartes :

« ARISTOTE. Avouez, mon pauvre Descartes, que nous n'entendons guère tous deux ce que nous disons, et que nous plaidons une cause bien embrouillée.

DESCARTES. Embrouillée ! Je prétends qu'il n'y a rien de plus clair que la mienne.

ARISTOTE. Croyez-moi, ne disputons pas davantage ; nous y perdrions tous deux notre latin [1]. »

Le problème étant ainsi résolu, les métaphysiciens eussent bien dû en rester là, et c'est ce qu'aussi je ferais volontiers si cela m'était permis. Hâtons-nous toutefois. Bossuet adopte, sans restriction, la théorie cartésienne [2]. Le protestant David Boullier la traite de « paradoxe [3]. » Morfouace de Beaumont consacre aux bêtes une apologie en vers, dans laquelle un « philosophe impartial » conclut en célébrant surtout la supériorité de l'homme [4].

---

[1] Dialogue 79, *Sur le système des bêtes machines;* dans les *OEuvres*, édit. de 1823, t. XIX, p. 442.

[2] *De la connoissance de Dieu et de soi-même*, chap. v ; dans les *OEuvres*, édit. de 1818, t. XXXIV, p. 304 et suiv.

[3] *Essai philosophique sur l'âme des bêtes*, 1728, in-8°, p. 5.

[4] *Apologie des bestes, ou leurs connoissances et raison-*

L'abbé Macy soutient la thèse contraire, et il
nous explique très bien pourquoi un chien
crie quand on le frappe : « Le chien battu
crie parce qu'il se produit dans sa machine
des mouvemens qui lui sont contraires, lesquels en produisent d'autres dans les organes
de la voix, et le font ainsi crier aussi longtemps que ces mouvemens dureront dans la
machine [1]. » C'est fort ingénieux ! Le jésuite
Bougeant soutient que « les bêtes parlent et
s'entendent aussi bien que nous, et quelquefois mieux [2]. »

Dix années plus tard, paraissait *L'Anti-
Lucrèce* du cardinal de Polignac, où l'auteur
se proposait de combattre la hardie philosophie du poète latin. Sur l'objet qui nous
occupe, il faut louer sa modération et sa
réserve; il écrit, en effet : « Dans une matière aussi obscure, presque insoluble même,

*nemens prouvés contre le système des philosophes cartésiens
qui prétendent que les brutes ne sont que des machines-
automates*, 1732, in-8°.

[1] *Traité de l'âme des bêtes, avec des réflexions physiques
et morales*, 1737, in-12, p. 209.

[2] *Amusement philosophique sur le langage des bêtes*,
1739, in-8°, p. 5. — Il conclut ainsi : « Il est vrai que votre
chienne ne peut pas vous dire : « Je vous aime, » mais ce
qu'elle vous dit signifie, en effet, qu'elle vous aime, et vous
l'entendez fort bien. » Page 156.

le doute s'impose à un esprit éclairé [1]. »

Buffon, moins prudent, se fait le complaisant vulgarisateur du système de Descartes ; on sent, en le lisant, que si la doctrine cartésienne n'eût atteint dès le début les limites de l'absurde, sa plume éloquente se fût volontiers chargée de la mener jusque-là. Lisez : « Il n'est pas étonnant que l'homme qui se connoît si peu lui-même, qui confond si souvent ses sensations et ses idées, se compare aux animaux, et n'admette entre eux et lui qu'une nuance dépendante d'un peu plus ou d'un peu moins de perfection dans les organes. Mais qu'il s'examine, s'analyse et s'approfondisse, il reconnoîtra bientôt la noblesse de son étre, il sentira l'existence de son âme, il cessera de s'avilir et verra d'un coup d'œil la distance infinie que l'être suprême a mise entre les bétes et lui[2]. » Au reste, tout comme Descartes, Buffon est sans cesse infidèle au principe qu'il a posé. Voyons d'abord fonctionner un de ces automates, dont on sait que toutes les actions sont déterminées par

---

[1] « Dubitare sagacis consilii est. » *Anti-Lucretius, sive de Deo et natura*, lib. VI, édit. de 1749, t. II, p. 92.

[2] *Discours sur la nature des animaux*; dans les *OEuvres*, édit. de 1753, t. IV, p. 109.

des ébranlements mécaniques : « Tout ce qui est relatif à l'appétit ébranle très vivement le sens intérieur du chien, et il se jetteroit à l'instant sur l'objet de son appétit, si ce même sens intérieur ne conservoit pas les impressions antérieures de douleur dont cette action a été précédemment accompagnée. Les impressions extérieures ont modifié l'animal ; cette proie qu'on lui présente n'est pas offerte à un chien simplement, mais à un chien battu. Et comme il a été frappé toutes les fois qu'il s'est livré à ce mouvement d'appétit, les ébranlemens de douleurs se renouvellent en même temps que ceux de l'appétit se font sentir, parce que ces deux ébranlemens se sont toujours faits ensemble. L'animal étant donc poussé tout à la fois par deux impulsions contraires qui se détruisent mutuellement, il demeure en équilibre entre ces deux puissances égales [1]. »

Et maintenant veuillez méditer ce joli portrait du chien. C'est moi, bien entendu, qui souligne :

« Un naturel ardent, colère, même féroce et sanguinaire, rend le chien sauvage redou-

---

[1] *Ibid.*, p. 40

table à tous les animaux, et cède dans le
chien domestique aux sentimens les plus
doux, au plaisir de s'attacher et au *désir de
plaire ;* il vient en rampant mettre aux pieds
de son maitre son courage, sa force, ses talens ;
il *attend ses ordres* pour en faire usage ; il *le consulte,* il *l'interroge,* il *le supplie ;* un coup d'œil
suffit ; il *entend les signés* de sa volonté. Sans
avoir, comme l'homme, la lumière de la pensée, il a toute la chaleur du sentiment ; il a, *de
plus que lui,* la fidélité, la constance dans ses
affections ; nulle ambition, nul intérêt, nul
désir de vengeance, nulle crainte que celle de
déplaire ; il est tout zèle, tout ardeur et tout
obéissance ; plus *sensible au souvenir* des bienfaits qu'à celui des outrages, il ne se rebute
pas par les mauvais traitemens ; il les subit,
les oublie ou ne s'en *souvient que* pour s'attacher davantage ; loin de s'irriter ou de fuir, il
s'expose de lui-même à de nouvelles épreuves,
il lèche cette main, instrument de douleur
qui vient de le frapper, il ne lui oppose que
la plainte, et la désarme enfin par la patience
et la soumission... Il se conforme aux mouvemens, aux manières, à toutes les habitudes
de ceux qui lui commandent ; il *prend le ton* de
la maison qu'il habite : comme *les autres*

domestiques, il est dédaigneux chez les grands et rustre à la campagne[1]. »

Après le naturaliste, le poète. Dans des vers encore trop bons pour plaider une si mauvaise cause, le fils du grand Racine s'efforça de prouver à la duchesse de Noailles que cet être qui attend des ordres, qui interroge, qui consulte, qui saisit jusqu'au moindre signe des yeux, qui garde le souvenir des bienfaits et perd le souvenir des injures, qui se plie aux habitudes et prend le ton de son maître, que cet intelligent ami est « semblable à un morceau de bois, »

Que jamais animal ne forme de pensée,
Que le seul cours du sang meut, agite son corps
Sans qu'une âme préside au jeu de ses ressorts.
Ce chien qui, doux pour moi, m'accompagne et me
　　　　　　　　　　　　　　　　　[flatte,
A mes ordres docile, en vain me tend la patte,
Et terrible au voleur qui chez moi veut entrer
Lui présente une dent prête à le déchirer.
Malgré tous ses secours, je demeure inflexible,
Je le nomme et le crois automate insensible,
Machine inanimée, aveugle dans ses pas,
Montrant des passions qu'elle n'éprouve pas,
Déchirant sans colère et criant sans se plaindre,

[1] Description du chien, t. V, p. 186.

Me flattant sans m'aimer, me fuyant sans me
[craindre[1].

Diderot tenta, dans l'*Encyclopédie*, de
mettre d'accord les partisans et les adversaires de ce système. « L'âme des brutes,
écrit-il, est une substance qui pense, mais
le fond de sa pensée est beaucoup plus étroit
que celui de l'âme humaine[2]. » Le docteur
Willis avait émis une opinion semblable cent
ans auparavant[3]. Condillac soutint la même
thèse[4], et Voltaire était rallié à cette théorie
lorsqu'il écrivait[5] : « L'instinct est la raison des bêtes, raison aussi inférieure à la
nôtre qu'un tourne-broche l'est à l'horloge
de Strasbourg; raison bornée, mais réelle,
intelligence dépendante des sens comme la
nôtre[6]. » Il disait, deux ans après : « Les

---

[1] Louis Racine, *Epître à Mme la duchesse de Noailles
sur l'âme des bêtes*, édit. in-4°, p. 2.

[2] Voy. l'*Encyclopédie raisonnée*, t. I, p. 347, et aussi
l'article *instinct*, t. VIII, p. 793.

[3] Voy. ci-dessus, p. 290.

[4] *Traité des animaux, où après avoir fait des observa-
tions critiques sur le sentiment de Descartes et sur celui de
M. de Buffon, on entreprend d'expliquer leurs principales
facultés*, 1756, in-8°.

[5] En 1769.

[6] *Les adorateurs ou les louanges de Dieu*, édit. Beuchot,
t. XLVI, p. 388.

animaux n'ont que des facultés, mais nous n'avons aussi que des facultés. J'ai lu dans un philosophe[1] que l'homme le plus grossier est au-dessus du plus ingénieux animal. Je n'en conviens point. On achèteroit beaucoup plus cher un éléphant qu'une foule d'imbéciles[2]... » Mais il avait écrit trente-sept ans auparavant : « Si vous avez l'honneur de posséder une âme spirituelle, les animaux en ont une aussi[3]. » Tout cela ne prouve pas grand'chose, et Voltaire eût aussi bien fait de se borner à ces cinq lignes : « Quatre mille tomes de métaphysique ne nous enseigneront pas ce que c'est que notre âme... Quand on a bien disputé sur l'esprit et sur la matière, on finit toujours par ne se point entendre[4]. »

Quelle conclusion tirer de cette rapide analyse? L'âme des bêtes n'est pas ici seule en jeu, et le désaccord cesserait bientôt si nous savions exactement ce qu'est la nôtre. Nous avons donc à constater ici encore notre impuissance vis-à-vis des problèmes qui intéres-

---

[1] Dans Buffon sans doute.
[2] *Lettres de Memmius*, t. XLVI, p. 596.
[3] *Traité de métaphysique*, t. XXXVII, p. 312.
[4] *Dictionnaire philosophique*, t. XXVI, p. 210 et 214.

sent le plus l'humanité et qu'elle semble destinée à ne jamais résoudre. Sans cesse déçus
et sans cesse attirés par ces redoutables
énigmes, les philosophes de tous les temps se
sont heurtés à une barrière restée infranchissable, et que leurs efforts n'ont pas même
réussi à ébranler. Captifs dans l'étroit domaine
de la pensée comme dans notre humble pla-
nète, nous ne pouvons pas plus reculer les
limites de l'une que nos aérostats ne sauraient
franchir l'atmosphère irrespirable qui nous
enveloppe et nous emprisonne. Quand on
passe en revue les hypothèses ridicules émises
par les métaphysiciens sur la nature de l'âme,
son origine, son siège, sa destinée; quand on
voit quelles puérilités, quelles aberrations elle
a inspirées à tous ceux qui ont voulu percer le
mystère dont elle s'entoure, on serait tenté de
croire qu'elle désapprouve ces recherches,
qu'elle les estime indiscrètes et irrespec-
tueuses.

La philosophie moderne ne partage pas
ce sentiment, et afin qu'elle soit ici représentée, je terminerai par un souvenir person-
nel qui date d'une trentaine d'années. Discu-
tant cette question de l'automatisme des bêtes
avec le bon Adolphe Garnier, alors profes-

seur de philosophie à la Sorbonne[1], il finit par
me concéder que les animaux pouvaient bien
posséder *une petite âme*[2]. C'est à peu près la
doctrine de Diderot; elle est aimable, conci-
liante et propre à réunir beaucoup de sympathies. Pour moi, si vous le voulez bien, je donnerai la préférence à celle qu'émettait Fénelon[3] un siècle et demi auparavant, et je vous
dirai avec lui : « Croyez-moi, ne disputons
pas davantage, nous y perdrions tous notre
latin. »

[1] Ses principaux ouvrages sont une édition des *OEuvres
philosophiques de Descartes*, 4 vol. in-8°, et un *Traité des
facultés de l'âme*, 3 vol. in-8°.

[2] Voici, pour mémoire, l'opinion de M. Paul Janet,
aussi professeur de philosophie à la Sorbonne : « L'animal
nous donne la vraie idée de ce que peut être une intelligence gouvernée par la seule sensation et par l'imagination,
et qui n'a d'entendement que la part qui lui est nécessaire
pour être capable d'imagination et de sensation. » *Traité de
philosophie*, édit. de 1895, p. 87.

[3] Voy. ci-dessus, p. 296.

LA VIE PRIVÉE D'AUTREFOIS

DEUXIÈME SÉRIE

VOLUMES PARUS :

La vie de Paris sous Louis XIV. Tenue de maison et domesticité...................... 1 vol.

La vie de Paris sous la Régence. Journal de J.-C. Nemeitz...................... 1 vol.

La vie de Paris sous Louis XV. Devant les tribunaux........................... 1 vol.

PARIS. TYP. DE E. PLON, NOURRIT ET Cⁱᵉ, RUE GARANCIÈRE, 8. — 4108.